"十三五"国家重点图书出版规划项目
2017年主题出版重点出版物

复兴之路
中国改革开放40年回顾与展望丛书

所有制改革与创新

中国所有制结构改革40年

常修泽 等◎著

南方出版传媒
广东经济出版社
— 广州 —

图书在版编目（CIP）数据

所有制改革与创新：中国所有制结构改革40年/常修泽等著．—广州：广东经济出版社，2018.2（2018.12重印）
（复兴之路——中国改革开放40年回顾与展望丛书）
ISBN 978-7-5454-6041-4

Ⅰ．①所⋯ Ⅱ．①常⋯ Ⅲ．①所有制改革-概况-中国 Ⅳ．①F121.24

中国版本图书馆CIP数据核字（2017）第325060号

出 版 人：姚丹林
责任编辑：张晶晶　程梦菲
英文目录翻译：李　慧
责任技编：许伟斌

Suoyouzhi Gaige Yu Chuangxin
Zhongguo Suoyouzhi Jiegou Gaige 40 Nian

出版发行	广东经济出版社（广州市环市东路水荫路11号11~12楼）
经销	全国新华书店
印刷	中华商务联合印刷（广东）有限公司 （深圳市龙岗区平湖镇春湖工业区中商大厦）
开本	787毫米×1092毫米　1/16
印张	30　2插页
字数	470 000字
版次	2018年2月第1版
印次	2018年12月第3次
书号	ISBN 978-7-5454-6041-4
定价	78.00元

如发现印装质量问题，影响阅读，请与承印厂联系调换。
发行部地址：广州市环市东路水荫路11号11楼
电话：(020) 37601950　邮政编码：510075
邮购地址：广州市环市东路水荫路11号11楼
电话：(020) 37601980　营销网址：http://www.gebook.com
广东经济出版社新浪官方微博：http://e.weibo.com/gebook
广东经济出版社常年法律顾问：何剑桥律师
·版权所有　翻印必究·

复兴之路——中国改革开放40年回顾与展望丛书

编委会
EDITORIAL BOARD

编委会主任
魏礼群

编委会副主任
张卓元　迟福林

编委
（按姓氏汉语拼音排序）

蔡　武　曹远征　常修泽
迟福林　贾　康　李晓西
隆国强　宋洪远　宋晓梧
王　珺　魏礼群　张卓元
郑新立

总 序
PREFACE

坚定不移推进改革开放
实现中华民族伟大复兴

实现中华民族伟大复兴，是中华民族近代以来最伟大的梦想。这个梦想，凝聚了几代中国人的夙愿，体现了中华民族和中国人民的整体利益，是每一个中华儿女的共同期盼。为了实现中华民族伟大复兴的中国梦，中国共产党人进行了长期不懈的奋斗和极为艰辛的探索。经过深刻总结历史经验，科学认识中国国情，顺应时代发展潮流，终于找到了一条正确道路。这条道路，就是中国特色社会主义道路，而改革开放则是中国特色社会主义道路最鲜明的特征。

1978年底，中国共产党召开具有重大历史意义的十一届三中全会，开启了改革开放的伟大征程。改革开放是我们党在新的时代条件下带领人民进行的新的伟大革命，目的就是要解放和发展生产力，加快推进国家现代化；就是要推动我国社会主义制度的自我完善和发展，赋予社会主义新的生机活力；就是要在坚持和发展中国特色社会主义的伟大事业中，实现国家富强、人民幸福、民族振兴。回顾改革开放的历史进程，我们党和人民锐意推进改革，从农村到城市、从经济领域到其他各个领域，成功实现了从高度集中的计划经济体制到充满活力的社会主义市场经济体制的伟大历史性转变；我们不断扩大对外开放，从建立经济特区到开放沿海、沿江、沿边、内陆地区，再到加入世界贸易组织、主动参与经济全球化和提出"一带一路"倡议，从大规模"引进来"到大踏步"走出去"，成功实现了从封闭半封闭到全方位开放的伟大历史性转变。我们在深化经济体制改革的同时，不断深化政治体制、行政体制、文化体制、社会体制、生态文明体制改革和党的建设制度改革，在推进国家治理体系和治理能力现代化方面不断迈出新的步伐。

改革开放以来，我国经济社会发展创造了人类史上的伟大奇迹，经济总量连续跃上几个大台阶，综合国力大幅提升，全国人民总体上过上小康生活，城乡面貌焕然一新。同时，我国政治建设、文化建设、社会建设、生态文明建设等各领域各方面都取得了举世公认的巨大成就，中国的国际地位越来越高，影响力越来越大。现在，我们比历史上任何时期都更接近中华民族伟大复兴的目标。实践充分证明，改革开放是当代中国一切发展进步的动力之源，是全国人民大踏步赶上时代潮流的重要法宝，是坚持和发展中国特色社会主义的必由之路，是实现国家现代化和中华民族伟大复兴中国梦的关键抉择。

习近平总书记指出："改革开放只有进行时，没有完成时。没有改革开放，就没有中国的今天，也就没有中国的明天。"这是对我国改革开放以来走过道路的深刻总结，也是实现未来更加美好目标的根本遵循。无论过去、现在和将来，坚持和发展中国特色社会主义都必须坚定不移地依靠改革开放。具有重大历史意义的中国共产党第十九次全国代表大会隆重召开，这是在全面建成小康社会决胜阶段召开的一次十分重要的大会。当前，我国不仅处于全面建成小康社会、实现第一个百年奋斗目标的决胜阶段，还处于为实现第二个百年奋斗目标，即建成社会主义现代化强国奠定基础的关键时期。我们必须按照习近平总书记治国理政新理念新思想新战略，在已经取得历史性成就的基础上，不忘初心，继往开来，坚定不移地推进改革开放的伟大事业，为我国未来发展开辟更为广阔的前景，继续沿着中华民族伟大复兴的康庄大道奋勇前进。

2018年，我国迎来改革开放40周年。为此，广东经济出版社、中国（海南）改革发展研究院联袂策划并组织出版"复兴之路——中国改革开放40年回顾与展望丛书",献礼我国改革开放40周年。这套丛书共13本,分别针对行政体制改革、计划投资体制改革、现代市场体系建设、所有制结构改革、农村改革、财税体制改革、金融体制改革、对外开放、社会体制改革、文化体制改革、环保体制改革等重点领域,从不同角度客观记录我国改革开放40年的历史进程,并展望改革开放的未来趋势。

这套丛书的主编和作者大多是相关领域知名的专家学者,也是我国改革开放的亲历者、见证者,这套丛书集结了他们长期亲历和研究我国改革开放的重要成果,凝聚了他们对改革开放伟大事业的一腔热情。广东经济出版社对这套丛书的出版给予了全力支持;作为以直谏中国改革为己任的改革智库,中国(海南)改革发展研究院为此书的策划、出版作出了重要贡献。作为编委会主任,我对为这套丛书付出艰辛努力的各位编委会成员、作者,对出版社的领导、编辑表示由衷的感谢!

这套丛书跨越多个领域,力图客观地反映改革开放伟大历程中的理论探索与实践经验,意义重大且任务艰巨,难免有不足之处,欢迎读者批评指正。

目 录

前 言 / I

第一篇 总论篇

第一章 中国所有制结构改革40年总论 / 3

第一节 中国所有制结构改革的历史起点 / 4
　一、中国经济体制的"根基"以及如何看待"根基"之上的"玫瑰花"与"紫罗兰" / 4
　二、新中国的历史宝典：《中国人民政治协商会议共同纲领》 / 7
　三、历史的"流星"与现实的新"原点" / 10

第二节 "弹指一挥间"：40年艰难的所有制改革 / 11
　一、中共十一届三中全会前夕："开风气之先" / 11
　二、20世纪80年代：火红的岁月 / 12
　三、20世纪90年代：战略性调整 / 13
　四、新世纪头10年：错综复杂的变化 / 14
　五、新阶段开始：任重而道远 / 16

第三节 40年所形成的财富总量与所有制结构 / 19
　一、中国财富（资产）存量总规模及四大构成分析 / 19
　二、按国有、民营划分的资产存量格局 / 20
　三、从四组流量指标分析所有制结构新格局 / 24
　四、正视某些地区国有经济比重过高和经济效益低下问题 / 24
　五、总体判断 / 25

第四节 本书逻辑体系、作者追求与遗憾 /26
　　一、本书的逻辑体系 /26
　　二、作者的追求 /29
　　三、本书的遗憾 /32

第二篇　历程篇

第二章　中国所有制结构改革的历程（上）：20世纪后期 /35
　　第一节 1978—1984年的所有制结构改革 /35
　　　　一、农村改革：家庭联产承包责任制的出现 /36
　　　　二、国有经济的"放权让利"改革 /39
　　　　三、非公经济的萌生："小荷才露尖尖角" /42
　　第二节 1984—1992年的所有制结构改革 /47
　　　　一、国有企业实施"两权分离"式改革 /47
　　　　二、乡镇集体经济异军突起 /50
　　　　三、私营经济获合法地位与"三资"企业由点到面展开 /52
　　第三节 1992—1997年的所有制结构改革 /55
　　　　一、国有企业改革：由"政策调整"转入"制度创新" /56
　　　　二、非公有制经济"公平对待"问题相应提出 /58

第三章　中国所有制结构改革的历程（下）：世纪之交与21世纪 /62
　　第一节 1997—2002年的所有制结构改革 /62
　　　　一、社会主义所有制理论的"三点突破" /63
　　　　二、国有经济战略性改组的推进与国有企业"三年脱困" /64
　　　　三、非公经济从"体制外"到"体制内" /66
　　第二节 2002—2012年的所有制结构改革 /69
　　　　一、国有经济改革陷于"胶着"状态 /70
　　　　二、两个"非公经济发展36条"和《中华人民共和国物权法》相继出台 /73
　　　　三、"三资"企业向服务业和高新技术产业拓展 /75

第三节　2012年以来的所有制结构改革　/78
　　一、国有企业实施混合所有制经济改革　/78
　　二、农村"三权分置"与"三块地"改革　/82
　　三、各种所有制经济"两平一同"与"产权保护"的提出　/87
　　四、开放型经济新体制下的"三资"经济发展　/91

第三篇　支柱篇

第四章　国有资产资本化及国有资本分布结构　/99
第一节　40年特别是近年来中国国有资产额的增长情况分析　/100
　　一、国有企业做大规模的几种方式及关联分析　/100
　　二、国有资产额的持续高增长及原因分析　/107
　　三、国有经济比重由下降转为回升及其三点原因　/108
第二节　国有资产构成体系的建立及不断完善　/112
　　一、经营性国有资产的增长及管理体制　/112
　　二、行政事业性国有资产的增长及管理体制　/118
　　三、金融性国有资产的增长及管理体制　/124
　　四、资源性国有资产的增长及管理体制　/127
第三节　国有资产资本化进程持续推进及国有产权交易　/138
　　一、国有资产资本化的多种方式　/138
　　二、国有资产资本化所推动的资本市场发展　/140
　　三、国有资产资本化进程推进及国有资本增值　/141
　　四、国有产权的定价及交易方式　/144
第四节　国有资本分布结构及支撑作用发挥　/148
　　一、国有资本的分布结构及其调整　/148
　　二、国有资本对国民经济运行支撑作用的发挥　/151

第五章　中国国有经济的战略性调整　/154
第一节　国有经济战略性调整的提出及背景　/154
　　一、国有企业改革的启动　/154

二、多种经济成分的发展 / 155
　　三、国有经济战略性调整命题的提出 / 156
　　四、国有经济战略性调整进入党的十五大报告 / 158
第二节　国有经济战略性调整的进展 / 160
　　一、1998—2000 年，"国企三年脱困" / 160
　　二、整合企业内部资源 / 161
　　三、推动国有企业之间的重组 / 162
　　四、推进国有企业之间的资源整合与合作 / 163
第三节　对国有经济战略性调整的评估 / 164
　　一、国有经济战略性调整所取得的成效 / 164
　　二、国有经济战略性调整中存在的不足 / 166
　　三、国有经济战略性调整的难点及成因 / 168
第四节　展望国有经济战略性调整的未来 / 169

第六章　作为重头戏的垄断性行业改革与民营资本进入 / 172

第一节　垄断性行业改革的复杂性、艰巨性与艰难起步 / 173
　　一、中国垄断性行业本身的复杂性 / 173
　　二、体制坚硬与利益纠结：增大改革难度 / 174
　　三、1992 年以后关于"打破垄断"和垄断性行业改革的决策 / 176
　　四、中共十八大以前：垄断性行业改革的艰难起步与进展不佳 / 178
第二节　"结构性破垄"及中共十八届三中全会后的进展 / 179
　　一、"结构性破垄"："三不破""三破" / 179
　　二、中共十八届三中全会：新一轮垄断性行业改革的部署 / 180
　　三、中共十八届三中全会后垄断性行业改革的进展 / 182
第三节　垄断性行业改革仍存在的问题及其面临的新挑战 / 184
　　一、垄断性行业改革迄今存在的问题 / 184
　　二、中国垄断性行业改革面临的挑战 / 187
　　三、垄断性行业改革深层理论问题有待突破 / 190

第四节 "四化"：新阶段垄断性行业改革的新趋势 /191
  一、运营环境商业化：政企分开和价格改革 /191
  二、投资主体多元化：放宽市场准入 /194
  三、市场竞争公平化：打破垄断格局 /195
  四、政府监管科学化：解决四个监管问题 /197
第五节 垄断性行业"破垄"中的民间资本进入 /198
  一、民间资本进入的结构比例 /198
  二、民营资本进入垄断性行业的体制障碍和"五条路径" /200
  三、以"特许经营权"为基础的PPP（公私伙伴关系）模式 /202

第七章 所有制结构变动中的民营经济发展与财富积累 /207
第一节 近40年民营经济发展方针政策之演变 /207
  一、宪法关于发展民营经济的重要修改 /208
  二、中共中央关于发展民营经济方针政策的多次调整与改进 /208
  三、国家关于发展民营经济的相关具体法律政策 /211
第二节 民营经济近40年的迅速发展
　　　——从微乎其微到三分之二 /212
  一、全国个体私营企业发展基本情况——占企业总数的85% /212
  二、全国民间投资基本情况——占固定资产投资比重约六成 /212
  三、规模以上民营工业企业——占全国工业收入与利润的近60% /215
  四、全国民营企业税收贡献——占全国税收的一半 /215
  五、民营企业500强——207家企业和16家企业分别进入中国500强和世界500强 /216
第三节 企业家财富迅速积累
　　　——从万元户到亿万富翁再到百亿、千亿富豪 /219
  一、民营工业企业：占全国工业资产的40%、营业收入的53% /219
  二、民营企业500强：户均资产69亿元 /219
  三、民营企业500强：户均净利润近12亿元 /220

　　　　四、中国富豪榜：亿万富豪 1877 人，人均财富 72 亿元　/ 221
　　第四节　民营企业经营者财富的来源、使用及安排　/ 224
　　　　一、民营企业经营者财富积累与使用面临的八大问题　/ 224
　　　　二、客观评价民营企业经营者的财富来源、使用与安排　/ 229
　　　　三、民营企业经营者价值观、财富观正在发生的转变　/ 233
　　　　四、引导和支持民营企业经营者进行更合理的财富安排　/ 236

第八章　中国所有制结构改革中的外资企业　/ 241
　　第一节　外资企业在中国的发展历程　/ 241
　　　　一、起步阶段（1978—1991 年）　/ 242
　　　　二、稳步发展阶段（1992—2001 年）　/ 246
　　　　三、高速增长阶段（2002—2008 年）　/ 251
　　　　四、质量提升阶段（2009 年以来）　/ 254
　　第二节　外资企业在中国经济发展和改革中的重要作用　/ 259
　　　　一、有效弥补国内生产要素短缺　/ 259
　　　　二、带动国内企业转型升级　/ 259
　　　　三、推动我国全面融入全球价值链　/ 260
　　　　四、推动我国加快经济体制改革　/ 260
　　第三节　金融危机以来外资企业相关关系的新变化　/ 261
　　　　一、本土企业与外资企业的差异显著缩小　/ 261
　　　　二、竞争性技术溢出效应明显增强　/ 262
　　　　三、由弥补资本短缺转向弥补服务短缺　/ 262
　　　　四、传统方式外资向外转移步伐加快　/ 263
　　第四节　新阶段发挥外资企业对中国改革的促进作用的思路与
　　　　　　方略　/ 264
　　　　一、指导思想　/ 264
　　　　二、三点趋势　/ 265
　　　　三、四组方略　/ 266

第四篇　治理篇

第九章　国有企业的公司治理及创新 / 271
　　第一节　国有企业分类及依据 / 271
　　　　一、公益性国有企业 / 272
　　　　二、合理垄断性国有企业 / 272
　　　　三、竞争性国有企业 / 273
　　第二节　国有企业分类治理——基于典型调研 / 274
　　　　一、调研企业治理结构 / 275
　　　　二、调研企业信息披露 / 279
　　　　三、调研企业社会责任 / 280
　　第三节　不同类型国有企业的改革方向和治理机制设计 / 280
　　　　一、不同类型国有企业的改革方向 / 281
　　　　二、不同类型国有企业的治理机制设计 / 282
　　本章小结 / 287

第十章　国有企业高管薪酬制度及改革取向 / 288
　　第一节　国有企业高管薪酬制度变迁 / 288
　　　　一、岗位工资制阶段（1978年至20世纪90年代初） / 288
　　　　二、年薪制阶段（20世纪90年代初至2012年） / 289
　　　　三、注重分类和长期激励阶段（2013年至今） / 290
　　第二节　行业垄断、"放大效应"与高管薪酬 / 290
　　　　一、行业垄断与垄断租金 / 291
　　　　二、行业垄断对高管贡献的"放大效应" / 294
　　第三节　国有企业高管激励机制市场化改革取向 / 297
　　　　一、企业高管激励：分类与分层 / 297
　　　　二、公益性国有企业和合理垄断性国有企业负责人激励机制的创新 / 298
　　　　三、竞争性国有企业负责人激励机制的创新 / 300
　　本章小结 / 305

第十一章　中国上市公司治理评价及改进方向　/307

第一节　中国公司治理发展历程　/307
一、公司治理规范化起步阶段（1991—1999年）　/307
二、公司治理专门规则建立阶段（2000—2014年）　/308
三、强化公司治理监管阶段（2015年至今）　/309

第二节　中国上市公司治理评价　/310
一、中小投资者权益保护评价及年度比较　/310
二、董事会治理评价及年度比较　/313
三、财务治理评价及年度比较　/315
四、自愿性信息披露评价及年度比较　/319

第三节　中国上市公司治理的改进方向　/321
一、中小投资者权益保护的改进方向　/321
二、董事会治理的改进方向　/323
三、财务治理的改进方向　/325
四、自愿性信息披露的改进方向　/326

本章小结　/327

第五篇　攻坚篇

第十二章　国企改革的两难境地如何突破以及发展前景　/331

第一节　如何选择改革的切入点：改革的选择和顺序　/332
一、改革顺序：市场化和公平竞争优先　/332
二、分类改革的理论依据和政策依据　/333
三、如何选择行业和企业进行分类改革　/335

第二节　改革的突破口：识别垄断和破除垄断　/336
一、如何区分不同性质的垄断　/336
二、如何识别中国现实中的垄断　/338
三、判定不合理垄断的实证依据　/340
四、产品市场和要素市场的垄断表现　/341
五、行政权力导致的局部垄断　/342

第三节　中国经济的发展前景：如何实现新的飞跃　/343
　　一、破除垄断：释放经济发展潜力　/343
　　二、中国发展的不同阶段：从引进模仿战略到创新发展战略　/344
　　三、配合创新阶段的制度调整：更多依赖市场和对人的激励　/344

第十三章　混合所有制经济：中国所有制结构改革的新趋势　/346
　第一节　混合所有制经济决策的提出及其新阶段的价值追求　/347
　　一、混合所有制经济的提出及发展过程　/348
　　二、由"板块并存"到"混合所有"：三个针对性　/351
　　三、《包容性改革论》对混合所有制经济的新探讨　/353
　　四、中共十八届三中全会重提混合所有制经济的价值追求　/355
　第二节　准确把握国有企业混合所有制改革的内涵　/359
　　一、国企"混改"：侧重搞以国资为根基的"异质产权多元化"，还是侧重搞国资内部的"同质产权多元化"？　/359
　　二、操作层面的"异质产权多元化"与"同质产权多元化"　/360
　　三、"异质产权多元化"的三种混合形式　/361
　第三节　中国国有企业资产（资本）的全部"家底"与重点领域"混改"最新进展　/364
　　一、发展混合所有制的四种经济力量及其最大力量——国有企业资产（资本）的"家底"　/364
　　二、依据国家经济户籍库数据分析全国国资投资企业混合所有制改革的进展　/366
　　三、国企"混改"最新概况及重点领域推进分析　/369
　第四节　下一步国企"混改"分类、分层、分区推进方略　/370
　　一、分类：以重要行业和关键领域的商业类为重点全领域推进"混改"　/370
　　二、分层：以中央企业母公司为重点，母子（孙）公司全系统推进"混改"　/373
　　三、分区：以东北和其他老工业基地为重点，全地域推进"混改"　/377

第五节　民营企业、外资企业发展混合所有制经济和员工持股问题　/ 378

  一、同一"重要基础论"与民营企业发展混合所有制经济的三个层次　/ 379

  二、跨国并购与交叉持股：外资企业吸引国资、民资和员工股与之融合　/ 382

  三、从"形成资本所有者和劳动者利益共同体"战略角度考虑：推进员工持股　/ 382

第六节　在发展混合所有制经济过程中防止"异化"和"不作为"问题　/ 386

  一、市场决定，政府引导　/ 387

  二、保护产权，公平对待　/ 387

  三、依法依规，规范操作　/ 388

  四、统筹协调，稳妥推进　/ 390

第十四章　按"产权人本共进论"推进新阶段所有制结构改革　/ 392

第一节　新阶段的新思维："产权人本共进论"　/ 393

  一、"产权人本共进论"的提出　/ 393

  二、"产权"的内涵把握：《广义产权论》中"产"的三大要义　/ 395

  三、"人"的内涵把握：《人本体制论》中"人"的三层含义　/ 397

  四、"产权"内涵与"人本"内涵的交叉与交融　/ 400

第二节　"产权人本共进"的必然性：理论、历史与现实　/ 401

  一、理论：指导理念与"人产耦合"探索　/ 401

  二、历史：20世纪90年代的经验与教训　/ 404

  三、现实："去产能"和消除"僵尸企业"凸显"人"的问题　/ 406

第三节　"产权线"推进：产权界定、产权配置、产权流转和产权保护　/ 409

  一、完善产权界定制度　/ 409

  二、完善产权配置制度　/ 410

  三、完善产权流转制度　/ 411

四、完善产权保护制度　/412
第四节　"人本线"推进（上）：激励和保护企业家精神　/415
　　一、重新界定企业家的定义　/416
　　二、中国企业家阶层的使命和现实处境　/418
　　三、培育企业家阶层和保护企业家精神　/419
第五节　"人本线"推进（下）：劳动者就业、收入及其"劳权实现"　/422
　　一、劳动者的就业和再就业　/422
　　二、劳动者的收入分配　/423
　　三、劳动者的谈判地位和"劳权实现"　/424

参考文献　/426
后　记　/439

Contents

Preface / I

I　Introduction

Chapter 1　Intorduction of China's ownership structure reform 40 years / 3

1. The Historical Starting Point of China's ownership structure reform / 4

    1) The metaphors of "rose" and "violet" from Karl Marx / 4

    2) New China's History Bible: the *Common Program* / 7

    3) The "meteor" in history and the "origin" in reality / 10

2. "Heavy Wings": "two wings fly together with difficulty" in 40 years / 11

    1) On the eve of the Third Plenary Session: "lead the fashion" / 11

    2) 1980s: Glorious time / 12

    3) 1990s: The strategic restructuring / 13

    4) The first decade of the new century: The intricate changes / 14

    5) The beginning of new stage: A heavy responsibility to take and a long course to go / 16

3. The total social wealth and the ownership pattern during the last 40 years' reform / 19

    1) An Analysis of the total scale of stock and four component elements of China's wealth (Assets) / 19

    2) The stock assets structure according to the state-owned and privately operated division / 20

    3) The new ownership structure from flux indexes / 24

4) Acknowledging problems of high proportion and low efficiency of the state-owned assets in some areas / 24

5) The overall judgment / 25

4. The logic system, authors' pursuit and some insufficiency / 26

   1) The logic system / 26

   2) Authors' pursuit / 29

   3) Some insufficiencies in three aspects / 32

II Development History

Chapter 2 The process of China's ownership structure reform (Part I): in the late 20th Century / 35

1. The reform of ownership structure from 1978 to 1984 / 35

   1) The rural reform: the emergence of household contract responsibility system / 36

   2) The "decentralization" reform of state-owned economy / 39

   3) The initiation of non-public economy: "Lotus just buds" / 42

2. The reform of ownership structure from 1984 to 1992 / 47

   1) The separation of ownership and management reform in the state-owned enterprises / 47

   2) The new emergence of the rural collective economy / 50

   3) The establishment of private economy and the development of three types of foreign-funded enterprises / 52

3. The reform of ownership structure from 1992 to 1997 / 55

   1) The reform of state-owned enterprises: from the "policy adjustment" into "institutional innovation" / 56

   2) The proposal for the fair treatment of non-public economy / 58

Chapter 3   The process of China's ownership structure reform（Part Ⅱ）：the turn of the century and the 21st century / 62

1. The reform of ownership structure from 1997 to 2002 / 62
    1) The "three breakthrough" in socialist ownership theory / 63
    2) Promoting state-owned economy strategic restructuring process and lifting state-owned enterprise out of poverty in three years / 64
    3) The development of non-public economy from the "outside system" to "inside system" / 66

2. The reform of ownership structure from 2002 to 2012 / 69
    1) A stalemate state-owned economy reform was stuck in / 70
    2) The promulgation of *Several opinions on encouraging, supporting and guiding the development of non-public economy* and *The property law of the People's Republic of China* / 73
    3) The development of three types of foreign-funded enterprises towards the service industry and high-tech industry / 75

3. The reform of ownership structure since 2012 / 78
    1) The mixed ownership economy reform state-owned enterprises implement / 78
    2) Separating rural land ownership rights, contract rights, and management rights and rural land reforms relating to rural land requisition, putting rural collective land designated for business-related construction on the market, and the system of land use for rural housing / 82
    3) The proposals for "equal access to production factors, open and fair market competition and the same legal protection and supervision for various ownerships" and "Property Rights Protection" / 87
    4) The development of three types of foreign-funded enterprises under the new open economy system / 91

Ⅲ Core Content

Chapter 4 The capitalization of state-owned assets and the distribution structure of state-owned capital / 99

1. Analysis of the growth of China's state-owned assets in recent 40 years, especially in recent years / 100
    1) The expansion of state-owned enterprises scale driven by administration and other factors / 100
    2) The sustainable growth of state-owned assets / 107
    3) The proportion of state-owned economy from decrease to increase / 108

2. The establishment and continuous improvement of state-owned assets composition system / 112
    1) The growth and management system of business state-owned assets / 112
    2) The growth and management system of administrative state-owned assets / 118
    3) The growth and management system of financial state-owned assets / 124
    4) The growth and management system of resource-based state-owned assets / 127

3. The continuous improvement of the capitalization of state-owned assets and state-owned property transactions / 138
    1) Various means of capitalizing state-owned assets / 138
    2) The development of capital markets promoted by the capitalization of state-owned assets / 140
    3) Further Promoting the capitalization process of state-owned assets and the appreciation of state-owned capital / 141
    4) The pricing and transaction modes of state-owned property / 144

4. The distribution structure and supporting role of state-owned capital / 148
    1) The distribution structure and adjustment of state-owned capital / 148
    2) The supporting role state-owned capital plays in the national economy operation / 151

Chapter 5　The Strategic Adjustment of China's state-owned Economy / 154

1. The background of and proposal for the strategic adjustment of state-owned economy / 154

   1) The start of state-owned enterprises (SOE) reform / 154

   2) The development of various economic sectors / 155

   3) The proposition of the state-owned economy strategic adjustment / 156

   4) The state-owned economy strategic adjustment involved into the report of the 15th National Congress of CPC / 158

2. The progress in the state-owned economy strategic adjustment / 160

   1) Lift state-owned enterprise out of poverty from 1998 to 2000 / 160

   2) Integrate internal resources of enterprise / 161

   3) Promote the restructuring between state-owned enterprises / 162

   4) Promote resources integration and cooperation of state-owned enterprises / 163

3. The evaluation of state-owned economy strategic adjustment / 164

   1) The achievement of state-owned economy strategic adjustment / 164

   2) The insufficiency of state-owned economy strategic adjustment / 166

   3) The difficulties of implementing state-owned economy strategic adjustment and causes / 168

4. The prospect for the future of state-owned economy strategic adjustment / 169

Chapter 6　The reform of monopoly industries and the entry of private capital / 172

1. The complexity, arduousness and difficulties of the reform of monopoly industries / 173

   1) The complex nature of China's monopoly industry itself / 173

   2) The rigid system and tangled interests increasing the difficulty of reform / 174

   3) The decision on the reform of monopoly industries after 1992 / 176

   4) The difficult and impregnable reform of monopoly industries before the 18th National Congress of the Communist Party of China / 178

2. The progress made in "breaking monopolies structurally" after the third plenary session of the 18th CPC central committee / 179
   1) "Breaking monopolies structurally": "three no broken" and "three broken" / 179
   2) New deployments of monopolistic industry reform in the third plenary session of the 18th CPC central committee / 180
   3) Progresses made in the reform of monopolistic industries since the third plenary session of the 18th CPC central committee / 182

3. Problems and new challenges in the process of monopoly industry reform / 184
   1) The existing problems about the reform of monopoly industries / 184
   2) The "tough fight" stalemate and new challenges / 187
   3) A breakthrough expected in the issues about deep theories of monopoly industry reform / 190

4. The new trend of monopoly industry reform in the new stage / 191
   1) The commercialization of business environment: separate enterprise from administration and reform pricing system / 191
   2) The diversification of investors: ease market access / 194
   3) Fair competition in the market: break the pattern of monopoly / 195
   4) Scientific government regulation: four dimensional regulation / 197

5. The joining of private capital in breaking monopoly / 198
   1) The proportion of private capital in the structure / 198
   2) Institutional barriers and "five ways" of private capital entering monopoly industry / 200
   3) The PPP (public-private partnership) model based on "franchise" / 202

Chapter 7 The development of private economy and wealth accumulation in the change of ownership structure / 207

1. The evolution of China's private economy development policy in the past 40 years / 207
   1) Four amendments to the constitution of the People's Republic of China on the development of private economy / 208

2) Adjustments of and improvements in the development of private economy policy by the CPC Central Committee / 208

3) The related specific laws and policies about the development of private economy / 211

2. The development of private economy and the analysis of the present situation in 40 years / 212

   1) The basic situation of the development of individual private enterprises——accounting for more than 85% of the total number of enterprises / 212

   2) The national private investment——accounting for two-thirds of the total national investment / 212

   3) The private industries above designated size——accounting for nearly 60% of the national industrial income and profits / 215

   4) The tax revenue contribution of national private enterprises——accounting for half of the national tax revenue / 215

   5) Top 500 private enterprises——among which 207 and 16 are also on the list of China's Top 500 enterprises and the Fortune Global 500 / 216

3. An overview of the wealth accumulation of private entrepreneurs / 219

   1) Private industrial enterprises assets: accounting for 40% of the national industrial assets, 53% of the operating revenue / 219

   2) Private enterprises 500: average asset of 6.9 billion per household / 219

   3) Top 500 Chinese private enterprises: net profit nearly 1.2 billion per household / 220

   4) China Rich List: 1877 billionaires, 7.2 billion yuan per capital wealth / 221

4. Source, use and arrangement of private entrepreneurs' wealth / 224

   1) Eight major problems of the accumulation and use of private entrepreneurs' wealth / 224

   2) The objective evaluation of source, use and arrangement of private entrepreneurs' wealth / 229

   3) The change of private entrepreneurs' concept of value and wealth / 233

   4) The guidance and support of private entrepreneurs to arrange their wealth properly / 236

Chapter 8 Foreign-funded enterprises in the reform of China's ownership structure / 241

1. The development process of foreign-funded enterprises in China / 241

    1) The initial stage (1978-1991) / 242

    2) The steady development stage (1992-2001) / 246

    3) The rapid growth stage (2002-2008) / 251

    4) The quality improvement stage (since 2009) / 254

2. The important role foreign-funded enterprises play in China's economy development and reform / 259

    1) Effectively compensate for the shortage of domestic production factors / 259

    2) Drive the upgrading of domestic industries' transformation / 259

    3) Promote China's comprehensive integration into the global value chain / 260

    4) Accelerate economic system reform / 260

3. New changes in foreign-funded enterprises and the related relations since financial crisis / 261

    1) The significant smaller gap between domestic and foreign funds / 261

    2) The obvious increase in competitive technology spillover effect / 262

    3) From compensation for service shortage to compensation for capital shortage / 262

    4) Acceleration of the external transfer of traditional foreign investment / 263

4. Thoughts and strategies about how Foreign-funded enterprises promote China's reform in the new stage / 264

    1) The general idea / 264

    2) Three trends / 265

    3) The basic strategy / 266

IV Governance

Chapter 9 Corporate governance and innovation of state-owned enterprises / 271

1. Classification and basis of state-owned enterprises / 271

    1) The public welfare state-owned enterprises (SOE) / 272

  2) The rational monopolistic state-owned enterprises (SOE) / 272

  3) The competitive state-owned enterprises (SOE) / 273

2. Governance according to the different typess of state-owned enterprises (SOE) —— Based on typical research / 274

  1) Corporate governance structure / 275

  2) Corporate information disclosure / 279

  3) Corporate social responsibility / 280

3. The direction of reform and the design of governance mechanism of different types of state-owned enterprises (SOE) / 280

  1) The direction of reform / 281

  2) The design of governance mechanism / 282

Summary / 287

Chapter 10 Senior executive compensation system and reform orientation of state-owned enterprises (SOE) / 288

1. The changes of senior executives compensation system in state-owned enterprises / 288

  1) Post wage system stage (from 1978 to the early 1990s) / 288

  2) Annual salary system stage (from the early 1990s to 2012) / 289

  3) Classification and long-term incentives stage (2013 up till now) / 290

2. Industry monopoly, "amplification effect" and executive compensation / 290

  1) Industry monopoly and monopoly rents / 291

  2) The "amplification effect" industry monopoly contributes to senior executives / 294

3. Market-oriented reform of state-owned enterprise (SOE) executives' incentive mechanism / 297

  1) Senior executives' incentive: classification and levels / 297

  2) The incentive mechanism innovation for principals in welfare and rational monopoly

state-owned enterprises (SOE) / 298

3) The incentive mechanism innovation for principals in competitive state-owned enterprises (SOE) / 300

Summary / 305

Chapter 11 Evaluation and improvement measures of the governance of Chinese listed companies / 307

1. The governance development process of Chinese Listed Companies / 307

    1) The initial stage of corporate governance normalization (1991-1999) / 307

    2) The establishment stage of corporate governance rules (2000-2014) / 308

    3) The supervision stage of strengthening corporate governance (2015 up till now) / 309

2. Evaluation of the governance of Chinese listed companies / 310

    1) The evaluation and annual comparison of the protection of small investors' rights and interests / 310

    2) The evaluation and annual comparison of board governance / 313

    3) The evaluation and annual comparison of financial governance / 315

    4) The evaluation and annual comparison of voluntary disclosure / 319

3. The innovation direction of governance of Chinese listed companies / 321

    1) The innovation direction of the protection of small investors' rights and interests / 321

    2) The innovation direction of board governance / 323

    3) The innovation direction of financial governance / 325

    4) The innovation direction of voluntary disclosure / 326

Summary / 327

V Tough Fight

Chapter 12 How to make a breakthrough in the dilemma of state-owned enterprises (SOE) reform and develop a prospect for the reform / 331

1. How to choose a starting point of reform: the choice and sequence of reform / 332
   1) The sequence of reform: give first priority to marketizationand fair competition / 332
   2) The theory basis and policy basis of classification reform / 333
   3) How to choose industries and enterprises to classify the reform / 335

2. The breakthrough of reform: identify Monopoly and break monopoly / 336
   1) How to distinguish the different natures of monopoly / 336
   2) How to identify the monopoly with Chinese characteristics / 338
   3) Empirical evidence of determining unreasonable monopoly / 340
   4) Monopolistic manifestations of product market and factor market / 341
   5) Partial monopoly born by executive power / 342

3. China's economic development prospect: how to generate a new take-off / 343
   1) Break monopoly: release economic development potential / 343
   2) Different stages of Chinadevelopment: from the introduction of imitation strategy to the innovation of development strategy / 344
   3) Cooperate with institutional adjustment in the innovation stage: depend on market and motivate people / 344

Chapter 13 Develop mixed ownership economy: a new trend of China's ownership structure reform / 346

1. The proposal for mixed ownership economy and the value pursuits in the new stage / 347
   1) The "mixed ownership economy" put forward by the central decision-makers and its development process / 348
   2) From the "coexistence of state-owned economy and non-state owned economy" and to the "diversified ownership economy": three targets / 351

3) A new research on the diversified ownership economy discussed in the *Inclusive Reform Theory* / 353

4) Value pursuits of the mixed ownership economy reiterated in the third plenary session of the eighteenth central committee of the communist party of China / 355

2. A clear understanding of the meaning of the "diversified ownership reform of state-owned enterprises (SOE)" / 359

　　1) Reform of diversified ownership: focus on "heterogeneous property rights diversification", or focus on "homogeneous property rights diversification" / 359

　　2) Keynote: the "main theme" of heterogeneous property rights diversification and the "concerto" of homogeneous property rights diversification / 360

　　3) Three mixed types of "heterogeneous property rights diversification" / 361

3. The economic foundation of assets (capital) of China's state-owned enterprises and the latest progress made in the key fields involved in diversified ownership reform of state-owned enterprises (SOE)" / 364

　　1) Four factors driving mixed ownership economy forward and the greatest one——the economic foundation of assets (capital) of China's state-owned enterprises / 364

　　2) The analysis of diversified ownership reform development of state-owned enterprises (SOE) according to the national economic household database / 366

　　3) The updated information of diversified ownership reform of state-owned enterprises (SOE) in the new stage and the analysis of key fields progress / 369

4. The promotion strategy of classification, levels and districts of diversified ownership reform of state-owned enterprises (SOE) rises in the next fourth / 370

　　1) "Classification": Emphasis of reform is placed on business sectors of important industries and key area, then all-fields are involved / 370

　　2) "Levels": Emphasis of reform is placed on central government-owned enterprises (parent companies), then subsidiary companies are involved / 373

　　3) "Districts": Emphasis of reform is placed on northeast and other old industrial bases, then all other districts are involved / 377

5. The issues of developing mixed ownership economy and employee stock ownership (ESOP) in private enterprises and foreign-funded enterprises / 378
   1) The "common ground" theory and the three levels of developing mixed ownership economy by private enterprises / 379
   2) Cross-border M&A and cross-shareholding: foreign-funded enterprises attract state-owned captial, private capital and staff shares to participate in joint management / 382
   3) From the perspective of "a community of common interest of capital owners and laborers interests": promote "ESOP" / 382

6. Prevent "alienation" and "non-action" in the process of developing mixed ownership economy / 386
   1) Market dominance, government guidance / 387
   2) Property protection, fair treatment / 387
   3) Abidance by rule, normalized operation / 388
   4) Comprehensive coordination, prudent promotion / 390

Chapter 14 Promote the ownership structure reform in the new stage according to "the cooperative development theory of property right and humanism" / 392

1. New thinking in the new stage: "the cooperative development theory of property right and humanism" / 393
   1) Present "the cooperative development theory of property right and humanism" / 393
   2) The connotation of "the cooperative development theory of property right and humanism": "on board-sense property rights", three essentials of "property rights" / 395
   3) The connotation of "people": "on human-oriented system", three implications of "people" / 397
   4) The overlapping and blending parts of the connotation of "property right" and the connotation of "humanism" / 400

2. The necessity of the cooperative development of property right and humanism: theory, history and reality / 401

    1) Theory: the philosophy of guidance and concept and the exploration for "human-property coupling" / 401

    2) History: experience and lessons of the 1990s / 404

    3) Reality: cut excessive industrial capacity, dispose "zombie enterprises", concentrate on the re-employment / 406

3. Promote "property rights": property rights definition, property rights allocation, property rights transfer and property rights protection / 409

    1) Perfect property rights definition system / 409

    2) Perfect property rights allocation system / 410

    3) Perfect property rights trading system / 411

    4) Perfect the property rights protection system / 412

4. Promote "Humanism" (part I): motivate and protect entrepreneurship / 415

    1) Redefine the concept of entrepreneurs / 416

    2) The mission and reality of Chinese entrepreneurs / 418

    3) Cultivate entrepreneursand protect entrepreneurship / 419

5. Promote "Humanism" (part II): employment, income and "realization of labor rights" / 422

    1) Employment and re-employment of workers / 422

    2) The income distribution of workers / 423

    3) The negotiating status of workers and "realization of labor rights" / 424

References / 426

Postscript / 439

前　言

　　这是一部力图用战略理性思维研究所有制结构改革40年的学术著作。

　　起于1978年中共十一届三中全会之后的中国所有制结构改革，是中国也是当代世界所有制结构变迁史上的一个创举。它既不拘泥于传统的或称"经典的"单一国家所有制结构模式，也不拘泥于当代某些发达国家现存的所有制结构模式，而是用中国人的世界观和方法论，对当代一种新的所有制结构的探求。

　　经过40年的峥嵘岁月，中国包括所有制结构改革在内的整个经济体制改革——它的启动与历程、成功与挫折、效应与成本、经验与教训，特别是内在蕴含的某些规律，不仅属于中国，而且也是全人类的一笔宝贵财富。

　　本书是一部尝试性地对中国40年所有制结构改革与创新的总结之作，也是一部尝试性地对当前改革现实的审视和对未来改革的探索之作。如果从更广阔的世界视野看问题，本书似是一个缩影——一个学者说的"各美其美、美美与共"[①]、与人类文明包容发展的大时代缩影。

　　总结之作——作为这场改革的亲历者和理论探索者，我和我的研究团队在书中（主要是在前三章）回顾了这段波澜壮阔的"艰难岁月"，分析了40年所形成的财富总量与财富构成，并运用制度经济学理论，从历史与现实、中国与世界、理论与实践相统一的角度，较系统地阐述了现代中国为什么会造就出"这样"一种（"以公有制为主体、多种所有制经济共同发展"）而不是"那样"一种所有制结构。

　　审视之作——书中指出，中国的所有制改革虽然承受了很大压力，也付出了一些代价，但无论是与40年前比，还是与世界同样类型国家比，中国的国有企业毕竟在"浴火重生"之中，中国的民营经济毕竟在"异军突起"之中，各种新型的混合所有制经济等毕竟在不可阻遏地成长之中……它们"都是社会主义市场经济的重要组成部分，都是我国经济社会发展的重要基础"（中共十八届三中全会决

[①] 摘引自中国著名社会学家费孝通先生在《人的研究在中国——个人的经历》主题演讲中提到的十六字箴言："各美其美，美人之美，美美与共，天下大同。"（1990年12月）2014年6月28日，习近平同志在一次国际会议上引用了这段话。

定语）。

探索之作——针对下一阶段"攻坚之战",就如何破除不合理的垄断以释放经济发展潜力,如何采用"国、民、外、内,四线联动"方式推进混合所有制经济发展,以及如何按笔者产权人本共进论的新思维推进新阶段所有制结构改革,书中进行了理论探讨和战略铺陈。

无论是上述历史总结,还是现实审视或对未来的探索,都尽力体现笔者的战略理性思维,包括:关于走中国自己的路、"两个不拘泥于"的思维;关于在基本经济制度"根基"基础上,实施包容性改革(即"玫瑰花"和"紫罗兰"都是香花)的思维;关于中国之"特"与人类社会化大生产之"共"相结合的思维;关于内源性变革与外源性变革相结合的思维;等等,以此寻求揭示中国40年所有制结构改革若干规律性的东西。

本书设五篇,即总论篇、历程篇、支柱篇、治理篇、攻坚篇(亦是展望篇),共14章,40余万字。全书力求立意新颖一些,数据翔实一些,并尽量做到史论结合,如能在研究中国40年所有制结构改革创新问题上,作一些理论性的探索工作,不至于在历史上像流星一样闪过,我也就心满意足了。

常修泽

第一篇

总论篇

第一章
中国所有制结构改革40年总论

作为"复兴之路——中国改革开放40年回顾与展望丛书"中的一部，这是一部专门探讨和论述1978年实行改革开放以来，中国所有制结构改革与创新的学术著作。如果把"丛书"比作花丛，那么它只是花丛中的一朵；如果把"丛书"比作大厦，那么它可能相当于大厦的底座。

为什么笔者把它比作大厦的底座呢？因为，在马克思主义的经济学著作中，所有制是被称为"生产关系的总和"或"生产关系的基础"的。在马克思看来，给所有权下"定义"，"不外是"把"生产的全部社会关系描述一番"。[①] 正是这种生产关系的总和论和基础论，使马克思、恩格斯在《共产党宣言》中宣告：共产党人"特别强调所有制问题，把它作为运动的基本问题"[②]。根源即在这里。[③]

起于20世纪70年代末的中国所有制结构改革，是中国，也是当代世界所有制结构变迁史上的一个创举。它既不拘泥于苏联的传统的或称"经典的"单一国家所有制结构模式，也不拘泥于当代某些发达国家现存的所有制结构模式，而是用中国人的世界观和方法论，对当代一种新的所有制结构的探求。

在构思和撰写这部专著的整个过程中，笔者期望的主题是：能否尝试用现代经济理论和经济哲学，从历史与现实、中国与世界、理论与实践相统一的角度，来阐明现代中国为什么会造就出"这样一种"而不是"那样

---

① 马克思：《哲学的贫困》，《马克思恩格斯全集》第4卷，人民出版社，2001年版，第180页。
② 马克思、恩格斯：《共产党宣言》，《马克思恩格斯全集》第1卷，人民出版社，2001年版，第285页。
③ 有关此问题的系统论述，参见常修泽：《广义产权论——中国广领域多权能产权制度研究》，中国经济出版社，2009年版，第162页。

一种"所有制结构样式，为什么实行"这样一种"而不是"那样一种"经济形式和经济关系，它的内在逻辑是什么？

习近平同志指出："今天，我们回顾历史，不是为了从成功中寻求慰藉，更不是为了躺在功劳簿上、为回避今天面临的困难和问题寻找借口，而是为了总结历史经验，把握历史规律，增强开拓前进的勇气和力量。"①

研究问题，要有"纵坐标"和"横坐标"。纵坐标——历史眼光，横坐标——世界视野。

研究40年的中国所有制结构改革，首先要有历史眼光。

第一节
中国所有制结构改革的历史起点

一、中国经济体制的"根基"以及如何看待"根基"之上的"玫瑰花"与"紫罗兰"

从中国现代史的角度研究，中共十一届三中全会实现了中国共产党具有深远意义的伟大转折。以此为起点，中国进入了改革开放和社会主义现代化建设的新时期。当年，邓小平在总结过去经验教训的基础上，运用马克思主义的改革理论，以非凡的政治勇气和敏锐的判断力提出，中国"不改革没有出路"②，"如果一切从本本出发，思想僵化，迷信盛行，那它就不能前进，它的生机就停止了，就要亡党亡

---

① 《习近平谈治国理政》第二卷，外文出版社，2017年版，第32页。
② 《邓小平文选》第三卷，人民出版社，2001年版，第237页。

国"①。正是中共十一届三中全会,开启了现代中国所有制结构变革的新纪元。②

记得实际展开改革的第二年,即1980年,笔者曾在《人民日报》理论版发表过一篇探讨"所有制结构"的调研报告,题为《长期并存 比翼齐飞》(1980年5月9日)。③ 多年过去,当笔者为撰写本书收集史料时,重读这篇文章,不禁感慨系之。

经过40年的艰难改革,迄今中国所有制结构可以说已经初成"比翼齐飞"之势。2013年11月,中共十八届三中全会制定的《中共中央关于全面深化改革若干重大问题的决定》中有一段经典论述:"公有制为主体、多种所有制经济共同发展的基本经济制度,是中国特色社会主义制度的重要支柱,也是社会主义市场经济体制的根基。公有制经济和非公有制经济都是社会主义市场经济的重要组成部分,都是我国经济社会发展的重要基础。必须毫不动摇巩固和发展公有制经济,坚持公有制主体地位,发挥国有经济主导作用,不断增强国有经济活力、控制力、影响力。必须毫不动摇鼓励、支持、引导非公有制经济发展,激发非公有制经济活力和创造力。"④

请注意:这里强调的"支柱论""根基论",即"以公有制为主体、多种所有制经济共同发展的基本经济制度,是中国特色社会主义制度的重要支柱,也是社会主义市场经济体制的根基"。这是基础。⑤ 在这个基础上,把握这里的"两个都是"(公有制经济和非公有制经济"都是社会主义市场经济的重要组成部分""都是我

---

① 《邓小平文选》第二卷,人民出版社,1994年版,第143页。
② 2017年11月中共十九大后出版的《习近平谈治国理政》第二卷,第一篇文章即是习近平在纪念邓小平同志诞辰110周年座谈会上的讲话,题为《努力开创中国特色社会主义事业更加广阔的前景》(2014年8月20日)。其中特别提到:"我们要学习邓小平同志敢于开拓创新的政治勇气……义无反顾把改革开放不断推向前进。"(该书第9页)
③ 常修泽:《长期并存 比翼齐飞》,《人民日报》,1980年5月9日理论版。
④ 中共十八届三中全会:《中共中央关于全面深化改革若干重大问题的决定》,人民出版社,2013年版。
⑤ 2015年7月,笔者带领几位博士生在东北吉林调研期间,曾了解到习近平同志同月在吉林省国企职工座谈时指出:"国有企业是国民经济发展的中坚力量。"这里的"中坚力量"与"支柱"是一脉相承的。当然,强调国有经济的"中坚力量"并不排斥民营经济的作用。2016年中共中央国务院关于振兴东北的相关文件有针对性地指出:东北地区国有经济要"增强活力",民营经济要"做大做强"。

国经济社会发展的重要基础"——此为战略定位)和"两个毫不动摇"("毫不动摇巩固和发展公有制经济""毫不动摇鼓励、支持、引导非公有制经济发展"——此为战略决策),这段具有"包容性改革论"思维的完整判断,可以视为对中国所有制结构改革的高度概括和总结。①

而且,根据笔者研究,国有资本、集体资本和各种非公有资本,它们各自的资产价值链越来越长,形成的利益网络越织越密(包括各种资本的区域布局网络、产业布局网络,以及海外投资的布局网络等),彼此参与和融合度也将越来越深(包括在相关领域内的参与融合以及在企业细胞内的参与融合)。"长""密""深":未来所有制结构将呈现丰富情况。

这不禁使笔者想起马克思年轻时发出的一段借喻与感慨:世界"千姿百态","并不要求玫瑰花散发出和紫罗兰一样的芳香","为什么却要求世界上最丰富的东西——精神只能有一种存在形式呢"②?

中共十八届三中全会提出的在社会主义基本经济制度的基础上,公有制经济和非公有制经济"两个都是"和"两个毫不动摇",不正像"玫瑰花"和"紫罗兰"一样,散发出各自的芳香吗?③ 是的,"玫瑰花"与"紫罗兰"都有芳香,但各有特色。各位读者,在您的内心深处,不知如何看待这两种不同芳香的花朵?

从深层的理论品格探讨,我们今天看到的中国这样一种所有制格局,"不是靠本本,而是靠实践,靠实事求是"④,并在此基础上"把握客观规律"⑤ 的结果。

然而,在中国能形成这样一种所有制结构的格局,是很不容易的,其间充满了艰辛与曲折,痛苦与欢乐。笔者和本书几位合作者作为这场改革的亲历者、见证者和理论探索者,当我们回顾这段"艰难岁月",并最终拿出这部40余万字的书稿

---

① "产权体制创新:包容'国有'与'民营'",见常修泽:《包容性改革论——中国新阶段全面改革的新思维》,经济科学出版社,2013年版(中共十八届三中全会前出版),第190页。
② 马克思:《评普鲁士最新的书报检查令》,《马克思恩格斯全集》第1卷,人民出版社,2001年版。
③ 常修泽:《包容性改革论——中国新阶段全面改革的新思维》,经济科学出版社,2013年版,第7页。
④ 邓小平:《在武昌、深圳、珠海、上海等地的谈话要点》,《邓小平文选》第三卷,人民出版社,1993年版,第382页。
⑤ 《习近平谈治国理政》第二卷,外文出版社,2017年版,第7页。

时，真是"酸甜苦辣，五味杂陈"。

摆在您面前的这部"复兴之路——中国改革开放40年回顾与展望丛书"之一的《所有制改革与创新——中国所有制结构改革40年》，不是一个应景文章式的纪念性作品，而是以"酸甜苦辣，五味杂陈"之感，在理性认识和把握改革规律的基础上，写出的一部探讨40年中国所有制结构改革的学术著作。

中国改革开放40年前夕，由改革开放的先行之地——广东和中国（海南）改革发展研究院联袂出版的这部著作问世时，我们想利用这个机会，推心置腹地与各界朋友谈谈我们在参与并反映当代中国所有制结构变革中的心路历程。

二、新中国的历史宝典：《中国人民政治协商会议共同纲领》

历史是有连续性的。我们不应割裂历史，尤其不能采取历史虚无主义态度。

40年中国所有制结构的变革，作为中国历史大转型的重要部分，是与新民主主义阶段所有制结构的兴起和此后"左倾的城乡经济政策"（见《关于建国以来党的若干历史问题的决议》）及其所有制的挫折紧密关联的。历史上的成功与挫折、前进与倒退，都是我们改革的起点要素。没有这些成功与挫折、前进与倒退，中国新的所有制结构命题不可能产生。若不把历史与现实联系起来论述，也很难说清楚这个变革的兴起、推进及其发展的规律性。基于此，为探明中国所有制结构改革的真谛，笔者想把镜头拉得远一些，从新中国成立前夕中国共产党人的纲领开始探讨。

本来，本书曾设计了第一章："改革开放前的所有制结构"。原计划该章从1949年新中国成立写起，写到1978年中国改革开放开启之日，探讨第一个30年的所有制结构变迁，包括微观经济基础、企业行为以及面临的问题等，从而揭示经济体制改革的必然性和紧迫性。

后来在写作过程中，感到"引桥"太长、铺垫太厚，加之受出版篇幅的限制，故忍痛割舍，改成此处略作简要分析。

这涉及比较复杂的"新民主主义阶段的所有制结构制度设计与实践"问题。

对于这个复杂的话题，笔者以为，从党的十九大报告中两个"我们党深刻认识到",是可以得到相关重要启示的。

第一,"我们党深刻认识到,实现中华民族伟大复兴,必须推翻压在中国人民头上的帝国主义、封建主义、官僚资本主义三座大山"①。

第二,"我们党深刻认识到,实现中华民族伟大复兴,必须建立符合我国实际的先进社会制度"②。

而为着建立这样一种制度,新中国的开拓者们(包括毛泽东、周恩来等老一辈无产阶级革命家)殚精竭虑、执着探索,并提出过明确而详细的纲领性文献——《中国人民政治协商会议共同纲领》。今天,我们在研究中国所有制结构改革的问题时,不能无视或忽视这个宝贵的纲领。

从史料获知,1949年的中共七届二中全会,在所有制结构方面曾分析了革命胜利后我国的社会经济成分,"认为国营经济、合作社经济、私人资本主义经济、个体经济和国家资本主义经济将是构成新中国经济的几种主要形式"。对于这几种经济成分,1949年9月29日,政协全体会议一致通过的《中国人民政治协商会议共同纲领》有明确而详细的论述。

《中国人民政治协商会议共同纲领》分序言和总纲、政权机关、军事制度、经济政策、文化教育政策、民族政策、外交政策总计60条,7000多字。这是中国历史上第一个"人民的建国大纲"。当时隆重宣告,《中国人民政治协商会议共同纲领》"是中华人民共和国在相当长的时期内的施政准则和建设蓝图",在一个时期内将"发挥临时宪法的作用",乃"中国人民的大宪章"也。③

其中:"第四章 经济政策"。从第二十六条到第三十一条,用6条条文篇幅,阐述了中华人民共和国成立后的所有制结构总体格局,以及国营经济、合作社经

---

① 均引自习近平同志在中共十九大中的报告第二部分。第三个"我们党深刻认识到"的是:"我们党深刻认识到,实现中华民族伟大复兴,必须合乎时代潮流、顺应人民意愿,勇于改革开放,让党和人民事业始终充满奋勇前进的强大动力。"我们必须把三个"深刻认识到"作为一个完整的体系来把握。要从近百年的中华民族复兴史的大历史高度,来审视40年所有制结构变革。其中,1949年制定的《中国人民政治协商会议共同纲领》,具有重要的历史价值。在这个问题上,需要克服各种形式的历史虚无主义。
② 同上。
③ 对《中国人民政治协商会议共同纲领》的说明。

济、农民和手工业者的个体经济、私人资本主义经济和国家资本主义经济 5 种经济成分的各自定位。

第二十六条阐述所有制结构总体格局，明确写道："中华人民共和国经济建设的根本方针，是以公私兼顾、劳资两利、城乡互助、内外交流的政策，……调剂国营经济、合作社经济、农民和手工业者的个体经济、私人资本主义经济和国家资本主义经济，使各种社会经济成分在国营经济领导之下，分工合作，各得其所，以促进整个社会经济的发展。"

第二十七条写道："必须保护农民已得土地的所有权。"

第二十八条写道："国营经济为社会主义性质的经济。凡属有关国家经济命脉和足以操纵国民生计的事业，均应由国家统一经营。凡属国有的资源和企业，均为全体人民的公共财产，为人民共和国发展生产、繁荣经济的主要物质基础和整个社会经济的领导力量。"

第二十九条写道："合作社经济为半社会主义性质的经济，为整个人民经济的一个重要组成部分。人民政府应扶助其发展，并给以优待。"

第三十条写道："凡有利于国计民生的私营经济事业，人民政府应鼓励其经营的积极性，并扶助其发展。"

第三十一条写道："国家资本与私人资本合作的经济为国家资本主义性质的经济。在必要和可能的条件下，应鼓励私人资本向国家资本主义方向发展，例如为国家企业加工，或与国家合营，或用租借形式经营国家的企业，开发国家的富源等。"①

几十年后，重读《中国人民政治协商会议共同纲领》这些条款，不禁令人感慨万千，似乎给人一种时空错位之感。古希腊哲人曾云，"人不能两次踏进同一条河流"②，尽管我们仿佛又回到同样的"河边"，但"逝者如斯夫"，那条河里流淌的已不是昨日之水了。

---

① 以上内容均引自 1949 年 9 月 29 日政协全体会议通过的《中国人民政治协商会议共同纲领》。
② 赫拉克利特（Heraclitus），《古希腊哲学》，转引自哲学百科。

三、历史的"流星"与现实的新"原点"

对于新民主主义社会的所有制结构制度设计没有被"一以贯之"① 坚持的问题，笔者在《中国第三波转型》（2009 年完成报告，2010 年发表）一文中，曾经作过分析："当时要建立新民主主义社会，但是非常遗憾，并没有按照新民主主义社会构思去做，很快就抛掉了新民主主义，所以我说新民主主义社会在人类历史上、中国历史上是'流星'，很快闪过去了，闪过去之后很快坠入了'斯大林模式'。"②

"在带领人民完成社会主义革命"的过程中，对农业、手工业和资本主义工商业相继"改造"，使经济基础发生了很大变化。有成绩，也有教训。此后，在指导思想上偏离方向，正如 1981 年 6 月 27 日中国共产党第十一届中央委员会第六次全体会议通过的《关于建国以来党的若干历史问题的决议》所言："认为社会主义改造基本完成以后小生产还会每日每时地大批地产生资本主义和资产阶级，因而形成一系列左倾的城乡经济政策和城乡阶级斗争政策。"③

尤其是，在 1966—1976 年的十年"文化大革命"中，《关于建国以来党的若干历史问题的决议》所说的"左倾的城乡经济政策"发展到登峰造极的地步，所有制格局出现"逆成长"的体制弊端。在农村，不但没有保护好"农民已得土地的所有权"，甚至"包产到户"、自留地、家庭副业、集市贸易等均被当作"资本主义的尾巴"；在城市，多种社会经济成分遭到破坏，除少量的城市集体经济外，几乎变成高度集中的国有经济"一统天下"。

中共十一届三中全会开启的中国所有制结构改革，就是在这样一种体制背景下起步的。这就是当时中国改革的现实"原点"。

---

① "一以贯之"一词源于《论语·里仁》：子曰："参乎！吾道一以贯之。"习近平同志在 2018 年 1 月 5 日"贯彻党的十九大精神研讨班开班式"讲话中援引并提出"一以贯之"命题。

② 常修泽：《中国第三波转型》，是 2009 年 11 月在海南国际论坛的学术报告。《经济参考报》2010 年 3 月 12 日以访谈形式整版发表，题目为《中国正面临第三波历史大转型》。收入常修泽：《人本型结构论——中国经济结构转型新思维》，安徽人民出版社，2015 年版，第 43—53 页。

③ 《关于建国以来党的若干历史问题的决议》（1981 年 6 月 27 日中国共产党第十一届中央委员会第六次全体会议通过）。

第二节
"弹指一挥间":40 年艰难的所有制改革

这一节,继续采用"历史眼光":从 1978 年开始,迄今 40 年。

1978 年 12 月 22 日,中共十一届三中全会公报指出,要"根据新的历史条件和实践经验,采取一系列新的重大的经济措施,对经济管理体制和经济管理方法着手认真的改革",使社会主义经济的各个部门、各个环节普遍地蓬蓬勃勃地发展起来。① 正是在中共十一届三中全会精神的指引下,中国开启了艰难的所有制改革。我们没有忘记这 40 年艰难的历程。

一、中共十一届三中全会前夕:"开风气之先"

据现有史料,在中共十一届三中全会之前,1978 年 9 月,邓小平就指出:"社会主义制度优越性的根本表现,就是能够允许社会生产力以旧社会所没有的速度迅速发展,使人民不断增长的物质文化生活需要能够逐步得到满足。"② 他认为,过去经济长期处于停滞和徘徊状态,人民生活长期停止在很低的水平,这不是社会主义。邓小平强调,底子薄、人口多、耕地少,这是中国的现实国情;中国社会主义建设的一切方针政策都必须从这个基本国情出发,不能离开现实和超越阶段。

在邓小平理论的启发和导引下,开启了我国所有制结构改革的先河:在城市,首先是四川省的国有企业"扩权";在农村,则首先是安徽省的"大包干"。两者的突破都在上述邓小平 1978 年 9 月讲话之后、中共十一届三中全会召开前一两个月。

按时间顺序,先是 1978 年 10 月,四川省委选择具有行业代表性的重庆钢铁公

---

① 中共十一届三中全会公报(1978 年 12 月 22 日)。
② 《邓小平文选》第二卷,人民出版社,1994 年版,第 128 页。

司、成都无缝钢管厂、宁江机床厂、四川化工厂、新都县氮肥厂和南充丝绸厂6家国有企业率先进行"扩大企业自主权"试点。这是中国国有企业改革的"第一声炮响"。

一个月后,"大包干"改革的"第一炮"则在安徽省"打响"。1978年11月24日晚上,安徽省凤阳县凤梨公社小岗村18位农民作出了"分田到户"的壮举。①

在中国历史转折的关键时刻,四川省委和四川人民、安徽省委和安徽人民表现了可贵的历史主动精神,开中国所有制结构改革的风气之先。此后,在中共十一届三中全会精神指引下,农村改革和城市改革开始启动。

二、20世纪80年代:火红的岁月

20世纪80年代是一个解放思想、激动人心的年代。邓小平在此期间多次指出,在当时的中国,由于长期形成的僵化体制不符合生产力发展的要求,严重束缚着生产力的发展,使社会主义制度的优越性不能得到充分发挥,甚至危及社会主义基本制度,因此改革成为迫切的历史要求。

在中国特色社会主义理论体系中,中国特色的社会主义基本经济制度居于决定性的基础地位。而以公有制为主体,同时发挥国有经济骨干作用和民营经济的重要"能动"支撑作用,则是基本经济制度的重要内容。改革开放之初,一则国有企业僵化不活,二则民营经济几乎处于空白状态。因此,所有制改革采取"双线推进"方略。

就第一条线国企改革而言,1980年9月2日,国务院批转《关于扩大企业自主权试点工作情况和今后意见的报告》,决定从1981年起,把扩大企业自主权的工作在国有工业企业中全面推开,使企业在人、财、物、产、供、销等方面拥有更大的自主权。

与此同时,开辟改革第二条线:中国第一个个体户、第一家私营企业、第一家中外合资企业相继诞生。

---

① 这一年,安徽省实行"包产到户"的生产队达到1200个,次年又发展为3.8万个,约占全省生产队总数的10%。

随之，国有经济领域：从扩大企业自主权，到施行两步"利改税"改革；个体经济：从限制到允许；私营经济：从非法到获得合法地位；"三资"经济：从点到面展开。所有制结构改革的春潮开始涌动。

这里，值得提一下1984年9月（即中共十二届三中全会前一个月）的"莫干山会议"——在浙江莫干山召开的"中青年经济科学工作者学术讨论会"。就在此次会议上，中青年经济学者提出"价格双轨制"、"发行股票"、国有企业应成为"自负盈亏"的市场主体，以及"以沿海开放为先导，推动我国经济体制全面改革"等改革主张和建议①，并将成果上报中央。

一个多月后，中共十二届三中全会通过《中共中央关于经济体制改革的决定》，首次提出了"所有权与经营权适当分开"的改革思路。② 此后几年，出现了以"两权分离"为重点的多种改革模式，企业承包制、租赁制、资产经营责任制等新的经营机制开始在各地推行，国有企业股份制改革也着手进行试点。由此，国有企业改革形成一波初潮。

但到20世纪80年代末期，形势发生某种程度的逆转。党内和社会上一度出现一股怀疑甚至否定社会主义商品经济、主张实行"计划经济为主、市场调节为辅"的错误倾向。在所谓"以反和平演变为纲"思想的影响下，在所有制领域也出现了"让乡镇企业家倾家荡产"等言论。中国所有制改革陷入改革开放以来的第一次低潮。

三、20世纪90年代：战略性调整

1992年的邓小平南方谈话及随后举行的中共十四大，标志着所有制结构改革的进一步深化。在中共十四大确立以建立社会主义市场经济为经济体制改革的目标后，国有企业开始由"政策调整型"改革，转入"制度创新型"改革阶段。

特别是中共十四届三中全会，提出了国有企业改革的目标是建立"产权清晰、

---

① 常修泽：《史料版1984年莫干山会议》，《学术研究》，2012年第12期。收入常修泽：《包容性改革论——中国新阶段全面改革的新思维》附录2，经济科学出版社，2013年版，第378—396页。
② 中共十二届三中全会：《中共中央关于经济体制改革的决定》，人民出版社，1984年版。

权责明确、政企分开、管理科学"的现代企业制度,使企业真正成为适应市场的法人实体和竞争主体。这就确立了以产权制度改革和企业制度创新为基础的全新改革思路。随之,中国改革理论界和实际部门涌现出一批关于"资产重组""企业创新"和"产权交易"等内容的改革理论著作和实践探索。① 从理论到实践,这期间可谓积极探索、敢于改革。

1997年中共十五大报告关于所有制改革方面的概括,是对此前中国20年所有制改革经验的总结。报告指出:"公有制为主体、多种所有制经济共同发展,是我国社会主义初级阶段的一项基本经济制度。"报告特别作出新的判断:"非公有制经济是我国社会主义市场经济的重要组成部分。"这明显突破了以往只有公有制才是社会主义的传统思维,把多种所有制与社会主义性质融合在了一起,标志着非公有制经济已从社会主义经济制度的"体制外"正式被纳入了"体制内"。这是对传统社会主义所有制理论和实践的一个重大突破。

中共十五大后,着手对国有经济进行战略性调整,对国有企业进行战略性改组。通过重组,一批国有企业竞争力明显提高,同时一批长期亏损、扭亏无望的企业退出市场。这期间,不乏大刀阔斧的改革举措。同时,也付出了相当的代价,例如成千上万的下岗工人就付出了沉重的代价,其中有些教训值得总结。

四、新世纪头10年:错综复杂的变化

这一时期,所有制格局出现错综复杂的变化,既出现正向的主流,也出现负向的支流,甚至出现以改革为名"扭曲改革"的现象。

正向的变化:2003年10月,中共十六届三中全会通过的《中共中央关于完善社会主义市场经济体制若干问题的决定》,第一次提出"建立健全现代产权制度"②

---

① 20世纪90年代,笔者也先后主笔出版了相关产权理论著作,即《资产重组:中国企业兼并研究》(1992年1月)、《现代企业创新论》(1994年11月)、《产权交易理论与运作》(1995年2月)、《中国企业产权界定》(1998年12月)。

② "不应再局限于狭隘的'企业产权制度',建议提'现代产权制度'。"参见常修泽:《论建立与社会主义市场经济相适应的现代产权制度》(内部研究报告),2003年5月内部上报十六届三中全会决定起草组参考,后在《宏观经济研究》2004年第1期上公开发表。

以及"产权是所有制的核心和主要内容"的理论思路；同时第一次在党的文件中提出"以人为本"的指导理念。① 中国决策层同时提出"产权"和"人本"两大命题，是中国改革理论史上的一个里程碑。笔者提出的"产权人本共进论"的新思维②，反映了人们对所有制改革新的思考和更高层次的追求。

其中，就"产权"这条线来说，中共十六届三中全会通过的《中共中央关于完善社会主义市场经济体制若干问题的决定》明确指出："要适应经济市场化不断发展的趋势，进一步增强公有制经济的活力，大力发展国有资本、集体资本和非公有资本等参股的混合所有制经济，实现投资主体多元化，使股份制成为公有制的主要实现形式。"③ 但由于种种原因，在实践中"发展混合所有制经济"进展并不尽如人意。④

在非公有制改革领域，也有正向的进展。一则，从《中华人民共和国宪法修正案》到"非公经济发展36条"，再到《中华人民共和国物权法》颁布，非公有制经济的政策法律环境进一步改善；二则，中国在2001年"入世"后，"三资"经济加快发展。

负向的"支流"，主要发生在2004年之后。本来，国有资本与民营资本的配置与发展，是应当秉持包容性原则的，但是这些年，民营资本一度受到诘难，而与此同时，国有资本却出现了不合理的倾向。有些竞争性领域，比如竞争性比较强的房地产行业，一些央企资本离开其主营领域而"跨界性"进入，在一些城市制造了若干人们不愿听到但又客观存在的"地王"传奇。据2010年1月国资委网站的信

---

① "我们还没有把人自身的发展作为一个独立的、完整的指导性理念提出，下一步要从促进人自身发展的角度来研究体制创新问题。"参见常修泽：《中国建立社会主义市场经济体制进程的基本判断和改革新阶段的战略思考》（内部研究报告），2001年内部上报十六大报告起草组参考，后在《改革》杂志2002年第4期上公开发表。
② 常修泽：《产权人本共进论——常修泽谈国有制改革》，中国友谊出版公司，2010年版。
③ 中共十六届三中全会：《中共中央关于完善社会主义市场经济体制若干问题的决定》，人民出版社，2003年版。
④ 在2013年10月中共十八届三中全会前出版的《包容性改革论——中国新阶段全面改革的新思维》一书中，笔者专门设置了"包容性体制的经济基础：混合所有制经济"一节，提出混合所有制经济是"包容性体制的经济基础"的观点，但此观点在理论上引起争议，在实践中也进展不顺。基于此，4年后，笔者推出新著，旨在推动混合所有制经济的发展，见常修泽等著：《混合所有制经济新论》，安徽人民出版社，2017年版。

息，在当时主管的130家央企中，相当一部分企业涉足房地产（详细数据略，见国资委网站），这严重偏离了央企的角色定位，在一定程度上影响了国家的整体经济布局，且对楼价上升客观上起到了推波助澜的作用。围绕"进""退"问题，在两种力量——国有资本、民营资本之间出现"不对称博弈"。这虽是新世纪第一个10年出现的局部现象，但照此下去会不会演变成更大范围的"变局"？人们产生诸多忧虑，改革一度陷入"胶着"状态。

五、新阶段开始：任重而道远

中共十八大以后，人们迫切期望改革能够重新起步。应该说，决策层是明白的，也是适应了这种需要的。

"改革开放以来，我国所有制结构逐步调整，公有制经济和非公有制经济在发展经济、促进就业等方面的比重不断变化，增强了经济社会发展活力。在这种情况下，如何更好体现和坚持公有制主体地位，进一步探索基本经济制度有效实现形式，是摆在我们面前的一个重大课题。"①

2013年11月，中共十八届三中全会通过的《中共中央关于全面深化改革若干重大问题的决定》在"坚持和完善基本经济制度"部分，提出"两个都是"和"两个毫不动摇"（见本章第一节）之后，明确发出"积极发展混合所有制经济"的决策，明确指出："国有资本、集体资本、非公有资本等交叉持股、相互融合的混合所有制经济，是基本经济制度的重要实现形式。"② 基于此，改革的"战车"顺理成章向垄断行业推进，指出："国有资本继续控股经营的自然垄断行业，实行以政企分开、政资分开、特许经营、政府监管为主要内容的改革，根据不同行业特点实行网运分开、放开竞争性业务，推进公共资源配置市场化。"③

与此同时，为加快发展非公有制经济，再次重申："产权是所有制的核心。健全归属清晰、责权明确、保护严格、流转顺畅的现代产权制度。公有制经济财产权

---

① 引自习近平关于《中共中央关于全面深化改革若干重大问题的决定》的说明。
② 《中共中央关于全面深化改革若干重大问题的决定》，人民出版社，2013年版。
③ 《中共中央关于全面深化改革若干重大问题的决定》，人民出版社，2013年版。

不可侵犯，非公有制经济财产权同样不可侵犯。"并且第一次提出"两平一同"，即"平等使用生产要素，公开公平公正参与市场竞争，同等受到法律保护"。随着"两平一同"新理念的提出，混合所有制经济开始在实践中推行。到本书结稿时，国家已经启动3批50家企业"混改"试点，其中重点是实施部分重要领域混合所有制改革试点。到2017年12月，试点在电力、石油、天然气、铁路、民航、电信、军工等垄断行业领域的央企集团开始推广。

所有制结构改革（特别是其中的国有企业改革）虽然取得了不小的成绩，但是也存在不少问题。习近平在中共十八届三中全会为《中共中央关于全面深化改革若干重大问题的决定》作的说明中，在重申"发挥国有经济主导作用，不断增强国有经济活力、控制力、影响力"之后，曾专门针对国有企业明确指出："经过多年改革，国有企业总体上已经同市场经济相融合。同时，国有企业也积累了一些问题、存在一些弊端，需要进一步推进改革。"[1]

后来习近平在多次会议上一方面强调"国有企业是中国特色社会主义的重要物质基础和政治基础，是我们党执政兴国的重要支柱和依靠力量"[2]，另一方面也实事求是地列举国企存在的问题，归纳起来主要有：①国企市场主体地位未真正确立；②现代企业制度尚不健全；③国资监管体制需要完善；④国有资本运行效率不理想；⑤"内部人控制"；⑥国有资产流失严重；⑦计划经济遗留下的企业办社会职能以及其他历史遗留问题；等等。2014年底，在中央经济工作会议上针对片面唱赞歌的思维，习近平更鲜明地指出："推进国企改革要奔着问题去。"[3]

至于非公有制经济的发展遇到的问题就更不少。2016年，《中共中央 国务院关于完善产权保护制度依法保护产权的意见》指出："公权力"侵害企业特别是民营企业以及个人的合法产权和权益，以及因"司法腐败"、"执法腐败"、公务人员"腐败"，导致企业特别是民营企业产权被侵犯，致使民营企业家的"预期"和

---

[1] 引自习近平在十八届三中全会《关于〈中共中央关于全面深化改革若干重大问题的决定〉的说明》。
[2] 《习近平谈治国理政》第二卷，外文出版社，2017年版，第175页。
[3] 引自习近平在2014年底中央经济工作会议上的讲话。

"信心"出现问题。正是在这种背景下，2017年4月，中央全面深化改革领导小组第三十四次会议通过了《关于进一步激发和保护企业家精神的意见》。[①] 这是继2016年11月中共中央国务院颁发关于完善产权保护制度文件之后又一重要文件。尤其是2017年12月28日，最高人民法院作出决定，将再审张文中案、顾雏军案等三大案件，引起广泛的社会影响。其发出的强烈信号是关于产权问题的。

在这一阶段，最值得重视的是中共十九大报告中关于经济体制改革，特别是与所有制方面相关的重要内容。

——关于新阶段的经济体制改革，报告鲜明地指出："经济体制改革必须以完善产权制度和要素市场化配置为重点，实现产权有效激励、要素自由流动、价格反应灵活、竞争公平有序、企业优胜劣汰。"[②] 读到此段，笔者颇为感慨，中央把"完善产权制度"作为经济体制改革的第一重点是高瞻远瞩、切中要害的，我们深受鼓舞。

——关于国有资产体制改革，报告指出："要完善各类国有资产管理体制，改革国有资本授权经营体制，加快国有经济布局优化、结构调整、战略性重组，促进国有资产保值增值，推动国有资本做强做优做大，有效防止国有资产流失。"[③]

——关于国有企业改革，报告指出："深化国有企业改革，发展混合所有制经济，培育具有全球竞争力的世界一流企业。"[④]

——关于发展民营经济，报告指出："清理废除妨碍统一市场和公平竞争的各种规定和做法，支持民营企业发展，激发各类市场主体活力。"[⑤]

——此外，报告还强调"深化商事制度改革，打破行政性垄断，防止市场垄断"[⑥] 等等。

---

① 常修泽：《激发和保护企业家精神》，《人民日报》，2017年7月3日理论版；常修泽：《以公平为核心完善产权保护制度》，《人民日报》，2016年11月11日理论版。
② 引自《中国共产党第十九次全国代表大会文件汇编》，人民出版社，2017年版，第27页。
③ 同上。
④ 同上。
⑤ 同上。
⑥ 同上。

中共十九大报告的上述表述,为下一步所有制结构改革指明了努力的方向。

截至本书定稿的2017年12月底,事实说明,中国的所有制结构改革任重而道远。

第三节
40年所形成的财富总量与所有制结构

经过近40年的中国所有制结构改革,中国的财富(资产)存量大体形成多大规模?从资产存量角度考察,按政府、居民等四大部门划分,按国有、民营等不同所有制划分,大体形成什么样的格局?从经济流量角度考察,所有制结构中的公有制经济和非公有制经济各自占多大比重?特别是从资产存量的角度分析,中国国有资产的存量到底格局如何?这是人们关心的问题,也是总结40年改革绕不开的问题。用世界眼光来审视,总的判断:中国改革40年所形成的财富总量与所有制结构,是一个既不同于苏联,也不同于欧美国家的比较独特的新型格局。

一、中国财富(资产)存量总规模及四大构成分析

总的来看,经过近40年的所有制结构改革,中国的财富(资产)存量已成新的格局。根据中国社会科学院李扬、张晓晶、常欣等著的《中国国家资产负债表2015:杠杆调整与风险管理》一书估算的结果,2013年国家总资产691.3万亿元(其中净资产355.3万亿元)。

从存量资产的几个角度分析,2013年末,四大部门构成如下:

——就总资产而言,居民部门占比为29.4%,非金融企业部门占比为30.3%,金融机构占比为27.4%,政府部门占比为12.9%。

——就非金融资产而言,居民部门占比为38.4%,非金融企业部门占比为

40.8%，政府部门占比为20.8%。

——就金融资产而言，居民部门占比为20.7%，非金融企业部门占比为20.2%，金融机构占比为53.9%，政府部门占比为5.2%。

——从净资产规模看，居民部门为180万亿元，非金融企业部门为104.4万亿元，金融机构为-2.4万亿元，政府部门为73.3万亿元。①

二、按国有、民营划分的资产存量格局

（一）大口径的国有资产"家底"

根据财政部、国资委、国家统计局等部门公布的公开数据测算，截至2015年底，经营性国有资产值约为34.46万亿元，行政事业性国有资产值约为11.23万亿元，金融性国有资产值约为53.41万亿元，资源性国有资产值约为458万亿元（其中约43万亿元可直接出售或交易）。四项国有资产合计总值达557.1万亿元。详见本书第四章。

需要说明的是，这里的国有资产值是按照资产负债表的口径，指的是国有资产净值或国有资本净值。这里的资源性国有资产值，包括各级政府所拥有的没有转让土地使用权的国有土地储备、已经探明的可估值的地下资源和可计价的地上资源（指可估值、可计价、可交易部分）。不包括：①各级政府已经转让土地使用权的国有土地；②未探明的地下资源；③虽已探明但不可估值的地下资源；④不可计价、不可交易的地上资源（如海洋资源、水资源、除活立木以外的森林资源等）。

从以上财政部相关数据可算出，当前中国大口径的国有资产（即把资源性国有资产、经营性国有资产、行政事业性国有资产、金融性国有资产都考虑在内）总量高达557.1万亿元。如果不考虑资源性国有资产，只计算经营性国有资产、行政事业性国有资产、金融性国有资产，三项相加高达近百万亿元。可见中国的国有资产

---

① 李扬、张晓晶、常欣等：《中国国家资产负债表2015：杠杆调整与风险管理》，中国社会科学出版社，2015年版。

"家底"相当雄厚,是任何经济力量都不可企及的。

(二)国有企业资产(资本)的最新"家底"

根据财政部有关国有及国有控股企业资料,截至 2017 年 2 月末,国有企业资产总额 135.94 万亿元,负债总额 89.56 万亿元,所有者权益合计 46.38 万亿元。

其中:①中央企业资产总额 71.65 万亿元,负债总额 48.94 万亿元,所有者权益合计 22.71 万亿元;②地方国有企业资产总额 64.29 万亿元,负债总额 40.62 万亿元,所有者权益合计 23.67 万亿元。

这就是中国国有企业资产(资本)的最新"家底"(指在企业的资产,不含非经营性国有资产,也不含资源性国有资产)。可见,仅就国有企业层面的资产(资本)"家底"而言,也有优势,而且多在关键领域。请看表 1-1 2017 年中国企业 50 强名单。此名单中除少数企业(如华为、苏宁、山东魏桥、正威和联想等)外,绝大多数是国有或国有控股企业,且掌握国家经济命脉。由此也可以看出我国国有经济在国民经济中的重要地位和作用。

表 1-1 2017 年中国企业 50 强名单

序号	企业名称	地区	营业收入(万元)	利润(万元)
1	国家电网公司	北京	209397168	63585660
2	中国石油化工集团公司	北京	196921982	835693
3	中国石油天然气集团公司	北京	187190290	1240662
4	中国工商银行股份有限公司	北京	101526600	27824900
5	中国建筑股份有限公司	北京	95976549	2987010
6	中国建设银行股份有限公司	北京	84805200	23146000
7	中国农业银行股份有限公司	北京	77909800	18394100
8	中国平安保险(集团)股份有限公司	广东	77448800	6239400
9	上海汽车集团股份有限公司	上海	75641617	3200861
10	中国银行股份有限公司	北京	75540200	16457800

(续表)

序号	企业名称	地区	营业收入（万元）	利润（万元）
11	中国移动通信集团公司	北京	71161106	6387079
12	中国人寿保险（集团）公司	北京	69634318	107934
13	中国铁路工程总公司	北京	64426089	613887
14	中国铁道建筑总公司	北京	63029681	792132
15	国家开发银行股份有限公司	北京	58875467	10904632
16	东风汽车公司	湖北	57261266	940048
17	华为投资控股有限公司	广东	52157400	3706600
18	华润（集团）有限公司	广东	50340782	1714106
19	太平洋建设集团有限公司	江苏	49578589	2104667
20	中国南方电网有限责任公司	广东	47328148	1547784
21	中国兵器装备集团公司	北京	47267719	385537
22	中国交通建设集团有限公司	北京	47002154	950867
23	中国人民保险集团股份有限公司	北京	44332300	1424500
24	中国海洋石油总公司	北京	43774087	1164223
25	中国邮政集团公司	北京	43583636	3308568
26	中国五矿集团公司	北京	43545005	-296753
27	中国第一汽车集团公司	吉林	43038158	1601905
28	天津物产集团有限公司	天津	42068435	94107
29	中国电信集团公司	北京	41445834	1172321
30	安邦保险股份有限公司	北京	41397026	2580239
31	苏宁控股集团有限公司	江苏	41295073	68825
32	中国兵器工业集团公司	北京	40740610	566689
33	中粮集团有限公司	北京	40700647	135825
34	北京汽车集团有限公司	北京	40610384	837478
35	中国中化集团公司	北京	39549504	310931
36	山东魏桥创业集团有限公司	山东	37318332	808644
37	中国航空工业集团公司	北京	37119722	308352

(续表)

序号	企业名称	地区	营业收入（万元）	利润（万元）
38	海航集团有限公司	海南	35233153	185295
39	交通银行股份有限公司	上海	35119183	6720959
40	中国中信集团有限公司	北京	35111397	2150005
41	正威国际集团有限公司	广东	33001920	797135
42	中国电力建设集团有限公司	北京	32465182	702610
43	中国医药集团总公司	北京	31728070	334811
44	中国宝武钢铁集团有限公司	上海	30962102	294162
45	联想控股股份有限公司	北京	30695285	485892
46	中国化工集团公司	北京	30012718	11908
47	招商银行股份有限公司	广东	29756000	6238000
48	中国华信能源有限公司	上海	29094988	492176
49	河钢集团有限公司	河北	29077196	89088
50	兴业银行股份有限公司	福建	28515000	5385000

资料来源：中国企业联合会、中国企业家协会发布的2017年中国企业500强榜单。

（三）私营企业规模及其注册资金"家底"

读者从本书第七章可知，从1988年（开始正式公布统计数据）至2014年，私营企业数量从4.0634万家增长至1546.37万家；注册资金为59.21万亿元。但这是注册资金，不少企业注册后，资金有所收回。至于私营企业实际资产"家底"，本人未获资料，这里只有中国社会科学院李扬、张晓晶、常欣等著的《中国国家资产负债表2015：杠杆调整与风险管理》一书估算的"非金融类国有和广义民营企业（包括集体在内）资产各占非金融类企业总资产比重数据"（见下面数据分析）。

（四）非金融类国有企业和广义的民营企业（包括集体在内）资产各占非金融类企业总资产比重

据测算，非金融类国有企业总资产占非金融类企业所有企业的总资产大约为

30.2%；那就意味着，非金融类民营企业总资产占非金融类企业所有企业的总资产大约为69.8%。① 比例是"三七开"，三成是国有，七成是民营。但这个民营是"大民营"的概念，包括集体经济在内。

三、从四组流量指标分析所有制结构新格局

——从工业增加值指标看，国有企业创造的工业增加值约占25%，民营企业广义民营，包括集体经济在内约占75%。这里不包括服务业，也不包括农场，指的是工业增加值。

——从GDP指标看，全国GDP总量中，60%是非公经济创造的②。这个民营是一个窄民营（指非公经济），如果再加上集体或者混合企业的等等，会更高。

——从税收指标来看，据最新资料，非公经济税收超50%，公有经济税收近50%。

——从新增就业贡献指标看，非公经济新增就业贡献达到90%。③

这就是改革开放到今天，中国的所有制结构存量和流量的变化。从流量指标分析，民营（前一个广义，后三个狭义）经济对国家经济活动的贡献是比较突出的，但从更大范围的国民资产存量指标来看，包括四项国有资产在内的整个国有资产（557.1万亿元）仍在中国社会总资产中占优势，并且控制着国民经济命脉。如果再加上农村集体所有的土地资产以及其他城市集体经济资产，总体上说公有资产占主体地位。

四、正视某些地区国有经济比重过高和经济效益低下问题

值得重视的是，经过近40年的所有制结构改革，某些地区国有经济的经济效益比较低下。2015年笔者在东北详细调查了黑龙江、吉林和辽宁三省规模以上国

---

① 李扬、张晓晶、常欣等：《中国国家资产负债表2015：杠杆调整与风险管理》，中国社会科学出版社，2015年版。
② 资料来源：《人民日报》2016年1月13日报道。
③ 同上。

有企业资产情况，2013年三省规模以上国有企业资产占规模以上工业企业总资产比重的具体数据是：黑龙江占64.69%、吉林占54.09%、辽宁占45.8%①，比全国平均数高20~40个百分点。考虑到东北国有工业企业中，生产性服务业剥离不够的情况，笔者再用另一指标比较。2014年全国非金融类国有企业总资产占非金融类企业全部总资产的比重为30.2%。即使用上面三省的国有工业企业平均数54.86%与全国非金融的平均数30.2%相比，也高出20多个百分点。②

从东北三省的财务报表看，2015年东北三省地方国有企业7076家，净资产1.1万亿元，总资产2.8万亿元，营业收入5816亿元，利润总额-52.7亿元。这就意味着东北三省地方国有企业经营一年不但没有利润，反而整体亏损。具体分析，约一半企业盈利，一半企业亏损，盈亏相抵，净亏损。酿成这一结局的原因是相当复杂的，有历史原因，也有现实"不作为"原因；有体制性原因，也有结构性原因，还有文化方面原因等。但不管原因如何，这个问题必须正视。③

五、总体判断

最后，需要指出，假若用"理想的模式"看问题，所有制结构改革可议之处还是很多的，然而，尽管某些地区、某些部门问题较多，且全国所有制结构改革的进程也颇为艰难曲折，但实事求是地评价，中国的所有制结构改革大体是成功的，其成绩是第一位的。

诚然，这场改革承受了很大压力，也付出了一些代价，但无论是与40年前比，还是与世界同样类型国家比，中国的国有企业毕竟在"浴火重生"，中国的民营经济毕竟在"异军突起"，特别是各种新型的经济（如股份经济、合作经济、混合所有制经济）等毕竟在不可阻遏地成长……如果没有这些，中国经济就不可能取得众所周知的成绩。

---

① 常修泽：《"再振兴"东北战略思路探讨》，《人民论坛》，2015年第11期。
② 常修泽：《东北振兴战略新论》，《战略与管理》，2017年第1期。
③ 常修泽：《东北振兴战略新论》，《战略与管理》，2017年第1期。另见常修泽：《以改革开放新举措促进东北全面振兴》，《人民日报》（理论版），2017年7月20日。

总体判断：经过40年的探索，可以说，中国初步找到了一条适合自己国情的所有制结构现代化之路。正是这种有中国特色的所有制变迁之路，才给中国的经济发展、社会进步和民生福祉带来新的活力和稳定力。这是40年渐进性，并具极大包容性改革的成果。今后改革不应停滞，更不应后退。

第四节
本书逻辑体系、作者追求与遗憾

一、本书的逻辑体系

这是一部用历史和世界的眼光来研究中国所有制改革的著作，也是笔者和几位合作者集体智慧的结晶。根据笔者的思想框架，在本书结构安排上，设置五篇十四章。

第一篇 "总论篇"，包括一章。

第一章 本章——"中国所有制结构改革40年总论"。本章以原始的历史资料，从新中国68年纵深的角度，阐述中国所有制结构改革的历史背景和逻辑起点，重点概括近40年中国改革的简要历程，特别是展示改革后资产存量与经济流量的新格局。在此基础上，作出关于所有制结构改革40年的总体判断。同时，阐述本书的逻辑体系、作者追求及若干遗憾，向读者表达自己的思考历程。

第二篇 "历程篇"，包括两章。

该篇用两章篇幅（第二章、第三章）系统阐述1978年改革开放以来，包括国有企业、民营企业、"三资"企业以及混合所有制经济在内的中国所有制结构改革的完整历程。鉴于时间跨度较大，故本书将40年我国所有制结构改革历程，以中共十五大为界线，分成上、下两个时段：1978—1997年为第一时段，1997—2017年为第二时段。前后大体各20年。

第三篇　"支柱篇"，包括五章。

第四章　从国有制角度，分析国有资产资本化及国有资本分布结构。本章用四万字的篇幅，详细阐述了国有资产额的增长情况、国有资产构成体系的建立及不断完善过程、国有产权交易及国有资产资本化进程，并列出国有资本分布结构，为研究国有制发展提供坚实的基础。

第五章　在上一章展示国有资本分布结构的基础上，重点阐述国有经济布局的战略性调整，包括问题的提出、调整的进展、对调整的评估，以及下一步继续推进国有经济战略性调整的思路。

第六章　重点瞄准国有制改革中最难啃的"硬骨头"——垄断性行业改革——进行探讨。在分析中国垄断性行业本身的复杂性、体制坚硬与利益纠结的基础上，论述作者提出的"结构性破垄"的观点；基于十八届三中全会作出垄断性行业改革的新部署及其改革的新进展，深入剖析垄断性行业改革迄今存在的问题、面临的新挑战，提出有待突破的深层理论问题。本章着眼于未来，展示了新阶段垄断性行业改革的四个新趋势，以及与"破垄"相联系的民间资本进入的"五条路径"。

第七章　接着上一章"民营资本进入"的话题，转向研究中国所有制结构改革的另一个支柱——民营经济发展。在详细阐述近40年中国民营经济发展方针政策演变和民营经济发展现状的基础上，重点对民营企业家财富积累状况，民营企业家财富的来源、使用及安排等问题作了深度分析。

第八章　继上一章研究民营经济发展之后，研究所有制结构中另一种非公经济——"三资"企业发展。在分析外资企业在中国的四个发展阶段的基础上，重点阐述外资企业在中国经济发展和改革中所发挥的重要作用，特别是金融危机以来，外资企业作用的新变化；最后提出有效发挥外资企业对中国改革促进作用的整体思路与基本方略。

以上五章内容，是所有制结构的骨干部分。

第四篇　"治理篇"，包括三章。

公司治理是关于企业利益相关者之间在权利安排、利益分配和责任机制等方面的一系列契约关系规则，也是所有制结构改革的重要内容。当今世界发达国家对公司治理都很重视。本篇立足于中国的国情，分三章讨论并阐述中国国有企业以及上市公司的有关公司治理问题。

第九章 首先研究"国有企业的公司治理及创新"。在分五个阶段详细描述中国国有企业治理改革进程的基础上，提出国有企业分为公益性国有企业、合理垄断性国有企业以及竞争性国有企业的依据；基于典型调研是本章的一个特点；最后提出不同类型国有企业的改革方向和治理机制设计。

第十章 继续瞄准国企治理问题，重点研究国有企业高管薪酬制度及改革取向。基于国有企业高管薪酬管制的历史与比较，对营利性国有垄断企业高管贡献的估计以及"放大效应"与高管薪酬作了深入分析，两部分都有理论模型、研究设计、实证检验；明确提出了国有企业高管激励机制市场化改革取向。

第十一章 由国企治理转向"中国上市公司治理评价及改进方向"。在阐述中国公司治理三大发展阶段的基础上，对实践中的上市公司治理作出评价，并提出下一步上市公司治理的改进方向。

治理篇这三章，资料详细、调研扎实，对于研究国企改革具有学术价值。

第五篇 "攻坚篇"，包括三章。

这一篇本来拟称"展望篇"，但展望未来，深感中国所有制结构改革任重而道远，面临极其繁重的"攻坚"使命，故改称"攻坚篇"。基于新阶段所有制结构改革特别是国企改革"两难境地"的判断，笔者认为，在未来"攻坚"中，应主要寻求三大突破：如何破除不合理的垄断（以释放经济发展潜力）和改变既得利益集团格局（腐败根源之一）？如何推进混合所有制经济发展（特别是国企"混改"）？如何按"产权人本共进论"的新思路推进新阶段所有制结构改革？本篇三章按此思路展开。

第十二章 从国企改革难在哪里切入，探讨新阶段国企改革两难境地的突破以及发展前景。本章在分析改革的选择和顺序的基础上，突出"改革的突破口：识别垄断和破除垄断"；围绕"中国经济的发展前景"，提出"破除垄断：释放经济发展潜力"以及"配合创新阶段的制度调整：更多依赖市场和对人的激励"等理论主张。

第十三章 瞄准下一步"中国所有制结构改革的新趋势",阐述混合所有制经济改革(特别是国企"混改")和发展问题。与以往混合所有制经济只着眼于"微观价值追求"不同,本章重在探索新阶段发展混合所有制经济的"宏观价值追求"(经济、社会、政治等宏观价值追求);针对国有企业混合所有制改革操作中存在的只在国有范围内"兜圈子"而忽视"放大国有资本功能"的倾向,明确提出了"以'异质产权多元化'为主旋律、'同质产权多元化'为协奏曲"的观点。在分析国资投资的混合所有制企业总量、结构、资产比例、经济成分、地区分布与产业分布的基础上,提出了国有企业"混改"的分类推进方略、分层推进方略、分区推进方略等三大方略。最后提出应切实把握四大要领,以防止混合所有制改革在实践中被扭曲和"异化"。

第十四章 这是本书最后一章,也是压轴之作。鲜明提出应按"产权人本共进论"推进新阶段所有制结构改革。本章在对"广义产权论"三大要义和"人"的三层含义界定的基础上,提出"产权""人本"交叉与交融的新观点;并从理论、历史与现实三个维度,阐明"产权人本共进"的必然性;系统论述在新阶段"产权线"方面如何沿着产权界定、产权配置、产权流转和产权保护线索扎实推进;在"人本线"方面,提出了激励和保护企业家精神、劳动者就业和再就业、收入分配及劳动者的谈判地位和"劳权实现"问题。此处体现了作者的人本经济学和产权经济学融为一体的思想,试图向读者和社会提供一种所有制结构改革,特别是国有企业改革的新思维。

二、作者的追求

作为一部(出版社提出"第一部",能否做到,笔者不敢奢望)系统阐述改革开放近40年中国所有制结构改革的著作,在研究和写作中,笔者内心深处怀有三个方面的追求。

第一,追求客观性。

这是一部回顾总结40年改革历程的著作,从一定意义上说,这是一部"史书"。从毛泽东到邓小平一直到中共十八大起担任总书记的习近平,都一再强调要发扬实事求是的精神，采取历史唯物主义的态度。习近平同志指出："历史是最好的老师，它忠实记录下每一个国家走过的足迹，也给每一个国家未来的发展提供启示。"

按照上述精神，回顾和总结改革，应该是全面、客观、真实、可信，"不掩恶，不虚美"①的。用一句形象的话说就是"历史不能只露半边脸"，更不能随意涂抹或打扮。本书鞭策自己遵循上述规则，力求以实事求是之态度，客观反映近40年改革历程，写成绩，不"虚美"，面对问题也不"掩恶"。在这方面本书尽力做到全面、客观、真实、可信，至于是否做到了客观叙述，还有待于读者和历史评判。

第二，追求战略性。

作为一部研究经济基础的所有制结构改革的著作，本书应具有很强的战略性。作为主笔，我期望全书要写成重点讲"道"而不是拘泥于"术"的精品之作。这就要在每一章都尽量分析透彻、鞭辟入里的基础上，站在时代的高度，概括出若干条有价值的改革战略思想，以体现全书的宏观性和思想性。

为此，在组织研究和写作团队时，除考虑专业背景外，更考虑本书的"思想占位"。在合作者队伍中，有在中国社会科学院持续关注中国改革进程、曾为中共十七大报告、中共十八大报告起草工作提供"基础性调研报告"者；有在原国家国有资产管理局和现财政部财政科学研究院公共资产研究中心长期研究国有资产管理者；有在国家发展和改革委员会经济研究所长期研究国有资产重组问题者；有在全国工商联研究室担任过主任、长期研究中国民营经济发展及其财富结构者；有在国家发展和改革委员会对外经济研究所新兴经济体研究室专门研究吸引外资、发展"三资"企业者；有在高校潜心研究公司治理结构、连续多年发布系统性公司治理指数者；有在中国社会科学院经济研究所微观经济研究室长期致力于国有企业改革的理论研究者；等等（执笔者介绍及分工见后记）。

在笔者和研究团队共同研究的基础上，本书本着源于专业，高于专业的精神，重在进行战略审视和理论概括，提出属于本书的若干条战略理性思想。如，关于

---

① 刘知几：《史通》。

"走自己的路","两个不拘泥于"的战略思想;关于在基本经济制度"根基"之上"玫瑰花"和"紫罗兰"都是香花,从而坚持"两个毫不动摇"的战略思想;关于把中国特色社会主义所有制结构之"特"与人类社会化大生产共同特征之"共"内在结合的战略思想;关于类似小岗村式的内源性的内生改革与加入WTO式的外源性催生改革相结合的战略思想;以及在40年产权变革中总体渐进(甚至容忍一段时间的产权模糊)和重点突破(实现产权清晰化)有机结合的思想;等等。尽管这些思想未必十分成熟,但力求有作者自己的战略思考。

第三,追求创新性。

创新是一部学术著作的灵魂。尽管本书重点在回顾和总结所有制改革的实践,但也期望在理论上有一定的创新性,至少有些新意或新观点。在这方面作者作了力所能及的探索。

就观点方面而言,比如,在对所有制结构改革的总体把握上,运用笔者的"包容性改革论"思维,排除"单向度"的传统思维,把国有、民营和"三资"企业经济都列为"支柱篇"(当然,国有经济是第一支柱);在作为改革"重头戏"的垄断性行业改革问题上,结合中国国情,提出并系统阐述了"识别垄断"和"结构性破垄"的观点;在关于国有企业混合所有制改革问题上,与以往只着眼于混合所有制经济的微观追求不同,本书重在探索新阶段发展混合所有制经济的"宏观价值追求",并明确提出了"以'异质产权多元化'为主旋律、'同质产权多元化'为协奏曲"的观点;在民营经济问题上,提出了关于财富伦理等问题的系列看法;在公司治理篇,从中国的国情出发,运用大量数据,提出了国有企业治理机制、高管薪酬和上市公司治理改进等意见;特别是在未来进一步改革攻坚战的战略构思中,基于作者对人本经济学和产权经济学的研究,提出了双维度的"产权人本共进论"的思想;等等。

就研究方法而言,本书采取大数据分析法、模型设计与推导法、资料提纯萃取法、典型案例解剖法等,希望总体底蕴深厚一些,资料翔实一些,说服力稍强一些。

三、本书的遗憾

在本书完稿之际，掩卷思之，笔者有诸多遗憾。举其大者，突出的有：

一是规律问题。在人类历史上，如何建立一种新型的社会主义所有制结构是个前所未有的命题，确实无前例可循，但是，有责任感的学者应该探索其中的奥秘。近40年中国所有制改革的实践是极其丰富多彩的，与这种丰富实践相比，理论的抽象和概括是远远不够的。笔者也曾试图把挖掘制度层面改革的奥妙和概括改革发展的规律性东西作为本书的主题。面对如此规模、如此丰富多彩的所有制结构变迁，确实是有若干规律可挖的。写作中，针对国有企业改革、民营经济和"三资"企业发展以及整个所有制结构的配置，本书写作组全体成员是做了力所能及的探求的，也阐述了某些带有规律性的东西，但从理论层面来说概括得还不太够。

二是决策问题。集笔者近40年所有制结构改革之观察与思考，中国改革的每一步，就决策过程来说，在所有制结构改革背后隐藏着比较复杂的社会政治问题。希望将来我们能与学界朋友一起以《中国所有制结构改革背后的深层问题》为题深入研究，或许笔者也会对此进行探讨，撰写有关论文，以补缺憾。

此外，还有数据问题有待进一步更新。

书中还有其他不足甚至不当之处，希望读者在阅读本书后提出，以便再版时修订。

"文章千古事，得失寸心知"。谨以此为第一章。

PART TWO

第二篇
历程篇

第二章
中国所有制结构改革的历程（上）：
20 世纪后期

回顾近 40 年中国所有制结构改革历程，大体可以分为前 20 年和后 20 年两大阶段。第一阶段是从 1978 年改革大幕开启，到 20 世纪 90 年代下半期（以 1997 年中共十五大为界）。第二阶段是从 1997 年到 2017 年。

在改革的第一阶段，面对原有的传统僵化的所有制结构，在"解放思想，实事求是"思想路线的指引下，全国的所有制结构改革沿着边际演进的改革路径，逐步从体制外以及体制内比较容易的地方和环节突破。具体来说，"先农村"——启动农业经营制度层面的改革，"后城市"——推进企业微观主体再造；在微观主体再造方面，"先非公有"——在外围发展非公有制经济，"后国企"——推进放权让利和"两权分离"。随着社会主义市场经济体制模式的提出，再逐步推进到传统体制内特别是其"内核"部分，国有企业深层的产权制度变革开始被触及。至本阶段结束，全国范围内不同经济成分并存的所有制结构雏形初步形成。

本章先分析第一阶段，即前 20 年的所有制结构改革。

第一节
1978—1984 年的所有制结构改革

分析前 20 年的所有制结构改革，不能不提"解放思想，实事求是"的思想路线。1976 年"文化大革命"结束后，中国处在关键的历史转折点上。1977 年 2 月

7日,《人民日报》、《红旗》杂志、《解放军报》发表《学好文件抓住纲》,提出:"凡是毛主席作出的决策,我们都坚决维护;凡是毛主席的指示,我们都始终不渝地遵循。""两个凡是"观点的提出,促使人们开始思考"判断路线是非、思想是非、理论是非究竟以什么为标准"的问题。正是在这种背景下,展开了全国规模的关于真理标准问题的理论大讨论。

"两个凡是"刚一提出,邓小平就指出,这不是马克思主义,不是毛泽东思想。之后,他又反复强调实事求是才是毛泽东思想的精髓,并多次针对真理标准问题作了阐述。在1978年12月中共中央工作会议闭幕会上的讲话中,他提出了具有重要意义的"解放思想,开动脑筋,实事求是,团结一致向前看"的方针。

继之召开的中共十一届三中全会纠正了"以阶级斗争为纲"的错误方针,决定把党和国家的工作重点转移到社会主义现代化建设上来,并提出改革开放的伟大决策。邓小平提出,在当时的中国,由于长期形成的僵化体制不符合生产力发展的要求,对其构成了严重的束缚和羁绊,使社会主义制度的优越性不能得到充分发挥,甚至危及社会主义基本制度,因此改革成为迫切的历史要求。中国的所有制结构改革就是在这种背景下展开的。

综观这一阶段的改革,明显带有"破"的成分,无论是农村微观经营制度改革,还是城市国有企业放权让利改革,抑或个体经济破茧而出,都将传统所有制结构撞开了一个大缺口。在"破"的过程当中,新的所有制结构在人民群众的实践中逐步显现出来。

一、农村改革:家庭联产承包责任制的出现

农业是国民经济发展的基础,在中国尤其如此。改革开放之初,农村人口占全国人口的80%。不把人数如此众多的农民的积极性调动起来,不解决农民的温饱问题,整个国民经济就难以迅速发展。同时,农村主要是非国有经济,与国有经济占绝对优势的城市相比,是计划经济体制相对薄弱的环节,在广大农民内在因素的作用下(即内生性改革),也是比较易于突破的环节。这就决定了中国经济体制改革必然首先从农村改革开始。

中国农村改革发端于农村土地关系调整所引发的经营制度变革，也就是逐步打破"三级所有、队为基础"的集体经营模式，实行联产承包到户的家庭经营制度。

1978年夏秋之际，安徽发生了百年不遇的特大旱灾，人民生活出现严重困难。安徽省委作出把集体无法耕种的土地借给农民耕种，谁种谁收、不向农民收统购粮的"借地种粮"决策。"借地种粮"的政策唤起了农民的生产积极性，也引发了一些地区包产到组、包干到户的行动。

凤阳县凤梨公社小岗生产队成为全国农村率先搞包干到户的典型之一。1978年夏，由于大旱，村里20户人家100多口人大多数要靠讨饭才能活下去。1978年11月24日晚上，小岗村18户农民为了摆脱贫困，在领头人严宏昌带领下，冒着风险自发地立一纸文书，写道："我们分田到户，每户户主签字盖章，如以后能干，每户保证完成每户的全年上缴和公粮，不再伸手向国家要钱要粮；如不成，我们干部坐牢杀头也甘心。大家社员也保证把我们的小孩养活到18岁。"并按下了充满悲壮意味的18个红手印。在实行包干到户的当年，小岗村粮食总产量66吨，相当于全村1966—1970年5年粮食产量的总和。

小岗村"交够国家的，留足集体的，剩下都是自己的"的"大包干"实践，打破了农村计划经济旧体制的"坚冰"，开启了全国农村家庭联产承包责任制的序幕。1978年底，安徽实行包产到户的生产队达到1200个，次年又发展为3.8万个，约占全省生产队总数的10%；到1980年底，安徽全省实行包产到户、"大包干"的生产队已发展到总数的70%。与此同时，在四川、贵州、甘肃、内蒙古、河南等地，包产到户也在或公开或隐蔽地发展着。到1980年秋，全国实行包产到户、包干到户的生产队占总数的20%；1981年底扩大到50%左右。

在广大农民创造并自发推广"双包到户"的过程中，农村的传统经营体制被撞开了一个大缺口。中国的领导层支持中国农民的伟大实践，1982年1月，中共中央关于农村经济政策的第一个"一号文件"对迅速推开的农村改革进行了总结，明确提出包产到户、包干到户或大包干"都是社会主义集体经济的生产责任制，反映了亿万农民要求按照中国农村的实际状况来发展社会主义农业的强烈愿望"；并指出"集体经济要建立生产责任制是长期不变的"。

1983 年的中央"一号文件"更为明确地提出联产承包责任制"是在党的领导下我国农民的伟大创造,是马克思主义农业合作化理论在我国实践中的新发展"。来自中央的肯定和承诺稳定了农民的制度预期,使家庭承包经营制度进一步推开。到 1983 年底,中国 98% 的农村集体都实行了家庭联产承包责任制。

家庭联产承包责任制的实行克服了集体生产条件下高度集中管理的弊端(包括普遍存在的"搭便车"现象),使农户真正成为独立的经营主体,成为部分的剩余索取者,由此产生了对农民的制度性激励,降低了生产监督成本。而为了强化对农户持续投资土地的激励,在实行家庭承包经营的过程中,土地承包期也被不断延长,最初是 1~3 年,1984 年决定延长到 15 年。①

以推行家庭联产承包责任制为主要内容的农村经营体制改革,极大地解放了农村生产力。据统计,在 1979—1984 年的短短几年时间里,中国主要农产品的产量都有了迅猛的增长,如粮食产量增长了 33.6%,年均增长 4.95%;棉花产量增长了 188.8%,年均增长 19.33%;油料产量增长了 128.2%,年均增长 14.75%;肉类产量增长了 79.9%,年均增长 10.28%。主要农产品产量如此迅猛增长是与家庭联产承包责任制的推行密切相关的。经验研究表明,1978—1984 年中国种植业部门 42.2% 的产出增长率大约有一半来自于改革所带来的生产率变化,而这种生产率变化又几乎全部归于实行家庭经营责任制所带来的变化。②

总之,1979—1983 年的 4 年间,可以说是中国农村的大变动时期,在此期间,

---

① 在之后的 1993 年又允许第一轮土地承包合同到期后再延长 30 年,之后又寻求从法律上保护农户的土地承包使用权,以期建立稳定的土地承包关系。特别是 2003 年《农村土地承包法》的颁布和实施,以法律形式"赋予农民长期而有保障的土地使用权",标志着中国农村土地承包经营制度开始走上了法制化轨道。这种政策上的连续性和稳定性,提高了改革的政治可信性。

② 相关研究参见 McMillan, J., Whalley, J. and Zhu, L. *The Impact of China's Economic Reforms on Agricultural Productivity Growth*, Journal of Political Economy, 1989, 97 (4): 781 – 807; Fan, Shenggen, *Effects of Technological Change and Institutional Reform on Production Growth in Chinese Agriculture*, American Journal of Agricultural Economics, 1991, 73 (2): 265 – 275; Lin, Justin Yifu, *Rural Reforms and Agricultural Growth in China*, American Economic Review, 1992, 82 (1): 34 – 51; Wen, Guanzhong James, *Total Factor Productivity Change in China's Farming Sector: 1952—1989*, Economic Development and Cultural Change, 1993, 42 (1): 1 – 41; Huang, J. and Rozelle, S., *Technological Change: The Re-Discovery of the Engine of Productivity Growth in China's Rural Economy*, Journal of Development Economics, 1996, 49 (2): 337 – 369.

农业的经营形式由单一的集体经营变成统分结合的双层经营，农户的家庭经营成为农业生产的一个重要层次。农村改革极大地推动了农村生产力的迅速发展，也对整个经济体制改革产生了示范和带头作用。

二、国有经济的"放权让利"改革

国有企业改革是中国经济体制改革的中心环节。与农村微观经营制度改革的自发性质不同，国有企业经营制度的改革主要是在政府的推动下逐步展开的。在国有企业改革的初期，即1978—1984年期间，"放权让利"构成主要的阶段性特征。

（一）从扩大企业自主权开始

1978年，四川开始进行国有企业扩权的试点工作（当时的扩权主要是扩大财权）。1978年10月，四川选择了具有行业代表性的重庆钢铁公司、成都无缝钢管厂、宁江机床厂、四川化工厂、新都县氮肥厂和南充丝绸厂6家地方国有工业企业，率先进行了"扩大企业自主权"试点。改革的主要内容，是逐户核定企业的利润指标，规定当年的增产增收目标，允许在年终完成计划以后提留少量利润作为企业的基金，并允许给职工发放少量奖金。虽然只是扩大了小小的一点权力，却在当年第四季度计划的超额完成中收到了预想不到的效果，并显示出巨大的潜力。四川省的"扩大企业自主权"试点，成为国有企业改革乃至城市经济体制改革起步的标志。

1979年1月31日，中共四川省委发出《关于地方工业扩大企业权力，加快生产建设步伐的试点意见》，把试点的工业企业由6户扩大到100户，同时在40户国有商业企业中也进行了扩大经营管理自主权的试点。四川省扩权试点的主要做法是：在计划管理上，允许企业在国家计划之外，可以根据市场需要自行制订补充计划，对于国家计划中不适合市场需要的品种规格也可以修改。在物资管理上，除少数关系国计民生的产品、短线产品和炸药等危险产品仍由国家统购统配外，大部分生产资料可以进入市场，企业与企业之间可以不经过物资部门直接订立供货合同，也可以在市场上采购来满足自己的需要，企业也可以自销一部分产品。在国家与企业的利润分配上,在保证国家利益的前提下,企业可以根据自己经营的好坏分享一定的利润,并可用于企业的挖潜革新改造、集体福利和职工的奖金。在劳动人事管理上,企业有权选择中层干部、招工择优录取和辞退职工。

四川扩大企业自主权的试点可谓"一石激起千层浪"。紧接着,1979年,云南、北京、天津等地也在国有企业中开始扩大自主权的改革试点工作。1979年底,试点企业扩大到4200个;1980年又发展到6000个,约占全国预算内工业企业数的16%、产值的60%、利润的70%。①

1980年9月2日,国务院批转国家经委《关于扩大企业自主权试点工作情况和今后意见的报告》,要求从1981年起,把扩大企业自主权的工作在国有工业企业中全面推开,使企业在人、财、物、产、供、销等方面拥有更大的自主权。1981年,各地陆续实行以承包为主要内容的工业经济责任制。到1984年5月,《国务院关于进一步扩大国营工业企业自主权的暂行规定》将企业自主权扩大到十个方面,即生产经营计划权、产品销售权、产品价格权、物资选购权、资金使用权、资产处置权、机构设置权、人事劳动管理权、工资奖金权、联合经营权。

在此期间,一封由福建55位企业负责人大胆发出的《请给我们"松绑"》的呼吁信成为这段改革历程的真实写照。1984年3月,55名厂长、经理齐聚福州,参加"福建厂长(经理)研究会成立大会"。与会的企业管理者纷纷诉说企业无权之苦,由黄文麟等共同商议起草,形成一封要求"松绑"放权的呼吁信,经55名厂长、经理讨论一致通过。《福建日报》以《五十五名厂长、经理呼吁——请给我们"松绑"》为题,在一版头条全文公布了呼吁信,后《人民日报》在二版头条位置全文转载。这一反映企业家心声、表明"再不改革、再不放权,就真是不能前进了"的强烈呼吁,其影响很快从福建遍及全国,由此孕育了国有企业改革发展史上"放权让利"的变革,成为具有重要意义的标志性事件。

总的来看,"放权让利"改革初步打破了计划包揽一切的体制,国有企业有了

---

① 1980年夏,笔者对天津市国企"扩权"情况进行了调查,在调查基础上提出:仅仅"扩权"是不够的,应以企业"自负盈亏"为改革方向。见常修泽:《国营企业经济体制改革的方向——天津市四个国营企业实行"以税代利,自负盈亏"的调查》,《天津师院学报》,1981年第6期。

一定的生产自主权，同时，在一定程度上引入了物质激励。但由于该项改革是在传统体制框架尚未根本打破的条件下进行的，这就使得国有企业在成为真正的市场主体和独立自主的商品生产经营者方面尚有不小的距离。

（二）两步"利改税"改革的施行

为了使国有企业从过多的行政干预中解脱出来，建立国家与国有企业之间以法律为依据的、稳定的利润分配关系，从1980年起，我国先后在18个省市的几百户国有企业中进行了将上缴利润制度改为所得税制度即"利改税"的试点工作（对1980年的试点情况，笔者当时曾作过调查）①。之后，这项改革分两步全面推行。从1983年起，国有企业试行"利改税"第一步改革，1984年转入"利改税"第二步改革。改革的主要内容是：凡有盈利的国有大中型企业，其利润按55%的比例税率缴纳所得税，所得税后利润一部分上缴国家，一部分按国家核定的留利水平留给企业自行支配；凡有盈利的国有小型企业，其利润则按八级超额累进税率缴纳所得税，所得税后利润一般留给企业运用。

通过两步"利改税"改革，建立了国有企业所得税制度，把国家与企业的分配关系用税的形式固定下来，结束了国有企业只向国家上缴利润而不缴纳所得税的历史。这就为落实企业自主权提供了必要条件，促使国有企业逐步向独立的商品生产者和经营者转变，有利于实现自主经营、自负盈亏，从而调动企业的积极性。

当然，"利改税"改革也不可避免地带有一定的历史局限性，特别是未能充分认知国家对于国有企业所具有的双重身份（即社会管理者身份和资产所有者身份），进而也未能清晰界定"税"与"利"两种性质不同的分配形式。由于对利润上缴形式存在的必要性和合理性的认识不足，意味着今后进一步调整和规范国家与国有企业之间的分配关系尚待探索。

---

① 常修泽：《国营企业经济体制改革的方向——天津市四个国营企业实行"以税代利，自负盈亏"的调查》，《天津师院学报》，1981年第6期。

三、非公经济的萌生:"小荷才露尖尖角"

在20世纪80年代所有制改革的大潮中,除国有经济体制改革之外,引人注目的还有两支"体制外"的队伍:一是个体私营经济的出现,二是"三资"企业的发展。它们被称为"所有制结构改革的先遣队(新生力军)"。这里先回顾和总结非公经济的萌生。

在1978—1984年这一时期,非公经济的发展既有来自基层的探索和创新,又有来自领导层自上而下的推动。基层和领导层上下互动,为非公经济的早期发展提供了动力源泉。

(一)个体经济:从限制到允许

改革开放之初,一批个体经营者和私营企业主开始冲破阻力,在计划经济体制极狭小的"夹缝"中寻求生存与发展。他们大胆改革,艰苦创业,成为非公经济萌生的先锋者。梳理1978—1984年的重大法律规定和政策文件,"允许个体经济的存在和发展"这一重要改革动向与发展脉络清晰可见。

改革伊始,中国面临着大批知青返城、城镇积压待业人员700万~800万人的巨大压力。1979年2月,工商行政管理总局召开"文革"结束后的第一次工商行政管理局长会议,会上提出要恢复和发展个体经济。会议向中共中央、国务院作出报告,提出"各地可以根据当地市场需要,在取得有关业务主管部门同意后批准一些有正式户口的闲散劳动力从事修理、服务和手工业者个体劳动,但不准雇工"。

1979年3月,经党中央、国务院批准向各地转发了这份报告。这是党中央、国务院批准的第一份有关个体经济的报告。虽然这份报告作了种种限制,尤其是当时还"不准雇工",但它公开为个体经济发展开了绿灯。也正是到这一年(1979年)底,全国个体从业人员发展到31万人,比1978年增长了1倍多。①

---

① 根据1980年8月中共中央转发的全国劳动就业会议文件中披露的数据,城镇个体劳动者在新中国成立之初是900万人,1966年仍有近200万人,到1978年底只剩下15万人。另据国家统计部门披露的数据,在改革之初的1978年,城镇个体经济的户数只有14万户。

1980年8月初,中共中央召开全国劳动就业会议,会议分析了当时劳动就业问题十分突出的原因。认为主要是由于长期以来在一些重大问题认识上的偏差和工作上的失误,生产关系上不适当地强调"大"和"公",强调集体经济向国营经济过渡,对个体经济压制、取消;在劳动制度上,所有城镇劳动力统一由国家包揽,即所谓"统包统配",劳动就业的出路基本上只剩下国营企事业和带有国营背景的集体企业。这就造成大批就业人员等待国家分配,大量生产服务事业无人从事的矛盾。要从根本上扭转这种局面,必须对经济体制进行全面的改革。会议提出,在国家统筹规划和指导下,实行劳动部门介绍就业、自愿组织起来就业和自谋职业相结合的方针。"自谋职业"指的就是个体劳动者。

随后,中共中央转发会议议定的文件《进一步做好城镇劳动就业工作》,专门强调了鼓励和扶植城镇个体经济的发展,提出:"宪法明确规定,允许个体劳动者从事法律许可范围内的,不剥削他人的个体劳动。这种个体经济是社会主义公有制经济的不可缺少的补充,在今后一个相当长的历史时期内都将发挥积极作用,应当适当发展。有关部门对个体经济要积极予以支持,不得刁难、歧视。一切守法的个体劳动者,应当受到社会的尊重。"[①] 这使得全国城乡个体经济发展迅速,1980年底,从事个体经济的人数达到80.6万人,比上一年翻了一番多。

这期间,围绕"鼓励和扶植城镇个体经济的发展"问题,在一些人中展开了姓"社"还是姓"资"的争论。以经营"傻子瓜子"闻名的安徽芜湖小商贩年广久就遇到了这个问题。1980年,邓小平看到杜润生送来的关于"傻子瓜子"问题的调查报告后,对个体经济发展给予了肯定,并对姓"社"还是姓"资"的争论,表示要"放一放"和"看一看"。这是邓小平最早谈到的"傻子瓜子"问题。

1981年6月,中共十一届六中全会通过的《关于建国以来党的若干历史问题的决议》指出:"国营经济和集体经济是我国基本的经济形式,一定范围的劳动者个体经济是公有制经济的必要补充。"这是到目前为止,笔者能够检索到的公开发表的官方文献中最早提到"必要补充"的文件。

---

① 1980年12月11日,章华妹从温州市工商行政管理局领到了一份特殊的营业执照——工商证字第10101号。据了解,这是新中国颁发的第一份个体工商营业执照。

所有制改革与创新
—— 中国所有制结构改革 40 年

1981年10月,《中共中央、国务院关于广开门路,搞活经济,解决城镇就业问题的若干决定》发布。该决定从发展生产力的基点出发,在经济体制方面着力清理"左"倾错误遗毒,为个体经济全力正名。该决定提出:"个体劳动者,是我国社会主义的劳动者。他们的劳动,同国营、集体企业职工一样,都是建设社会主义所必需的,都是光荣的。对于他们的社会和政治地位,应与国营、集体企业职工一视同仁。"到1981年底,全国城镇个体经济发展到183万户,从业人员227万人,又比1980年翻了一番多。

1982年9月的中共十二大报告明确提出:"在农村和城市,都要鼓励劳动者个体经济在国家规定的范围内和工商行政管理下适当发展,作为公有制经济的必要的、有益的补充。只有多种经济形式的合理配置和发展,才能繁荣城乡经济,方便人民生活。"这是第一次在中共全国代表大会的文件中肯定个体经济的作用。当年通过的《中华人民共和国宪法》则规定:"在法律规定范围内的城乡劳动者个体经济,是社会主义公有制经济的补充。国家保护个体经济的合法的权利和利益。国家通过行政管理,指导、帮助和监督个体经济。"个体经济由此获得了合法的地位。受此激励,个体经济获得迅猛发展。到1982年底,个体工商户的户数和从业人数分别达到264万户和320万人,同比分别增长44.3%和41%。到1983年底,个体工商户的户数和从业人数进一步上升到590万户和746万人。这两个指标增速分别高达123.5%和133.1%。

1984年10月,中共十二届三中全会通过的《中共中央关于经济体制改革的决定》进一步明确指出:"我国现在的个体经济是和社会主义公有制相联系的,不同于和资本主义私有制相联系的个体经济,它对于发展社会生产、方便人民生活、扩大劳动就业具有不可代替的作用,是社会主义经济必要的有益的补充,是从属于社会主义经济的。当前要注意为乡镇集体经济和个体经济的发展扫除障碍,创造条件,并给予法律保护。特别是在以劳务为主和适宜分散经营的经济活动中,个体经济应该大力发展。"个体经济的作用在中共中央第一个经济体制改革的文件中得到更充分的肯定。政策环境的逐渐宽松给个体经济的发展带来了相对广阔的空间,其体量规模遂不断发展壮大。截至1984年底,个体工商户的户数已经达到930万户,从业人数也首次突破千万，达到 1304 万人，保持年增 57.6% 和 74.8% 的高速发展势头。

（二）"三资"经济的萌芽

中国所有制结构改革中两支"先遣队"或者说"新生力军"，除上面讲的个体私营经济外，还有一支是"三资"企业。1978—1984 年，这一新生力量也出现萌芽。

"三资"经济主要指由中外合资经营企业、中外合作经营企业、外商独资经营企业三类外商投资企业构成的所有制经济形态。改革开放伊始，在有远见的领导人和实际工作者的推动下，传统僵化的体制束缚和保守封闭的思维惯性被渐进打破，中国开始探索利用外资、发展"三资"经济的新路。

此期间，邓小平曾多次提出要正视外资的作用。1979 年 1 月，在同胡厥文、胡子昂、荣毅仁等工商界领导人的谈话——《搞建设要利用外资和发挥原工商业者的作用》中，邓小平提出："现在搞建设，门路要多一点，可以利用外国的资金和技术，华侨、华裔也可以回来办工厂。吸收外资可以采取补偿贸易的方法，也可以搞合营，先选择资金周转快的行业做起。"[①]

在邓小平讲话的鼓舞下，1979 年 1 月 31 日，招商局袁庚等先行者向中共中央副主席李先念和国务院副总理谷牧汇报提出在广东建立蛇口工业区的设想，当即获得批准，招商局蛇口工业区由此创办（笔者也因此与蛇口工业区结下历史缘分，见下页）。

1979 年 10 月，在中共省、自治区、市委员会第一书记座谈会上的讲话——《关于经济工作的几点意见》中，邓小平又专门谈到要"充分研究一下怎样利用外资的问题"。他指出："利用外资是一个很大的政策，我认为应该坚持。至于用的办法，主要的方式是合营，某些方面采取补偿贸易的方式，包括外资设厂的方式，我们都采取。我到新加坡去，了解他们利用外资的一些情况。外国人在新加坡设

[①] 《邓小平文选》第二卷，第 156—157 页。

厂，新加坡得到几个好处，一个是外资企业利润的35%要用来交税，这一部分国家得了；一个是劳务收入，工人得了；还有一个是带动了它的服务行业，这都是收入。我们要下这么个决心，权衡利弊、算清账，略微吃点亏也干，总归是在中国形成了生产能力，还会带动我们一些企业。我认为，现在研究财经问题，有一个立足点要放在充分利用、善于利用外资上，不利用太可惜了。现在我们有这个条件。"①这些不同场合的谈话对于解放思想、统一认识、消除各种思想疑虑、推动利用外资的实践进展起到了重要的导引作用。

这段时间，为在计划经济体制内打开一个"缺口"，1979年决定参照国外举办出口加工区、自由贸易区的成功经验，在广东省的深圳、珠海、汕头三市和福建省的厦门市试办出口特区（1980年将这四个出口特区改称为"经济特区"），允许其在对外经济活动中实行特殊政策，采取灵活机制。深圳经济特区创建不久，笔者曾随经济学界前辈到深圳调研②，并撰写了《从蛇口工业区开发得到的启示》③。可以说，蛇口是中国社会主义与市场经济相结合的第一个"试管婴儿"。

1979年7月，第一部促进"三资"企业发展的法律——《中华人民共和国中外合资经营企业法》，经全国人大五届二次会议通过。该法允许外国公司企业和其他经济组织或个人按照平等互利的原则，同中国的公司或企业或其他经济组织在境内共同创办合营企业，明确外国合营者在合营企业的合法权益受到保护。

1980年4月，由香港企业家伍淑清参与创办的京港合资经营的北京航空食品有限公司挂牌成立，该公司成为全国第一家中外合资企业，开启了中国引进外资和兴办"三资"企业的序幕。

1980年9月，全国人大五届三次会议通过了《中华人民共和国中外合资经营企业所得税法》。

1981年12月，全国人大五届四次会议又通过了《中华人民共和国外国企业所

---

① 《邓小平文选》第二卷，第195—202页。
② 谷书堂、杨玉川、常修泽：《深圳特区调查和经济开发区研究》，南开大学出版社，1984年版。
③ 常修泽：《从蛇口工业区开发得到的启示》（1984年莫干山会议论文），《经济日报》，1984年9月28日。

得税法》，明确了所得税优惠政策。

1983年，全国第一次利用外资工作会议召开，随后国务院发出《关于加强利用外资工作的指示》。该文件：一是明确了利用外资的重要战略意义。二是勾勒了利用外资的实施路径，提出对于开办中外合资经营企业，应以生产性项目为主，以利用外国先进技术和管理经验为出发点；并明确要保证中外合资经营企业行使中国法律规定范围内的自主权。三是部署了利用外资的政策保障体系，总的基调是进一步放宽政策，特别是对中外合资经营企业列示了若干税收放宽的政策措施；同时提出全部由外商投资的企业，在少数有条件的地区可以有选择地试办。这就为进一步利用外资、发展外商投资企业提供了制度基础和政策依据。

在政策环境趋于宽松的大背景下，1979—1984年共批准外商直接投资项目3248个，协议外商直接投资额103.93亿美元，实际利用外商直接投资额30.6亿美元，"三资"经济获得了初步的发展。

第二节
1984—1992年的所有制结构改革

1984年，关于社会主义与市场调节相容性问题的理论创新为这一时期的改革进一步扫清了认识上的障碍。转换企业经营机制、增强企业特别是国有大中型企业的活力被确定为经济体制改革的中心环节；通过推行承包制和租赁制等实现国有企业所有权与经营权的"两权分离"成为改革的主要内容。与此同时，进一步放松对非公有制经济的限制，使其在取得合法地位后，促其发展壮大。随着所有制结构改革的推进，微观经济基础的活力得到释放。

一、国有企业实施"两权分离"式改革

1984年9月，"全国中青年经济科学工作者学术讨论会"在浙江省德清县莫干

山召开（史称"莫干山会议"）。这次会议不仅是改革开放以来第一次，也是新中国成立以来第一次中青年经济科学工作者的学术讨论会。会议专门讨论了企业改革，特别是国有企业（当时称"国营企业"）改革问题。会议组织者在确定选题时意识到，价格改革和对外开放需要相应的微观基础，那就是国有企业必须成为"自负盈亏"的市场主体。唯有如此，才能对价格信号和国内外市场作出理性的反应。围绕此问题，讨论中的要点有三：一是关于国有企业改革的基本方向和启动点问题；二是关于"利润留成"和"股份制"两种改革方式问题；三是关于国有企业破产问题。由此形成的讨论成果在某种程度上为随即召开的中共十二届三中全会提供了某些重要的思路。①

（一）"两权分离"思路的确定

1984年10月，中共十二届三中全会通过《中共中央关于经济体制改革的决定》，以此为标志，中国经济体制改革的主战场开始由农村转向城市，改革在城市经济生活的各个层次上展开。为激发城市经济活力，以增强企业活力特别是增强全民所有制的大、中型企业的活力为目标的国有企业改革，成为以城市为重点的整个经济体制改革的中心环节。围绕这个中心环节，《中共中央关于经济体制改革的决定》提出要解决好两个方面的关系问题：一是确立国家与全民所有制企业之间的正确关系，进一步扩大企业自主权；二是确立职工与企业之间的正确关系，保证劳动者在企业中的主人翁地位。

围绕第一个方面的关系问题，《中共中央关于经济体制改革的决定》明确提出了"所有权与经营权适当分开"的改革思路。也就是说，在国家所有权既定的前提下，企业有权选择灵活多样的经营方式，有权安排自己的产供销活动，有权拥有和支配自留资金，有权依照规定自行任免、聘用和选举本企业的工作人员，有权自行决定用工办法和工资奖励方式，有权在国家允许的范围内确定本企业产品的价格。"两权分离"的制度设计，目的是使企业真正成为相对独立的经济实体，成为

---

① 常修泽：《1984年"莫干山会议"》，载于张卓元等：《新中国经济学史纲（1949—2011）》，中国社会科学出版社，2012年版。

自主经营、自负盈亏的商品生产者和经营者,并具有自我发展的能力,成为具有一定权利和义务的法人,以保证各个企业生产经营的多样性、灵活性和进取性。

此后3年,出现了以"两权分离"为重点的多种改革模式,租赁制、承包制、资产经营责任制等新的经营机制开始在各地推行,国有企业股份制改革也着手进行试点。① 与此同时,企业之间的联合、兼并陆续展开,企业破产开始实施。国有企业改革由此形成一波小高潮。②

(二)承包制等新型经营机制的推行

国企承包经营责任制,是在保持企业全民所有制性质不变的基础上,按照所有权与经营权分离的原则,以承包经营合同形式,确定国家与企业的责权利关系,使企业做到自主经营、自负盈亏的经营管理制度。实行承包经营责任制,是按照"包死基数、确保上缴、超收多留、欠收自补"的原则,确定国家与企业的分配关系。

从承包经营责任制的主要内容看,可以概括为"两包一挂",就是包上缴国家利润,包完成技术改造任务,实行工资总额与经济效益挂钩。就承包上缴国家利润的形式而言,主要有:上缴利润递增包干;上缴利润基数包干,超收分成;微利企业上缴利润定额包干;亏损企业减亏(或补贴)包干;等等。按照规定,上缴利润基数一般以上年上缴的利润额(实行第二步"利改税"的企业,是指依法缴纳的所得税、调节税部分)为准。对于受客观因素影响,利润变化较大的企业,以承包前2~3年上缴利润的平均数为基数。而且,确定上缴利润基数时,可参照本地区、本行业平均资金利润率进行适当调整。上缴利润递增率或超收分成比例,根据企业的生产增长潜力并适当考虑企业的技术改造任务确定。至于上缴利润的方式,则是企业按照税法纳税,纳税额中超过承包经营合同规定的上缴利润额多上缴的部

---

① 股份制试点从1984年就开始推行,但由于认识上的不一致,对股份制性质的争论一直没有中断,导致股份制试点在实践中的进展相对缓慢。到1993年上半年,全国股份制企业只有3200多家,且主要以职工内部持股为主(参见王梦奎:《中国经济转轨二十年》,外文出版社,1999年版)。

② 在此之后的1988年下半年至1991年底,随着形势的变化,国有企业改革除了继续稳定承包经营责任制以外,进展趋缓,但这段时期出台了两份比较重要的文件:一是《全民所有制工业企业法》,确立了企业作为商品生产者和经营者的法律地位;二是《全民所有制工业企业转换经营机制条例》,促进了企业经营机制的转换。

分,由财政部门每季度返还80%给企业,年终结算,多退少补,保证兑现。

在20世纪80年代中后期,承包经营责任制得到了普遍推行(其间涌现出了被称为"马承包"的马胜利厂长以及步鑫生厂长等一批改革者),尤其是在国有大中型企业中,覆盖面更广(如鞍钢无缝钢管厂厂长王泽普等当时名声大噪)。据统计,到1987年底,全国预算内全民所有制企业有78%实行了承包制,大中型企业的承包面更达到80%。1990年,第一轮承包到期的预算内工业企业有3.3万户,占承包企业总数的90%;之后又开始了第二轮承包,到1991年3月底,90%以上的到期企业都签订了第二轮承包合同。①

总的来看,以承包制为主要内容的"两权分离"改革进一步明确了企业的利益主体地位,扩大了企业的经营自主权。由于建立起了更直接的利益激励机制,因此在一定程度上调动了企业的积极性,增强了企业的活力,使国有企业初步实现了从面向计划到面向市场的转变。但承包制也不可避免地存在一些体制缺陷,特别是由于承包期普遍偏短,导致企业轻投资、拼设备的行为短期化问题较为突出;同时,由于"包盈不包亏"现象普遍存在,亦导致激励与约束机制的不对称问题。进一步看,承包制改革虽然已经开始按照产权分割的思路触及企业产权关系变革,但还只停留在表层,对于政企分开等深层次问题尚未真正"破题"。

二、乡镇集体经济异军突起

自20世纪80年代开始,农业实行家庭承包经营和农产品价格调整所带来的剩余,以及农业劳动生产率提高所析出的劳动力,为乡镇企业提供了重要的资本来源和劳动力资源;同时,传统计划配置体制的放松,增大了处于计划外领域的乡镇企业获取主要原材料和进入市场的机会。在此背景下,乡镇企业快速发展起来。

(一)乡镇集体经济异军突起的背景

1981—1991年,乡镇企业的数量、就业人数和总产值分别以年均26.6%、

---

① 王梦奎:《中国经济转轨二十年》,外文出版社,1999年版。

11.2%和29.6%的速度增长。乡镇企业总产值的年均增长率是同一时期国有企业总产值年均增长率的3倍。1993年,乡镇企业的产出占工业总产出的38.1%。乡镇企业由此成为20世纪80年代至90年代初中国经济高速增长的重要推动力量,也成为一定时期内农业剩余劳动力转移的主要渠道,有论者因此将乡镇企业的出现作为中国改革阶段性所取得的最大成就之一。①

由于特定的历史背景,中国的乡镇企业特别是具有集体产权性质的乡镇企业(以苏南乡镇企业为代表)自产生以来,就同社区政府(乡镇政府)存在着较为密切的依存关系,特别是在乡镇企业建立的过程中,社区政府出面组织资金、土地、劳动力等初始的要素投入,并指派"能人"担任企业负责人。有的学者将这种社区政府与地方企业合作管理的模式称为"地方政府公司主义(local state corporatism)"②;有的学者把中国的乡镇企业视为兼有地方行政组织和市场组织双重性质的"杂交组织形式(hybrid organizational form)",认为这种产权形式是一种从国家社会主义(state socialism)到市场经济的中间产权形式,是弱市场结构和市场转轨不完全的结果③;也有的学者将中国的乡镇企业称为"界定模糊的合作企业(vaguely defined cooperatives)"或"社区组织"④。

历史地看,乡镇企业这种独特的产权结构相对于传统国有企业的产权配置,确实具有更高的效率。有研究估算得到1980—1992年国有工业TFP(全要素生产率)年均增长率为2.5%,而集体工业(包括乡镇企业)的TFP年均增长率为7.15%。⑤乡镇企业集体产权的高效率,引起了国内外学者极大的研究兴趣。他们利用各种理论框架,包括不完全契约理论、机制设计理论、委托—代理理论等,从

---

① Sun Laixiang, *Emergence of Unorthodox Ownership and Governance Structure in East Asia: An Alternative Transition Path*, Research for Action, 1997, No. 38, Helsinki: UNU/WIDER.

② Jean Oi, *Fiscal Reform and the Economic Foundations of Local State Corporatism in China*, World Politics, 1992, Vol. 45, No. 1.

③ Victor Nee, *Organizational Dynamics of Market: Hybrid Forms, Property Rights, and Mixed Economy in China*, Administrative Science Quarterly, 1992, Vol. 37, No. 1.

④ Martin Weitzman, Chenggang Xu, *Chinese Township - village Enterprises as Vaguely Defined Cooperatives*, Journal of Comparative Economics, 1994, 18, PP. 121 – 145.

⑤ 谢千里、罗斯基、郑玉歆:《改革以来中国工业生产率变动趋势的估计及其可靠性分析》,《经济研究》,1995年第12期。

不同的角度进行了考察，特别是强调了其与转轨经济相适应的一面。①

（二）模糊产权与二次创新

如果说，在市场不完全的条件下，乡镇企业这种模糊产权是有作用的或者说是应对转轨时期特殊体制环境的理性选择，那么，随着深度市场化的推进，模糊产权安排的优势逐渐丧失，其弊端愈发显现，突出表现在相关行为方的权利边界和风险承担区间不清以及激励和监督不足；同时，乡镇企业倾向于社区内部配置资源的封闭属性也影响了要素的跨区流动和统一市场的形成。在此背景下，从20世纪90年代中后期开始，乡镇企业进行了较大范围的以明晰产权为重点的"第二次制度创新"。据农业部统计，到2006年，在中国168万家乡镇企业中，95%实行了各种形式的产权制度改革，其中20多万家转成了股份制和股份合作制企业，139万家转成了个体私营企业。这标志着乡镇集体企业这种特殊的组织形式过渡角色的转换完成，也从一个侧面生动地体现了中国改革的渐进性特点。

三、私营经济获合法地位与"三资"企业由点到面展开

继个体经济的地位被确认后，私营经济的存在和发展自20世纪80年代中后期开始逐步得到允许。同时，伴随对外开放的区域从沿海向内地推进，"三资"经济的发展半径也得以延伸。

（一）私营经济获得合法地位

首先需要指出，非公有制经济的发展特别是私营经济获得合法地位，与领导层

---

① Barry Naughton, *Chinese Institutional Innovation and Privatization from Below*, *American Economic Review*, 1994, Vol. 84, No. 2; Chun Chang, Yijiang Wang, *The Nature of the Township - village Enterprise*, *Journal of Comparative Economics*, 1994, 19, PP. 434 - 452; Andrew Walder, *Local Governments as Industrial Firms: An Organizational Analysis of China's Transitional Economy*, *American Journal of Sociology*, 1995, 101（2），PP. 263 - 301；李稻葵：《转型经济中模糊产权理论》，《经济研究》，1995年第4期；田国强：《中国乡镇企业的产权结构及其改革》，《经济研究》，1995年第3期；Jiahua Che, Yingyi Qian, *Insecure Property Rights, Government Ownership of Firms*, *Quarterly Journal of Economics*, 1998, 113（2），PP. 467 - 496.

的支持是分不开的。前面提到的"傻子瓜子"就是典型的一例。由于经营者年广久（瓜子大王）在经营过程中使用雇工超过了8人，曾引发一场全国范围内的"是否存在剥削"和"是否属于资本主义经济"的大讨论。

这场理论讨论最终惊动了决策层，1984年10月22日邓小平在中央顾问委员会第三次全体会议上曾以年广久为例子说："前些时候那个雇工问题，相当震动呀，大家担心得不得了。我的意见是放两年再看。那个能影响到我们的大局吗？如果你一动，群众就说政策变了，人心就不安了。你解决了一个'傻子瓜子'，会牵动人心不安，没有益处。让'傻子瓜子'经营一段，怕什么？伤害了社会主义吗？"[①]于是，这场旷日持久的争论才得以终结，"傻子瓜子"也得以继续扩张经营，大批"年广久式"的个体、私营经济经营者的积极性由此得到了保护。

实际上，综观中国非公有制经济的整个发展历程，正是由于中国的领导层逐渐认识到个体私营经济所蕴含的改革能量，遂逐步调整传统体制下对其实行的压制性政策，不断放松对其限制，认可它们的存在和发展，并赋予其合法的地位。随着改革的不断深入，又不断创造环境和条件，鼓励其发展，为使其平等参与市场竞争进行了探索。

1987年1月，中共中央《把农村改革引向深入》的文件明确提出："在一个较长时期内，个体经济和少量私人企业的存在是不可避免的"。对于雇工人数超过原有规定（按照规定，个体经营者为了补充自己劳力的不足，可以雇请一两个帮手，有技术的可以带三五个学徒）的私人企业，"也应当采取允许存在，加强管理，兴利抑弊，逐步引导的方针"。这是对私营经济存在的明确肯定，也意味着私营企业的雇工人数被谨慎地放开。

1987年9月，中共十三大报告中基于社会主义初级阶段的理论提出："以公有制为主体发展多种所有制经济，以至允许私营经济的存在和发展，都是由社会主义初级阶段生产力的实际状况所决定的。只有这样做，才能促进生产力的发展。"并指出："目前全民所有制以外的其他经济成分，不是发展得太多了，而是还很不够。

---

① 《邓小平文选》第三卷，人民出版社，1993年版，第91页。

对于城乡合作经济、个体经济和私营经济，都要继续鼓励它们发展。""私营经济一定程度的发展，有利于促进生产，活跃市场，扩大就业，更好地满足人民多方面的生活需求，是公有制经济必要的和有益的补充。"由此，私营经济的发展首次被决策层在党的政治决议中加以认可。

在此基础上，1988年4月，第七届全国人大一次会议通过的《中华人民共和国宪法修正案》明确规定："国家允许私营经济在法律规定的范围内存在和发展。私营经济是社会主义公有制经济的补充。国家保护私营经济的合法的权利和利益，对私营经济实行引导、监督和管理。"这就从法律上确认了私营经济存在和发展的合法地位。

获得合法地位后的私营经济开始进入新的发展时期，尽管从1988年下半年开始，其发展一度因形势的变化而遭遇一些曲折，但总体来看还是保持了稳步的发展势头。截至1992年末，私营企业发展到近14万户，吸纳从业人员232万人，注册资金221亿元，实现产值205亿元，完成消费品零售额91亿元。

（二）"三资"经济发展：从点到面展开

1984年国家先后开放了14个沿海港口城市，1985年开辟了一批沿海经济开放区，1988年扩展沿海经济开放区并兴办海南经济特区（此乃中国面积最大的经济特区，到2018年，恰逢海南建特区30周年），1990年开发开放上海浦东新区。这样，到20世纪90年代初，在沿海地区就形成了拥有41万平方公里、2亿多人口的沿海经济开放带。在这些地区，对利用外资实行优惠政策，地方外商投资审批权限也逐渐扩大，"三资"经济在更广阔的区域特别是在珠三角、长三角、环渤海和闽南厦漳泉三角地带获得发展。

在此期间，为了使"三资"企业能够在相对稳定可靠的政策环境中获得发展，1986年4月、1988年4月先后出台了《中华人民共和国外资企业法》和《中华人民共和国中外合作经营企业法》，这就与之前（1979年7月）出台的《中华人民共和国中外合资经营企业法》共同构成了完整的"三资"企业法律体系和制度支撑。

同时，为了进一步改善投资环境，更好地吸收外商投资，1986年10月国务院颁布了《关于鼓励外商投资的规定》，在税收等方面对外商投资的产品出口企业和先进技术企业（这里的外商投资企业是指在中国境内举办的中外合资经营企业、中外合作经营企业和外资企业）给予了一定的优惠待遇。

此外，为改善外商投资结构，1987年12月，国家有关部门制定了《指导吸收外商投资方向暂行规定及其目录》，对于外商在中国境内举办中外合资经营项目、中外合作经营项目，分为鼓励、允许、限制和禁止四类进行管理。特别是对于适应国内外市场需要、提高产品档次、提高生产能力和提高技术经济效益的项目，鼓励外商投资。这表明，对于利用外资的政策导向，除了继续发挥其在弥补储蓄和外汇"双缺口"方面的功能外，也开始注意发挥其在促进产业结构高度化方面的作用。

在外商投资区域扩围和环境改善效应的带动下，1985—1991年共批准外商直接投资项目38779个，协议外商直接投资额419.45亿美元，实际利用外商直接投资额202.88亿美元，"三资"经济的发展开始有所提速。

这一阶段，改革也曾遭遇挫折。尤其是20世纪80年代末期，党内和社会上一度出现一股怀疑甚至否定社会主义商品经济、主张实行"计划经济为主、市场调节为辅"的错误倾向。在所谓"以反和平演变为纲"思想的影响下，在所有制领域也出现了一些错误言论和错误实践。中国所有制改革陷入改革开放以来的第一次低潮。

第三节
1992—1997年的所有制结构改革

1992年，邓小平南方谈话中关于"计划和市场都是经济手段"的论述[①]，有效解决了关于市场经济并非资本主义专有属性这一根本问题，为确立社会主义市场经

---

① 《邓小平文选》第三卷，人民出版社，1993年版，第373页。

济体制的目标模式扫清了理论上的障碍。随之，中共十四大明确提出把建立社会主义市场经济作为经济体制改革的目标。这一理论的突破和进展，推动了社会经济运行机制的深刻变化，加速了社会经济主体的变化和微观经济基础的重新塑造——促进其向市场主体的方向发展，所有制经济结构的变革进一步深入。

一、国有企业改革：由"政策调整"转入"制度创新"

如前所述，无论是第一阶段的"放权让利"改革，还是第二阶段的"两权分离"改革，都是在传统体制框架下的改进，并没有改变国有企业的基本制度架构。由于其只触及改革的表层，未能建立起有效的激励和约束机制，因此相应产生了较为严重的企业行为短期化和"内部人控制"问题。由此导致企业经营形势不断恶化，到20世纪90年代初，国有企业呈现出盈亏"三三制"的格局，即三分之一亏损，三分之一虚盈实亏，只有三分之一真正盈利。[1]

面对这一困局，国有企业改革急需找寻新的出路。中共十四大把建立社会主义市场经济作为经济体制改革的目标后，以此为标志，国有企业改革开始由"政策调整"型改革逐步转入"制度创新"型改革阶段。这就是要逐步摆脱传统的依靠政策调整和利益再分配的模式，而按照建立社会主义市场经济体制的目标要求，在深层次的产权制度层面寻求突破。[2]

1993年11月，中共十四届三中全会通过的《中共中央关于建立社会主义市场经济体制若干问题的决定》，提出了国有企业改革的目标是建立"产权清晰、权责明确、政企分开、管理科学"的现代企业制度，促使企业真正成为适应市场的法人实体和竞争主体。这就确立了以产权制度改革亦即企业制度创新为基础的全新改革思路。[3]

---

[1] 常修泽、霍学文：《论中国经济运行中的企业效率障碍》，《经济学家》，1990年第2期。
[2] 常修泽：《中国国家所有制企业制度改革论稿》，《南开经济研究》，1990年第5期。收入《中国经济年鉴》（1989—1990年合编）；新华社内参《特发件》摘刊（1990年）。
[3] 常修泽：《现代企业创新论——中国企业制度创新研究》，天津人民出版社，1994年版。

依此目标，从1994年开始，国务院选择100家不同类型的国有大中型企业进行建立现代企业制度的试点。各地也先后选定了2500多家国有企业参与现代企业制度试点。试点的重点是企业公司制股份制改革，完善公司法人治理结构，包括完善企业法人财产制度、确定企业国有资产投资主体、企业改建为公司的组织形式和建立科学、规范的公司内部治理机构。

在进行现代企业制度试点的同时，还在18个城市（1996年增加到58个城市，1997年扩大到111个城市）进行了"优化资本结构"的配套改革试点，目的是在整体推进转换国有企业经营机制的前提下，在补充资本金、加快技术改造、减轻债务负担、分流富余人员、分离社会职能、实施破产等方面实现重点突破，概括起来，就是在"增资、改造、分流、破产"等方面实现突破。

1995年9月，中共十四届五中全会通过的《中共中央关于制定国民经济和社会发展"九五"计划和2010年远景目标的建议》进一步提出："要着眼于搞好整个国有经济，通过存量资产的流动和重组，对国有企业实施战略性改组。这种改组要以市场和产业政策为导向，搞好大的，放活小的，把优化国有资产分布结构、企业组织结构同优化投资结构有机地结合起来，择优扶强，优胜劣汰，形成兼并破产、减员增效机制，防止国有资产流失。"于是，在国有企业中着手建立现代企业制度的同时，国有经济层面的改革也开始推开，注重从战略上调整国有经济布局。在抓大方面，国家集中力量抓好重点联系的1000户国有大型企业和企业集团，以资本为纽带，连接和带动一批企业的改组和发展，形成规模经济，充分发挥它们在国民经济中的骨干作用。在放小方面，各地采取改组、联合、兼并、股份合作制、租赁、承包经营和出售等多种形式，加快国有小企业改革步伐。山东诸城、四川宜宾、黑龙江宾县、山西朔州、广东顺德、河南桐柏、江苏南通、福建宁德等地区成为探索搞活小企业方面的典型代表，尤其是在山东诸城出售重组小型企业方面，陈光同志等市委、市政府"一班人"以壮士断腕之气势，大胆探索，从此后20年的实践看，取得了明显效果。

二、非公有制经济"公平对待"问题相应提出

以建立社会主义市场经济体制为目标的改革部署,显著激发了非公有制经济的发展潜能。在多种所有制经济共同发展的过程中,非公有制经济获得公平性国民对待的问题相应提出。

(一)社会主义市场经济体制确立背景下的非公有制经济发展

1992年10月的中共十四大报告强调:"加快我国经济发展,必须进一步解放思想,加快改革开放的步伐,不要被一些姓'社'姓'资'的抽象争论束缚自己的思想和手脚。社会主义要赢得同资本主义相比较的优势,必须大胆吸收和借鉴世界各国包括资本主义发达国家的一切反映现代社会化生产和商品经济一般规律的先进经营方式和管理方法。国外的资金、资源、技术、人才以及作为有益补充的私营经济,都应当而且能够为社会主义所利用。"由此可见,在这份体现思想解放的纲领性文件中,建立多种经济成分并存的所有制结构的必要性再次得到肯定。在此基础上,报告明确提出:"在所有制结构上,以公有制包括全民所有制和集体所有制经济为主体,个体经济、私营经济、外资经济为补充,多种经济成分长期共同发展,不同经济成分还可以自愿实行多种形式的联合经营。"

1993年11月,中共十四届三中全会通过的《中共中央关于建立社会主义市场经济体制若干问题的决定》,进一步强调了"坚持以公有制为主体、多种经济成分共同发展"的方针,明确"在积极促进国有经济和集体经济发展的同时,鼓励个体、私营、外资经济发展",并提出"国家为各种所有制平等参与市场竞争创造条件,对各类企业一视同仁"。这就表明,在社会主义市场经济体制的基本框架被勾画出来后,非公有制经济获得公平国民待遇的问题开始受到重视。

总的来看,1992—1997年,由于明确了各种非公有制经济在社会主义市场经济中的重要地位和作用,并开始提出其平等参与市场竞争的地位问题,非公有制经济获得了快速发展(见表2-1和表2-2)。

表2-1 1992—1997年中国私营经济发展情况

年份（年）	户数（个,%）		从业人员（万人,%）		注册资金（亿元,%）		产值（亿元,%）		消费品零售额（亿元,%）	
	户数	年增长	人数	年增长	金额	年增长	金额	年增长	金额	年增长
1992	139633	29.5	232	26.1	221	79.7	205	39.5	91	59.6
1993	237919	70.4	373	60.8	681	208.1	422	105.9	190	109.8
1994	432240	81.7	648	73.7	1448	112.6	1140	170.1	759	299.5
1995	654531	51.4	956	47.5	2622	81.1	2295	101.3	1006	32.5
1996	819252	25.2	1171	22.5	3752	43.1	3227	40.6	1459	45
1997	960726	17.3	1349	15.2	5140	37	3923	21.6	1855	27.1

资料来源：王梦奎，《中国经济转轨二十年》，外文出版社，1999年版。

表2-2 1992—1997年中国个体工商户发展情况

年份（年）	户数		从业人数		注册资金	
	万户	年增长（%）	万人	年增长（%）	亿元	年增长（%）
1992	1534	8.3	2468	9.3	601	23.2
1993	1767	15.2	2939	19.1	855	42.3
1994	2187	23.8	3776	28.5	1319	54.3
1995	2528	15.6	4614	22.2	1813	37.5
1996	2704	7	5017	8.7	2165	19.4
1997	2896	5.4	5442	8.5	2573	18.8

资料来源：《工商行政管理统计汇编》。

（二）"三资"经济从区域开放到产业开放

在沿海地区开放的基础上，1992年10月中共十四大报告提出"沿海、沿江和沿边境开放"的方针。① 于是"八五"时期相继开放了13个内陆边境城市、6个

---

① 在此前的1988年，笔者常修泽和戈晓宇提出了《论"四沿"——渗透型开放战略》（《改革与战略》杂志，1988年第4期；新华社《国内动态清样》1988年5月4日摘登上报中央；《瞭望》周刊1988年第21期公开报道）。"四沿开放"即沿海、沿江、沿边境和沿重要铁路干线开放。

沿江城市、18个内陆省会城市,形成从沿海到内地全面开放的格局。在此基础上,开放初期主要以区域开放为重点的利用外资格局需要向新的领域拓展。

之后,利用外资的重点逐渐转向以产业开放为主,着力点在于通过利用外资,加速经济结构的调整和产业升级,以提高经济的内在质量和竞争力。在产业开放领域的选择上,考虑到中国主要面临加速推进工业化的历史任务,同时也考虑到各个产业发展不平衡、承受开放中竞争压力的能力存在差异的情况,因此在产业开放初期率先开放了第二产业中的许多领域,只允许外商进入少数第三产业的领域。

在外资管理体制改革方面,一个重要方面是逐步实现外商投资的国民待遇体制,改善外商投资企业的经营环境。中国实行开放政策以来,最初实施的主要是通过提供各种优惠政策特别是税收优惠政策以吸引外商投资的战略,这就使外资企业与中资企业相比享受了某种"超国民待遇"。与此同时,外资企业又在投资领域等方面受到"歧视性非国民待遇",这就使外资企业与中资企业之间处于不平等竞争的地位,难以适应扩大利用外资对投资环境所提出的要求。为解决"超国民待遇"和"歧视性非国民待遇"两方面的问题,1995年底,在中共十四届五中全会通过的《中共中央关于制定国民经济和社会发展"九五"计划和2010年远景目标的建议》中正式提出了对外商投资企业逐步"实行国民待遇"的政策目标,由此加快了以实现国民待遇体制为主要方向的外资体制改革步伐。

随着利用外资领域的不断拓宽,"三资"经济步入了快速发展的轨道。从1993年开始,中国即成为仅次于美国的全球第二大吸收外资的国家,亦成为吸收外资最多的发展中国家。经过多年的快速发展,截至1997年末,登记注册的外商投资企业达到23.5681万户,其中已经开业的为14.5万户,从业人员1750万人,累计实际利用外商投资规模2218.51亿美元。利用外资占固定资产投资的比重已达到10.8%,外商投资企业进出口总额占全国的比重为46.9%,外资企业税收占全国工商税收的比重为13.16%。"三资"企业也成为中国所有制结构的重要组成部分。

以上是第一阶段,即前20年(1978—1997年)的所有制结构改革历程。这一段,虽然中间也曾经历若干曲折,特别是在1989—1991年期间,改革曾出现停滞和回潮，但总的来看，第一阶段的改革颇有气势，甚至有的时点可用"波澜壮阔"一词来喻之。在这场波澜壮阔的所有制结构改革过程中，可以清晰地看出两条基本线索：一条线是"体制内"：国有经济自身的体制改革（不只经营方式变革，而且也涉及产权改革）；另一条线是"体制外"：非公经济的出现和"三资"企业的发展。这两条线的改革都遇到了部分势力及其思想的阻挠和抵制，尤其是对"体制外"的两支新生力军阻挠尤甚。但在党中央的领导下，在1978—1997年期间，我们妥善处理了"以公有制为主体"和"多种经济共同发展"的关系。1997年2月19日，邓小平辞世。这位对改革开放作出突出贡献的总设计师，恰好直接领导和参与了中国改革开放也包括所有制结构改革40年的"上半场"。[①]"下半场"情况如何？我们将在下一章论述。某些上升到理论层面的论述，也将在下一章一并展开。

[①] 有关邓小平"对改革开放作出突出贡献"的评价和总结，见《习近平谈治国理政》第二卷第一篇文章《习近平在纪念邓小平同志诞辰110周年座谈会上的讲话》（2017年11月，中共十九大后出版）。

第三章
中国所有制结构改革的历程（下）：
世纪之交与 21 世纪

经过前一阶段（1978—1997 年）的所有制结构改革，微观经济基础已发生一定程度的结构性变化，微观活力有所增强，但一些深层的体制性障碍依然存在，与完善社会主义市场经济体制的目标相比，还有不小的距离，不少艰巨的体改命题亟待破题。与此同时，世纪之交，站在新的历史起点上观察中国与世界，中国国内外的经济社会环境也发生了新的重大变化，尤其是中国加入 WTO（世界贸易组织）和世界新技术革命浪潮的兴起，对所有制结构形成新的挑战。基于所有制结构改革所面临的新的矛盾和重大挑战，无论是改革的深度还是改革的广度，抑或改革的高度，都需要进一步深入、拓展和提升。

第一节
1997—2002 年的所有制结构改革

这一时期，中共十五大在所有制理论问题上的重大发展将所有制结构改革推进到一个新的阶段。一方面，国有经济的战略性调整和国有企业的战略性改组进展显著[①]；另一方面，非公经济从"体制外"的形态进入社会主义初级阶段的基本经济制度框架"体制内"，地位的根本性转变促使其发展能量进一步释放。

---

① 常修泽：《推进国有资本的战略重组》，《经济日报》（理论周刊），1997 年 1 月 20 日。

一、社会主义所有制理论的"三点突破"

改革开放后,中国理论界在所有制问题上的认识不断深化。1997年9月,中共十五大报告关于所有制改革方面的新概括,是对中国20年所有制改革经验的理论总结,也是社会主义所有制理论认识的飞跃。这一重大突破主要表现在以下三个方面。

(一)多种所有制与社会主义的融合:"基本经济制度"新概括

"公有制为主体、多种所有制经济共同发展,是中国社会主义初级阶段的基本经济制度","非公有制经济是中国社会主义市场经济的重要组成部分"。这与传统社会主义理论把非公有制经济排在社会主义经济制度之外的解释是根本不同的,它改变了只有公有制才是社会主义的传统思维,把多种所有制与社会主义融合在一起,把非公有制经济从社会主义经济"制度之外"纳入"制度之内",从地位上的补充和作用上的"拾遗补阙"提升到"重要组成部分"和对国民经济发展具有重要作用方面,大大拓展了我国基本经济制度的内涵。这是对传统社会主义所有制观念的一个重大突破,是对马克思主义所有制理论的发展。①

(二)公有制实现形式的多样化

"公有制实现形式可以而且应当多样化。"这是基于"所有制不能等同于所有制的实现形式"这一重要论点而提出的。所有制体系中的生产资料所有权问题,主要体现为一种法律上的关系。而所有制的实现形式,是指一定的生产资料所有制条件下财产关系的组合形式、企业制度与经营方式。一定的所有制总是要通过某一具体形式来体现,但是,某种所有制与其实现形式并不总是完全对应的。

提出公有制实现形式可以多样化,有利于突破公有制过分单一的实现形式,为找到更适合市场经济要求的、能够极大促进生产力发展的公有制的多种实现形式开

---

① 常修泽:《所有制理论的新突破》,《经济日报》(理论周刊),1997年9月29日。

辟了道路；也为理论界关于国有、集体企业的股份制与股份合作制改造是不是"私有化"的争论作了结论，从而扩大了国有企业和集体企业改革的空间。

特别是关于股份制的性质和作用问题，中共十五大报告在理论界已有讨论的基础上作了科学的分析：股份制是现代企业的一种资本组织形式，有利于所有权和经营权的分离，有利于提高企业和资本的运作效率，资本主义可以用，社会主义也可以用，不能笼统地说股份制是公有还是私有，关键看控股权掌握在谁手中。这对国有大中型企业的公司制改造和建立现代企业制度具有重要的实践意义。

（三）从战略上调整国有经济布局

"国有经济起主导作用，主要体现在控制力上""从战略上调整国有经济布局"，这是对国有经济与国有企业地位和作用的再认识，特别是对国有经济主导作用的重新认识，改变了过去主要从国有经济的数量比重上去考虑国有经济的主导作用，而主要从国有经济的控制力与质量上去考虑。

国有经济的作用或控制力主要表现在以下几个方面：一是控制国民经济的命脉；二是通过对大企业和大企业集团的控股以及对有些企业的参股发挥作用；三是做那些非国有企业不愿做、不能做或不让他们做的事情；四是保证社会再生产的顺利进行和国民经济的社会主义性质与发展方向；五是调控经济和保持社会经济稳定。只要国有经济的控制力和整体质量得到保证，国有经济的数量和比重减少一些，就不会影响国家的社会主义性质。

在这种认识的基础上，党的十五大报告提出，从战略上调整国有经济的布局，对关系到国民经济命脉的重要产业和关键领域，国有经济必须占支配地位；在其他领域，可以通过资产重组和结构调整，以加强重点，提高国有资产的整体质量。这就为更好地推进国有企业的改革和发展提供了一条可行的路径。

二、国有经济战略性改组的推进与国有企业"三年脱困"

进入20世纪90年代中后期，由于内外环境的变化，国有企业陷入了发展的困境。据统计，1997年，国有大中型亏损企业6599户，企业亏损面达39.11%，亏损企业亏损额 665.9 亿元，重点监测的 14 个行业中有 4 个行业整体亏损，全国有 12 个省（自治区、直辖市）整体亏损。到 1998 年，国有企业的亏损面、亏损额进一步增加，在财政部统计的所有 23.8 万户国有非金融企业（包括国有独资和国有控股）中，企业亏损面达到 50% 左右，亏损企业亏损额 3066.5 亿元，比 1997 年增亏 30.9%，亏损企业平均净资产利润率为 –55.4%，成为历史上国有企业亏损最高的年份。

鉴于国有企业如此严峻的局面，1997 年 9 月，中共十五大和十五届一中全会提出：用三年左右的时间，通过改革、改组、改造和加强管理，使大多数国有大中型亏损企业摆脱困境，力争到 2000 年底大多数国有大中型骨干企业初步建立了现代企业制度。1999 年 9 月，中共十五届四中全会通过的《中共中央关于国有企业改革和发展若干重大问题的决定》强调推进国有企业改革和发展，首先要尽最大努力实现这一目标。

为实现这一目标，在举措上着眼于从整体上搞好国有经济，按照"有进有退，有所为有所不为"的原则调整国有经济布局，通过企业兼并破产，使一批长期亏损、扭亏无望、失去竞争能力的特困企业退出了市场，国有大中型亏损企业因此减亏 300 亿元左右。同时亦采取富余人员下岗分流、债权转股权、技术改造贷款贴息等一系列配套政策措施，对国有经济进行战略性调整，对国有企业进行战略性改组。

到 2000 年末，国有企业改革与脱困三年目标基本实现。一方面，大多数国有大中型企业扭亏为盈，国有及国有控股工业企业实现利润 2300 亿元左右，比 1999 年增加 1.3 倍，比 1997 年增加 1.85 倍；31 个省（自治区、直辖市）和绝大多数行业（重点监测的 14 个行业中的 12 个行业）实现整体扭亏或盈利增加；6599 户国有大中型亏损企业减少 70% 左右。另一方面，大多数国有大中型骨干企业初步建立现代企业制度。在列入国家重点企业的 520 户企业（其中 514 户国有及国有控股企业）中，有 430 户企业进行了公司制改革，占 83.7%；其中 282 户企业整体或部分改制为有限责任公司和股份有限公司，实现了投资主体多元化。

但是，做到这一步代价又是沉重的，特别是很多工人的下岗。在改革与脱困中,一时对工人下岗要求过急、幅度过大,形式也过于简单(多采取买断工龄的形式),留下了一些后遗症。以致10多年后,笔者在东北地区调研时,依然听到一些反映。①

这一段改革既有宝贵经验,也有一些教训,两方面都值得汲取。基于历史的经验教训,下一步应按照"产权人本共进论"的思路,推进所有制结构改革。本书将在最后一章(第十四章)专门探讨这个问题。

三、非公经济从"体制外"到"体制内"

这一时期,非公经济在国民经济中的地位得到了"正名",从外在的"补充"演变为内在的"重要组成部分",非公经济发展由此实现了"关键一跃"。

(一)非公经济成为社会主义市场经济的重要组成部分

1997年9月,中共十五大总结了过去20年在所有制改革方面的经验,指出"对个体、私营等非公有制经济要继续鼓励、引导,使之健康发展"。之后,1999年3月通过的《中华人民共和国宪法修正案》规定"国家在社会主义初级阶段,坚持公有制为主体、多种所有制经济共同发展的基本经济制度",并规定"在法律规定范围内的个体经济、私营经济等非公有制经济,是社会主义市场经济的重要组成部分""国家保护个体经济、私营经济的合法的权利和利益",这就标志着对非公有制经济的定位已由"体制外"转入"体制内"。

获得进一步政策激励的非公有制经济,在此阶段呈现出较为显著的扩张态势。到2001年底,私营企业户数上升至202.9万户,从业人员2713.9万人,注册资金18212.2亿元;个体工商户则发展到2433万户,从业人员4760万人,注册资金3435.8亿元。与1997年末相比,私营企业户数增加1.1倍,从业人员增加1倍,注册资金增加2.5倍。

从个体经济的发展动态看,尽管户数和从业人数出现了下降(在某种程度上表

---

① 常修泽:《东北"再振兴"战略探讨》,《人民论坛》,2015年第11期。

明市场经济体制不断发展的过程中,个体经济传统外延扩张模式不再具有可持续性,也反映出个体经济因应市场约束强化和自动清洗机制而进行的适应性调整和相应的脆弱性表现),但注册资金总量增加了33.5%,户均注册资金增加了58.4%,显示个体经济的总体资金实力和平均经营规模依然保持了较高的增长。

从非公有制经济的贡献看,到2001年底,在工业总产值中,个体经济和私营经济所占的比重上升至17.2%。在所上缴的税收中,个体经济和私营经济所占的比重增加到10.6%。在吸纳的城乡就业人数中,个体经济和私营经济所占的比重提高到10.2%。

需要指出的是,在社会主义市场经济体制目标确立后,随着产权制度改革的启动,各种所有制成分的联合开始出现,有限责任公司和股份有限公司的财产构成趋于复杂。因此,私营企业的内涵也相应变得丰富,不仅包括私营独资企业和私营合伙企业,也包括私营有限责任公司和私营股份有限公司。在有限责任公司和股份有限公司中,既包括私营控股单位,也包含私营资本参股单位(至少应以出资额为限)。本书估计此时由于条件限制而未能做到统计全覆盖,因此有可能造成对非公有制经济特别是私营经济贡献度的低估。

(二)"三资"经济:从港、澳、台地区和海外华人投资扩展到欧、美、日大型跨国公司投资

20世纪80—90年代,经济全球化和新技术革命引发了全球范围内的产业重组,使国际分工和专业化协作有了更大的发展,国际分工的模式也出现了重要变化:从不同产业间的垂直分工,发展到产业内水平分工,再发展到由跨国公司主导的产品内分工(intra-product specialization)。

在新的产品内垂直专业化生产分工格局中,跨国公司出于全球范围内产业链优化配置的战略意图,将同一产品的不同生产阶段或生产环节进行分解,并根据不同生产阶段的要素密集程度分别安排在海外最有利的生产地点;各国也因此凭借自身的要素禀赋特征和相应的比较优势占据全球产品价值链中不同的位置。在此过程中,劳动密集型的生产环节被转移到具备劳动力比较优势的国家,而拥有资本和技

术优势的国家则占据资本和技术密集型的生产环节。在电子、机械等加工工业中这种分工趋势尤其明显。

在世界经济这场深刻的战略性重组过程中，国际产业的梯度转移，即所谓"雁行发展模式（flying geese）"逐渐形成：继20世纪50—70年代欧、美、日等发达国家和地区将劳动密集型产业和劳动密集型环节向亚洲和拉丁美洲（特别是亚洲"四小龙"）转移之后，劳动密集型产业和劳动密集型环节又从新兴工业化国家和地区再次向东盟其他国家（如亚洲"四小虎"）和中国转移。

中国低廉、丰富而且具有一定专业技能的劳动力资源，持续高速增长的经济势头，稳定的社会政治环境，巨大的市场潜力，良好的基础设施，完善的产业配套能力，以及加入WTO后经济运行环境的国际化、市场化、规范化，都促进外商直接投资加速流入和跨国公司生产基地到此大规模转移。联合国贸易发展会议发布的《2001年世界投资报告》表明，当时《财富》500强公司中除了少部分因政策限制不能投资外，已有近400家公司在中国投资了2000多个项目（见表3-1）。

表 3-1 世纪之交在中国投资的国外巨型跨国公司列举

行业	企业
化学品	该行业世界500强的50%左右已来华投资，它们是美国的杜邦、孟山都、道氏化学公司，德国的巴斯夫、拜尔、赫斯特，法国的罗纳—普朗克，瑞士的汽巴—嘉基，等等
计算机、办公设备	该行业入选世界500强的八大公司，均在华设有投资合作项目，它们是美国的IBM、惠普、康柏、数据设备公司、苹果公司，日本的富士通、佳能、理光
电子电气设备	日本的松下、日立、东芝、索尼、NEC、三菱、富士电子、三洋、夏普，美国的GE、摩托罗拉、英特尔、艾默生电器，韩国的LG、三星、大宇，德国的西门子，荷兰的飞利浦，瑞士的ABB，法国的阿尔卡特，该行业世界500强的70%以上已在中国有大规模投资项目

(续表)

行　业	企　业
汽车	该行业共有500强公司51家（包括兼营汽车产品），全部在中国建立了合资汽车企业。如美国的通用、福特、克莱斯勒，日本的丰田、本田、铃木、马自达，德国的大众、奔驰、博世（BOSCH），法国的标致，等等
电信	美国南方贝尔、AT&T，瑞典的爱立信，日本的电报电话（NIPPON TEL. &TEL），德国电信（DEUTSCHE TELEKOMAG），芬兰的诺基亚
制药	美国的强生（JOHNSON + JOHN SON）、默克，英国的葛兰素，等等
摄影、感光	美国的柯达，日本的富士
肥皂、化妆品	美国的宝洁，德国的汉高，英国的联合利华
饮食	美国的必胜客、麦当劳和肯德基
零售	美国的沃尔玛等
饮料	美国的可口可乐和百事可乐，法国的达能，瑞士的雀巢

资料来源：王允贵，《跨国公司全球扩张与中国的政策选择》，《经济参考研究》，2001年第4期。

在跨国公司大规模投资的带动下，截至2001年底，累计批准设立外商投资企业39.0484万户，合同外资金额达7459.09亿美元，实际使用外资金额达3952.26亿美元，连续9年成为全球仅次于美国的世界第二大FDI的接受国。

第二节
2002—2012年的所有制结构改革

这一时期的所有制结构改革推进相对平缓，国有经济层面的改革总体进展有限，有些方面遭遇挫折。相对而言，非公经济的发展环境谋求改善，但公平竞争、平等保护的理念尚未完整形成；而"入世"效应带动下的"三资"经济则进入转型提升的关键阶段。

一、国有经济改革陷于"胶着"状态

这一时期的国有经济改革基本上处于一种动力不足的状态，部署推进的现代产权制度改革、国有资产管理体制改革、垄断行业改革大都缺乏实质性进展，改革攻坚的任务处于一定程度的"胶着"状态。

（一）部署"建立现代产权制度"但力度不够

2002年11月，中共十六大在部署国有企业改革时，指出："除极少数必须由国家独资经营的企业外，积极推行股份制，发展混合所有制经济。"2003年10月，中共十六届三中全会通过的《中共中央关于完善社会主义市场经济体制若干问题的决定》进一步指出："大力发展国有资本、集体资本和非公有资本等参股的混合所有制经济，实现投资主体多元化，使股份制成为公有制的主要实现形式。"[①]

同时，在集中党内和社会上各方面意见的基础上，由"现代企业产权制度"的命题进一步向更高的层面提升，鲜明地提出要"建立健全现代产权制度"，明确"产权是所有制的核心和主要内容，包括物权、债权、股权和知识产权等各类财产权"，[②]强调"建立归属清晰、权责明确、保护严格、流转顺畅的现代产权制度"，认为这不但"有利于维护公有财产权，巩固公有制经济的主体地位"，也"有利于保护私有财产权，促进非公有制经济发展"，同时"有利于各类资本的流动和重组，推动混合所有制经济发展"，"是完善基本经济制度的内在要求，是构建现代企业制度的重要基础"。进而提出"要依法保护各类产权，健全产权交易规则和监

[①] 常修泽：《发展混合所有制经济：完善市场经济体制新课题》，《21世纪经济报道》，2003年10月16日。

[②] 常修泽：《论建立与社会主义市场经济相适应的现代产权制度》，《宏观经济研究》，2004年第1期。

管制度，推动产权有序流转，保障所有市场主体的平等法律地位和发展权利"。2007 年 10 月，中共十七大提出"以现代产权制度为基础，发展混合所有制经济"。

由此可见，进入 21 世纪后，决策层在设计国有企业改革路径时，已经把"现代产权制度"提到相当的高度，这是继"产权清晰、权责明确、政企分开、管理科学"的"现代企业制度"被提出之后的又一重大理论创新。从实际执行情况看，公司制股份制改革在这一时期有所推进，改制面有所提高。[①] 但客观来说，与建立现代产权制度的要求还有相当差距。由于存在重发展、轻改革的倾向，对进一步深化国有企业改革的紧迫性认识不足，加之维稳压力加大，改革成本上升，对突破改革重点难点问题有畏难情绪，重点领域改革进展相对迟缓，比如国有大型企业母公司层面的公司制股份制改革步伐相对较慢，整体改革效果相对有限。

（二）国有资产管理体制框架确立但有待完善

2002 年 11 月，中共十六大明确提出要"建立中央政府和地方政府分别代表国家履行出资人职责，享有所有者权益，权利、义务和责任相统一，管资产和管人、管事相结合的国有资产管理体制"，并要求"中央政府和省、市（地）两级地方政府设立国有资产管理机构"。2003 年 10 月，中共十六届三中全会进一步指出，"政府公共管理职能和国有资产出资人职能分开。国有资产管理机构对授权监管的国有资本依法履行出资人职责，维护所有者权益，维护企业作为市场主体依法享有的各项权利"，提出要"建立国有资本经营预算制度"。同时明确"建立健全国有金融资产、非经营性资产和自然资源资产等的监管制度"。2007 年 10 月，中共十七大强调"完善各类国有资产管理体制和制度"。

依此构想，横向上围绕"国有资产监督和管理系统与行政系统分开"，纵向上围绕"中央与地方权益分开"，着手改革国有资产管理体制。从实际进展情况看，

[①] 时任国务院国有资产监督管理委员会主任的王勇于 2012 年 10 月在第十一届全国人民代表大会常务委员会第二十九次会议上报告"国有企业改革与发展工作情况"时，披露的数据显示："全国 90% 以上的国有企业完成了公司制股份制改革，中央企业的公司制股份制改制面由 2003 年的 30.4% 提高到 2011 年的 72%。"但由于缺少进一步的信息支撑，对改革的实际进展情况仍有待深入考证。

中央和地方国有资产监督管理委员会分别成立，在政府机构设置上实现了公共管理职能和出资人职能的初步分离；同时建立了国有资本经营预算制度，落实了国有资本出资人收益权。

但总体来看，国有资产管理体制仍有待进一步完善。一是政企不分、政资不分的问题仍然存在。应由企业自主决策的一些重大事项仍由政府负责审批，一些地方政府对企业日常经营活动的干预有增加的趋势。二是出资人职责和政府公共管理职能的分离还不到位，存在较大的交叉重叠。由于体制摇摆，有些已经交由特设机构履行出资人职责的国有资产，复归政府部门实施行政化管理。三是经营性国有资产尚没有实现集中统一监管，仍有大量国有资产分散在多个政府部门管理，导致政出多门，监管规则不一致，资源配置分散，经营效率低下。四是国有自然资源类、金融类、文化类和非经营性国有资产的监管体制和制度还需要进一步探索建立。

不仅国有资产监管体制上述四个问题未能解决，而且在国有资本布局方面也出现了偏离主业的扩张倾向。本来，国有资本的配置包括"进""退"是有原则的，但是，围绕加强国有企业控制力和提高产业集中度，此阶段国有资本却一度出现了不合理的"跨边界的扩张"，在某些竞争性领域又出现了"再国有化"的趋势。

比如竞争性比较强的房地产行业，央企国有资本进入较多。据2010年1月国资委网站的讯息，在当时主管的130家央企中，逾七成企业涉足房地产，而大部分央企的主业是与房地产关系不大的冶金、医药、农业、化工、电子、能源等行业。这确实偏离了央企的角色定位，而且妨碍了国家的整体经济布局，为楼价上升推波助澜。围绕"进""退"问题，在两种力量——国有资本、民营资本之间出现了"不对称博弈"。

据粗略统计，在央企大量进入前，市值排名前十的房地产上市公司中约60%是民营企业；而在央企大量进入后，约60%是国有企业，2~3家是混合股权企业，单纯的民营企业只剩下2~3家。这虽是新世纪第一个10年出现的局部现象，但会不会演变成更大范围的"变局"？① 人们产生诸多忧虑，改革一度陷入"胶着"状态。

---

① 常修泽：《产权人本共进论》，中国友谊出版公司，2010年版，第3页。

（三）垄断行业改革有待突破

这一时期国有企业的改革部署，令人欣慰的是包含了有关垄断行业改革的内容。中共十六大首次提出要"推进垄断行业改革，积极引入竞争机制"。[①] 中共十六届三中全会提出："加快推进和完善垄断行业改革。对垄断行业要放宽市场准入，引入竞争机制。有条件的企业要积极推行投资主体多元化。继续推进和完善电信、电力、民航等行业的改革重组。加快推进铁道、邮政和城市公用事业等改革，实行政企分开、政资分开、政事分开。对自然垄断业务要进行有效监管。"中共十七大提出要"深化垄断行业改革，引入竞争机制，加强政府监管和社会监督"。提法都是很好的。

但从实践情况看，垄断行业改革在之前的1998—2002年期间形成一个小"浪花"，民航、电信、电力等试行分拆改组之后，在这一时期总体进展缓慢，由于利益固化导致改革阻力重重，又缺乏自上而下的有力推进，除了邮政部门实行政企分开和一些公用事业改革外，其他方面基本都处于停滞的状态。

二、两个"非公经济发展36条"和《中华人民共和国物权法》相继出台

这一时期，按照完善社会主义市场经济体制的目标要求，针对非公经济发展的政策支持更加系统，政策指向也更加明确，整体制度环境有一定优化。

（一）首次提出"两平"（"公平竞争""平等使用生产要素"）的原则

2002年11月，中共十六大报告指出"必须毫不动摇地鼓励、支持和引导非公有制经济发展"，显示了发展非公有制经济的坚定性。报告同时强调将"坚持公有制为主体，促进非公有制经济发展，统一于社会主义现代化建设的进程中，不能把

[①] 回顾之前的党代会，中共十五大曾提出治理"行业垄断"和"部门垄断"，但分别针对的是整顿不合理收入和清除市场障碍，无关垄断行业改革。中共十五届四中全会曾提及"自然垄断的行业"，但却是指向国有经济需要控制的行业和领域，同样无关垄断行业改革。

这两者对立起来。各种所有制经济完全可以在市场竞争中发挥各自优势，相互促进，共同发展"，由此体现了公有制经济和非公有制经济融合发展的思想。报告还明确要"放宽国内民间资本的市场准入领域，在投融资、税收、土地使用和对外贸易等方面采取措施，实现公平竞争。创造各类市场主体平等使用生产要素的环境"，这是"两平"（"公平竞争""平等使用生产要素"）的原则被首次提出。

2003年10月，中共十六届三中全会通过的《中共中央关于完善社会主义市场经济体制若干问题的决定》进一步明确了"放宽市场准入"和"享受同等待遇"的原则，特别强调"允许非公有资本进入法律法规未禁入的基础设施、公用事业及其他行业和领域"，已经开始反映出"非禁即入"的负面清单管理思路。

2007年10月，中共十七大报告在强调"两个毫不动摇"的基础上，提出要"坚持平等保护物权，形成各种所有制经济平等竞争、相互促进新格局"，并特别明确"推进公平准入，改善融资条件，破除体制障碍，促进个体、私营经济和中小企业发展"。这就进一步表明，法律上的"平等"保护和经济上的"平等"竞争这"两个平等"成为促进非公有制经济发展的重要着力点，非公有制经济在获得市场准入和融资方面的公平机会受到更多关注。

（二）先后出台两个"非公经济发展36条"

这一时期，非公有制经济发展环境的改善体现在两个"非公经济发展36条"上。

2005年2月，国务院发布《国务院关于鼓励支持和引导个体私营等非公有制经济发展的若干意见》，这是首个促进非公有制经济发展的政府文件。该文件着眼于创造公平竞争的体制环境，对非公有制经济进入一些重要领域，包括垄断行业，作出了明确规定。此为第一个"非公经济发展36条"。

在此基础上，2010年5月，国务院又发布《国务院关于鼓励和引导民间投资健康发展的若干意见》，进一步拓宽民间投资的领域和范围，明确了为非公有制经济创造公平竞争、平等准入的市场环境。此为第二个"非公经济发展36条"。

新老"36条"的先后出台，标志着对非公有制经济从分散的政策支持到形成政策体系框架的转变,对于推动非公有制经济进入发展新阶段具有重要作用。

(三)《中华人民共和国宪法修正案》和《中华人民共和国物权法》

除出台了两个"非公经济发展36条"外,国务院对有关个人产权保护的法律法规也在不断完善。

2004年3月,十届全国人大二次会议通过的《中华人民共和国宪法修正案》明确规定:"公民的合法的私有财产不受侵犯。"这就从国家大法的角度强化了对非公有制经济的鼓励和支持。2007年3月颁布的《中华人民共和国物权法》又确立了平等保护私人物权的原则,对保护私有财产作了详细规定,由此对非公有制经济合法权益的保护进一步得到法律的支持。[①]

政策环境的不断改善有力地推动了非公有制经济的发展。截至2012年底,全国私营企业达1085.72万户、个体工商户达4059.27万户,合计从业人员超过1.7亿人。据全国工商联的统计,2012年,内资民营经济创造的GDP所占比重超过60%,贡献的就业量所占比重约为80%,完成的城镇固定资产投资所占比重达到60%,缴纳的税收所占比重约为50%,实现的外贸出口总额所占比重超过1/3,非公有制经济由此成为国民经济的重要支撑力量。

三、"三资"企业向服务业和高新技术产业拓展

改革开放后的一段时期内,中国吸收外资战略总体上体现为数量扩张型的特征,突出体现在对外资生产企业提供各种普惠政策和超国民待遇。进入20世纪90年代中后期,特别是加入WTO之后,中国的引资战略逐步从以数量增长和规模扩张为取向,转向追求利用外资质量的提高与结构的优化。

(一)"三资"企业的产业构成呈逐渐优化趋势

2003—2011年,非金融领域共计批准设立外商投资企业31.4万家,实际使用

---

① 笔者参与了《中华人民共和国物权法》制定过程中的讨论,并提交了相关报告,见常修泽:《对物权法草案的一点务实性意见——关于"应收账款担保"问题》,国家发改委宏观经济研究院《调查·研究·建议》,2006年增第11期。

外商直接投资累计7164亿美元，连续19年位居发展中国家首位（中间一度超过美国，跃升全球第一位）。在利用外商直接投资的绝对量保持较大规模的同时，一度年均9.2%的外国直接投资流入增速却呈现放缓的趋势，实际使用外资金额占全社会固定资产投资总额的比重不断走低，FDI作为国内资金来源的重要性逐渐下降，中国作为FDI东道国的相对地位也趋于下降。

但同时，外商投资的产业构成逐渐趋于优化。为推进外商投资结构的升级与调整，有关部门多次修订《外商投资产业指导目录》和《中西部地区外商投资优势产业目录》。鼓励外资投向高端制造业、高新技术产业、现代服务业、新能源和节能环保产业，国内一些已经掌握成熟技术、具备较强生产能力的传统制造业不再是鼓励重点，并严格限制"两高一资"和低水平、过剩产能扩张类项目。

（二）服务业正逐步成为中国吸收外资的主要领域

作为结构优化的一个突出表现是：这一时期，服务业正逐步成为中国吸收外资的主要领域，而在之前较长一段时期内，制造业一直是中国吸引外资的主导性产业。由此导致的一个趋势是：第三产业外商投资金额所占比重逐步提高，2011年上升到50.2%，比2002年增加26.9个百分点；第二产业所占比重则逐步下降，2011年为48.1%，比2002年减少26.7个百分点。

服务业吸收外资占比的显著提升，首先是由于中国积极履行"入世"承诺，加快开放服务业。中国加入WTO承诺对外资开放的新领域主要集中在服务业。根据《服务贸易具体承诺减让表》，中国对《WTO服务部门分类》所有12个部门中的11个（娱乐、文化和体育服务除外）作了广泛、全面的开放，涉及上百个分部门。据商务部披露的信息，在WTO注册的160个服务贸易开放门类中，发达国家为108个，发展中国家是54个，中国开放的服务业门类超过了100个。整体上看，中国服务业开放的承诺水平较高，成为"入世"后开放度最大的领域。

服务业吸收外资占比的显著提升，还与中国承接新一轮国际产业转移的重点——全球服务外包的新趋势密切相关。中国凭借庞大的制造业基础所衍生的巨大服务需求、质优价廉的综合人力资源优势、较高水平的信息基础设施和较强的信息技术产业支撑等因素,成为跨国公司服务转移和外包最具潜力的新兴市场和重要目的地之一。

(三)"三资"企业向资金密集型和技术密集型产业提升

作为结构优化的另一个突出表现是:在制造业内部,基于中国的要素禀赋特征以及工业化的进程,外商投资正逐渐从一般加工工业等传统的劳动密集型产业向包括基础产业和高新技术产业在内的资金密集型和技术密集型产业提升。这一时期,电子信息、集成电路、家用电器、汽车制造等产业继续发展,新能源、新材料、生物医药、节能环保等行业的外资开始形成一定规模。据统计,2012年前后,跨国公司在我国设立的研发中心超过1400家,比2002年增长1倍以上。在外资研发中心中,从事先导技术研究型的占50%以上,已超过从事市场调研型的比重;60%以上的研发中心将全球市场作为其主要服务目标。

(四)利用外资方式也趋于多样化

随着中国市场化改革逐渐深化,企业所有制形式趋于多样化,市场体系建设不断加快,特别是随着产权交易市场一定程度的发育,并购投资日益成为外资进入中国的重要方式。在这一过程中,政策法律层面的调整起到了重要的推动作用,如鼓励外资以参股、并购的方式参与国内企业的改组改造、兼并重组,支持国外投资者对A股上市公司进行战略性并购投资,首部外资并购法规——《外国投资者并购境内企业暂行规定》于2003年出台,2006年《关于外国投资者并购境内企业的规定》正式明确外资可以利用股权的方式并购境内企业等。在此形势下,跨国公司通过收购、入股和资产互换等方式并购国内企业特别是大型国有企业正呈现扩张之势。由此,以往外国对华投资在相当长的时期内主要以"绿地投资"(即主要采取新设投资方式,直接在华投资创建合资或独资企业)为主,而"褐地投资"(即并购投资)投资额所占比重微乎其微的格局开始发生改变。

第三节
2012 年以来的所有制结构改革

以中共十八大为标志，中国开启了全面深化改革的新阶段。① 在多种所有制经济共同发展的过程中，非国有资本参与国有资本置换，不同所有制产权之间开放、流转和融合的态势进一步显现，混合所有制经济从"公有制的有效实现形式"提到"基本经济制度的重要实现形式"，推动形成基于混合所有制经济形态的所有制结构再造和微观经济基础重塑。②

一、国有企业实施混合所有制经济改革

为打破国有经济改革之前所处的"胶着"状态，这一时期对推进国有企业改革作出了新的安排部署。其中，发展混合所有制经济成为改革的重要着力点。

（一）中共十八届三中全会："积极发展混合所有制经济"命题的提出

2012 年 11 月，中共十八大在部署经济体制改革的任务时，指出要"推动国有资本更多投向关系国家安全和国民经济命脉的重要行业和关键领域，不断增强国有经济活力、控制力、影响力"。2013 年 11 月，中共十八届三中全会通过的《中共中央关于全面深化改革若干重大问题的决定》再次强调要"发挥国有经济主导作用，不断增强国有经济活力、控制力、影响力"，并提出了进一步深化国有企业改革的方向和任务。在"积极发展混合所有制经济"方面，指出"国有资本、集体资本、非公有资本等交叉持股、相互融合的混合所有制经济，是基本经济制度的重

---

① 常修泽：《包容性改革论——中国新阶段全面改革的新思维》（第二章 中国进入全方位改革新阶段：战略背景），经济科学出版社，2013 年版。
② 常修泽等：《混合所有制经济新论》，安徽人民出版社，2017 年版。

要实现形式",并"允许更多国有经济和其他所有制经济发展成为混合所有制经济。国有资本投资项目允许非国有资本参股。允许混合所有制经济实行企业员工持股,形成资本所有者和劳动者利益共同体"。请注意:这里提出"积极发展混合所有制经济"不仅具有微观产权意义,而且具有宏观价值。①

在"完善国有资产管理体制"方面,提出"以管资本为主加强国有资产监管,改革国有资本授权经营体制,组建若干国有资本运营公司,支持有条件的国有企业改组为国有资本投资公司"。在"推动国有企业完善现代企业制度"方面,提出要"准确界定不同国有企业功能。国有资本加大对公益性企业的投入,在提供公共服务方面作出更大贡献"。混合所有、国资运营、国企分类的构想,都为新阶段国有企业改革提供了重要的探索性方向。

(二)中共中央、国务院文件提出"推进国有企业混合所有制改革"

2015年9月,《中共中央、国务院关于深化国有企业改革的指导意见》(以下简称《指导意见》)发布,这是新阶段引领国有企业改革的一个文件,就分类推进国有企业改革、完善现代企业制度、完善国有资产管理体制、发展混合所有制经济等方面,提出了进一步的实施意见。

在国有企业的分类改革方面,提出"将国有企业分为商业类和公益类"。其中,"主业处于充分竞争行业和领域的商业类国有企业,原则上都要实行公司制股份制改革,积极引入其他国有资本或各类非国有资本实现股权多元化,国有资本可以绝对控股、相对控股,也可以参股,并着力推进整体上市"。同类中,"主业处于关系国家安全、国民经济命脉的重要行业和关键领域、主要承担重大专项任务的商业类国有企业,要保持国有资本控股地位,支持非国有资本参股"。而对于公益类国有企业,"可以采取国有独资形式,具备条件的也可以推行投资主体多元化,还可以通过购买服务、特许经营、委托代理等方式,鼓励非国有企业参与经营"。

在分类改革中,还特别针对自然垄断行业,提出"实行以政企分开、政资分

---

① 关于新阶段重提混合所有制经济的宏观价值:经济、社会、政治及其突破口分析,见常修泽:《混合所有制经济的价值再发现与实现路径》,《学术前沿》,2014年第3期。

开、特许经营、政府监管为主要内容的改革,根据不同行业特点实行网运分开、放开竞争性业务,促进公共资源配置市场化;对需要实行国有全资的企业,也要积极引入其他国有资本实行股权多元化;对特殊业务和竞争性业务实行业务板块有效分离,独立运作、独立核算"。

在完善现代企业制度特别是在推进公司制股份制改革方面,提出要"加大集团层面公司制改革力度,积极引入各类投资者,实现股权多元化,大力推动国有企业改制上市,创造条件实现集团公司整体上市"。

在完善国有资产管理体制方面,提出要"实现以管企业为主向以管资本为主的转变";要"以管资本为主改革国有资本授权经营体制。改组组建国有资本投资、运营公司,探索有效的运营模式";同时,"以管资本为主推动国有资本合理流动优化配置。坚持以市场为导向、以企业为主体,有进有退、有所为有所不为,优化国有资本布局结构";还要"以管资本为主推进经营性国有资产集中统一监管"。

在发展混合所有制经济方面,《指导意见》从不同层面进行了路径设计。提出要"推进国有企业混合所有制改革",强调"充分发挥市场机制作用","宜独则独、宜控则控、宜参则参"。同时,"引入非国有资本参与国有企业改革",要"在石油、天然气、电力、铁路、电信、资源开发、公用事业等领域,向非国有资本推出符合产业政策、有利于转型升级的项目"。

同时,《指导意见》"鼓励国有资本以多种方式入股非国有企业。充分发挥国有资本投资、运营公司的资本运作平台作用,通过市场化方式,以公共服务、高新技术、生态环保、战略性产业为重点领域,对发展潜力大、成长性强的非国有企业进行股权投资"。

此外,也提到要"探索实行混合所有制企业员工持股",将"优先支持人才资本和技术要素贡献占比较高的转制科研院所、高新技术企业、科技服务型企业开展员工持股试点,支持对企业经营业绩和持续发展有直接或较大影响的科研人员、经营管理人员和业务骨干等持股"。①

---

① 除上述《指导意见》外,另可参见国务院《关于国有企业发展混合所有制经济的意见》(2015年9月23日)。

（三）混合所有制经济改革：作为国有企业改革的重要突破口

在诸项改革举措中，发展混合所有制经济被视作国有企业改革的重要突破口，成为新阶段国企改革的重点和关键。2015 年 9 月，国务院专门印发《关于国有企业发展混合所有制经济的意见》，作为国企改革顶层设计的配套文件，提出要分类和分层推进国有企业混合所有制改革，并鼓励各类资本参与国有企业混合所有制改革。

透视混合所有制经济的发展路径设计，体现出国有资本与非国有资本相互融合和渗透的思路。这种渗透和融合是中国所有制结构改革的趋势使然。

历史地看，非国有经济的大量兴起对国有经济改革形成了显著的促进作用，主要体现在两个方面：

首先，非国有经济的发展给国有经济的改革施加了外部压力。非国有企业的存在实际上提供了某种标杆和监督评判的参照系。由于其运行真正受市场支配，效率一般高于国有企业，这就带来了强大的竞争压力，促进了国有企业自身的改革（前 20 年，国有企业经营机制方面的几个重要改革措施，如实行利改税、推行承包经营责任制以及引入现代企业制度，一定程度上都来自于非国有企业竞争的压力[1]）。有论者认为，国有企业和非国有企业之间竞争的加剧激励了国有企业生产率的提高。[2]

其次，非国有经济的发展为国有经济的改革创造了有利条件。一方面，非国有企业的蓬勃兴起促进了经济的快速增长并增加了对财政的贡献，从而减弱了国有企业的财政压力；而且在非国有企业迅猛扩张的过程中，创造了大量就业机会，为转移国有企业富余职工创造了条件。这些都有效地缓解和降低了国有企业改革过程中的利益矛盾和摩擦。另一方面，非国有经济灵活、有效的运行机制能够对国有经济产生某种"示范效应"，便于将其引入国有经济改造的过程中，这也在某种程度上

---

[1] Jefferson, G. and Rawski, T., *How Industrial Reform Worked in China: The Role of Innovation, Competition, and Property Rights*, Proceedings of the World Bank Annual Conference on Development Economics 1994, 1995, PP. 129 – 156, Washington, D. C.: World Bank.

[2] Li, Wei, *The Impact of Economic Reform on the Performance of Chinese State Enterprises, 1980 – 1989*, Journal of Political Economy, 1997, 105 (5): 1080 – 1106.

降低了国有经济向市场经济体制转轨的运作成本。

在这种带动和促进下,中国国有企业和国有经济层面的改革不断深入。在此基础上,"多种所有制经济共同发展"的新所有制经济格局开始形成。如果说最初这种多种所有制经济格局更多反映在社会层面,还是一种"板块式"平行发展格局的话,那么,近年来中国开始寻求的则是细胞层面和某些重要领域"胶体式"的混合所有制格局。即打破国有经济封闭的产权结构,允许国内民间资本和外商资本参与国有企业改组改革,参与国有资本置换,使国有资本和各类非国有资本相互渗透和融合。

从新阶段发展混合所有制经济的实践进展情况看,七大垄断行业央企试点、地方国企混改试点和混合所有制企业员工持股都在探索推进中。据了解,截至2016年底,全国(中央和地方)国资监管系统的国有控股上市公司达到1000余家。其中,中央企业控股上市公司共395家,资产总额32万亿元,营业收入14.4万亿元。

但是,需要指出,中央企业实施混合所有制经济改革还主要停留在"子企业"或"孙公司"这一层,中央企业母公司则寥寥无几。总的评估,国有企业实施混合所有制经济改革,与中共十八届三中全会关于"国有资本、集体资本、非公有资本等交叉持股、相互融合"的要求相比,仍有较大距离。这也意味着未来混合所有制经济形态的拓展和深化,依然任重而道远。①

二、农村"三权分置"与"三块地"改革

经过长期的发展积累,中国农村集体经济组织拥有了大量资产。这些资产主要包括三类:一类是资源性资产,包括农民集体所有的土地、森林、山岭、草原、荒地、滩涂等;另一类是经营性资产,包括用于经营的房屋、建筑物、机器设备、工具器具、农业基础设施、集体投资兴办的企业及其所持有的其他经济组织的资产份额、无形资产等;还有一类是非经营性资产,包括用于公共服务的诸如教育、科

---

① 常修泽等:《混合所有制经济新论》,安徽人民出版社,2017年版。

技、文化、卫生、体育的集体公益设施等。截至 2016 年末，全国农村集体经济组织拥有土地等资源性资产 66.9 亿亩（包括 55.3 亿亩农用地和 3.1 亿亩建设用地），各类账面资产 2.86 万亿元，大体上全国平均每个村约 500 万元，东部地区的村有的近千万元。

（一）稳步推进农村集体产权制度改革

根据部署，在农村改革发展的新阶段，对于资源性资产，改革的重点是推进土地承包经营权确权登记颁证工作，完善"三权分置"办法，保持土地承包关系的长久不变。对于经营性资产，改革的重点是在清产核资的基础上，将集体经营性资产确权到户，然后发展多种形式的股份合作制。对于非经营性资产，改革的重点是结合新农村建设，探索建立集体统一运行管护机制，更好地为集体成员和社区居民提供公益性服务。

2016 年 12 月，《中共中央 国务院关于稳步推进农村集体产权制度改革的意见》发布，明确对集体所有的各类资产进行全面清产核资，健全台账管理制度，从 2017 年开始，力争用 3 年左右时间基本完成。根据安排，乡、村、组农民集体所有的资源性、经营性、非经营性资产都要进行清产核资。其中，集体资源性资产的清查确认工作有的已经完成，比如说，集体林地确权面积达到了 99%，集体土地所有权确权登记率达到了 97%，承包地实测面积已经达到了 12.5 亿亩，确权面积达到 8.5 亿亩。

清产核资的重点主要包括三个方面：一是未承包到户的集体"四荒"（荒山、荒沟、荒丘、荒滩）资源性资产；二是集体统一经营的经营性资产；三是现金、债权债务等。在清产核资的同时，明确集体资产所有权，把农村集体资产的所有权确权到不同层级的农村集体经济组织成员集体，并依法由农村集体经济组织代表集体行使所有权。

在此基础上，开展集体经营性资产产权制度改革。将农村集体经营性资产以股份或份额形式量化到本集体成员，推进经营性资产股份合作制改革，力争用 5 年左右时间基本完成改革。在此过程中，完善股份权能，承认并尊重农民对集体资产股份占有、收益、有偿退出以及抵押、担保和继承的权利。① 发挥好农村集体经济组织在管理集体资产、开发集体资源、发展集体经济、服务集体成员等方面的功能作用。通过改革，逐步构建归属清晰、权能完整、流转顺畅、保护严格的农村集体产权制度。以此探索农村集体所有制的有效实现形式和农村集体资产运行的新机制，不断发展壮大集体经济。同时，通过把集体的经营性资产确权到户，实现农民对集体资产的占有使用和收益分配的权利②，发展农民股份合作等多种形式的联合和合作，不断增加农民财产性收入③。

（二）农村土地的"三权分置"改革

作为农村资产重头的土地资源性资产是新时期农村所有制变革的关键着力点。这一时期，决策层对完善农村基本经营制度、深化农村土地产权制度改革作出了新的部署安排。回顾改革开放后农村微观经营制度改革，最初一直按照"两权分离"的思路加以推进，从实行农村土地集体所有、土地承包经营权属于农户家庭、推行家庭联产承包责任制的改革开始，之后随着社会主义市场经济的不断发展，按照归属清晰、权能完整、流转顺畅、保护严格的产权制度要求，又开展了农村土地集体所有权、农户承包经营权的确权登记颁证④，以期稳定农村土地承包关系并保持长久不变。

进入发展新阶段，随着工业化、城镇化的深入推进，农村劳动力大量转移进城，到第二、第三产业就业，相当一部分农户将土地流转给他人经营，"承包主体

---

① 2015年已在全国29个县（市、区）开展发展农民股份合作、实行农民对集体资产股份权能改革的试点。但在试点及其有关文件中，普遍使用赋予农民××权的提法，笔者不赞成"赋予"一说，认为农民的这些财产权利是其本身内在的属性，并非外部"赋予"的结果。

② 中共十八届三中全会提出，赋予农民更多的财产权利。农民作为集体经济组织的成员，其财产权利主要包括集体土地承包经营权、宅基地使用权和集体收益分配权。

③ 一些先行地区，特别是沿海一些地区已经开展农村集体经营性资产股份合作制改革。到2015年底，全国有5.8万个村、4.7万个村民小组实行改革，已经累计向农民股金分红近2600亿元，2015年当年就分红了411亿元。

④ 根据农业部于2016年11月在国务院新闻办举办的《中共中央办公厅国务院办公厅关于完善农村土地所有权承包权经营权分置办法的意见》新闻发布会上介绍的情况，已经有2545个县（市、区）、2.9万个乡镇、49.2万个村开展农民土地承包经营权的确权登记颁证，已经完成确权面积7.5亿亩，接近家庭承包耕地面积的60%。

与经营主体分离"①，顺应发展现代农业的新趋势和农户保留承包权、愿意流转经营权的需要，又实行农村的土地集体所有权、农户承包权、土地经营权"三权分置"并行。基本思路是，既坚持土地集体所有权，又稳定农户承包权，同时放活土地经营权、赋予新型经营主体更多的土地经营权能，以实现农民集体、承包农户、新型经营主体对土地权利的共享。也就是说，土地集体所有权人对集体土地依法享有占有、使用、收益和处分的权利；土地承包权人对承包土地依法享有占有、使用和收益的权利，承包农户拥有使用、流转、抵押、退出承包地等各项权能②；土地经营权人对流转土地依法享有在一定期限内占有、耕作并取得相应收益的权利。

通过"三权分置"改革，可以更好地维护、实现农民集体、承包农户以及新型经营主体的权益；同时也可促进土地资源优化配置，采用土地入股、土地托管、代耕代种等方式推动土地经营权有序流转，发展农业适度规模经营。如果说改革开放之初农村基本经营制度改革主要是处理好农村土地集体所有和农户家庭承包经营之间的关系，那么，新阶段很重要的方面就是处理好土地流转中承包农户和经营主体之间的关系。应该说，"三权分置"改革是在新的历史条件下，继家庭联产承包责任制后农村改革又一重大制度创新③，是新形势下农村集体所有制具体实现形式的

---

① 截至 2016 年 6 月，全国承包耕地流转面积达到了 4.6 亿亩，超过承包地的 1/3。在一些沿海地区，这一比例已经达到 1/2。全国 2.3 亿农户中，流转土地农户超过了 7000 万，比例超过 30%，东部沿海发达省份农民转移多的地区这一比例更高，超过 50%。同时，家庭农场、农民合作社、农业产业化龙头企业等新型经营主体全国已经有 270 多万（其中，家庭农场超过 87.7 万家，超过全国农户总数的四成；农民合作社 174.9 万家，农业产业化龙头企业 12 万家以上）；经营耕地面积 50 亩以上的规模经营农户超过 350 万户。

② 围绕此方面开展了土地承包权有偿退出、土地经营权抵押贷款、土地经营权入股农业产业化经营等试点。

③ 对于这种制度创新，笔者曾从新中国农村土地制度改革的大历史角度作过分析，指出："第一次'土改'讲一个权，就是'土地的所有权'，归还并承认农民土地所有权。第二次'土改'给农民的是什么权？土地承包权。农民土地的所有权是在集体，但家庭联产承包权落实到农民，出现'两权分离'——所有权与承包权分离。现在搞'第三次土地改革'，它和第二次土地改革、第一次土地改革有什么不同的地方？现在讲什么权？第三次'土改'是讲'三权'。哪三权？第一，是土地所有权。谁的？集体的，除非你征用。承包权是谁的？是农民家庭的，谁的承包权归谁。新一轮土地改革，搞出第三个权利，即土地承包权的经营权，全部奥妙在这个地方——就是出来了第三个权利。毛泽东时代是讲一个权利——所有权；邓小平时代是讲两个权利——所有权和承包权；新时代是讲三个权利——所有权、承包权、经营权。"参见常修泽：《中国新阶段经济发展与改革趋势分析》，《改革与战略》，2015 年第 5 期。

探索和创新，它丰富了双层经营体制的内涵，有利于完善农村基本经营制度，巩固农村土地集体所有制。①

（三）广义农村土地制度的"三块地"改革

"三块地"与"三权分置"不是一个概念，一些读者有些混淆。广义的农村土地制度改革主要包括三部分：第一部分是国家征地制度改革，对象是用于工业化、城镇化建设的农村集体土地；第二部分是农村集体建设用地改革，对象既包括农民的宅基地，也包括集体经营性建设用地；第三部分是农地制度改革，对象是从事农业生产的耕地。

这一时期在按照"三权分置"的思路推进耕地制度改革的同时，还实行了"三块地"改革，即：①针对征地范围过大、被征地农民保障机制不完善等问题，探索健全程序规范、补偿合理、保障多元的土地征收制度②；②针对农村集体经营性建设用地权能不完整、不能同等入市等问题，探索建立同权同价、流转顺畅、收

---

① 根据农业部于2016年11月在国务院新闻办举办的《中共中央办公厅国务院办公厅关于完善农村土地所有权承包权经营权分置办法的意见》新闻发布会上介绍的情况，农村的土地只有不到10%是国家的（主要是国有农垦），90%都是农民集体的。在归农民集体所有的土地中，40%左右是村级所有，60%左右是村民小组所有。

② 综合世界各国的征地制度安排，普遍遵循三项基本的原则，即符合公共利益原则（public benefit or public use）、确保公平补偿原则（just compensation）、法律程序正当原则（proper law procedure）。坚持符合公共利益原则，就是政府不得随意收回农民的土地使用权（包括改变土地的使用方向），应将动用国家权力收回土地使用权的行为严格限制在公共利益之内。而对于非公益性的改变土地使用方向和土地使用权转让，原则上无须再经政府征收转为国有，而直接由土地出让人和受让人在法律许可的范围内自主决定进行流转。坚持确保公平补偿原则，就是政府如果确实需要收回土地的使用权，也不宜以非经济手段强行收回，而应以购买的方式收回，即实行征购。在这一过程中，土地现有使用者有获得合理经济补偿的权利（所谓合理经济补偿，就是土地现有使用者不因征地而增加经济利益或蒙受经济损失。这里的经济损失既包括土地征收行为所带来的直接损失，也包括一些间接损失和机会成本，特别是预期收益损失），补偿标准须参照土地的市场价值公平决定；而且，对已经确权到户的土地，补偿费一般情况下应直接发放给被征地农户。坚持法律程序正当原则，就是在政府需要收回土地使用权时，应完善有关程序，利用公告、协商、申诉和仲裁等机制，保障土地现有使用者有充分的知情权、参与权和决策权。

益共享的农村集体经营性建设用地入市制度①；③针对农户宅基地取得困难、利用粗放、退出不畅等问题，健全依法公平取得、节约集约使用、自愿有偿退出的宅基地制度②。

通过改革，正在夯实农村集体土地权能，建立产权体系完整、权能明确、收益合理、权利保障的土地产权制度，健全土地增值收益在国家与集体之间以及集体经济组织内部的分配机制。

三、各种所有制经济"两平一同"与"产权保护"的提出

在以 2012 年中共十八大（特别是 2013 年中共十八届三中全会）为标志开启的全面深化改革的新阶段，发展非公有制经济政策的连续性和坚定性进一步显现。围绕产权保护和市场准入等关键环节，着力弥合所有制差别，尽力消除民营企业家的深层忧虑，进一步激发非公经济发展的巨大潜力。

（一）提出著名的各种所有制经济"两平一同"论

2012 年 11 月，中共十八大明确提出："毫不动摇鼓励、支持、引导非公有制经济发展，保证各种所有制经济依法平等使用生产要素、公平参与市场竞争、同等受到法律保护。"这就在之前强调"平等"和"公平"之"两平"理念的基础上，又特别强调了"同等"的理念，完整的"两平一同"原则由此形成，并第一次公布。

---

① 长期以来，中国的土地市场是城乡分治的。在国有土地使用权可自由进入建设用地市场公开交易的同时，农村集体建设用地使用权的流转却受到较多限制。这种"两种权利体系、两个市场、两种土地利益分配"的二元土地市场格局，实质上是对农村集体土地的"所有制歧视"。为此，应打破所有制结构障碍，按"同地、同价、同权"的原则，建立城乡统一的建设用地流转市场。这就意味着，当非公益性项目占用农民集体土地时，一般无须再经政府征为国有，而由集体经济组织或农民与建设用地者直接在市场上自由进行交易。应通过开放农村集体建设用地使用权市场，使农村集体建设用地与国有建设用地拥有同等的地位，享有平等的权益。

② 在宅基地制度改革过程中，也应该提出另一个类似承包地的"三权分置"的改革，即：第一，落实宅基地集体所有权；第二，保障宅基地农户资格权，即要保障农户宅基地用益物权，承认并尊重农民宅基地资格权以完整的权能，使宅基地资格权人对自己所占有的宅基地拥有使用权、收益权、处分权以及抵押权；第三，适度放活宅基地使用权，应允许农民的宅基地使用权进入土地交易市场流转，并允许将农民的宅基地使用权用于抵押。

2013年11月，中共十八届三中全会通过的《中共中央关于全面深化改革若干重大问题的决定》从多个层面提出鼓励、支持、引导非公有制经济发展，激发非公有制经济活力和创造力的改革举措。

第一，在性质定位上，明确提出"公有制经济和非公有制经济都是社会主义市场经济的重要组成部分，都是我国经济社会发展的重要基础"。这两个"都是"体现了一种"包容性改革论"的思维。①

第二，在产权保护上，明确提出"公有制经济财产权不可侵犯，非公有制经济财产权同样不可侵犯"；强调"国家保护各种所有制经济产权和合法利益，保证各种所有制经济依法平等使用生产要素、公开公平公正参与市场竞争、同等受到法律保护"。这就进一步明晰了"同等保护产权"的思想。

第三，在政策待遇上，强调"坚持权利平等、机会平等、规则平等，废除对非公有制经济各种形式的不合理规定，消除各种隐性壁垒，制定非公有制企业进入特许经营领域具体办法。鼓励非公有制企业参与国有企业改革，鼓励发展非公有资本控股的混合所有制企业"；同时明确"实行统一的市场准入制度，在制定负面清单基础上，各类市场主体可依法平等进入清单之外领域"。这就将非公有制经济与公有制经济置于同等重要的地位。

（二）中共中央、国务院"完善产权保护制度 依法保护产权"文件适时推出

2014年10月，中共十八届四中全会通过的《中共中央关于全面推进依法治国若干重大问题的决定》指出，要"健全以公平为核心原则的产权保护制度，加强对各种所有制经济组织和自然人财产权的保护"。

2016年11月27日，《中共中央 国务院关于完善产权保护制度依法保护产权的意见》发布。其主要针对性包括四个方面：一是公权力对产权保护不到位，政府违约和政策不稳定，侵害企业特别是民营企业以及个人的合法产权和权益；二是不

---

① "包容国有与民营""国有和民营是我国经济社会发展的共同基础"。参见常修泽：《包容性改革论——中国新阶段全面改革的新思维》，经济科学出版社，2013年版。

同所有制产权保护不平等,对非公有产权的保护弱于对公有特别是国有产权的保护;三是公有产权保护制度仍不完善,国有企业内部人控制和国有资产流失的问题仍然存在,农村集体资产产权保护不到位;四是侵犯知识产权的行为易发多发,侵权违法成本低、维权成本高等。

针对此,强调要"加强各种所有制经济产权保护","完善平等保护产权的法律制度",提出要"加快推进民法典编纂工作,完善物权、合同、知识产权相关法律制度,清理有违公平的法律法规条款,将平等保护作为规范财产关系的基本原则。健全以企业组织形式和出资人承担责任方式为主的市场主体法律制度,统筹研究清理、废止按照所有制不同类型制定的市场主体法律和行政法规,开展部门规章和规范性文件专项清理,平等保护各类市场主体。加大对非公有财产的刑法保护力度"。它有利于矫正长期存在的不同所有制经济产权保护不平等等问题,对于平等保护各类产权,尤其是加强非公有产权保护,意义重大。

《中共中央 国务院关于完善产权保护制度依法保护产权的意见》还强调"完善政府守信践诺机制",提出要"推进法治政府和政务诚信建设,地方各级政府及有关部门要严格兑现向社会及行政相对人依法作出的政策承诺,认真履行在招商引资、政府与社会资本合作等活动中与投资主体依法签订的各类合同,不得以政府换届、领导人员更替等理由违约毁约,因违约毁约侵犯合法权益的,要承担法律和经济责任"。

这是中华人民共和国成立以来,中共中央发出的第一份关于完善产权保护制度依法保护产权的纲领性文件,被新华社列为"2016年十件大事"之一,在中国改革史上具有重要地位。[①]

但从文件下达以后至今来看,落实还不尽如人意。在"妥善处理历史形成的产权案件""严格规范涉案的财产处置"等方面力度不够,特别是涉及"公权力侵害私有产权案件"处理、纠正民营企业和投资人的"错案冤案"、解决民营企业资产

---

① 在此文件产生前的2016年8月,笔者曾向国家有关部门提交了关于"产权保护"的内部报告。参见常修泽:《"广义产权论"三大要义与产权保护》,《战略与管理》,2016年第6期;台海出版社,2016年版。

"被违规查封扣押冻结"等方面,效果还不明显。①

应该说,对于尚处于转轨时期的中国而言,政府的守信承诺对于产权保护进而稳定非公经济的投资预期具有重要意义。由于市场机制还处在发育过程中,投资环境还不稳定,市场性风险和政策性风险同时存在。要真正矫正并稳定投资者的信心和预期,形成对投资者的激励,领导者必须用法律的手段保证其承诺的可信性。这就要求领导者尊重并执行契约,并在法律框架下约束其未来的行动,避免机会主义的事后要挟(hold-up)和对投资者利益的侵占,努力构筑良好的政治诚信记录。下一步,应创造更加可信的产权保护环境,以矫正并稳定投资者的信心和预期。

(三)"进一步激发和保护企业家精神"进入决策层视野

在强调保护产权的同时,对企业家精神的保护也被提上日程,被领导层多次提及。2017年4月18日,中央全面深化改革领导小组第三十四次会议审议通过了《关于进一步激发和保护企业家精神的意见》。会议强调,企业家是经济活动的重要主体,要深度挖掘优秀企业家的精神特质和典型案例,弘扬企业家精神,发挥企业家示范作用,造就优秀企业家队伍。强调要营造依法保护企业家合法权益的法治环境,营造促进企业家公平竞争、诚信经营的市场环境,营造尊重和激励企业家干事创业的社会环境。这对于鼓励非公有制经济"安心经营、放心投资"同样具有重大而深远的意义。②

从总体来看,中共十八大以来,特别是2013年中共十八届三中全会以来,关于非公有制经济发展的政策环境进一步得到优化,但也应看到,相应配套措施还不是很实,政策落地效果还不理想,主要问题是:市场准入限制仍然较多;政策执行

---

① 不过,就在2017年12月28日,央视发布最高人民法院决定复审包括顾雏军案在内的三个案例,引起社会的强烈关注,人们看到了国家"保护产权"的新动向。

② 在此意见产生前的2017年1月10日,笔者曾向国家有关部门提交了内部研究报告《关于激发和保护企业家精神的七点意见》。参见常修泽:《企业家阶层新论》,《上海大学学报》,2017年第3期;常修泽:《激发和保护企业家精神》,《人民日报》理论版,2017年7月3日,《大家手笔》专栏。2017年9月25日,中共中央国务院下达有关保护企业家文件后,新华社《经济参考报》加"编者按语"全文公开了1月10日的内部研究报告,并加标题为《中国当代企业家肩负着历史的重任》(2017年9月29日)。

中"玻璃门""弹簧门""旋转门"现象仍然存在；民营企业特别是中小企业、小微企业融资渠道狭窄，民营企业资金链紧张；等等。对所面临的困难，有的民营企业家形容为遇到了"三座大山"：市场的"冰山"、融资的"高山"、转型的"火山"。这就需要进一步细化、量化政策措施，制定相关配套举措，加大政策落地力度，尤其要解决"最后一公里"问题。

四、开放型经济新体制下的"三资"经济发展

这一时期，全球跨国投资和产业转移呈现新趋势，中国经济深度融入世界经济，经济发展进入新阶段，利用外资面临新形势、新挑战。

（一）进一步构建开放型经济新体制

2015年9月，《中共中央 国务院关于构建开放型经济新体制的若干意见》发布，对新阶段利用外资的着力点作出部署：

一是统一内外资法律法规。修订《中华人民共和国中外合资经营企业法》《中华人民共和国中外合作经营企业法》和《中华人民共和国外资企业法》，制定新的外资基础性法律。对于外资企业组织形式、经营活动等一般内容，可由统一适用于各类市场主体法律法规加以规范的，按照内外资一致的原则，适用统一的法律法规。保持外资政策稳定、透明、可预期，营造规范的制度环境和稳定的市场环境。

二是创新外商投资管理体制。探索对外商投资实行准入前负面清单加国民待遇的管理模式。

三是完善外商投资市场准入制度。在做好风险评估的基础上，分层次、有重点地放开服务业领域外资准入限制，推进金融、教育、文化、医疗等服务业领域有序开放，放开育幼养老、建筑设计、会计审计、商贸物流、电子商务等服务业领域外资准入限制，进一步放开一般制造业。在维护国家安全的前提下，对于交通、电信等基础设施以及矿业等相关领域逐步减少对外资的限制。

（二）新阶段利用外资的"三举措"

2016年12月，国务院第159次常务会议审议通过了《国务院关于扩大对外开

放积极利用外资若干措施的通知》，专门针对新阶段利用外资提出三方面的新举措。

一是进一步扩大开放的新举措。通过修订《外商投资产业指导目录》以及相关的政策法规，进一步减少限制类和禁止类的行业，放宽服务业、制造业、采矿业领域的外资准入限制。其中：

（1）服务业14个领域的开放力度加大，包括重点放宽银行类金融机构、证券公司、证券投资基金管理公司、期货公司、保险机构、保险中介机构外资准入限制，放开会计审计、建筑设计、评级服务等领域外资准入限制，推进电信、互联网、文化、教育、交通运输等领域有序开放。

（2）在制造业方面，明确要重点取消轨道交通设备制造、摩托车制造、燃料乙醇生产、油脂加工等领域外资准入限制。

（3）在采矿业方面，也明确要放宽油页岩、油砂、页岩气等非常规油气以及矿产资源领域外资准入限制。石油、天然气领域对外合作项目由审批制改为备案制。

同时，外商投资企业和内资企业同等适用"中国制造2025"战略政策措施。鼓励外商投资高端制造、智能制造、绿色制造等，以及工业设计和创意、工程咨询、现代物流、检验检测认证等生产性服务业，改造提升传统产业。支持外资依法依规以"特许经营"方式参与基础设施建设，包括能源、交通、水利、环保、市政公用工程等。相关支持政策同等适用于外资特许经营项目建设运营。支持内外资企业、科研机构开展研发合作。支持外商投资企业建设研发中心、企业技术中心，等等。

二是进一步创造公平竞争环境的新举措。主要是确保政策法规执行的一致性，促进内外资企业公平参与中国标准化工作，参与政府采购招标投标工作，强化对外商投资企业知识产权的保护，实行内外资企业统一的注册资本制度，等等。

三是进一步加大吸引外资力度的新举措。重点是深化外商投资管理体制改革，推进对外商投资全面实施准入前负面清单加国民待遇管理模式。

（三）利用外资三大政策重点的深度分析及其效果

综观上述若干意见和若干措施，可以看出：新时期利用外资的政策重点主要体现在三大方面,即放宽外资行业准入限制、促进内外资公平竞争和创新外商投资管理体制。

1. 关于放宽外资行业准入限制

这是之前产业开放政策的进一步深化,它因应了国际金融危机以来全球产业竞争加剧的新态势。自 2008 年全球经济危机以来,在打破旧的格局、再造国际分工体系并建立全球新均衡的过程中,如何重塑中国在国际分工中的比较优势和竞争优势,尽快抢占先机,掌控制高点和主动权,关乎中国能否在新一轮国际竞争中获得有利位置。特别是本次危机之后,新一轮全球技术与产业的大变革蓄势待发。这一轮以制造业的数字化和服务化为主要内容的"第三次工业革命",将重构发达经济体与发展中经济体在国际分工中的利益分配格局。在新一轮全球生产要素优化重组过程中,如何在引资竞争中提升中国在全球价值链中的位置,提高劳动密集型产业和劳动密集型环节的技术密集度,并积极介入资本密集型产业、技术和知识密集型产业以及现代服务业价值链中的中高端环节,以便在即将形成的全球新均衡中抢占有利位置,决定了中国能否抓住战略机遇期,以比发达经济体更快的速度和更高的质量实现国内经济转型,为未来 10 年或者更长时期的经济持续健康发展奠定基础。

2. 关于促进内外资公平竞争

这在某种程度上是"纠"前期政策之"偏"的进一步延续。实际上,自 20 世纪 90 年代中后期特别是中国加入世界贸易组织后,中国就开始矫正长期实行的有偏颇的鼓励外商直接投资的优惠政策。比如长期执行税收上的"两免三减"政策,特别在所得税方面对外资企业实行有别于内资企业的政策:从法定税率看,内资企业为 33%(部分微利企业能够享受 27%、18% 的照顾税率),外资企业总体上也为 33%,但一些特殊区域的外资企业可以享受 24% 或 15% 的低税率优惠,因此名义税负只有内资企业的一半左右;从实际税负看,内资企业平均为 25% 左右,外资企业平均为 15% 左右,外资企业税负低于内资企业 10 个百分点左右。外资在税收等方面所享受的超国民待遇实际上是给予外资企业以某种补贴。随着改革开放的不断深入,国内要求取消内外资企业的差别待遇,实行"两税合一(统一内外资企业所得税)"的呼声日渐高涨。

2007年3月，企业所得税法草案在十届全国人大五次会议上获得通过。根据该法案，从2008年起，对内外资企业统一实行25%的所得税税率；同时，外资企业单独享受的税前扣除优惠、生产性企业再投资退税优惠、纳税义务发生时间上的优惠等也与内资企业统一。之后又自2010年12月1日起，对外资企业征收城市维护建设税和教育费附加，统一内外资企业城市维护建设税和教育费附加制度，由此标志着内外资企业税制的全面统一。这就建立起有利于公平竞争的税收机制和投资环境。新时期吸引外资将在进一步取消外资超国民待遇的基础上按照"中性"的原则来构建政策框架，促进内外资企业一视同仁、公平竞争。

3. 关于创新外商投资管理体制

这是在开放经济新形势下遵循国际通行准则的必然选择。从国际上看，通行的外商投资准则是负面清单管理，已有70多个国家采用。为了与国际规则接轨，需要改革过去长期实行的外商投资审批和产业指导的管理方式，转向全面推行外商投资普遍备案、有限核准的管理制度，大幅减少准入审批，尤其是实现由"逐案审批"向负面清单管理的重大调整。同时，加强外商投资事中、事后监管，提升外商投资监管的科学性、规范性和透明度。

自2013年上海自贸试验区最先开始编制外商投资负面清单以来，上海等自贸试验区的负面清单不断缩减，已从2013年的193项减少至2017年的122项（此为商务部2017年4月披露的数据。鉴于一些成熟经济体的负面清单项目基本在几十项，预示着未来还要进一步压缩）。

2016年9月，十二届全国人大常委会第二十二次会议通过了《关于修改〈中华人民共和国外资企业法〉等四部法律的决定》，对《中华人民共和国外资企业法》《中华人民共和国合资经营企业法》《中华人民共和国合作经营企业法》以及《中华人民共和国台湾同胞投资保护法》的相关行政审批条款进行修改，将不涉及国家规定实施准入特别管理措施（负面清单）的外商投资企业和台胞投资企业的设立和变更，由审批改为备案管理。这就意味着开始在全国范围内推广对外商投资企业的负面清单管理制度，实行30多年的投资审批制度将逐渐走向终结。

总体而言，这一时期利用外资的政策稳定性进一步提高，"三资"企业的营商环境进一步改善。2012—2016 年，全国累计实际引进外资 4894.2 亿美元（其间，2014 年中国再次成为全球最大的外国直接投资目的地）；同时，外资结构进一步优化，服务业占全国吸引外资的比重于 2016 年末上升到 70.1%，高技术行业引进外资年均增长 11.7%，跨国公司在华设立的地区总部、研发中心等机构超过 2000 家。外商投资企业以不足全国各类企业总量的 3%，创造了近一半的对外贸易、1/5 的财政税收、1/7 的城镇就业，显示"三资"经济依然是中国多元所有制经济形态中不容忽视的重要力量。

总结这一段所有制结构改革历程，我们需要从实践的基础上上升到理论高度来认识。这包括两个层面：一个是从整个社会经济的层面，一个是从国有经济改革的层面。对于前者，习近平同志指出："公有制为主体、多种所有制经济共同发展的基本经济制度，是中国特色社会主义制度的重要支柱，也是社会主义市场经济体制的根基。公有制经济和非公有制经济都是社会主义市场经济的重要组成部分，都是我国经济社会发展的重要基础。"

至于后者，即国有经济改革层面，习近平曾经专门针对国有企业改革讲过一段话。在对中共十八届三中全会《中共中央关于全面深化改革若干重大问题的决定》所作的说明中，他指出："经过多年改革，国有企业总体上已经同市场经济相融合。同时，国有企业也积累了一些问题、存在一些弊端，需要进一步推进改革。"后来他在多次会议上列举国企存在的问题，归纳起来主要有：①国企市场主体地位未真正确立；②现代企业制度尚不健全；③国资监管体制需要完善；④国有资本运行效率不理想；⑤"内部人控制"；⑥国有资产流失严重；⑦计划经济遗留下的企业办社会职能以及其他历史遗留问题；等等。2014 年底，在中央经济工作会议上针对片面的单向度思维，习近平更鲜明地指出："推进国企改革要奔着问题去。"①

"奔着问题去"是习近平指导国企改革的着眼点，也是指导所有制结构改革的着眼点。这一思路启示我们：第一，在看到成绩的同时，要清醒地看到问题；第

---

① 引自习近平在 2014 年底中央经济工作会议上的讲话。

二，更重要的是，要坚持问题导向，针对问题，一步一步地把改革推向前进。同样，本书总结所有制结构改革历程，也应该如此。不仅"推进国企改革要奔着问题去"，而且，发展城乡集体经济、发展个体和私营经济、发展"三资"经济，也要"奔着问题去"。这才是实事求是、不断进取的态度。

中共十九大报告提出了习近平新时代中国特色社会主义思想，这是马克思主义中国化的最新成果，也是包括所有制结构改革在内的整个经济发展和改革开放的行动指南。下一阶段，应"着力构建市场机制有效、微观主体有活力、宏观调控有度的经济体制，不断增强我国经济创新力和竞争力"①。

---

① 《中国共产党第十九次全国代表大会文件汇编》，人民出版社，2017年版。

PART THREE

第三篇
支柱篇

第四章
国有资产资本化及国有资本分布结构

国有资产资本化是在国有企业改革不断深入，国有经济市场化程度提高到一定水平后推进的。国有资产资本化首先从经营性国有资产开始，经营性国有资产是以国有企业为载体，通过国有企业的改革及国有企业的市场化经营而实现国有资产的保值增值。随着国有企业做大规模与国有资产额不断增长，国有资产资本化进程不断加快并从经营性国有资产向资源性国有资产、金融性国有资产拓展，行政事业性国有资产的某些环节也在尝试着实行国有资产资本化，从而促成国有资产额的倍增甚至几倍几十倍地增长。

截至2015年底，经营性国有资产值约为34.46万亿元，行政事业性国有资产值约为11.23万亿元，金融性国有资产值约为53.41万亿元[1]，资源性国有资产值约为458万亿元[2]（其中约43万亿元可直接出售或交易），如果不考虑资源性国有资产，经营性国有资产、行政事业性国有资产、金融性国有资产相加已经高达近百万亿元。在国有资产额的倍增甚至几倍几十倍的增长中，国有资产资本化发挥了十分重要的作用，通过国有资产多种形式的资本化而带动了国有资产额的超常规增长。

与国有资产资本化进程加快及国有资产资本化率的不断提高相同步，

---

[1] 用截至2014年底财政部、国资委、国家统计局等部门公布的公开数据测算出三类国有资产的数值，再按照分别增加7%、5%、9%而计算出截至2015年底经营性国有资产值、行政事业性国有资产值、金融性国有资产值。其中，国有资产值是按照资产负债表的口径，指的是国有资产净值或国有资本净值。

[2] 包括各级政府所拥有的没有转让土地使用权的国有土地储备、已经探明的可估值的地下资源和可计价的地上资源。用截至2014年底国土资源部及其他与自然资源相关联的政府职能部门公布的数据、各级政府的土地储备数据测算出资源性国有资产值，再按照增加5%而计算出截至2015年底的资源性国有资产值。

公有制生产资料尤其是国有生产资料资本化、金融化、证券化进程也越来越快，从而推动国有资产管理由对国有企业的管人、管事、管资产，向管资本转变。以管资本为核心的新的国有资产管理体制强调国有资本分布结构的合理性，主张通过国有资本结构的调整及国有资本按照政策导向流动而推动产业结构调整及产业升级。国有资本分布结构的合理，可以大幅提升国有资本的活力、影响力和控制力。

第一节
40年特别是近年来中国国有资产额的增长情况分析

中国改革开放以来，经济体制改革的主要内容是国有企业改革及国有经济市场化，国有经济市场化以国有企业的持续深入改革为条件。国有企业改革经历了承包制、定向募集的公司制、剥离上市、产权多元化的股份制、引入非公资本的混合所有制等多个阶段，在每个阶段尤其是中国加入WTO后的国有企业改革，更强调通过改革做大规模，实现国有企业的做大做强。在国有企业改革进入引入非公资本的混合所有制阶段，更强调国有企业的做强做优做大。①

从国有企业做大规模的实际推进来看，往往更多的是通过行政力量驱动及各级政府的行政支持而做大规模，用行政手段推动大国有企业之间的合并而形成了一些超大规模的国有集团。与国有企业的做大规模及一些超大规模的国有集团做大做强及新的做优做强做大要求相同步，国有资产额持续高增长。

一、国有企业做大规模的几种方式及关联分析

国有企业及国有控股企业尤其是央企，是经营性国有资产的主要载体，国有经

---

① 中共十九大报告提出了"推动国有资本做强做优做大"，敬请读者注意。

济是经营性国有资产运营的主要形式。1978—2000年,国有企业被推向市场,一度经营困难,导致经营性国有资产额持续多年下降;随着中国2001年加入WTO,与中国经济的高增长相同步,经营性国有资产保持了持续近10年的高增长。到2011年,国有及国有控股企业(不含金融类企业)的资产总额约85.37万亿元,所有者权益29.17万亿元;2001—2011年,国有及国有控股企业总资产实现增长4.4倍,所有者权益实现增长4.3倍;就经营性国有资产总额的增长幅度而言,同一时期的年均增幅高于GDP甚至高于财政收入增幅。[①] 2012—2016年,随着中国经济增长下行,经营性国有资产增长有所放缓,低于同期GDP的增长幅度。对经营性国有资产持续近10年高增长的结果以及资产管理存在的问题,我们都应当重视。

(一)大国企之间的合并和组建超大规模的国有集团

中国改革开放以来,国有企业的数量是不断减少的,从改革开放初期的约160万家减少到2000年的约17万家。这一时期,国有企业的数量减少,主要是经营困难倒闭,行政式关停并转,各级政府把几十家甚至几百家、几千家国有企业合并为国有集团而导致的。2001年以后,在经营性国有资产高增长的同时,国有企业数量减少有所放缓。中小型国有企业主要是通过市场化改革而减少,大中型国有企业的数量减少尤其央企的数量减少,依赖的不是市场力量,而主要是行政力量。

1. 大中型国企尤其是央企数量的减少主要是通过划转合并而非产权制度改革

在2003—2005年国有企业全面改革政策的推动下,大多数小微国企及经营困难的中小国企实行了国有资产出售与国有资本退出的改制。但是,大中型国企尤其是央企更多的是选择所谓合并的重组。

大中型国企尤其是央企之间的合并采取非市场化方式,依托行政力量实行国企或国有资产的直接划转,从而减少了大中型国企的数量。大中型国企及央企的划转合并有几种方式:一是行政级别低的一家或几家国企划转给另外一家行政级别高的

---

① 文宗瑜、张晓杰:《中国改革三十年(1978—2008)》,山东人民出版社,2009年版。

国企，成为这家行政级别高的国企的全资子公司；二是行政级别相同的几家国企，把其中经营差或资产规模小的国企划转给经营好或资产规模大的国企；三是同一行业中业务基本相同且行政级别相同的几家国企，直接合并为一家；四是在几家国企上面设立一个国有独资的新公司作为母公司，把几家国企直接划转进去成为全资子公司；五是成立一家资产管理公司，把多家经营不好或规模相对较小的国企划转进去。

大中型国企尤其是央企的数量减少依赖的是划转合并，基本上没有触及产权制度。以央企为例，从2003年的196家减少到2011年的103家，几乎找不到通过产权制度改革而减少央企的操作案例。

2. 大中型国企尤其是央企之间的划转合并催生了一批超大规模的国有集团

与市场化的并购重组相比，大中型国企尤其是央企之间的划转合并，可以在最短的时间内实现企业规模的倍增。从大中型国企及央企的划转合并结果看，一批超大规模的国有集团产生，使中国在多个行业都有了规模排名世界第一的大企业。[①] 用行政手段助推而产生的这批超大规模的国有集团，从外部看已经构建起庞大的母子体系，但其内部往往是多级次、多板块及相同业务的内部竞争，甚至存在着一个国有集团内还有多个集团的现象。重视合并形成的规模，忽视合并后的重组重整，导致的是超大规模的国有集团的大而不强。大而不强的超大国有集团虽然缺少国际竞争力，不能充分参与国际市场竞争，但是其在行业内的"超级大"所形成的对国内市场的控制力及绝对定价权，使一些地方政府不得不对其妥协，部分超大国有集团包揽了大项目、大订单及其想做的项目、订单。在某种意义上，一批超大规模国有集团的产生，导致了不公平竞争及市场竞争的某些失序。

（二）依赖行政力量推进国企的央地对接与国企不合理的扩张

大中型国企数量的减少，除了隶属同一级政府的国企之间的划转合并原因外，还有央企与地方国企的连接联合合并（简称"央地对接"）的影响；超大规模的国

---

① 文宗瑜、袁媛：《经营性国有资产管理》，经济科学出版社，2010年版。

有集团所承载的巨大资产规模，除了大中型国企合并使资产额倍增的原因外，还有大中型国企持续不断向主业以外的其他产业"无边界扩张"而导致的资产额快速增长。无论是国企的央地对接，还是国企的"无边界扩张"，往往都依赖行政力量。

1. 地方政府的 GDP 增长冲动形成了对央地对接的强大行政支持

与央企相比，地方国有企业无论是在增长速度上，还是在所处行业的市场影响力上，都相差较大，有的地方国有企业甚至还长期经营困难。正因为如此，无论是地方政府的决策导向，还是地方国有企业自己的经营策略，都不会选择与央企进行竞争。地方国有企业不仅回避与央企的竞争，而且在地方政府行政力量的推动下，与央企进行连接联合合并的央地对接。

在大多数央地对接操作中，一般都是采取地方国有企业整建制的无偿划转给央企，转变为央企的全资子公司或绝对控股的子公司；当然，对于这种地方国有企业整建制的无偿划转，地方政府都附加了地方国企划转后继续留在当地发展的条件。就地方政府而言，不关心地方国有企业归哪级政府所有的问题，只关心其所贡献的 GDP。地方国有企业无偿划转后依托央企做大可以为地方贡献更多 GDP，是地方政府用强大行政力量支持央地对接的动机。

2. 国企对政府审批与发放牌照的巨大影响力使其具有"无边界扩张"的冲动

对各行业、各领域投资的项目审批与一些行业或领域经营实行牌照发放制度（如银行、保险、证券、期货、电信、电影、电视及资源能源进口等），成为政府某些职能部门的日常工作及权力。这意味着任何企业或投资主体，从事扩张性的投资尤其是跨产业、跨行业的投资，都必须能通过审批或取得牌照。国有企业与民营企业相比，具有与政府职能部门的先天关联性及对政府职能部门的巨大影响力，更容易通过审批或取得牌照。因此，国企"无边界扩张"的冲动更强。正是国企通过审批或取得牌照的先天优势，驱使国企进入多个与自己主业无关但可以短时间获取超额利润的领域。在某种意义上，国企的这种"无边界扩张"仍然是行政力量间接支持及推动的结果。

(三）片面追求国资及国有经济更大范围的控制而在一定程度上压缩民企发展空间

中国改革开放以来，国有资产及国有资本曾一度从某些产业领域部分退出甚至全部退出，但是，随着中国加入WTO后国有企业做大做强的政策导向，国有资本不仅要进入到涉及国民经济重要领域与涉及国家经济安全的领域，而且也要进入到一些高利润率的一般竞争性行业。① 国有资本的进退，虽然有政策导向，但缺乏对相关产业或相关领域的具体规定，通过国有企业的做大规模演变成了国资及国有经济更大范围的控制。

1. 国资及国有经济从产业上游到下游的拓展进一步扩大了国有资本的控制范围

行业禁入政策及规定，形成了国有经济控制资源能源而占据产业上游、民营经济依赖资源能源而位于产业下游的格局。这种产业格局虽然会导致上游的国企不断提高资源能源价格而获取超额利润，民营企业因资源能源价格上涨而利润不断下降的结果，但是，民企在产业下游的发展空间仍然较大。为了提高国资控制力与扩大国有经济的控制范围，国有企业也向下游扩张。这种扩张虽然一度遭到民营企业的抵制，但是占据产业上游控制资源能源与优先获取金融资源的优势，决定了国有企业可以快速地向下游突进。国有企业向产业下游的扩张，进一步扩大了国资及国有经济的控制范围。

2. 更多领域及更大范围的"国进"使民企及民营经济的发展空间被压缩

行业禁入、牌照制及项目审批制，使民营企业的经营范围受到相当大的限制，民营企业只能在门槛低的产业下游经营，在一段时期内形成了国有企业占据并控制产业上游、民营企业在产业下游经营的格局。② 虽然这是一种不公平的竞争格局，但是，某些民营企业的精细化管理及高效率，仍然使处在产业下游的一些民营企业实现了比较高的投资收益。或许是眼红这些民营公司的收益，或许是为了使国有企

---

① 常修泽：《中国当前资产重组倾向令人深思》，《经济参考报》，2009年9月16日。
② 文宗瑜、袁媛：《经营性国有资产管理》，经济科学出版社，2010年版。

业规模再上台阶，国有企业在2005年后开始向产业下游的很多领域及环节进入。面对强势的国企，民营企业要么选择退出，要么选择压缩产能，民营经济的发展空间被压缩。

（四）在国企尤其是央企规模扩张的同时，对其国际竞争力的提高重视不够

国企尤其是央企的规模扩张，既能凸显国资管理部门的政绩，又能为国企经管层的业绩考核及奖励提供保证；国资管理宏观层的规模扩张导向可以在国资运营微观层得到比较好的贯彻。然而，国企尤其是央企国际竞争力的提高却往往被忽略。

1. 国企尤其是央企规模扩张成为国资管理部门最重视的工作

在市场经济条件下，国有企业尤其是央企经营目标如何定位、经营方式如何调整及完善，似乎成为说不清的问题。但是，规模扩张却是国资管理部门与国企尤其是央企能达成共识的问题。就国资管理部门而言，推动国企尤其是央企转变经营机制、深化产权制度改革、加快技术进步及创新等工作，缺乏"抓手"，或很难在一个领导任期或两个领导任期内见效，但是，推动国企尤其是央企规模扩张，有"抓手"且在短期内会见到"政绩"。因此，国资管理部门不得不把国企尤其是央企的规模扩张作为最重视的工作。

重视规模扩张，在于国资管理部门有"抓手"，一是抓绩效考核及奖励，国企尤其是央企的经管层只要能把企业规模做大，每年就可多拿几十万元甚至更多；二是抓划转合并，国企尤其是央企在规模上做不到行业前三名的，将被划转合并到其他国企名下。可以说，这两个"抓手"对国企尤其是央企规模扩张发挥了十分重要的作用。

2. 在用非市场手段做大国企尤其是央企的同时，应更加注重其国际竞争力的提高

国企尤其是央企规模扩张的对外宣传是做大做强，无论是国资管理部门讲的做大做强，还是国企尤其是央企宣传的做大做强，是先做大（即"大而不强"），国资管理部门的现任领导与国企尤其是央企经管层主要是做大并分享做大的政绩，至于国企尤其是央企的"强"，那是以后的领导与经管层要解决的问题。因此，做大

甚至用非市场手段做大国企尤其是央企就形成了国资管理部门与国企的默契。至于用非市场手段做大国企尤其是央企是否会严重影响尔后的"强",并没有被密切关注。因此,要切实增强真正的国际竞争力。如果比较技术创新指标与万元工资福利产生利润额的劳动效率指标(而不是仅仅看规模的话),某些国企尤其是央企做大后的国际竞争力确实有所下降。

(五)在国资规模快速增长的同时,对国有经济效率和质量的重视仍有欠缺

在经营性国有资产管理中,国有资产保值增值应该表现为国有资产额的合理增长,但是,国资管理政策所推动的国有资产规模快速增长,往往实现的是国有资产的片面保值增值,导致国有经济效率与质量下降。在某种意义上,国有经济的效率及质量低下会拖累全社会资源配置效率的提高。而提高效率和质量正是中国发展方式转变的关键问题。

1. 国有资产额的快速增长及倍增成为国资管理部门最重要的成就

国有资产要保持什么幅度的增长,国有经济要占多大比重,一直缺乏政策性量化指标。国有资产要保值增值,国有经济要提高控制力,是国资管理反复强调的要求;这种要求与国企规模扩张及做大行为相叠加,实现了国有资产额的快速增长。就 2005 年以来全国经营性国有资产额的年平均增长幅度看,高于同期 GDP 增长与财政收入增长幅度;再就 2005 年以来中央本级经营性国有资产额的年平均增长幅度看,远远高于同期 GDP 增长与财政收入增长幅度。可以说,国资管理部门最重视的成就是推动并实现了国有资产额的快速增长及倍增。至于国有资产额快速增长及倍增对全社会资源配置效率的影响如何往往不被关注。当然,国资管理部门也不会主动去进行评价。

2. 增长速度比增长效率更重要的管理思维及做法使国有经济质量一再被忽略

国有资产额的快速增长及倍增,不仅扩大了国有经济的控制范围,而且提高了国有经济的增长速度。在国有经济保持什么样的增长速度问题上,国资管理虽然没有明确的政策标准,但是,实际的政策着力点往往仍然是推动增长速度的不断提高,国资运营的宏观层面与微观层面都被引导到重视国有经济增长速度上。与此相

适应，国有经济增长效率与质量长期被忽略。2005—2010 年，国民经济及国有经济高增长及结构失衡导致了严重的产能过剩与产品过剩，在过剩超过 50% 的 27 个行业中，国有占有相当高的比重；从 2011 年、2012 年亏损严重的钢铁、造船、海运、电解铝氧化铝、风电等行业看，国有也占有较高的比重。在某种意义上，过分强调国有经济的增长速度，会促进国有资产额较快增长，但往往又会降低国有经济的质量及全社会资源的配置效率。

二、国有资产额的持续高增长及原因分析

改革开放以来的国有经济及国有企业虽曾一度低迷及困难，但是，随着 2001 年中国"入世"以来经济的持续高增长、财政承担绝大部分国有企业改革改制及历史遗留问题解决的成本、2005 年以来国资管理的政策作用等，实现了国有企业的利润高增长及国有资产的较快较大增长，由此形成了国有资产数额最大与国有经济比重最大的中国"两大"国情。

（一）中国经济持续高增长为国有资产的较快较大增长创造了条件

中国的改革开放，推动了计划经济向市场经济的转变。随着 1992 年以来社会主义市场经济发展进程的加快，尤其是 2001 年中国加入 WTO 打开了国际市场大门，不仅使中国经济的活力不断增强，而且实现了 21 世纪初一个持续 10 多年的经济高增长。中国经济活力的不断增强及 GDP 持续多年两位数以上的增长，为国有经济的发展及国有企业的扩张创造了良好的外部环境，也实现并支撑了国有资产的较快较大增长。在某种意义上，中国经济持续高增长的最大成果之一，是实现了国有资产的倍增，甚至是十几倍、几十倍的增长。

（二）财政承担绝大部分国有企业改革改制及历史遗留问题解决的成本，为国有资产较快较大增长提供了财力支撑

国有企业改革改制一直是中国改革开放的主要内容之一，政府在将国有企业推向市场的同时，财政也对国有企业的改革改制给予了程度不同的支持。按照 2002 年中

共十六届三中全会确定国有企业改制的政策，国务院及各政府职能部门相继出台了《企业公司制改建有关国有资本管理与财务处理的暂行规定》《有关国有大中型企业主辅分离辅业改制分流安置富余人员的实施办法》《关于进一步推进国有企业分离办社会职能工作的意见》等相关政策，有效推动了国有企业改革改制的进程。

随着国有企业改制数量的增多及改制的进一步深化，国有企业改革改制中的成本费用也不断增加。按照政策规定，财政承担了绝大部分国有企业改革改制的成本，从而减轻了国有企业的负担，为其快速发展及国有资产的较快较大增长创造了有利条件。此外，对于国有企业改革改制中存在的历史遗留问题，按照以存量资产解决历史遗留问题的政策主张，财政也承担了绝大部分解决历史遗留问题的成本，进一步为国有资产的较快较大增长提供了有力支持。

（三）2005年以来，有关政策程度不同地助推了国有资产的较快较大增长

改革开放以来，国有企业的改革及国有经济的布局调整曾经出现国有资本从某些领域退出的导向。但2005年以后，政策导向转而强调国有资本要加大对国民经济重要领域与涉及国家经济命脉领域的进入程度。在上述政策的影响下，许多国有企业为了做大，不仅进入涉及国家经济命脉的重要领域，也将业务扩张到其他若干领域，实际上形成了国有企业的快速扩张及国有资产的较快较大增长。与此同时，国有企业在石油石化、电力电信、航空铁路、军工、烟草等领域形成了不同程度的垄断，并且在价格上涨过快的资源能源领域也占有较大的份额，进一步加剧了国有企业的垄断地位。"国进"及国有企业的垄断，为国有经济快速发展及国有资产的高速增长创造了条件。

三、国有经济比重由下降转为回升及其三点原因

国有企业在改革中尤其是被推向市场以后，曾一度出现了由于国有企业经营困难而导致大量国有企业停工停产乃至破产倒闭的现象，与此相适应，国有经济比重一度大幅度下降。但是，随着中国加入WTO后各级政府支持国有企业做大规模，

国有经济比重由下降转为增长。①

（一）改革开放以来，国有经济比重一度大幅度下降

改革开放以来，中国鼓励并支持发展非国有资本，国有经济比重一度大幅度下降。1978年开始的中国改革开放，改变了国有企业既定的发展轨迹。政府在给国有工厂放权的同时，也在推动国有企业逐渐走向市场。在农村率先改革之后，城市改革也开始启动。国有企业的"放权让利"改革，打开了城市改革的突破口。随着政府为国企"放权让利"，很多国有工厂在完成计划生产任务后，主动承接一些计划外的订单，国有企业活力开始显现。1982—1986年，全国国有企业的产值及利润大幅增长。但是，1987年开始的"价格闯关"改革及随后的价格"双轨制"却不断吞噬国企的利润，与此同时，国企改革改制的利益矛盾也在削减国企活力。从1987年开始，国企亏损面日渐增大，到1992年，全国50%以上的国企陷入亏损。虽然20世纪90年代政府采取了一系列支持国企发展的政策，如国企改制上市、国企债转股等，但是，国企亏损的局面并没有被改变，到1999年，国企亏损面已达到2/3，这种状况一直持续到2002年。

在某种意义上，国有企业被推向市场后，并没有表现出太强的市场竞争力。1988—2002年是国有企业长时间大面积亏损的时期，在这一时期的1992—2002年是中国市场经济步伐走得最快的一个时期。国有企业在这一时期的大面积亏损，除了机制原因外，主要还在于中国社保体制建立的滞后与非国有资本的快速发展。国有企业背负着沉重的人员包袱，与完全市场化的非国有资本竞争，其劣势明显，从而导致改革开放以来国有经济比重一度大幅度下降。

（二）国有经济比重下降以来的再度大幅回升

国有企业的经营困难一度导致国有经济比重的下降，但是，这种下降是阶段性的。随着国有企业市场化进程的配套改革不断推进，特别是国有企业承担的很多社

---

① 文宗瑜、刘微：《国有资本经营预算管理》，经济科学出版社，2007年版。

会职能开始剥离，国有经济效益大幅好转，国有经济比重又出现了从缓慢回升到较快增长。

1. 国有经济比重由 2001 年前的下降转变为 2002—2008 年的缓慢回升

面对国有企业大面积亏损及社会稳定的压力，政府在 2002 年加大了社会保障体制改革的力度。以此为契机，国企尤其是央企，辅业分离及企业办社会职能分离的改革被强制推行，国有企业尤其是央企卸掉了人员及历史遗留问题的包袱。减轻包袱的国企恰恰赶上了 2003 年以来中国经济高速增长阶段，国有企业尤其是央企开始步入合并重组及上市的资本运营轨道，其资本化进程开始加速。国有企业资本化进程的加速，不仅急剧扩大了国有企业的规模，而且较大地提高了国有企业的利润水平，国有企业中的中石油、中石化、中国移动等进入全球最赚钱的十大企业榜单。

需要说明的是，在国有企业资本化进程中，资源资本化及其进入证券市场的绝对优势，是非国有企业根本不具备的。与非国有企业位居产业下游相比，国有企业几乎占据了全部的产业上游，这意味着国企尤其是央企控制了绝大多数的自然资源，更意味着国企尤其是央企占领了市场定价权。国有企业所拥有的石油、天然气、煤炭、铁矿石、有色金属、电信、邮政等领域的定价权及垄断，使资源资本化获取了超额利润。当然，这种超额利润有个如何让全体人民共享的问题，这是习近平同志提出的"创新、协调、绿色、开放、共享"五大发展理念后需要研究的问题。除此之外，国企因历史原因占用的大量国有土地开发及国有土地使用权有偿转让，也为国企贡献了大量利润。

2. 国有经济比重经过缓慢回升在 2008 年以后出现较快增长

从 2008 年开始，经济进入低迷期。为带领我国经济走出全球金融危机的低谷，保持国民经济平稳较快发展，中国政府采取了刺激经济增长的 4 万亿元投资计划，并且定调实施适度宽松的货币政策与稳健的财政政策。各大银行响应号召慷慨解囊，2009 年共形成 9.58 万亿元天量信贷，导致货币杠杆效应的倍数放大。为走出全球金融危机的低谷，中国政府的 4 万亿元投资，为国有经济比重的较快回升起到了很大的推动作用。

(三) 国有经济比重再度大幅回升的原因

国有经济比重再度大幅回升的原因是多方面的,除了国有企业规模做大的支持外,还有国有资产资本化进程的支撑,当然,行政力量推动也发挥了十分重要的作用。

1. 国有企业规模做大支持国有经济比重回升

国有企业规模做大后不仅资产规模扩大,与国企规模做大相适应,国有企业在某些领域占市场份额的比重也大幅上升,甚至在某些领域出现国企占比达70%以上,比如石油、电力、铁路,以及军工、金融、民航、通信等。另外,行业禁入政策及规定,形成了国有经济控制资源能源而占据产业上游、民营经济依赖资源能源而位于产业下游的格局。如前所述,这种产业格局导致了上游的国企不断提高资源能源价格而获取超额利润、民营企业因资源能源价格上涨而利润不断下降的结果,但是,民企在产业下游的发展空间仍然较大。为了提高国资控制力与扩大国有经济的控制范围,国有企业不断向下游扩张。这种扩张虽然一度遭到民营企业的抵制,但是,占据产业上游控制资源能源与优先获取金融资源的优势,决定了国有企业可以快速地向下游突进。国有企业向产业下游的扩张,进一步支持了国有经济比重的回升。

2. 国有资产资本化为国有经济比重上升创造了条件

将集团中盈利能力、成长性等均优于上市公司的资产注入上市公司中,将在提升上市公司业绩及影响力的同时,提升国有资产资本化率,从而为提升国有经济的比重创造条件。国有企业的整体上市也同样为国有经济比重上升创造了条件,一方面,国有企业整体上市有助于提升其影响力,从而提高其营业收入,增加企业价值;另一方面,国有企业整体上市能够产生倍数效应,实现国有资本的保值增值。自2003年以来,中国经济高速增长,国有企业尤其是央企开始步入合并重组及上市的资本运营轨道,其资本化进程开始加速。

3. 行政力量的支持成为推动国有经济比重回升的主要力量

自2005年以来,国家政策导向强调国有资本要加大对国民经济重要领域与涉及国家经济命脉领域的进入程度。在上述政策的影响下,以国有企业为载体的国有经济进入民营企业经营的非国有经济中，加上国有企业拥有较多的政策优势、资源优势，导致对非国有经济的侵蚀。与国有企业的快速扩张及国有资产的较快较大增长相比，非国有企业面对不断做强做大的国有企业及对其经营空间的挤压，主动要求或被动接受加入国有企业中，也导致了非国有经济比重下降、国有经济比重上升的结果。

第二节 国有资产构成体系的建立及不断完善

随着做大国有企业规模及国有资产额的高增长，国有资产构成体系逐渐形成且不断完善。到目前为止，已经构建起包括经营性国有资产、行政事业性国有资产、金融性国有资产、资源性国有资产在内的国有资产构成体系。四大类国有资产在国民经济运行中各自发挥着不同的作用，各类国有资产相互支撑、相互影响，维系着比较高的国有经济比重。

在当下国有资产构成体系中，实行国有资产的分类管理，分别建立了经营性国有资产管理体制、行政事业性国有资产管理体制、金融性国有资产管理体制、资源性国有资产管理体制。就各类国有资产管理而言，主要是依赖行政条例进行管理，与经营性国有资产相关联的《中华人民共和国企业国有资产法》已经颁布并实施，但发挥的作用不是很大，其他类国有资产的相关立法还没有出台。

一、经营性国有资产的增长及管理体制

在国有资产额的高增长中，经营性国有资产额的高增长表现得尤为突出。做大国有企业规模，首先是带动了经营性国有资产的高增长。截至 2015 年底，经营性国有资产值约为 34.46 万亿元[①]，经营性国有资产值的增长程度不同地反映了国有

[①] 用截至 2014 年底财政部、国资委、国家统计局等部门公布的公开数据测算出经营性国有资产的数值，再按照增加 7% 计算出截至 2015 年底经营性国有资产值。其中，国有资产值是按照资产负债表的口径，指的是国有资产净值或国有资本净值。

资产管理水平的提高。当然，国有企业经营管理水平的提高，也对经营性国有资产额的高增长发挥了促进作用。

（一）经营性国有资产的增长

经营性国有资产的增长既依赖于国有企业改革及市场化进程，也依赖于资本市场及证券市场的发展，还依赖于政府行政力量的支持。在某种意义上，经营性国有资产的增长是由多种因素导致的。

1. 国有企业经营管理水平提高所实现的国有资产的增长

中共十六届三中全会指出：要适应经济市场化不断发展的趋势，进一步增强公有制经济的活力，大力发展国有资本、集体资本和非公有资本等参股的混合所有制经济，实现投资主体多元化，使股份制成为公有制的主要实现形式。于是，国有企业公司制和股份制改革逐步开展起来。公司制和股份制改革理顺了企业的产权关系，有效解决了"政企不分"的历史遗留问题，促进国有企业建立现代企业制度，完善内部治理结构，提高了企业的竞争力；此外，公司制和股份制改革还帮助国有企业进一步拓宽了融资渠道，打破了一元的出资格局，实现了投资主体的多元化，从而实现了通过一定的国有资本引导大量的社会资本的目标，增强了国有经济的影响力和带动力。

企业之间的竞争是产品和服务的竞争，而高质量的产品和人性化的服务要求与企业的管理水平和员工的素质密不可分。国有企业通过在经理人市场公开选聘称职的经理人、改革劳动用工制度、建立有效的激励约束机制来增强企业的实力；同时，企业通过增加研发投入、加大新产品开发力度增强其核心竞争力，实现盈利水平和企业实力的提高，从而取得了国有资产的增长。

2. 国有企业依托证券市场所实现的国有资产增长[①]

中国证券市场的设立极大地缓解了国有企业所面临的融资问题。回顾证券市场的发展历史和国有企业的改革历程，20世纪90年代初建立的证券市场为国有企业

---

① 文宗瑜、张晓杰：《中国改革三十年（1978—2008）》，山东人民出版社，2009年版。

改革提供了大量的优质资金。与银行贷款相比，企业从股市上融得的资金无论是从数量还是质量上都是较优的。从资本市场特别是证券市场上获得的资金给处于困境中的国有企业雪中送炭，帮助其突破资金瓶颈，实现了经营规模的扩大和市场占有率的提高。

证券市场成立之初，出于对国有资产的保值增值和安全考虑，在国有企业上市过程中，国有股和法人股基本不允许流通，可以流通的是面向个人和非国有法人发行的普通股。由于流通股和非流通股的成本不同，因此国有企业在股票溢价发行上市过程中获得大量的资本公积，增加了国有出资者的所有者权益，国有资产在这个过程中实现了价值的增长。

3. 部分企业利用垄断地位所实现的国有资产增长

部分国有企业处于垄断行业，这些行业或是由于行业本身缺乏竞争，或是属于国家行政管制行业。这些企业不同于完全竞争行业领域的国有企业，其垄断地位在短期内无法被打破。对于这部分国有企业而言，资产的增长不仅可以通过生产经营盈利来实现，还可以通过控制市场定价、规模经济和技术创新等多种方式来实现。垄断型国有企业可以凭借其垄断地位，通过多种途径实现国有资产的保值增值。垄断型国有企业可以利用定价权实现垄断利润，可以利用规模生产或通过综合利用各种生产要素实现利润，而且垄断型国有企业具有较强的创新能力和国际合作能力，可以在保证企业获得利润的同时，实现国有资产的增长。

4. 部分企业依托行政力量所实现的国有资产增长

经营性国有资产除了那些存在于企业中的资产之外，还有相当大一部分投入到了公共产品和准公共产品中。随着财政职能的转变，政府预算投资企业的资金越来越少，相比之下，投入满足社会需要具有外部性的公共产品和准公共产品的资金越来越多，这部分公共产品和准公共产品的提供无法通过市场本身完成，但是其又是国民经济中不可或缺的组成部分，是人民生活、工业生产和经济发展的基本保障，所以，需要依托国家行政力量生产经营此类产品，在保证有效供给的同时，最大限度地实现保值目标。

（二）经营性国有资产的管理体制①

国有资产管理体制首先从完善经营性国有资产管理体制着手。改革开放以来，我国不断探索经营性国有资产管理的方法模式，逐渐建立并完善经营性国有资产管理体制。经营性国有资产管理体制推动了政府从直接管理国有企业向管理国有资产的转变。

1. 国务院代表国家行使国有资产所有权

人民是国有资产的最终所有者，这是由中国国有资产的形成过程和社会主义的国家性质决定的。但是，由于国有资产的不可分割性，以及全民参与管理的高成本及低效率，所以，层层委托代理的管理模式不可避免，国家代表全体人民管理全国国有资产，拥有国有资产所有权，国务院（即中央人民政府）作为国家最高权力机关的执行机关，依法行使国有资产所有权。②

所有权是指经济主体对资产依法享有的占有、使用、收益和处分等权力，是绝对物权的概念。在中国，社会主义的国家性质决定了国有资产归全体人民所有，国有资产的形成过程也决定了其所有权归全体人民所有。虽然中国的国有资产归全体人民所有，但是，全体人民不可能作为一个有效的责任主体对这部分资产进行管理。从经济学上看，只有明确产权主体，才能保证管理不缺位和不错位。目前，国家代表全国人民行使国有资产的所有权，由国务院负责行使权力。

2. 分别行使产权的多层级出资人职责与权益

要建立符合中国国情的国有资产管理体制，必须缩短委托代理链，明确链条中每个环节具体的权责利，同时建立自上而下的全面监管体系。要改变原来"全国国有资产归国家所有，中央和地方各级政府分级进行管理"的格局，形成"中央和地方各级人民政府分别代表国家履行出资人职责"，目标是建立分层级的国有资产

---

① 文宗瑜、袁媛：《经营性国有资产管理》，经济科学出版社，2010年版。
② 这里需要说明，虽然国务院"依法行使国有资产所有权"，但需定期负责向全国人民代表大会汇报国有资产情况。2017年12月30日，《中共中央关于建立国务院向全国人大常委会报告国有资产管理情况制度的意见》发布。这是关于加强人大国有资产监督职能的重要决策部署。

管理体制框架。各级政府在各自范围内履行出资人职责，推进国有企业的改革改制，实现政企分离、政资分离，增强国有企业的活力和竞争力，提高国有经济的控制力和影响力。

新的管理体制明确了经营性国有资产保值增值的行为主体和责任主体，中央与地方各级政府分别作为出资人代表，对本级经营性国有资产进行监管，其中中央政府对本级国有资产履行出资人职责，地方各级政府对本级国有资产履行出资人职责，实现"权利、义务和责任"的统一，理顺了所有权和法人财产权关系，在出资人各项权益得以实现的同时，给予国家出资企业充分的经营自主权。

中央政府和地方各级政府在履行出资人职责的同时，分别代表国家享有出资人权益。依据《中华人民共和国公司法》，这些权益主要包括对出资企业的资产收益权、参与重大决策权和选择管理权。权益的实现是以充分履行出资人职责和承担出资人义务为前提的，同时，必须明确这种权益是一种代理权益，即各级政府代表国家行使出资人权益，这种权益不是政府与生俱来的，不可以滥用，必须受到法律的约束，接受全国人大和全体人民及社会组织的监督。

3. 国有资产管理机构的设立及职能

要实现经营性国有资产的科学专业管理，必须有独立的责任主体负责具体的监督管理工作，即履行出资人职责，享有出资人权益。政府专门设立的国有资产管理机构，可以实现国资管理的相对集中，对经营性国有资产进行专业管理。中央政府在1988年设立的国家国有资产管理局、2003年设立的国务院国有资产监督管理委员会，都属于专门设立的国资管理机构。设立专门的国资管理机构进行专业管理，是为了实现管理的权责利的统一。在维护企业作为市场主体依法享有各项权利的同时，实现国有资产的保值增值，放大国有资本的功能，发挥国有经济的主导作用，提高国有经济的控制力、影响力和带动力，服从和服务于国民经济发展和社会全面发展的长远目标。

（三）经营性国有资产管理体制的改革

政府尝试建立行之有效的经营性国有资产运营架构，将经营性国有资产的监督管理、运营和经营主体区分开来,即建立所谓的三层运营管理架构。在这三层架构中,第一层即各级政府及其授权的国资管理机构,行使出资人代表权利,在宏观层面监督和管理经营性国有资产。第二层即中间层,是从事股权管理和国有资本运营的集团或投资公司等。中间层接受国资管理机构的授权,代表其履行出资人职责。中间层一部分由原来的行业主管部门或企业集团转型而成,一部分是国资管理机构新设立的公司,其对上落实国家调控政策,接受国资管理机构的管理和监督,对下依据《中华人民共和国公司法》对国家出资企业进行资本管理,保证国有资产的保值增值。第三层是接受经营性国有资产出资(全部出资或部分出资),并使用经营性国有资产从事具体生产经营活动的企业或公司。它们是市场独立的法人主体,拥有法人财产权,遵守市场规则,参与市场竞争。

1. 行使出资人代表权利的各级政府及国资管理机构

行使出资人代表权利的各级政府及国资管理机构是国有资产管理体制的第一层,各级政府依法委托国资管理机构代表其履行出资人职责,享有出资人权利,管理本级国有资产。中央政府在1988年设立的挂靠在财政部下的国家国有资产管理局与2003年设立的归属国务院的特设机构——国务院国有资产监督管理委员会(简称"国资委"),都属于专门设立的国资管理机构。第一层根据本级经营性国有资产的分布和规模状况,合理地构建监管和运营体系,由第一层授权第二层即中间层作为出资人代表参与管理国家出资企业,实现经营性国有资产的保值增值。第一层与中间层属于委托代理关系,第一层通过监督和管理中间层的运营活动,保证资产的安全和使用效率。国资管理机构对经营性国有资产的专职管理有利于加快"政资分离"和"政企分离",有利于强化出资人职责,有利于落实国家宏观经济目标,有利于依法管理国有资产。

2. 从事股权管理和国有资本运营的集团或投资公司等①

从事股权管理和国有资本运营的集团或投资公司等是国有资产运营管理架构的第二层,也即中间层,是三层架构中承上启下的"隔离带",是国资管理机构授权

---

① 文宗瑜:《产权制度改革与产权架构设计案例教程》,经济管理出版社,2003年版。

的出资人主体,负责经营性国有资产的保值增值。目前,中间层主要包括国有集团公司、国有资产经营(或投资)公司、专业控股公司、行使特定职责的投资公司等,主要从事国有资本运营,将原有对经营性国有资产的实物管理上升到资本管理的高度,主要以股权管理为主进行国有资本运营。中间层的存在准确界定了资产的监管方、出资方以及被出资企业之间的权责划分,减少了国有企业中的政企不分,有利于给予企业充分的法人财产权和经营自主权,而且强调并兼顾了国有资本的社会性。

3. 使用经营性国有资产从事具体生产经营活动的企业或公司①

使用经营性国有资产从事具体生产经营活动的企业或公司是国有资产运营管理架构的第三层,由中间层国有资本运营的集团或投资公司通过独资或控股参股等方式形成。中间层不是其行政主管,不能违反法律和章程规定,直接干预第三层企业的日常生产经营活动。中间层通过控股参股等方式投资第三层企业,可以引入非国有股东,有效分散国有资产的投资风险,而且通过非国有股东对第三层企业的监督管理,有助于提高企业的盈利能力,也在一定程度上提高了国有资本的盈利能力。从事具体生产经营活动的第三层企业具有独立的法人财产权,以其全部法人财产对债务承担责任,自主经营,自负盈亏。另外,第三层企业可以借助中间层的整体资源优势,在整体战略部署下,结合本身优势,更好地实现企业的发展。

二、行政事业性国有资产的增长及管理体制

行政事业性国有资产包括了行政性国有资产、事业性国有资产及军队国有资产。但是,军队国有资产管理具有相对独立性。行政事业性国有资产主要是保证国家机器及政府机构的运转、公共产品与公共服务的供给,不强调营利性,其管理主要是提高效率。

---

① 文宗瑜:《国有资本运营公司与国有资本投资公司组建及作用发挥》,《国有资产管理》,2014年第3期。

（一）行政事业性国有资产的增长

经过多年的不断积累，行政事业性国有资产已经具有相当大的规模。截至 2015 年底，行政事业性国有资产值约为 11.23 万亿元[①]，随着中国经济总量的不断扩大、财政转型及公共产品和服务供给的不断增长，行政事业性国有资产的规模会呈现加速增长的态势。从政府机构力度不断加大与社会体制改革继续深入的发展趋势看，行政事业性国有资产规模的增长主要表现为事业性国有资产规模的更快更大增长。

1. 行政事业性国有资产的快速增长

中华人民共和国成立以来，我国行政事业性国有资产保持持续增长趋势，尤其是改革开放以来，我国经济高速发展，财政实力不断增强，对行政事业单位的投入大幅度增加，使行政事业性国有资产实现了快速增长。据调查，从中华人民共和国成立初期到 2000 年，我国行政事业性国有资产年均增长约为 12.4%，略高于同期国有资产总量的增长率；据财政部清查结果统计，截至 2006 年 12 月 31 日，我国行政事业性国有资产总额达到 8.01 万亿元；据 2010 年财政部门决算报告统计，截至 2010 年 12 月 31 日，全国行政事业性国有资产总额达到 11.968 万亿元。

2. 行政事业性国有资产增长的特点

我国行政事业性国有资产规模增长主要有以下几个特征。

第一，从资产总量来看，我国行政事业性国有资产总量增长迅猛。2001 年，全国国有资产总量为 10.9 万亿元，行政事业性国有资产总量为 2.6 万亿元，占全国国有资产总量的 23.9%。2003 年底，中国国有净资产为 10.5 万亿元，行政事业性资产存量已达 3.4 万亿元，占国有净资产总量的 32%。截至 2009 年 12 月 31 日，全国行政事业性国有资产合计 10.41 万亿元，扣除负债后净资产总额为 6.893 万亿元。

第二，从单位类别来看，事业性国有资产的规模较大。据统计，2002 年末，

[①] 用截至 2014 年底财政部、国资委、国家统计局等部门公布的公开数据测算出行政事业性国有资产的数值，再按照增加 5% 计算出截至 2015 年底行政事业性国有资产值。其中国有资产值是按照资产负债表的口径，指的是国有资产净值或国有资本净值。

事业性国有资产总量为21071.4亿元,占全部行政事业性国有资产总量的69.3%;2003年末,事业性国有资产总量为21585.7亿元,占全部行政事业性国有资产总量的73.1%;2006年,事业性国有资产总量约为5.95万亿元,占全部行政事业性国有资产总量的74.37%。从以上统计数据中不难看出,事业性国有资产的规模远远大于行政性国有资产的规模。相应地,事业性国有资产管理成为我国行政事业性国有资产管理的重点和难点。

第三,从资产结构来看,在全部行政事业性国有资产中,固定资产占据较大比重,在固定资产中又以土地、房屋建筑物为主。据统计,2009年在4.18万亿元的固定资产中,行政性国有固定资产占28.07%,事业性国有固定资产占71.93%。在固定资产中,土地、房屋、建筑物所占比例较大,约为66.45%,其次为交通设备,约占8.22%。2009年,流动资产为4.0596万亿元,占比39.00%;固定资产净值为5.3475万亿元,占比51.37%;对外投资为0.2211万亿元,占比2.12%;无形资产为0.0369万亿元,占比0.35%;其他资产为0.7449万亿元,占比7.16%。

第四,从资产分布情况来看,地方行政事业性国有资产占全部行政事业性国有资产的比重较大。2002年末,地方行政事业性国有资产占全部行政事业性国有资产的比重为80.9%,2004年增长到82%。同时,在地方行政事业性国有资产中,越到基层,行政事业性国有资产占国有资产总量的比重越大。以山东省为例,山东省2003年度汇总会计决算报表数据显示,2003年末全省行政事业性国有资产占国有资产总量的比重约为47.6%,即行政事业性国有资产基本上与企业国有资产总量比重保持持平。从地市级看,绝大多数地市级行政事业性国有资产总量高于企业国有资产总量。据2009年相关统计数据显示,地方行政事业性国有资产合计为87323.66亿元,占全国行政事业性国有资产总量的83.88%。

3. 行政事业性国有资产快速增长的原因

经济发展和财政收入的不断增长,加之社会需求的不断提高,我国行政事业性国有资产的规模将会在原有快速增长的基础上继续加速增长,甚至会超过经营性国有资产的增长速度。

事业性国有资产的主要来源是财政预算拨款，因此，财政收入的不断增长是行政事业性国有资产增长加速的先决条件。中华人民共和国成立以来，尤其是改革开放40年来，我国经济迅猛发展，连续多年保持了两位数的高速增长，由此带动国家财政收入也呈突飞猛进之势。即便受到2008年国际金融危机的冲击，我国GDP和财政收入仍继续保持较快增长。随着我国GDP和财政收入的不断增长，国家对社会公共领域的投入力度不断加大，这必将进一步推动我国行政事业性国有资产规模的快速增长。另外，随着我国经济体制改革，我国的经济发展取得了举世瞩目的成就，人民的生活水平大大提高，这构成了公共需求增长的客观物质基础。公共需求的不断扩张必将带来行政事业性国有资产尤其是事业性国有资产规模的加速增长。

（二）行政事业性国有资产的管理体制[①]

行政事业性国有资产包括行政性国有资产与事业性国有资产。通过不断探索，我国已经基本建立起比较完善的行政事业性国有资产管理体制。行政事业性国有资产管理体制对提高行政事业性国有资产的使用效率发挥着比较重要的作用。

1. 行政事业性国有资产管理体制的历史沿革

我国行政事业性国有资产改革走的是一条"分—合—分"的发展道路，即先由财政部门统一管理，随后部分管理职能从财政部门分离后成立专门的国有资产管理局负责行政事业性国有资产管理，最后由财政部门实施综合监管。

由于历史和现实的原因，行政事业性国有资产管理职责并未完全遵照财政部35号令、36号令的规定严格由财政部门执行，实际上是一种由财政部门、国资部门、机关事业管理部门多头管理的格局，这种格局在地方政府尤为突出。这种多头管理的格局严重制约了行政事业性国有资产的管理水平和效率，应尽快打破并改变这一格局。

2. 分级履职的财政预算拨款及权益

财政预算拨款是行政事业性国有资产的主要形成渠道，"分税制"财政体制决

[①] 文宗瑜、谭静：《行政事业性国有资产管理》，经济科学出版社，2014年版。

定了"一级事权、一级财权"的行政事业性财政预算拨款体制。由政府分级财政预算拨款所形成的行政事业性国有资产的终极所有权归国家。鉴于"国家所有"是一个非常抽象的范畴，行政事业性国有资产的具体权益分别由各级政府代表国家分级行使产权。

在"分税制"财政体制下，中央与地方政府的财政关系应当严格遵照"一级政府、一级事权、一级财权、一级预算、一级产权"的原则。依附于"事权与财权分级"所形成的行政事业性国有资产的产权应当归属于不同级次的政府分别代表国家行使。换言之，我国的行政事业性国有资产实行的是"国家统一所有，各级政府分别代表国家行使各项权益"的管理体制。

3. 与政府级次对应的多级次行政事业性国有资产管理权

在"一级财权、一级事权"的财政管理体制下，由不同级次的财政预算拨款所形成的多级次的行政事业性国有资产的管理权也相应地归属于不同级次的政府所享有，即由各级财政部门享有本级行政事业性国有资产的管理权。随着政府机构改革和政府级次改革的不断推进，应逐步建立起与政府级次相协调的行政事业性国有资产管理体制。

目前我国实行的是"五级政府"的行政管理级次，四个级次的行政事业性国有资产管理体制。根据分权财政"一级事权、一级财权、一级产权"的要求，我国的行政事业性国有资产管理级次应当与政府行政级次、财政管理级次相一致。随着未来我国政府行政级次改革的不断推进，行政事业性国有资产的管理级次也应当与未来的"三级政府"的政府级次相适应。

4. 构建全新的行政事业性国有资产管理架构

在已经形成的行政事业性国有资产管理体制中，各级财政部门是代表国家对行政事业性国有资产进行综合监管的职能部门。在行政事业性国有资产的具体管理中，涉及横向和纵向的多个部门。为了全面提高行政事业性国有资产的效率和质量，应当考虑建立起行政管理职能与专业管理职能既相互分离又相互配合、行政性国有资产与事业性国有资产分类管理、监督职能与审计职能相互独立的全新行政事业性国有资产管理体制。

长期以来，对于行政事业性国有资产的管理主要体现为各级政府财政部门的行政管理和管制。行政事业性国有资产是一项涉及面广、专业性较强的工作，仅仅依靠财政部门内部的业务处（科）管理全国数额庞大的行政事业性国有资产是不够的。各级财政部门应当充分运用社会中介和专门机构的力量，实现"综合行政监管与专业化高效管理"的有机结合。

在行政事业性国有资产中，事业单位占用或使用的资产比重较大，行政机关占用或使用的资产比重较小。从今后的发展趋势看，行政事业性国有资产规模的增长，主要体现在事业性国有资产的大幅、较快增长上。基于行政单位和事业单位自身性质的不同，行政性国有资产和事业性国有资产无论是在规模及分布上，还是在功能上，都存在很大差别。行政性国有资产的管理应主要侧重于政府行政职能的正常履行，事业性国有资产的管理应主要侧重于提供更好的公共产品和服务。因此，应该对二者分别进行专业化管理，真正做到管理的针对性和高效性。

加强对行政事业性国有资产管理的监督与审计是资产安全与完整的重要保障与支撑。各级财政部门是实施行政事业性国有资产监督的主要职能部门，可以把监督职能合并到各级财政部门对行政事业性国有资产管理的行政职能中。各级审计部门则是强化对行政事业性国有资产管理审计的主要职能部门，为了确保审计的严肃性和规范性，应当实现其与监督职能的相互分离，确保审计的独立性和有效性。

5. 逐步把行政事业性国有资本预算纳入政府预算体系

行政事业性国有资本预算，尤其是事业性国有资本预算，对于提高整个行政事业性国有资产管理水平具有重要意义。目前，我国实施行政事业性国有资本预算的条件已经基本成熟，必须加快推进行政事业性国有资本预算的实施，并应尽快实现行政事业性国有资本预算和公共财政预算"两个预算"的有机结合。

行政事业性国有资产是国有资产的重要组成部分。相应地，一个完整的国有资本预算体系应当包括行政事业性国有资本预算。而国有资本预算又是整个政府预算体系的重要组成部分。因此，重视并加强行政事业性国有资本预算管理是政府预算管理改革的基本要求和必然方向。

事业性国有资产占行政事业性国有资产总量的绝大部分，而且随着未来政府对公共领域支出力度的加大，事业性国有资产将会加速增长。而我国的事业单位数量庞大、构成复杂，因此，对事业性国有资产的管理就成为整个行政事业性国有资产甚至全部国有资产管理的重点和难点。相应地，事业性国有资本预算就成为整个行政事业性国有资本预算的难点，需要重点突破。

长期以来，受体制、机制以及各种历史遗留问题的影响，我国行政事业单位在存量资产的占用上存在一定程度的非公平性、非公正性以及年度财政拨款的随意性。行政事业单位利用存量资产搞运营、发放福利奖金，用财政拨款保基本工资及正常运行费用的现象普遍存在，这也是整个行政事业单位改革过去始终缺乏动力而且多年改革没有进展的根本原因。而既有利益的打破，仅仅依靠行政事业单位的自觉性是很难的，必须以行政事业性国有资产管理改革来推动行政事业单位改革的进行，通过"两个预算"的有机结合来支持行政事业单位改革步伐的加快。

三、金融性国有资产的增长及管理体制

金融性国有资产是国有资产构成体系的重要组成部分，与其他类国有资产相比，其资本化进程更快。随着金融性国有资产资本化程度的不断提高，金融性国有资产额出现了倍增效应。截至2015年底，金融性国有资产值约为53.41万亿元[①]，目前，金融性国有资产管理具有一定的特殊性，相应的管理体制也已经建立起来。

（一）金融性国有资产的增长

金融性国有资本是依附于金融机构并参与资本运营的国有资本，这意味着金融性国有资本不能脱离金融机构而孤立存在。基于这种依附性，金融性国有资本的总量变化在很大程度上取决于金融机构的发展状况。就中国的金融性国有资本而言，金融体制改革和经济高度增长，促进了金融机构的发展，同时也带动了金融性国有资本总量的大幅增加。

---

① 用截至2014年底财政部、国资委、国家统计局等部门公布的公开数据测算出金融性国有资产的数值，再按照增加9%而计算出截至2015年底金融性国有资产值。其中国有资产值是按照资产负债表的口径，指的是国有资产净值或国有资本净值。

1. 金融机构的资产资本规模大幅增加

从中国金融机构的发展历程看,金融新发展始于1994年的金融体制改革,而1999年中央金融机构的所谓"技术性破产"和不良资产剥离,使得中国的金融机构驶入快速发展轨道;2003年国有金融机构的股份制改革,又开启了中国金融机构大发展的序幕。总体来看,中国金融机构大发展主要表现为两个方面:一是金融机构的资产规模大幅增加,二是金融机构的资本规模不断增加。

根据Wind资讯,2011—2015年我国上市的银行、证券、保险金融机构整体规模从2011年的82.06万亿元上升到2015年的136.74万亿元,2015年的资产规模总额约为2011年的1.67倍。其中,我国上市的银行金融机构资产规模由76.23万亿元上升到122.75万亿元,2015年资产规模是2011年的1.61倍;上市的证券金融机构资产规模由2011年的0.99万亿元上升到2015年的5.01万亿元,2015年资产规模是2011年的5.05倍;上市的保险金融机构资产规模由2011年的4.83万亿元上升到2015年的8.97万亿元,2015年资产规模是2011年的1.86倍。就金融机构的资本规模而言,主要表现为净资产的变化。2011—2015年我国上市的银行、证券公司以及保险公司的资本规模增幅更大,其中2015年末的上市银行净资产总额为8.93万亿元,是2011年净资产总额4.62万亿元的1.93倍;证券公司2015年末的净资产总额为1.01万亿元,是2011年净资产总额0.42万亿元的2.38倍;保险公司2015年末的净资产总额为0.96万亿元,是2011年净资产总额0.48万亿元的2倍。

2. 依托金融机构的金融性国有资本总量大幅增加

金融性国有资本以金融机构为依托,决定了金融性国有资本的规模在很大程度上取决于金融机构的规模。2003年以后的中国金融机构发展,不仅实现了自身规模的壮大,也带动了金融性国有资本的大幅增加。以银行类金融机构为例,国有商业银行、政策性银行及邮政储蓄银行的总资产从2008年的40.05万亿元上涨到2013年的76.61万亿元,5年间国有银行资本规模涨幅约为91.28%;所有者权益从2007年的2.36万亿元上涨到2012年的4.68万亿元,5年间国有银行资本规模涨幅约为98.31%。除此之外,金融机构的股本规模也呈现逐渐递增的态势。上市金融机构的股本规模从 2007 年的 10251.54 亿股，上升到 2013 年 6 月末的 15979.38 亿股，涨幅约为 55.88%。

（二）金融性国有资产的管理体制

金融性国有资产仍然实行多头管理。财政是国有金融机构的国有资本出资主体，"一行三会"行使承担国有金融机构的业务监管。金融性国有资产的特殊性，决定了中央政府及各级政府也要直接对其加强监督。

1. 财政是国有金融机构的国有资本出资主体

金融资产一般仍然带有经营或运营的国有垄断性，一般是采取发放金融牌照的方式运营，与此相适应，国有金融机构一般是由财政出资，即一般是由中央财政、地方财政出资设立。三大政策性银行、五大国有商业银行、四大金融资产管理公司、中央汇金公司控股的证券公司所形成的金融性国有资本主要是由国家通过财政部或者中央汇金公司直接出资设立或参股设立而形成的金融性国有资本。国家通过其出资成立金融机构进行再投资而形成的国有法人资本，如中国建银投资有限公司参股中国国际金融公司而形成的国有资本、中国国电财务公司等，虽然不是由国家直接出资成立或者参股成立，但财政仍然是其出资主体。

2. "一行三会"行使承担国有金融机构的业务监管

"一行三会"是国内金融界对中国人民银行、中国银行业监督管理委员会、中国证券监督管理委员会和中国保险监督管理委员会这 4 家金融监管部门的简称。"一行三会"构成了中国金融业分业监管的格局，均实行垂直管理。中国人民银行在国务院的领导下，制定和执行货币政策，防范和化解金融风险，维护金融稳定。中国银行业监督管理委员会（简称"中国银监会"）作为国务院银行业监督管理机构，根据国务院的授权，统一监督管理银行、金融资产管理公司、信托投资公司以及其他存款类金融机构，维护银行业的合法、稳健运行。中国证券监督管理委员会（简称"中国证监会"）是全国证券期货市场的主管部门，按照国务院授权履行行政管理职能，依照法律法规对全国证券、期货业进行集中统一监管，维护证券市场秩序，保障其合法运行。中国保险监督管理委员会（简称"中国保监会"）根据国务院授权履行行政管理职能,依照法律法规统一监督管理全国保险市场,维护保险业的合法、稳健运行。

四、资源性国有资产的增长及管理体制

在国有资产构成体系中,资源性国有资产数额最大且占比最高。资源性国有资产相较于其他类国有资产,其资产额的增长更快更大,截至 2015 年底,资源性国有资产值约为 458 万亿元(其中约 43 万亿元可直接出售或交易)。① 资源性国有资产管理具有复杂性,多头管理仍是其特点。随着资源性国有资产的增长及资源性国有资产资本化程度的提高,资源性国有资产管理体制需不断完善。

(一)资源性国有资产的增长

价值增值是资源性国有资产资本化的主要目标之一,资源性国有资产通过资本化转为国有资本,并以国有企业为载体参与资本运动,从而实现价值增值。国家作为资源性国有资产所有者,要求行使资源资产管理权,而评价管理效果的主要标准就是资源性国有资产的价值增值,因此,价值增值也是资源性国有资产管理的主要任务之一。自然资源不可再生的实物属性,决定了资源性国有资产的价值增值必须以资源有效保护和合理开采为前提。国家依赖政策手段,提高自然资源开采利用的准入标准并限制公司属性,能够延长自然资源的使用寿命,使其在更长的周期内实现价值增值;同时,国家推动科学技术进步与创新,有利于拓展自然资源的开采范围并加深利用程度,从而放大资源资产的价值。在市场经济条件下,价格调控成为实现资产价值增值的有效方式。国家依赖价格手段,能够引导市场主体的理性行为,提高资源配置效率和利用效率,实现资源性国有资产价值增值。

1. 依赖政策手段而实现资源性国有资产价值增值

资源性国有资产的国家所有制决定了国家对其具有强干预性,这不仅表现为国

---

① 包括各级政府所拥有的没有转让土地使用权的国有土地储备、已经探明的可估值的地下资源和可计价的地上资源。用截至 2014 年底国土资源部及其他与自然资源相关联的政府职能部门公布的数据、各级政府的土地储备数据测算出资源性国有资产值,再按照增加 5% 而计算出截至 2015 年底的资源性国有资产值。

家通过制定各种自然资源保护法来约束使用者的行为，还表现为国家凭借对自然资源产权的垄断，通过提高准入标准或者限制资源企业属性，来实现资源资产的价值增值。国家从更高层次有利于环境和资源保护、促进整个社会生态文明建设的高度，来建立自然资源保护法，并提高准入门槛。自然资源的合理开采与集约使用是第一位的，而在此前提下，实现资源资产价值增值是第二位的。当然，国家在利用"有形之手"调控自然资源开采利用的同时，也在无形之中加大了自然资源的获取难度，形成了只有少数国有企业才能参与自然资源开采利用的格局，从而减少了自然资源的有效供给量并放大了稀缺性，进而推高资源性国有资产的价值。这是供求关系作用的结果。

（1）依赖政策提高自然资源开采与利用的准入标准而实现的价值增值。

自然资源的稀缺性与不可再生性，要求国家借助行政力量，提高开采利用准入标准，从而实现资源资产价值增值。也就是说，并非所有的企业法人或个人都能随意开采利用自然资源，国家通过制定法律法规，只允许具备一定资质的企业，经相关行政主管部门严格审查并获权批准后，才能在规定限度内就某种资源进行开采利用。国家依赖政策提高了自然资源开采利用的准入门槛，使那些具有较高技术水平的企业参与自然资源的开采利用，从而有利于深度挖掘潜在价值，实现资源资产价值增值。同时，准入门槛的提高，也会迫使更多的企业重视并加强开采利用技术的改进与革新，而科学技术水平的提高必然会推高资源资产的价值。此外，提高准入标准，意味着只有少数企业才能够获权开采利用自然资源，而大多数企业被拒之门外，这就会缩小自然资源的可开采利用量，进一步放大资源稀缺性，从而推高资源资产的价值。

目前，我国实行自然资源开采利用行政许可制度，如土地使用许可、勘察和采矿许可、取水许可、采伐林木许可、养殖与捕捞许可等。自然资源行政许可制度的建立和准入标准的提高，在微观上提高了自然资源利用效率，在宏观上控制了自然资源开采总量，使资源性国有资产站在更高的平台上实现价值增值。

（2）依赖政策限制自然资源开采与利用的公司属性而实现的价值增值。

自然资源的国家所有制影响了开采利用主体的选择。一般来说，国家在选择资源开采利用主体时，更倾向于国有独资公司、国有控股公司或者是具有特殊背景的股份制公司，这就意味着资源性国有资产的价值增值，在一定程度上受到经营公司属性的影响。具体来说，与大多数非国有企业相比较，由于国有企业依靠政府支持，通常具备更先进的开采利用技术，从而有利于资源性国有资产价值的大幅增值。但是，我们应该看到，资源性国有资产的价值增值不仅源于较高的科学技术水平，从某种意义上说，它是国有企业拥有资源经营优先权和垄断权的必然结果。一方面，国有企业依靠政府背景优先获取自然资源开采权与使用权，然后凭借其掌握的经营垄断权操纵资源市场，从而实现资源性国有资产价值膨胀。另一方面，自然资源监管不到位或部分资源国企与监管机构"合谋"，使得这些垄断国企"以国有资产保值增值"为借口，大肆开采利用自然资源，激化供求矛盾，从而放大资源性国有资产的价值。对这种"合谋"行为，国家反垄断法是明令禁止的。而且，近年来，国家反垄断机构和国家环保机构以及资源管理部门，也一直在与此种"合谋"行为进行斗争。

资源性国有资产关系国家安全和国民经济命脉，国家选择国有企业经营，无可厚非。但是，国有企业借机盲目甚至过度放大资源价值，表面上实现了资源性国有资产的保值增值，实质上它却付出了生态环境破坏和资源市场秩序紊乱的沉重代价。显然，这种资源性国有资产保值增值无益于经济社会的可持续发展。因此，国有企业经营自然资源，必须强调自然、经济和社会的统一，重视资源资产市场价值最大化与配置效率最大化的平衡。与此同时，国家有必要理性借助行政手段，打破资源市场中的国企垄断局面，强化市场公开透明性，并着力培养市场主体的自觉性，从而形成良好的市场环境，以充分发挥资源性国有资产支撑、推动经济社会发展的作用。

2. 依赖技术进步与创新而实现资源性国有资产价值增值

资源性国有资产使用价值的释放及价值的实现，是以一定水平的开采利用技术为条件的，从某种意义上讲，资源性国有资产价值量的大小取决于开采利用水平的高低。随着科学技术的不断进步与创新，自然资源的开采范围变得更广、利用效率变得更高，相应地，资源性国有资产的单位价值及总价值也有不同程度增值。

(1) 依赖技术进步与创新拓宽自然资源开采范围而实现的价值增值。

在一定生产力水平下，人们对自然资源的认识具有局限性，因此，能够被开采的资源种类和数量也是有限的。科学技术进步与创新拓展了自然资源的开采范围，使得一部分未知的或已知但不能被开采使用的资源被人们发现并利用。由于新资源的发现利用过程就是劳动创造价值的过程，因此，依赖技术进步与创新而拓展自然资源开采范围，能够将无差异的人类劳动凝结到资源资产中，从而实现资源资产价值增值。除此以外，开采范围的拓展，意味着自然资源有效供给量的增加，这就会在宏观总量上实现资源资产的价值增值。

(2) 依赖技术进步与创新，提高自然资源利用效率而实现的价值增值。

受制于科学技术水平，资源性国有资产的利用程度是有限的。随着开采利用技术的进步与创新，人们对同一种自然资源的属性、用途认识不断加深，从而促使资源利用效率不断提高，进而放大其使用价值。自然资源开采利用技术的进步与创新以及使用价值的放大，必然伴随着更多人类劳动的凝结，从而又会实现资源性国有资产的价值增值。

具体来说，通过技术进步与创新来提高资源利用效率，进而放大资源资产的价值，可以从以下三个方面来考察。

其一，技术进步与创新能够放大单位资源资产（资源产品）的价值。技术进步与创新实现了简单劳动向复杂劳动的转变，使单位资源产品中凝结了更多的人类劳动，从而推高了资源资产的价值。

其二，技术进步与创新有利于资源资产潜在价值的释放。自然资源的许多使用价值或价值已经被人们充分认识到了，但由于开采利用技术还不成熟，使得这些潜在价值一直处于闲置状态。科学技术的不断进步与创新，有利于提高自然资源的深加工水平和技术附加值，从而发现并挖掘这些潜在价值，而这个发现挖掘的过程，本身就是劳动创造价值的过程，因此，技术进步与创新所导致的潜在价值释放，能够实现资源性国有资产价值增值。

其三，技术进步与创新有利于自然资源废弃物的回收和再利用，从而促使资源性国有资产使用价值二次释放和价值再次增值。

科学技术是一把"双刃剑"，它在推动资源性国有资产价值增值的同时，也造成了自然环境的破坏。技术进步与创新提高了人们驾驭自然资源的能力，使更多的资源被开采利用，从而导致自然资源的破坏范围更广、破坏程度更深，由此产生的滞后生态效应必将危及国家安全和生态平衡，并最终拖累经济社会发展。因此，依赖技术进步与创新提高自然资源利用效率而实现资源性国有资产价值增值，必须跳出传统意义上的资产价值增值怪圈，从自然资源集约高效利用和生态环境补偿的角度着手，以弱化资源稀缺性和环境破坏带来的负面效益。①

3. 依赖价格手段而实现资源性国有资产价值增值

价格是货币化的价值，价格以价值为基础并围绕价值上下波动，这就意味着资源性国有资产的价格取决于价值。但是，资源性国有资产是一种特殊的资产，国家通过资源性国有资产价格管理，反作用于供求关系，能够合理引导市场主体的行为并优化资源配置效率，从而左右资源资产的价值。一方面，产权的可分割性和流动性，决定了自然资源价格的完全市场化，能够放大资源性国有资产的价值；另一方面，国家作为资源性国有资产的所有权人，能够依赖行政手段来管理自然资源的价格，并最终推高资源性国有资产的价值。

（1）自然资源价格的完全市场化有利于资源性国有资产价值增值。

完善的资源市场要求塑造人格化的市场主体，并借助供求关系引导市场主体采取理性行为，实现自然资源的市场化定价；而自然资源价格的完全市场化，又会反作用于市场主体行为，提高资源利用效率和配置效率，从而实现资源资产的价值增值。但是，自然资源价格市场化背景下的资源资产价值增值，要求自然资源具有交易性，而产权的可分割性和流动性，又为自然资源依托价格完全市场化而实现价值增值创造了条件。由于我国实行资源性国有资产所有权国家垄断制度，因此，自然资源的交易一般指开采利用权的流转，而自然资源的价格是开采使用权的价格（反映自然资源原生态的价值）和资源产品的价格（反映自然资源的价值增值）。按照交易市场的不同，自然资源的价格完全市场化可以在三个市场进行，并在这三个市

---

① 常修泽：《天地人产权论》，《上海大学学报》（哲学社会科学版），2011年第3期，《新华文摘》2011年第17期全文转载。

场中推动资源资产价值增值。

第一个市场是自然资源初次流转市场,也被称为"一级市场"。在这个市场中,国家以出让或出租的方式将自然资源的开采使用权有偿转让给使用人,因此,一级市场中自然资源价格市场化表现为开采使用权价格的市场化。由于一级市场实行"价高者得"的让渡方式,这就意味着能够出高价获取开采使用权的企业,必定具有较好的经营效益、较强的盈利能力,有这样的企业经营资源性国有资产,当然有利于实现资源资产价值增值。同时,企业在取得了自然资源开采权后,为弥补高额出让费用,必然会提高资源利用效率以换取更多的经营收益,这又会进一步放大资源性国有资产的价值。此外,各企业为了取得开采使用权,也会想办法提高盈利能力,从而有利于整个市场资源利用效率的提高,进而推动资源性国有资产价值增值。

第二个市场是自然资源再流转市场,也被称为"二级市场"。在这个市场中,自然资源的开采使用权人可以通过转让、出租、抵押等方式,将开采使用权让予其他人。开采使用权在依法流转的过程中,能够不断提高配置效率,实现价值放大。而这种价值放大又会拉高一级市场的出让价格,从而再次推高资源性国有资产的价值。

第三个市场是资源产品交易市场。自然资源的市场化价格,是在供求关系的引导下,各个市场主体博弈的结果。单个企业有权决定自己资源产品的价格,却无法左右资源产品的市场价格。因此,各个企业为了生存或获取更多的利润,会想办法改进企业的开采利用技术,从而在提高自身利用效率的同时,也推高了市场的总体利用效率,进而实现资源资产价值增值。

(2)自然资源价格的行政管制有利于资源性国有资产价值增值。

资源性国有资产保值增值,是国家实行自然资源行政管理的核心任务之一。价格管理作为自然资源行政管理的重要内容,在推动资源性国有资产价值增值时起到了关键作用。具体来说,国家实行自然资源价格管理,首先表现为资源有偿使用制度的建立,即自然资源使用人以缴纳资源税费的方式来获取开采使用权,相应地,国家就可以将这部分收益用于自然环境改善和资源补偿,从而实现资源性国有资产原生态价值的增值。同时,国家还可以调控自然资源价格,引导资源合理开采与集约使用,提高资源配置效率和使用效率,以充分发挥资源资产的经济社会功效而实现其价值放大。

(二) 资源性国有资产的管理体制

资源性国有资产的多样性及属性的差异性,影响资源性国有资产的管理体制设计。在中国,资源性国有资产实行多部门分散管理,具体表现为国务院代表国家行使所有权,国土资源部、国家林业局、水利部等部门分别就相应的资源性国有资产行使管理权。应该说,按专业分工来设计资源性国有资产的管理体制,有利于发挥部门特长而提高管理效率。但是,随着市场经济的发展,资源性国有资产管理部门的功能也在变化,现行的条块分割的多部门管理需要进一步优化改进。因此,应推动资源性国有资产管理体制改革,着力建立精简统一的资源性国有资产管理体制,并积极转变其管理方式。

1. 中国资源性国有资产管理体制的变迁路径[①]

资源性国有资产管理是国有资产管理的重要组成部分。随着我国经济管理体制改革的不断深化,政府和社会对资源性国有资产的认识经历了重大变化,资源性国有资产管理体制也处于不断变迁中。总体来看,中国的国有资产管理体制经历了由计划向市场的转变,相应地,资源性国有资产管理体制的变迁路径可以划分为"部门分割与分散管理"和"相对集中管理"两个阶段。

(1) 部门分割与分散管理阶段。

在1998年国土资源部成立之前,中国的资源性国有资产处于分割分散管理状态,政府管理职能相对脆弱,具体表现为土地资源、矿产资源、水资源、海洋资源等几大类资源性国有资产都由不同的行政部门管理。就土地资源管理而言,先后由农、牧、渔业部下属土地管理局和国务院直属国家土地管理局管理,并实行中央、省、市、县、乡五级土地管理体系,形成了"城乡地政统一管理"与"条块结合、

---

① 王克强:《国土资源行政管理学》,上海财经大学出版社,2006年版,第14—24页。

以块为主"的管理格局。就矿产资源管理而言,在1982年地质矿产部成立之前,各类矿产资源实行分散管理;1982年,第五届全国人大常委会第二十三次会议将地质部更名为"地质矿产部",使其领导各省地质局,并对矿产资源的勘察、开发利用和保护进行监管,矿产资源从此进入相对集中管理阶段。此外,在该阶段,水资源、森林资源、海洋资源也分别由林业部、水利电力部和国家海洋局管理。

总体来看,在该阶段,资源性国有资产的部门管理呈现出三大特点:一是按产品和生产技术专业分工来设置相应的职能管理部门;二是各行政管理部门身兼双重职责,既要组织资源的开采使用,又要履行政府管理职责;三是中央政府与地方政府共同管理的格局逐渐形成。应该说,部门分割与分散管理充分发挥了专业分工的作用,在一定程度上提高了资源性国有资产的管理效率。但是,这种管理体制却导致政府部门之间的权力争夺,中央部门与地方政府之间的纠纷越来越突出。在此背景下,统筹各职能部门的权限,建立相对集中的资源性国有资产管理体制,呼之欲出。

(2) 相对集中管理阶段。

1998年,第九届全国人大一次会议发布了《国务院关于机构设置的通知》。根据该通知,原地质矿产部、原国家土地管理局、原国家海洋局和原国家测绘局共同组建成国土资源部,全面负责土地资源、矿产资源、海洋资源的规划、管理、保护与利用。自此,国土资源部、水利部、国家林业局、农业部按职能划分而分别管理全国的资源性国有资产。这标志着中国的资源性国有资产管理进入相对集中管理阶段。在此基础之上,2004年国家又对资源性国有资产的管理体制进行了重大改革,省级以下的资源性国有资产管理部门实行垂直领导,从而进一步强化了资源性国有资产的集中管理。

目前,世界上大多数国家的资源性国有资产管理体制都在从分散走向集中,可以说,建立集中统一的资源性国有资产管理体制也是我国资源性国有资产管理发展和改革的必然选择。当然,目前资源性国有资产的相对集中管理仍属于分散管理,仅有土地资源、矿产资源和海洋资源纳入国土资源管理部而实行统一管理,而森林资源、水资源、草原资源等资源性国有资产仍实行分割管理。因此,从目前的相对集中管理体制向完全集中管理体制过渡，还需要进一步的改革。

2. 中国资源性国有资产管理部门的设置及职责履行

长期以来，中国的资源性国有资产管理实行统一管理与部门管理相结合、中央统筹管理与地方政府分级具体管理相结合的模式。其中，国务院和地方各级人民政府代表国家行使资源性国有资产的所有权，负责资源性国有资产的统筹规划管理；国土资源部、国家林业局、水利部等中央部局及地方相应机构受托于国务院与地方各级人民政府，具体负责资源性国有资产的经营管理。

（1）国务院和地方各级人民政府行使资源性国有资产的所有权。

资源性国有资产的国家所有制，决定了国家是资源性国有资产的终极所有权人。但是，国家本身不是人格化的行为主体，作为国家政权的行政机构，政府可以代表国家并行使国家权力。因此，政府就名正言顺地代理国家并行使资源性国有资产的所有权。具体而言，我国的现行法律明确了政府在各类资源性国有资产管理中的主体地位。其中，国务院是资源性国有资产管理的最高行政管理部门，统筹领导其直属部门及各级地方人民政府的资源性国有资产管理工作，根据宪法和法律全面负责资源性国有资产开发、利用、保护等相关政策法规的编制与落实；地方各级人民政府则在国务院的统一领导下，依法定职责和权限管理本行政区域内的资源性国有资产，并对其所属相关行政机构和下级人民政府的资源性国有资产管理工作负责。

（2）国务院和地方各级人民政府直属行政主管部门负责资源性国有资产的经营管理。

不论是国务院还是地方各级人民政府，它们只是代表国家行使资源性国有资产的所有权，并不直接从事资源性国有资产的具体经营管理工作，而是委托其直属行政管理机构专门从事资源性国有资产管理。其中，在中央一级，国务院委托多个相关中央部局对全国的资源性国有资产实行具体管理，如国土资源部负责土地资源、矿产资源及海洋资源的管理，水利部负责水资源管理，国家林业局负责森林资源管理，农业部负责草原资源管理等；在地方一级，由县级以上人民政府的国土、林业、水利、农业等部门，依照相关法律并根据同级人民政府及上级资源性国有资产管理机构的具体要求，对本辖区的资源性国有资产进行管理。同时，为了协调国务院及其组成部门、直属机构、地方政府及其直属各部门的管理工作，国家还设置了环境保护部、国家能源局、国家旅游局、港务监督、渔政监督等部门以协助资源性国有资产的管理工作。除此之外，国家还要求军队、公安、交通、铁道、民航等管理部门在必要时配合资源性国有资产管理部门从事相应的执法管理。

中国资源性国有资产的多部门管理体制与大多数国家的资源性资产管理体制类似，不同的是，中国的资源性资产管理体制的复杂性源于其产权结构复杂，即中国的全民所有在一定程度上导致了所有者的实际缺位，而各行政主管部门之间的职责范围又没有完全界定清晰，从而导致部门之间权力交叉重叠，利益冲突现象突出。此外，中央将管理权限下放到资源所在地的地方政府，委托地方政府进行管理，这又进一步引发了地方利益和中央利益的冲突。由于缺乏统一的资源性国有资产规划和管理，地方政府往往从自身利益的角度出发进行开采利用资源性国有资产，而忽视了资源性国有资产的公共属性和生态属性，滥采滥批自然资源的现象非常严重。因此，促进资源性国有资产的有效保护与集约利用，必须改革并优化现行的多部门管理体制。

3. 中国资源性国有资产多部门管理体制的优化改进

不论是从中国当前的实践情况看，还是与发达国家比较看，中国现行的资源性国有资产多部门管理体制已经不符合经济社会发展的要求。可以说，促进资源性国有资产的有效保护与集约利用，优化改进现行的管理体制已不可避免。具体而言，优化并改进资源性国有资产的多部门管理体制，要求着力建立集中统一的资源性国有资产管理体制并积极转变管理方式，以提高资产管理效率，适应市场经济发展的需要。

（1）建立精简统一的资源性国有资产管理体制，提高管理效率。

对现行的资源性国有资产多部门管理体制进行改革，要按照精简、统一、效能的原则，建立精简统一的资源性国有资产管理体制，提高管理效率。首先，要从产权管理的角度出发，对资源性国有资产进行产权界定、产权登记和有偿使用（占用、开发）等工作，为资源性国有资产的集中统一管理奠定基础；其次，要借鉴其他资源大国的管理经验,着力推动政府职能结构调整、管理权限明确合理划分、行政管理程序精简,切实提高资源性国有资产的管理效率;再次,要把资源性国有资产的行政管理和产业经营管理分开,其中资源性国有资产的行政管理要纳入政府序列、产业经营管理要推向市场,真正实现政企分开;最后,要加强行政信息系统建设和行政管理队伍建设,切实提高资源性国有资产管理的软件质量。随着政府管理职能的不断强化,可以考虑从中央政府层面建立专职机构,把土地资源、矿产资源、水资源、森林资源、海洋资源等各类资源性国有资产的管理职能合并,并进行统一管理,从而建立起集中、统一、高效的资源性国有资产管理体制。

(2) 转变资源性国有资产的管理方式以适应市场经济需要。

优化改进资源性国有资产的管理体制,不仅要从职能部门设置上着手推动一体化管理,还要从管理职能和管理方式转变上下功夫,提高行政管理效率。新时期内,转变资源性国有资产的管理方式,需要强调四个方面:一是重视管理手段的优化升级,要强调经济手段、法律手段、行政手段以及科学技术手段的综合应用,进一步加大资源性国有资产的市场调节力度,弱化行政手段干预,扩大资源性国有资产的有偿使用范围;二是重视管理对象的统筹兼顾,要平衡好资源性国有资产的开采利用与保护管理之间、资源管理与生态建设之间的关系,强化资源性国有资产的综合治理;三是在管理内容上,要切实履行资源性国有资产管理的双重职能,既要维护好国家作为所有者而享有的一切权利,又要履行管理资源性国有资产的社会公共职能;四是进一步强化对土地、矿产、海洋、水、森林等资源性国有资产的综合管理,严格落实并执行资源性国有资产的规划、评价、立法及执法等综合协调管理。[①]

(3) 建立健全资源性国有资产的监管体制。[②]

监管体制的建立健全,既关系到资源性国有资产的增值保值,也关系到资源性国有资产的合理开发利用和保护。其一,资源性国有资产管理部门要履行监督职责。包括国土资源部、国家林业局、水利部在内的资源性国有资产管理部门要依法履行监督监管职责,认真对其管辖的资源性国有资产的经营情况进行监督并承担相

[①] 王克强:《国土资源行政管理学》,上海财经大学出版社,2006 年版,第 34 页。
[②] 胡建:《资源性国有资产之管理模式探讨》,《中国发展》,2009 年第 2 期。

应的责任。其二，全国人大要发挥监管作用。全国人大应设立专门的监管机构，对资源性国有资产管理部门的监管行为进行监督，确保其依法履行职责；同时，全国人大除了享有通常意义的立法权外，还享有一定的高级人事建议权与审核权、财务审查权与知晓权、国有资产预算统筹管理权和审核权，以及根据特殊环境而采取的特别调查权，要发挥并放大全国人大的监管作用。

第三节
国有资产资本化进程持续推进及国有产权交易

国有资产的资本化不仅大幅度提高了国有资产额，而且加快了国有资产及国有资本的流动。国有资产资本化采取了多种方式，随着国有资产资本化进程的持续推进及加快，国有资产的流动性越来越强，国有资产经营逐渐向国有资本经营转变。国有资产管理由对国有企业的管人、管事、管资产向管资本转变。与国有资产资本化进程相适应，国有企业的定价越来越依赖市场力量，通过国有企业产权交易市场的产权交易而保证国有企业产权定价的合理性。国有资产产权交易推动了产权交易市场的不断发展，产权交易市场促进了国有资产及国有资本的更快流动，提高了国有资产及国有资本的配置效率，促进了国有资本经营的持续进行。国有资产保值增值越来越依赖资本经营。

一、国有资产资本化的多种方式

以管资本为主的国有资产管理要求加快国有资产资本化的进程。国有资产资本化的基本形式表现为国有企业通过改革改制而实现国有资产的股份化及证券化。近年来，随着各地国有企业改革改制的大力推动，国有资产资本化的进程不断加快，与此相适应，国有资产资本化的形式也不断创新。

推动国有资产资本化的进程加快及形式创新，应主要从三个方面着手：一是加快国有企业在国际国内证券市场的整体上市;二是实施并推进国有企业的债权债务重组及债转股;三是不断推进国有资产证券化并扩大其产品种类。

(一) 加快国有企业在国际国内证券市场的整体上市[①]

国资管理以管资本为主,其前提为国有资产的资本化。所谓国有资产资本化,是指国有企业所占用使用的国有资产通过产权市场及证券市场重新估值和定价。在某种意义上,国有资产资本化主要表现为国有资产的证券化及股份化。这就要求国有企业进行改革改制,通过产权多元化改革而转变为股份制公司,进而实现在证券市场的整体上市。国有企业在证券市场的整体上市,既可以是在国内的证券市场如上海证券交易所、深圳证券交易所及香港联合证券交易所上市,也可以在国际证券市场如美国纽约证券交易所等上市。通过国有资产股份化及国有企业的整体上市,国有资产变成全流通的国有股权,在证券市场自由流通和交易,从而实现国有资产的资本化。国有资产资本化,能够推动国有企业利润的大幅增长,实现经营性国有资产数额的成倍放大,有利于国有资产的保值增值。

(二) 实施并推进国有企业的债权债务重组及债转股

随着中国经济下行压力的不断增大,国有企业尤其是特大型国有企业的财务杠杆率越来越高,应付款越来越大,给国有企业的未来发展带来较大的不利影响。为了有效改善国有企业的财务指标,应推动国有企业实施债权债务重组及对关联企业进行债转股的操作。国有企业债权债务重组的方式主要包括债转股、债务转移、债务豁免、债务抵销或债务混同、直接融资增资减债等。其中,债转股作为缓解国有企业之间资金紧张的新手段,在实际操作中受到越来越多的重视。债转股也称为"债务资本化",是指债务人将所负债务转化为企业资本,同时,债权人将对企业的债权转化为负债企业股权的情况。目前,行政法规中规定的债转股仅限于金融机构与大型国有企业之间发生的债权转股权,即政策性债转股。国有企业债转股的实

[①] 文宗瑜:《证券场外交易的理论与实务》,人民出版社,1998年版。

施及推进，可以有效化解国有企业尤其是大型或特大型国有企业的财务风险，并进一步加快国有资产资本化的进程。此外，在国有企业的债权债务重组及债转股的实施操作中，应与国有企业的改革改制相结合，实现国有企业的股份制改革与债转股同步推进。

（三）不断推进国有资产证券化并扩大其产品种类

国有资产证券化是国有资产资本化的实现形式之一。近年来，国有资产证券化不断推进，部分国有企业完成了股份制改革并在证券市场实现了整体上市。在国有资产证券化的过程中，除了推动经营性国有资产的资产证券化外，还要重视基础设施领域、公共设施领域包括市政及矿藏资源等领域的国有资产证券化。在具体操作中，可以将基础设施及公共设施等领域非流动形态的国有资产进行"打包"，形成若干"资产包"，即不同种类国有资产的组合。在此基础上，依托证券市场及产权市场进行国有资产证券化的设计及操作，从而将上述"资产包"转化为证券类品种。国有资产证券化，应强调其产品种类的多元化，通过产品种类的不断扩大进一步推动国有资产证券化进程的加快。在实施基础设施领域及公共设施领域国有资产证券化的过程中，还要考虑将国有资产证券化与承载国有资产的国有企业改革改制相结合，使国有资产的证券化与国有企业的股份制改革相辅相成并共同推进。

二、国有资产资本化所推动的资本市场发展

国有资产资本化依赖资本市场尤其依赖证券市场，国有企业的上市融资需求推动了上海证券交易所与深圳证券交易所的设立。证券交易所的设立及证券市场的发展为国有企业上市提供了平台，从而支持与支撑了国有资产资本化进程。

（一）国有企业的上市融资需求推动了两大证券交易所的设立

1982—1986年，全国国有企业的产值及利润大幅增长。但是，从1987年开始，国企亏损面日渐增大，到1992年，全国50%以上的国企陷入亏损。部分陷入亏损的国有企业虽然能够从银行取得贷款，但是与股市上融得的资金相比，无论是数量

还是质量都是不能相比的。于 1990 年 12 月设立的上海证券交易所和深圳证券交易所极大地缓解了国有企业所面临的融资问题，为国有企业改革提供了大量的优质资金。与银行贷款相比，企业从股市上融得的资金无论是数量还是质量都是较优的。从资本市场特别是证券市场上获得的资金给处于困境中的国有企业雪中送炭，帮助其突破资金瓶颈，实现了经营规模的扩大和市场占有率的提高。

（二）在很长一段时间内国内 A 股市场主要为国企上市提供支持及挂牌交易平台

回顾证券市场的发展历史和国有企业的改革历程，20 世纪 90 年代初建立的两大证券交易所主要是为国有企业解决融资难，帮助国有企业脱困而建立的。两大证券交易所的设立，为国有企业融资拓宽了途径，并且为国有企业改革提供了大量的优质资金，为我国国有企业的改革和发展提供了重要支撑。在很长一段时间内，国内 A 股市场主要为国企上市提供支持及挂牌交易平台，虽然没有政策明确规定只允许国有企业上市，但是，一般情况下民营企业不符合上市条件，在中小板创业板开设之前，民营企业一般通过买壳注入资产。金融危机爆发之前，国有企业在金融、石油石化、钢铁煤炭及有色金属等领域占据绝对主导地位。根据 Wind 资讯，到 2015 年年报数据公布为止，金融业上市公司在上证 A 股中总资产的比例为 82.71%，其中银行金融机构占比超过 90%，非银行金融机构占比低于 10%。而银行业中国有企业和公众公司占比为 100%。

三、国有资产资本化进程推进及国有资本增值

资本市场的发展尤其是证券市场的发展为国有资产资本化创造了条件。在国有资产资本化进程中，主要是推进经营性国有资产资本化、金融性国有资产资本化、资源性国有资产资本化。国有资产资本化而形成的国有资本数倍甚至上百倍的价值增值，推动了国有资产额的高增长。

(一) 国有资产资本化进程推动的三个方向[①]

国有资产资本化从经营性国有资产开始,逐渐向金融性国有资产、资源性国有资产拓展。三个方向的国有资产资本化进程提高了国有资产资本化率,支持了国有资产额的增长及国有资本增值。

1. 经营性国有资产资本化

经营性国有资产资本化主要指的是提供产品、生产、销售、经营贸易、服务等的企业的上市。通过上市交易,经营性国有资产可以实现更多的价值增值,推动国有经济发展。三大电信服务商——中国电信、中国移动、中国联通通过在上海或香港上市交易,为公司输入了较多新鲜"血液",也实现了较高的价值增值。其中,2012年中国移动被国际知名的《金融时报》选入"全球500强",又被著名商业杂志《福布斯》选入"全球2000领先企业榜"。

2. 金融性国有资产资本化

金融性国有资产资本化主要指的是银行金融机构和非银行金融机构的资本化。其中,银行金融机构主要指的是五大国有银行、全国性商业银行、地区性商业银行等(五大国有银行如中国工商银行、中国农业银行等,全国性商业银行如中信银行、光大银行等,地区性商业银行如北京银行、南京银行、中原银行等)。非银行金融机构主要指的是保险公司、证券公司、投资公司(保险公司如中国平安、中国人寿等,证券公司如招商证券、国泰君安等)。金融性国有资产的资本化不仅有助于帮助金融性国有企业提供融资支持,而且有助于金融性国有企业实现更高水平的价值增值。

3. 资源性国有资产资本化

资源性国有资产资本化主要指的是石油、天然气、煤炭的开采、冶炼、加工企业的上市。资源归国家所有,而资源归属于国有企业开采经营,开采经营的国有企业通过上市放大国有资产价值,实现资源性国有资产的价值增值,如中国石油、中

[①] 文宗瑜:《资产资本化所实现的国资倍增及价值放大》,《中国投资》,2008年第1期。

国石化等。国有企业占据产业链上游,通过对资源能源的垄断,实行垄断经营,例如石油的勘察、开采、炼制、销售几乎都由国有企业垄断经营。随着资源性国有资产资本化进程的加速,国有企业的规模不断扩大,国有企业的利润水平得到了极大提高,国有企业中的中国石油、中国石化等进入全球最赚钱的十大企业榜单。资源性国有资产通过资本化实现了更高水平的保值增值,促进了国有经济的发展。

(二)国有资产资本化而形成的国有资本价值增值,甚至几倍几十倍的增值

国有资产资本化推动了国有资产额的加快增长,从资产负债表的角度看,国有净资产与国有资本值是相等的。在某种意义上,国有资产资本化形成了国有资本价值增值,甚至几倍几十倍的增值。

1. 证券市场股权分置改革的完成实现了国有股的流通及国有资产的大幅增值

我国证券市场在成立之初,为了防止国有资产流失,使得国有资产保值增值,提出国有存量股份暂不流通,募集增量股份流通的股权分置模式,股权分置导致企业同股不同权、市场供需失衡,以及股东利益冲突。为解决股权分置问题,《国务院关于推进资本市场改革开放和稳定发展的若干意见》明确指出应"积极稳妥解决股权分置问题",提出"在解决这一问题时要尊重市场规律,有利于市场的稳定和发展,切实保护投资者特别是公众投资者合法权益"的总体要求。[①] 股权分置改革的目的就是为了解决 A 股市场相关股东之间的利益平衡问题。股权分置改革的本质是把不可流通的股份变为可流通的股份,真正实现同股同权。股权分置改革在改善投资环境、促进证券市场持续健康发展的同时,也形成了国有净资产的大幅溢价,形成了国有资本数倍,甚至上百倍的价值增值。

---

① 常修泽:《关于用市场化机制推进股权分置改革的五点意见》,《经济决策参政》,2005 年第 30 期(8 月 18 日);《中国证券报》9 月 6 日发表。

2. 存量国有资产以定增方式和资产注入方式进入上市公司也实现了更高的增值①

由于历史原因，在两大证券交易所上市的公司中，很大一部分是控股集团拿出一部分资产进行上市，而集团中大部分优质资产并没有上市。随着证券市场的日趋完善，无论是上市公司的质量还是规模都有了质的飞跃。同时，一些国有大中型企业集团的发展也取得了长足进步，通过资产注入方式将国有大中型企业集团中的优质资产注入上市公司也有了政策文件。2006年12月，国资委发布了《关于推进国有资本调整和国有企业重组的指导意见》，表示将加快推进股份制改革，其中明确表示："积极推进具备条件的中央企业母公司整体改制上市或主营业务整体上市；鼓励、支持不具备整体上市条件的中央企业，把优良主营业务资产逐步注入上市公司，做优做强上市公司。"国有资产通过定增方式和资产注入方式进入上市公司实现资本化，不仅有助于上市公司本身做大做强，也使国有资产实现了更高的溢价。

四、国有产权的定价及交易方式

产权交易属于资本运营的范畴，通过产权交易，可以在短期内产生巨大收益。伴随着资本市场特别是证券市场的不断发育，以股权管理为核心的国有资本经营开始依托资本市场，通过资产重组、股权重组、兼并收购等产权交易方式，不断提高资源配置效率并放大资本价值，从而为国有资本经营提供了强有力的支撑。

（一）依托各种产权交易所的国有产权交易

伴随着国有企业改革的深化，特别是国有企业产权制度改革的深化，客观上使得国有产权交易有了可能；在经济转型时期，国有经济布局和结构调整所要求的国有资产管理手段升级，又对国有产权交易形成了需求。作为资本市场重要组成部分的产权交易市场，为国有产权交易提供了平台。随着资本市场的发育与成熟，产权交易市场也不断趋于健全和完善，其功能作用也处于变迁过程中，特别是在证券市

---

① 文宗瑜：《企业战略及资本运营》，经济科学出版社，2007年版。

场繁荣的背景下,产权交易市场逐渐成为国有企业非股权类资产转让和国有非上市公司股权交易的重要场所。

1. 国有产权交易的概念

国有产权是依法对国家财产享有的所有权,以及伴生的占有、使用、收益和处分多项权能的总称。国有产权交易是经审批并按一定程序,由法定机构或政府委托机构进行的以国有产权为对象的交易活动。从内涵上看,国有产权交易包括所有权交易和经营权交易;从外延上看,国有产权交易包括上市公司国有股权交易和非上市公司国有产权交易。就国有产权交易的场所而言,上市公司的国有股权交易是通过证券市场来实现的,非上市公司的国有股权以及非股权类的国有产权是通过各种产权交易所(中心)来完成的。

2. 产权交易所为国有产权转让提供了平台

搞活国有经济并调整国有经济布局与结构,要求盘活存量国有资产,使国有资产特别是国有产权流动起来,使国有资产在流动中保值增值。国有产权交易不是行政主导下的"拉郎配",也不是在市场中任意流转,而是有秩序、有规范的市场交易。产权交易所为国有产权交易提供了平台。其一,无论从设立的初衷看,还是从发展路径看,产权交易所的交易流程设计、人员配备、布局安排都以推动国有产权交易为目的;其二,产权交易所强调交易过程的公开透明,这在很大程度上保证了国有产权交易的公平公正,有利于国有资产的优化配置;其三,从国有企业进场开始,各种中介机构就开始对国有产权交易进行跟踪辅导和协调工作,从而降低信息搜寻成本和鉴别成本,为国有产权交易提供便利。可以说,产权交易所是国有产权交易最重要、最便利的平台,也是成本最低的场所。

3. 通过产权交易所进行国有产权交易的程序

产权交易所是国有产权交易的重要场所,通过产权交易所进行国有产权交易,要遵循相应的交易流程规则。首先,国有产权在正式进场交易之前,要完成一系列的前期准备工作,包括可行性研究、内部决议、清产核资、资产评估和经营审计等,待得到国资管理机构批准后方可进场;其次,前期准备工作完成后,国有产权交易就进入挂牌交易阶段,包括提交与审理转让申请、公开征集受让方、选择交易方式、签约结算等；最后，交易双方根据产权交易所出具的交易凭证，到相关部门办理产权变更登记手续。

（二）依托狭义资本市场的国有股权交易

股权是产权的表现形式之一，以股份制改造为主要内容的国有企业产权改革，实现了国有产权交易向国有股权交易的转变，从而进一步推动了国资管理手段升级。作为国有股权交易的平台，资本市场是一个多层次体系，包括产权交易市场与证券市场两个层次。其中，产权交易市场是多层次资本市场的基础层次，它为证券市场的繁荣提供支持与支撑，是非上市公司国有股权交易的重要平台；证券市场是资本市场的高级层次，是上市公司国有产权交易的重要场所，证券市场的发育与成熟也会带动产权交易市场升级。

1. 产权交易市场是非上市公司国有股权交易的平台

目前，中国的产权交易市场在服务于国有产权交易的同时，还为知识产权交易、资产处理等提供服务，可以说，除了不能交易上市公司的股权外，产权交易市场可以交易企业财产权益的所有权项。在国有企业全面改制的大背景下，一些非上市国有企业国有资本的退出力度较小，这显然不符合国有经济结构调整和国有企业战略布局的要求。由于非上市公司股权不能通过证券市场来实现，那么，产权交易市场就承担起非上市公司股权交易的责任。一些具备条件的交易所应主动进行国有股权交易系统建设，积极配合国有资本战略退出，推动国有经济布局和结构调整。

2. 证券市场是上市公司国有股权交易的场所

证券市场是上市公司国有股权交易的场所，中国的证券市场汇集了一批最优秀、实力最强的国有企业。依托证券市场进行上市公司国有股权交易，一方面，能够简化交易程序并加速国有股权流动，从而提高国资管理水平；另一方面，作为一种公开的市场，证券市场能够扩大国有股权的交易范围，通过转让一定比例的国有股给其他投资者，有利于提升国有资本和非国有资本的关联度，从而强化国有资本的控制力与影响力。

(三) 国有资本经营中的产权溢价交易或折价交易

资本市场的发育与成熟,为国有产权交易提供了平台,有利于国有资本经营质量的提高。一方面,国有企业通过产权交易不断提高资源配置效率,可以在短期内实现资产价值大幅增值,从而为国有资本经营质量的提高提供有力支撑;另一方面,产权交易也有助于国有资本通过"有进有退"而带动国有经济结构调整和战略布局,强化国有资本经营的宏观调控功能。

1. 产权交易有利于提高国有资本经营质量

国有资本保值增值是国有资本经营在微观层面上的具体要求,实现国有资本保值增值要求提高国有资本的经营质量。在资本市场不断发育的大背景下,国有资本经营质量的提高,已不再强调直接向国有企业要"潜力",而是要求国有企业站在更高的层面,通过资产重组、股权重组、兼并收购等产权交易方式,不断提高资源配置效率,从而实现国有资本保值增值。可以说,产权交易为国有资本经营提供了强有力的支撑。当然,依托资本市场进行产权交易也存在风险,这就要求国有企业不断提高资本运营水平,而资本运营水平的提高,也会间接带动国有资本经营质量的提高。

2. 产权溢价交易或折价交易要服从于国有资本经营战略的需要

国有资本经营质量的提高,不仅表现为国有资本保值增值,在更多时候,它还体现为国有资本的"进而有为、退而有序",从而带动国有经济结构调整和战略布局。具体而言,产权溢价交易固然可以使国有企业在短期内获得巨大收益,有利于国有资本经营质量的提高并实现国有资本保值增值;但是,产权折价交易也不一定会降低国有资本经营质量,通过国有产权折价交易而实现国有资本战略性退出,从而给非国有经济留下更多的发展空间,也是国有资本经营质量提高的具体表现。由此可见,提高国有资本经营质量,不能一味地追求产权交易溢价,而要着眼于国有资本经营战略的需要。

第四节
国有资本分布结构及支撑作用发挥

依赖资本市场尤其是证券市场而加快国有资产资本化进程，国有资产管理由管人、管事、管资产向管资本转变，国有资本分布逐渐替代国有企业布局。为了保证充分发挥国有资产及国有资本在经济社会发展中的作用，国有资产管理要力求实现国有资本分布结构的合理。为了实现国有资本分布结构的合理，要按照国家的产业政策与科技创新的发展方向，以政策引导国有资本的流动。国有资本的流动主要采取国有股权转让的方式，依赖国有股权的转让实行国有资本的"有进有退"，根据产业规划保证国有资本在不同领域中的合理比重。通过国有资本的流动不断调整国有资本的分布结构而实现国有资本的科学布局，国有资本的分布结构合理可以对国民经济运行形成支撑作用。

一、国有资本的分布结构及其调整[①]

随着国有资产额的高增长及国有资产管理的不断加强，构建起了包括经营性国有资产、行政事业性国有资产、金融性国有资产、资源性国有资产在内的完整国有资产构成体系。国有资本的分布除了与国有资产构成体系相关联外，还要根据产业发展规划进行分布。

（一）国有资本的分布结构

国有资本不是平均地分散到各领域及所有产业，国有资本的分布要有所侧重并突出重点。国有资本的分布结构及结构的调整，既要服从国家经济社会发展的战略

---

① 文宗瑜：《以"管资本为主"导向下的国有企业产权管理体系构建》，《国有资产管理》，2016年第3期。

目标，也要服从不同时期的产业发展规划。通过国有资本分布结构的定期调整，可以使国有资本的作用得到更充分的发挥。

1. 与国有资本构成体系对应而形成的国有资本分布

巨大的国有资产存量由经营性国有资产、金融性国有资产、资源性国有资产及行政事业性国有资产构成，形成了完整的国有资产体系。其中，经营性国有资产主要是国有企业、国有控股公司及国有参股公司所占有及使用的资产；金融性国有资产主要是银行金融机构及非银行金融机构所占有及使用的资产；资源性国有资产主要包括政府控制的土地、已经探明的地下资源储量和可计价的地上资源，其中，土地表现为国家直接所有的与国家间接所有的土地，决定了地上、地下资源都具有国有属性，由此形成的资产绝大部分属于资源性国有资产；行政事业性国有资产主要是党政机关、事业单位及军队所占有及使用的资产，而且行政事业性国有资产主要是为了国家机器运转及提供公共产品和公共服务而存在的，并非是为了获得国有资本的保值增值。

2. 国民经济运行及产业划分而形成的分布

庞大的国有资产决定了国有资产在经济运行领域更广的分布。就经营性国有资产而言，其几乎分布在所有的领域和行业中，只是根据领域和行业的不同而区分为绝对控股、相对控股及参股等。就金融性国有资产而言，在金融机构分布的领域，都有金融性国有资产的分布，并且国有资本在金融领域往往以绝对控股为主。就资源性国有资产而言，只要是土地及地上、地下资源覆盖的领域，都与资源性国有资产相关联。就行政事业性国有资产而言，中国的事业单位承担着公共产品的供给及现代服务业发展的责任，与此相关的领域都有行政事业性国有资产的分布。在国有资产的分布中，占比最大的主要为以下几项：①资源能源型国有资产：如石油等能源；②基础设施：如铁路、公路、航空；③重化工业：如钢铁、重型机械、化工；④与公共产品、公共服务相联系的：如供水、供电、供热、供气，园林绿化，垃圾焚烧；⑤现代服务业：如教育、医疗、图书出版、报纸、杂志、影视；⑥金融领域；⑦国防军工领域。

(二)国有资本分布结构的调整及布局合理

国有资本分布结构的调整,更多的是通过国有股权的转让与国有资本的再投资来实施。通过国有资本分布结构的调整,可以使国有资本的布局更合理,保证国有资本作用的发挥与产业政策有效协调。

1. 通过国有股权转让及国资出售而实现调整

庞大的国有资产决定了国有资产在中国经济运行领域的全面分布。然而,在部分领域中,国有资本占比较大会导致经济运行效率低下,不利于市场经济的有效运行。通过国有股权转让及国资出售而实现调整,可以逐步减小国有股的比例,真正做到不与民争利。在国有股权转让中,国有股权转让的受让主体呈多元化趋势,国有资本、上市公司、民营企业和境外资本纷纷成为国有股权受让的主体,国有股权转让随着国家政策的出台越来越多。然而,虽然国有股权转让可以实现国有资本分布结构的调整,但是,在国有股权转让过程中也应该注意国有股权的转让价格,防止出现国有资产流失。

2. 国有资本布局合理的政策导向

推进国有资本布局战略性调整,是深化国有企业改革的重要任务。在2015年《中共中央、国务院关于深化国有企业改革的指导意见》中,明确提出针对主业处于充分竞争行业和领域的商业类国有企业,原则上都要实行公司制股份制改革,积极引入其他国有资本或各类非国有资本,实现股权多元化,国有资本可以绝对控股、相对控股,也可以参股,并着力推进整体上市。"十三五"规划提出:"健全国有资本合理流动机制,推进国有资本布局战略性调整,引导国有资本更多投向关系国家安全、国民经济命脉的重要行业和关键领域。"国有资本合理布局要落实国家产业规划和重点产业布局调整总体要求,优化国有资本重点投资方向和领域,引导国有资本向关系国家安全、国民经济命脉和国计民生的重要行业和关键领域、重点基础设施集中,向前瞻性、战略性产业集中。坚持国有资本布局合理,要坚持政府不与民争利,但凡可通过市场化运营的领域,要坚持通过非国有经济运营。

二、国有资本对国民经济运行支撑作用的发挥[①]

国有资本对国民经济运行的支撑作用是多方面的,不仅支持与支撑了中国工业化进程,而且促进与提升了中国国防工业水平,还推动与加快了中国技术创新步伐,更增强与提高了中国若干产业的国际竞争力。

(一)国有资本支持与支撑了中国工业化进程

中华人民共和国成立以后,中国经济建设面临的首要任务及困难,是如何在几乎一片空白的条件下建立自己的工业体系,并启动工业化进程。在某种意义上,中国的工业化进程尝试走了一条与欧美国家不同的道路。国有企业在没有资本积累的情况下,按照专业分工而执行技术攻关任务和生产任务,每个国企的管理都带有很强的行政色彩,国企之间虽然没有竞争,但是,每个国企都有程度不同的压力。这在某种意义上,保证了计划经济条件下国有企业的组织性及效率,从而在较短的时间内完成了中国工业体系框架的构建,并启动了中国工业化进程。随着计划经济向市场经济的转轨,国有企业被推向市场,参与市场竞争,国有企业与非国有企业的竞争提高了国有企业的外部适应性,其从计划经济传承下来的内部组织性并没有受到多少冲击,虽然在一段时间内,国有企业的外部适应性与内部组织性有一定的矛盾,但是,经过磨合后,其转变为国有企业的竞争优势之一。随着这种优势的发挥,国有企业在市场经济条件下为中国工业化进程加速发挥了不可替代的作用,如果简单划分,可以说,计划经济启动了中国工业化进程,市场经济加速了中国工业化进程,无论是启动中国工业化进程,还是加速中国工业化进程,国有企业都发挥了支持与支撑作用。

(二)国有资本提升了中国国防工业水平

中国作为一个世界大国,必须有独立的国防工业。在某种意义上,国防工业发

---

① 文宗瑜、张晓杰:《中国改革三十年(1978—2008)》,山东人民出版社,2009 年版。

展对整个工业体系建立有很大的带动作用。自始至终，国有军工企业都是国防工业发展的主体。国有军工企业与一般国有企业相比，其组织性与纪律性更强，从而使其表现出更强的技术攻关与生产攻关能力。国防工业在计划经济条件下几个领域的超常规发展，离不开国有军工企业；国防工业在市场经济条件下若干领域的加速发展，也是依托国有军工企业。从中国的国情看，在很长一段时间内，国防工业水平的连续提高，仍主要依赖国有军工企业。当然，最近5年中国国有军工企业也在尝试引入非国有资本的改革，军队也给非国有企业一部分订单。但是，国防工业核心技术突破、军队重大装备的生产，仍主要依赖国有军工企业。

（三）国有资本推动与加快了中国技术创新步伐

中国必须走技术立国的道路，这已经成为共识。中国从构建工业体系框架到工业门类齐全，再到工业尤其是重工业、军工业具备国际竞争力，都离不开技术创新。在计划经济条件下，国有企业的技术创新很难。随着计划经济向市场经济转变，国有企业的经营机制及管理方式发生了很大改变，同时，国有企业进行技术创新的功能明显发挥。中国自1978年以来的改革开放，不仅使经济总量增加，而且使技术创新步伐加快。国有企业对于推动与加快中国技术创新的步伐发挥了不可代替的作用。一讲技术创新，社会公众不仅会联想到轻工电子业、网络业、生物工程等领域，而且会联想到非国有企业集中的高新技术开发区。但是，中国最近20年的技术创新成就更多集中在航天、核弹、飞机设计制造、轮船设计制造、机车设计制造、发电设备设计制造、石油勘探开发、炼油、钢铁、海洋工程等领域，中国在这些领域的技术水平已进入世界顶尖或先进行列，可以说，这些领域的技术创新大部分由国有企业完成。如果没有这些领域的技术创新，中国与市场经济发达国家的技术水平差距不可能缩小。

（四）国有资本增强与提高了中国若干产业的国际竞争力

一个国家的任何一个产业的国际竞争力，集中体现为两点：一是产业的国际市场份额，二是产业的集中度。无论社会上如何责难中国国有企业的产业集中和集聚，国有企业对中国若干产业国际竞争力的提高发挥了不可替代的作用，例如航天、石油、石化、钢铁、造船、机车、电信、电力等。正是这些产业的国际竞争力，保证了中国重工业体系、军工工业体系的相对独立完整，保证了中国综合国力的不断增强。对产业整合及产业集中度提高产生较大影响的，主要是行业中超大型国企或大型国企，从隶属关系来看，主要是央企。央企的人才与资金优势，使其能够在行业中更好地发挥技术领先并带动产业升级的作用。

第五章
中国国有经济的战略性调整

改革初期,通过实行利润留成、两步"利改税"和承包制,国有企业逐步扩大了经营自主权,提高了生产积极性,增强了经营意识,但始终解决不好活力不足、行为短期化等问题。与此同时,国家鼓励多种经济成分发展,使各种非国有经济出现了蓬勃发展的势头,到20世纪90年代中期已在数量上占据半壁江山,国有经济如何布局"有进有退、有所为有所不为"便被提上了国民经济发展的议事日程。

第一节
国有经济战略性调整的提出及背景

一、国有企业改革的启动

改革开放以前,中国的基本经济形态是"一大二公",全民所有制经济也就是今天所说的国有经济在国民经济中占绝对统治地位。按当时农业、工业、建筑业、运输业和商业5个物质生产部门统计,工业是最大的生产部门,占经济总量的60%以上。在1978年的工业总产值中,国有经济占77.6%,集体经济占22.4%,私营经济和个体经济经过20世纪50年代的改造运动已经基本绝迹,以致在统计上都无法体现出来。中国的改革,便是从搞活企业即扩大国有工业企业经营自主权开始的,以解决权力过于集中的问题。

如本书第二章所述,1978—1983年,扩大企业经营自主权和实行企业利润留成制度。1983—1986年，实行两步"利改税"。1987—1991年，实行以承包制为主的改革。

总的来看，国有企业扩大经营自主权，在一定程度上提高了企业完成国家计划和增产增收的积极性，使企业有了相对独立的经营意识和盈利意识。

二、多种经济成分的发展

国有经济战略性调整并不只是国有企业自己的事，它与非国有经济发展也紧密相连。如本书第二章所述，在1978年的统计中，私营企业为0，个体经济仅为14万人（户），这些个体从业人员主要从事一些缝缝补补的修理业和少量的生活性服务业。因此，改革开放初期鼓励多种经济成分发展，主要是鼓励集体经济的发展，但也开始允许个体经济存在，对私营经济的存在和发展则经历了一个先默认后正式允许的过程。先是允许个体经济发展，后来允许私营经济发展。邓小平的意见是"看一看""不要动他们""允许一部分人先富起来"。1983年，中央以正式文件的形式明确了"不提倡，不阻止"的方针。这就为后来私营经济的发展留下了一条路。

在改革开放之初的10年，个体经济和私营经济一直发展很快。1980—1990年，在工业总产值中，个体经济和私营经济从0.81亿元增长到1290亿元，增长了1500多倍，平均每年翻一番还多，在工业产值中所占的份额也从几近于零增加到5.4%。在社会商品零售总额中，个体经济和私营经济从15亿元增长到1570亿元，增长了100多倍，平均每年增长60%，在社会商品零售总额中所占的份额也从0.7%迅速上升至18.9%。

集体经济在整个20世纪80年代一直发展较快，尤其是乡镇企业，自1984年开始异军突起。这使集体工业总产值从1980年的1213亿元增加到1990年的8523亿元，增长约6倍，平均每年增长22%，在工业总产值中所占的份额也从23.5%上升至35.6%，增加了12个百分点。在集体经济中就业的人数，从5252万人增加到11323万人，占全国就业的份额从12.4%上升至17.5%。

三、国有经济战略性调整命题的提出

尽管我们对国有企业进行了一系列的改革，但缺乏活力、效益低下、后劲不足、行为短期化等一些老问题依然存在。国家规定企业留利60%要用于生产，20%用于奖金，20%用于职工福利。但这些原则性的规定在实际执行过程中往往走样，很难得到遵守，因为它既不考虑企业的有机构成，也不可能顾及市场的变化，企业的利润究竟有多少是靠自己的努力，有多少是靠外在的条件和运气，这是没办法算清楚的。因此，各企业之间的人均留利额相差会达到几倍甚至十几倍，这就使各企业的职工收入也出现了很大的差距，这明显不符合按劳分配的原则，从而导致企业之间、行业之间的工资和奖金相互攀比，在20世纪80年代引发了一轮又一轮的"国民收入超分配"，一轮又一轮的物价上涨。

企业行为短期化的另一个结果就是坐吃山空，发展后劲越来越不足，人们将这种现象概括为"吃完增量吃存量，吃完财政吃银行"。所谓吃增量，是指企业每年新增的国民收入，首先用于满足工资、奖金和福利，至于技术改造、大修理等生产方面的经费则剩下多少算多少，"消费靠留利，投资靠贷款"；所谓吃存量，是指一些企业把所提的折旧基金都用于奖金发放了，导致设备年久失修，把企业存量资产都吃掉了；所谓吃财政，是指企业的定额流动资金过去由财政拨付，由于通货膨胀会带来利润虚增，因此这部分社会补偿性资金不断地被企业当作利润吃光分尽；所谓吃银行，是指通货膨胀所造成的流动资金补偿不足，会形成巨大的资金窟窿，这只能依赖银行贷款来填补，只要通货膨胀不停止，就需要银行贷款源源不断地进行补充。

到1990年，经过12年的改革开放，我们在国有企业改革方面付出了艰辛的努力，但成效却非常有限，不但企业的自我约束机制未能形成，而且增长速度也远不及非国有经济，而速度决定比重。经过10年的发展，我国所有制结构发生了重大的变化。由于工业是我国最大的经济部门，统计数据也比较完整，因此，在所有制结构方面的变化具有较强的说服力（见表5-1）。

表 5-1 1978—1990 年工业所有制结构的变化 （单位：%）

经济类型	1981—1990 年年均增长	1978 年比重	1990 年比重
全部工业	16.6	100.0	100.0
国有企业	12.8	77.6	54.6
集体企业	21.5	22.4	35.6
个体私营企业	109.0	0.0	5.4
其他经济类型	45.6	0.0	4.4

注：由于各种经济成分所占比重都是按工业总产值现价计算的，故本表增长速度按现价计算。其他经济类型指全民与集体合营、全民与私人合营、集体与私人合营、"三资"企业等。

资料来源：据 1991 年《中国统计年鉴》第 394—396 页数据计算。

1978—1990 年，按工业总产值计算，国有经济比重从 77.6% 下降到 54.6%，12 年下降了 23 个百分点，平均每年下降约 2 个百分点，原因就在于 10 年来它的增长速度只及非国有经济的一半左右。照此推算，再过两三年即到 1992 年或 1993 年，国有经济比重将下降至不足一半的水平；再过 10 年即到 2000 年前后，国有经济比重将不足 1/3。

对此，国内一家权威机构进行了专题研究，得出的结论是，除继续深化改革、增强国有企业活力外，需要对集体经济和非公有制经济的经营范围予以限制：集体经济的经营范围应小于国有经济，非公有制经济的经营范围又应小于集体经济。通过限制经营范围可以达到控制各种经济成分所占比例的目的，巩固公有制的主体地位。

与此同时，也有研究机构得出了另外的判断和结论。他们认为，导致国有经济发展缓慢、非国有经济发展迅速的原因还会长期持续下去，因此，国有经济的比重还会进一步下降。基于这样的判断，他们认为对国有经济和非国有经济实行分工是非常必要的。国有经济发挥主要作用的领域应该是国民经济的命脉部门、基础设施和基础工业领域以及高精尖技术领域。由于不同时期这些"命脉""基础"和"高精尖"是会发生变化的，当非国有经济有能力又愿意进入这些领域时，国有经济应不失时机地让出一些领域，以出售企业的所得资金，投向新的"命脉""基础"和"高精尖"领域。国有经济这种不断退出旧的领域、进入新的领域的动态发展过程，是主导国民经济发展的基本方式。① 从这里我们可以看出，对国有经济进行战略性调整的思路已经开始萌芽。

四、国有经济战略性调整进入党的十五大报告

1995 年，国家开始制定"九五计划"和长远发展规划，国有经济又成为人们关注的重点之一。国有企业的运行状况和改革进度，是制定经济和社会发展计划的重要依据，而负责国家投资审批的部门，则急需明确国有经济的地位和作用，以便确定国家未来的投资方向。与此同时，国有经济在工业中的比重已经从 1990 年的 54.6% 下降为 1993 年的 47.0%、1994 年的 37.3% 和 1995 年的 34.0%。国民经济发展的需要和客观现实的变化，对国有经济提出了历史性的要求：必须对其进行战略性调整，而且刻不容缓。

国家计委经济研究所的一份研究报告认为②，要认识国有企业比较优势的重要性和紧迫性，明确国有企业和非国有企业的性质差别是发挥国有企业优势的基本前提，对国有企业和非国有企业实行必要的社会分工是发挥国有企业优势的重要保证，而有进有退的战略选择是发挥国有企业优势的有效途径。

报告认为，国有企业只有比较优势而无全面优势，首先，这是由国有企业的内在性质决定的，国有企业具有国家的属性，必须服从国家的总体利益，是国家重要的政策工具之一；其次，企业性质的不同决定了企业所履行的责任和在国民经济中所发挥的作用也不同，国有企业应发挥的基本作用是社会安全、经济稳定和经济主导功能；再次，企业的性质也决定了政府对其管理方式的不同，限定国有企业的经营自主权是发挥其特定功能和作用并实现国家特定目标的有效保证。

报告认为，如果不能很好地利用国有企业在人才、技术、装备等方面的优势，

---

① 俞建国：《国有企业的比较优势及其调整战略》，《经济改革与发展》，1995 年第 11 期。
② 国家计委经济研究所课题组：《我国所有制结构变化与国民经济管理》，《计划经济研究》，1993 年第 3 期。

继续让国有企业在所有领域与非国有企业展开全面的竞争,那么,不但国有企业现有的优势将受到严重削弱,而且整个国有资产将会成为人们"最后的晚餐"。因此,必须对国有企业所分布的领域进行战略性调整,有秩序地退出一些领域。"有所不为"才能"有所为",才能把有限的资金投向国民经济最需要的领域。

报告认为,今后10~20年内我国国有企业应在以下领域发挥主要作用:一是国民经济的命脉部门,如金融、铁路、通信、民航、电网、军工、核工业、石油、重要矿山、重要有色金属冶炼等行业;二是非国有经济暂时不愿进入的基础设施和基础工业领域,如公路和大型桥梁建设、市政建设、能源和原材料的生产等;三是非国有经济在相当长一段时期内可能无力进入的高精尖技术领域,如航空、航天、汽车、微电子、精密机床、重型机电设备等。从动态来看,国家通过掌握国有企业主导国民经济发展,核心是国有资金,国有企业只是其物质表现形态。从长远角度来看,即便是国民经济命脉部门、基础设施和基础工业、高精尖生产领域,在不同历史阶段也都会发生变化。当非国有经济有能力、愿意或可以进入这些领域时,国家应不失时机地让出一些领域,以出售企业所得资金,投向新的领域。国有资金这种不断退出旧有领域、不断进入新的领域的动态发展过程,是主导国民经济发展的基本方式。

总之,这篇研究报告着眼于整个国民经济、着眼于在国有企业与非国有企业的比较中来为国有企业定位。报告由内部渠道送达中央高层,为决策提供智力支持和理论参考。

1997年1月,笔者公开发表《推进国有资本的战略重组》的理论文章。[1] 1997年9月党的十五大报告,对国有经济战略性调整的思想有了一个比较完整的表述:"要从战略上调整国有经济布局。对关系国民经济命脉的重要行业和关键领域,国有经济必须占支配地位。在其他领域,可以通过资产重组和结构调整,以加强重点,提高国有资产的整体质量。只要坚持公有制为主体,国家控制国民经济命脉,国有经济的控制力和竞争力得到增强,在这个前提下,国有经济比重减少一些,不

---

[1] 常修泽:《推进国有资本的战略重组》,《经济时报》,1997年1月20日《理论周刊》。

会影响我国的社会主义性质。"

1999年9月，在中共十五届四中全会通过的《中共中央关于国有企业改革和发展若干重大问题的决定》中，则设专节阐释"从战略上调整国有经济布局"的具体内容。该决定使用了"有进有退，有所为有所不为"的字样，这在党的正式文件中还是第一次如此清晰地描述国有经济的作用。该决定明确指出，国有经济需要控制的行业和领域主要包括四部分：涉及国家安全的行业，自然垄断行业，提供重要公共产品和服务的行业，支柱产业和高新技术产业中的骨干企业。这也是中央文件第一次明确界定了国有经济需要控制的范围。[①]

第二节
国有经济战略性调整的进展

一、1998—2000年，"国企三年脱困"

1997年，国企问题已经累积到了相当严重的程度，国有企业经营状况不断恶化，经济效益持续大面积滑坡，从而导致越来越严重的亏损，当年亏损面达45%，净亏损额为403亿元，尤其是纺织、煤炭、军工等行业形势更为严峻。这不仅使国企自身运营难以为继，而且使财政和金融不堪重负。

1998年，中央政府立下了"国企三年脱困"的"军令状"，初步对国有经济进行了战略性调整。采取的措施主要包括："抓大放小"、分类指导；鼓励兼并、规范破产；减人增效和实施再就业工程；多渠道筹集改革成本，实行增资减债；通过债转股，减轻企业债务负担；等等。

在"国企三年脱困"期间，全国共批准下达企业兼并破产项目1718个，其中

---

① 常修泽：《国有经济布局的战略调整分析》，收入张卓元：《国有企业改革与发展》，湖北人民出版社，2000年版。

大中型项目1504个，核销银行呆坏账准备金1261亿元，主要用于纺织、煤炭、有色金属、冶金、军工等重点行业中的国有大中型亏损企业的关闭破产，一批长期亏损、资不抵债、扭亏无望的企业和资源枯竭的矿山退出了市场。同时，对580户国有企业，共计4050亿元债务实行"债转股"，其中大多数企业生产经营状况迅速好转，2000年80%的国企实现了扭亏为盈，使这批国有大中型企业的资产负债率由70%以上下降至50%以下。全国累计有2100万国企下岗职工进入再就业服务中心，其中1300万人实现了再就业。对国有小企业则采取改组、联合、兼并、租赁、承包经营、股份合作制以及出售等多种形式放开搞活，结束了连续6年净亏损的局面。

到2000年，"国企三年脱困"目标基本实现，31个省份的国有及国有控股工业企业都实现了整体扭亏或盈利增加；国家重点监测的14个工业行业中已有12个行业实现了整体扭亏或继续增盈，仍然亏损的煤炭、军工两个行业亏损额也大幅减少；6599户亏损的国有及国有控股大中型工业企业已有4799户企业实现脱困，脱困率达到72.7%。

二、整合企业内部资源

从2004年起，国家有关部门先后分7批对153家中央企业的主业进行了确认，引导企业向主业集中，严格控制非主业投资。同时，要求企业有计划地剥离与出售不良资产，积极发展优势业务，形成进退有序、调整有节、发展有力的格局。

一是开展专业化整合，提高企业内部业务集中度。针对内部资源分散、相互竞争、产研脱节等问题，一些国企将相同或类似的业务整合到同一业务板块，组建专业化子集团，实施统一管理，从而提高企业内部的业务集中度，消除内部竞争，提升行业影响力。如一家工业集团用3年时间将其直接管理的130多家企事业单位整合为30个专业化子集团。

二是清理整顿低效无效投资，压缩管理层级，提高集团管控能力。由于历史原因，国企内部形成了一批长期资不抵债、亏损严重以及资产规模小、股权比例低、不具备成长性的企业。而且由于以前对子公司管控不力，子公司、"孙公司"也在自我发展，投资搞企业，致使母子公司链条过度延伸。针对这个问题，很多企业下大力气通过实施破产、转让、关闭清算或合并等方式清理退出，同时压缩企业管理层，一些潜在的经营管理风险和隐患得到妥善处置，为企业的健康发展发挥了重要作用。

三是推进并购重组后的整合，注重发挥协同效应。一部分国企积极实施并购重组战略，重视并认真开展了并购后的整合，建立更加适应市场要求的产业链，规模实力和市场竞争力显著增强，促进了企业跨越式发展。一家建材公司重组了几百家水泥企业，由于战略非常清晰，根据水泥合理运距的特殊性，以区域市场控制为战略目标推进并购重组，避免了区域内过度竞争，同时对被重组企业进行了深度整合，实现了集团的有力管控。

四是推进主业资产整体上市，提升企业市场价值。改制上市是实施企业内部资源整合的一个重要推动力，也是推动企业内部资源重组的一个重要机会。到2011年，已经有40多家中央企业实现了主业资产整体上市，有力促进了内部资源整合，提升了公司市场价值。

三、推动国有企业之间的重组

有关部门针对国有企业布局分散、规模小、实力不强等问题，根据实际情况，因企制宜，进行了灵活多样的重组。

一是强强联合。将业务相同或相近的国有企业采用新设合并、吸收合并、新设母公司等方式重组到一起，快速增强了企业实力，发挥了规模经济效应和优势互补的协同效应。同时，一些企业将重组与改制上市相结合，进行资源整合，提高了产业集中度。

二是并入式重组。按照业务关联度或产业相关性，将一家企业整体并入另一家优势企业，延伸产业链，完善企业功能。这种模式在国有企业的重组中占大多数，具体类型也较多，其中效果比较好的是把科研院所并入相关的大型企业集团，推进产业与科研的结合。进入企业集团后，不仅这些院所得到了更好的发展，而且大大提升了企业集团的科技创新能力。

三是先托管后重组。针对一些出现经营危机或者陷入经营困境的企业,先由一家优势企业托管,通过托管解决危机和困难,再择机并入或者股权划转,实现平稳过渡。这种方式能够较好地化解财务、法律等风险,有利于安置职工,维护企业和社会稳定。同时,保留并发展有潜力的业务,取得了较好的重组效果。

四是行业性重组或相同业务板块的企业之间的重组。除了两个企业之间的重组外,有些行业还存在多家业务相同的国有企业,若不着眼于行业结构的优化,就难以解决存在的矛盾和问题。这类重组由于涉及的利益主体较多,对产业和经济影响较为深远,故操作难度较大。在国务院统一部署下,有关部委加强沟通协调,结合行业改革和产业结构调整的需要,积极推动电信、电力、医药、交通运输、建材、轻工、旅游等行业的调整重组,初步解决了国有企业资源过于分散、没有龙头企业、行业内竞争无序等问题。

四、推进国有企业之间的资源整合与合作

有关部门高度重视国有企业之间的资源联合、整合与合作,采取多项措施推动国有企业整合资源,加强业务合作,做强做优主业,增强核心竞争力。

一是立足主业优势,优化资源配置,促进协同发展。一些处于产业链上下游的国有企业,通过合资组建新公司、增效扩股等多种形式开展深度合作。尤其在一些投资额较大、风险较高的重要行业,有的国有企业通过股份制合作形成利益共同体,有效发挥了协同效应,降低了运营风险,减少了重复建设,促进了企业和行业的健康发展。一些经营同类业务的国有企业,注重比较优势,将不符合企业发展战略或者没有竞争优势的业务,通过协议转让、作价出资等方式向主业企业和优势企业集中,提高了资源利用效率。

二是加强业务合作提升管理水平,促进企业降低成本增加效益。一些国有企业加强与上下游企业的业务合作,发挥产品优势、产业区位优势和专业化经营优势,通过建立集中、高效、透明的采购管理体系和资源共享平台等途径,不断优化企业业务流程和管理模式,提升了企业市场营销和采购管理水平,取得了良好的经济社会效益。有的企业充分发挥采购渠道、销售网络、仓储配送和资金融通等方面的实

力，通过集中采购、签订标准合同，以及开展融资、锁价、加工等增值服务，帮助合作方实现了零库存，有效地解决了成本控制、质量保证、资金融通等难题。

三是联合科研攻关占领技术制高点，促进产业转型升级。许多国有企业在科研领域开展联合攻关、技术交流与设计服务等合作，努力抢占技术制高点，为加快推进我国科技进步和产业发展作出了重要贡献。尤其是一些科研设计类国有企业，充分发挥科研优势，与相关产业集团加强合作，推进产研结合，大大缩短了新产品开发周期，加速了科技成果转化和技术推广。

四是联合"走出去"，拓展国际市场，提升国际竞争力。国有企业在"走出去"的过程中，加强资源共享合作，发挥协同效应，共同开拓国际市场，积累了国际化经营的经验，促进了我国相关产业的发展，也有效保障了国家利益。一家国有企业在非洲投资矿业项目后，组织联合包括机车车辆、钢铁、建筑等企业，为项目开发提供综合解决方案，带动出口中国标准的装备和器材，走出了一条"矿产资源获取＋物流基础建设＋中国产品输出"的海外投资发展模式。

第三节
对国有经济战略性调整的评估

一、国有经济战略性调整所取得的成效

进入21世纪以来，国有企业发展很快，2015年全国国有企业（不包括金融类企业）资产总额达到119.2万亿元，净资产额40.1万亿元，营业收入45.5万亿元，按当年价计算，比2003年平均每年增长分别为16.2%、14.0%和12.8%。其中，中央企业资产总额为47.0万亿元，净资产额为15.9万亿元，营业收入为22.7万亿元，占全国国有企业的40%～50%，比2003年平均每年增长分别为15.5%、13.4%和14.4%。

一是国有资本分布领域进一步收缩。在规模以上工业总产值中，国有经济的比重从1998年的49.6%下降为2003年的37.5%，5年下降了12个百分点，体现了国有经济的战略性收缩。至2008年又下降为28.4%。经过多年布局和结构调整，到2011年，分布在食品制造、纺织、木材加工等一般生产加工行业的国有企业资产比重下降至11.9%，分布在基础性行业和支柱产业的国有企业资产比重上升到50.6%，初步实现了国有资本的"有进有退"。中央企业在军工、石油石化、电网电力、电信、煤炭、民航、航运等七个重要行业和关键领域的资产总额占全部中央企业资产总额的67.3%，在这些领域的国有资本中，中央企业占79.1%。这说明，在涉及国家安全和国民经济命脉的重要行业和关键领域体现了国有资本的绝对控制力，在其他行业则体现了相对控制力。

二是国有企业调整重组初见成效。通过国有经济布局结构调整，国有企业"小散乱"的格局初步得到改观，国有资产逐步向关系国家安全和国民经济命脉的重要行业和关键领域集中。2003—2011年，全国国有企业户数从15万户减少到14.5万户，中央企业户数从196户减少到117户，成功实施电力、电信、航空、医药、冶金等行业重大重组，布局结构进一步优化，企业整体实力显著提升，资产超千亿元的企业由2003年的17家增加到2011年的61家，营业收入过千亿元的企业由2003年的9家增加到2011年的52家，利润总额上百亿元的企业由2003年的6家增加到2011年的23家。通过实施主辅分离辅业改制、分离社会职能等措施，着力解决国有企业历史遗留问题，有效减轻了长期困扰国有企业发展的沉重包袱，为国有企业平等参加市场竞争奠定了重要基础。

三是产业优化升级稳步推进。21世纪以来，国有企业加快了传统产业的改造提升速度，进一步优化了产品结构。电力企业已从大机组、超高压、西电东送、全国联网的发展阶段开始向绿色发电、特高压、智能电网的发展阶段转变；装备企业加快向高端领域进军，高铁、高压设备及核电领域的高端产品硕果累累；钢铁企业的基本工艺已经赶上现代世界钢铁生产的步伐，生产成本已有能力与国外厂家抗衡；水泥行业逐渐走上减量化发展的道路。

四是战略性新兴产业发展呈良好态势。中央企业的新能源、新一代信息技术、高端装备制造、新材料、节能环保等战略性新兴产业，已具备一定的规模。载人航天、绕月探测、北斗导航、TD－LTE－A4G 标准①、特高压输变电、"蛟龙号"载人潜水器、大型循环流化床锅炉、等离子点火等技术水平达到或接近国际先进水平。在新能源等领域，取得一批具有自主知识产权的国际先进水平的创新成果，包括第三代自主化核电技术装备、智能电网、整体煤气化联合循环发电系统、百万吨级煤直接液化工程、甲醇制烯烃等。电动车领域已初步掌握新一代动力电池关键材料的设计与工艺流程，性能指标达到国际先进水平。生物医药、新材料等领域开发了一批新技术、新产品和新工艺，填补了国内多项空白，包括新型疫苗、新型制剂、碳纤维、芳纶纤维、反渗透膜、海水淡化等，为中央企业的发展奠定了良好的技术基础。

五是国际化经营能力得到加强。国有企业境外经营的规模效益大幅提升，经济实力不断增强。截至 2010 年底，中央企业对外直接投资达到 499 亿美元，境外工程承包营业额达到 538 亿美元。中央企业在海外承建了一批标志性工程，获得了一批重要能源资源，建设了一批技术研发中心，输出了一批成套技术装备，带动了一大批中小企业集群式"走出去"，为扩大国际市场份额、提升产业国际竞争力作出了积极贡献。中央企业已成为在国际竞争中与跨国公司同台竞技的重要力量，被一些发达国家视为最具威胁力的竞争对手。

二、国有经济战略性调整中存在的不足

与新形势、新任务的要求相比，国有企业自身也积累了不少问题，国有经济布局调整还远未到位，国有企业在行业分布上"大而全"，在企业组织上"小而散"等问题仍然没有得到很好解决。

一是涉及竞争性领域的比例仍然偏高。2001 年，整个国有企业在非战略性领域的资产配置为 43%，而目前超过 50%。由此引发的主要问题是竞争领域市场的公平性受到一定程度的损害。国有企业在金融、土地等资源获得上具有较大优势，

---

① TD－LTE 为 Time Division Long Term Evolution（分时长期演进）的缩写，是全球通用的移动通信技术标准。

譬如，世界金融危机以来，国有企业融资成本在7%~9%，而民营企业的融资成本普遍远高于10%，国有企业和民营企业的竞争地位并不平等。

二是行业分布过宽。在国民经济20个行业门类①中，中央企业覆盖了19个，只有"国际组织"1个门类尚未涉足；在100多家中央企业中，60%以上涉及行业门类超过10个，其中10余家企业超过15个，个别的甚至达17~18个。在国民经济98个大行业中②，中央企业覆盖了89个大行业，覆盖面达90%，其中10余家企业覆盖了40个大行业，个别的达60多个。根据国外跨国公司的经验，多元化经营的公司仅占20%，专业化公司占80%，而中国的国有企业几乎都是多元化经营，而且很多业务的关联性很差，有些甚至毫无相关性，例如大家都搞金融和房地产。

三是同业竞争过度。每家企业都追求多元化经营，在整体上必然表现为竞争过度、合作不足。2011年，在117家中央企业中，涉及商贸行业的有110家，涉及房地产开发行业的有85家，涉及煤炭行业的有33家，涉及钢铁行业的有31家，涉及纺织行业的有近20家，这既反映了重复建设，又带来了无序竞争。不仅中央企业之间存在同业竞争，就是一个中央企业内部的子公司之间也存在同业竞争，无论是招商引资还是工程竞标，无论是出口还是对外投资，中央企业总公司之间甚至子公司之间，经常出现竞相压价、恶性竞争的现象。

四是产能过剩严重。竞争过度必然带来产能过剩，一些企业盲目决策，过度追求规模扩张，带来资产负债率过高等问题，尤其是造成产能严重过剩。比如全国钢材生产能力超过10亿吨，过剩2亿吨，过剩1/5；氧化铝产能5300多万吨，过剩1000多万吨，亦过剩1/5；水泥产能超过30亿吨，过剩1/4；等等。产能过剩造成了巨大的资源浪费。

五是企业组织松散。组织松散主要表现为"子孙"不少、层级过多。在100多家中央企业中，单是三级及三级以上的企业便多达1.7万多户，平均每家有百户以

---

① 20个行业门类如下：农业，工业3个（采矿业、制造业、水电气），建筑业，服务业15个（交通运输、计算机服务、批发和零售业、住宿和餐饮业、金融业、房地产、租赁商务、居民服务、文体娱乐、科学研究、水利环境、教育、卫生社保、公共管理、国际组织）。

② 98个大行业包括第一产业5个行业，第二产业45个行业（其中工业40个），第三产业48个行业。

上，多的可达 600~700 户，这还不包括第四级、第五级企业。实际上，目前有 50 家中央企业内部层级超过了六级，有的甚至多达十几级。这样的企业体制在世界上实属罕见，必然造成尾大不掉、管理松弛的结果。这些子公司、"孙公司"绝大多数与总公司没有什么产业联系，相互之间也很少有产业联系。这么多这么小的一堆企业，就算是拼凑成了"巡洋舰"，拼成了"航空母舰"，进了世界 500 强，又有多少竞争力和效率可言呢？

三、国有经济战略性调整的难点及成因

20 年来，我国国有经济战略性调整虽然取得了一定的成绩，但进展还有限，布局调整还未到位。这当中有深层次的原因值得我们探索。

一是思想认识有困惑。公有制为主体是我们的基本经济制度，但对什么是公有制为主体，一些人至今并没有一个明确的可操作的认识。宪法里说的"公有制为主"指的是"生产资料"，但生产资料所包括的范围也有很大弹性，例如资源算不算？即使在认识上人们达成了共识，但如何贯彻执行呢？社会主义的要求无非是要让人民群众能够共享发展成果，那么，平衡收入差距，究竟是用所有制方式为好，还是用收入分配、公共服务等社会政策为好？这也是一个有待探索的问题。

二是理论思考有误区。核心仍然是国有经济的定性和定位问题。关于定性问题，即国有经济在市场经济中究竟应该扮演什么样的角色、发挥什么样的作用的问题；关于定位问题，即国有经济与非公有制经济的关系问题。人们越来越认识到，有些国有经济是政府职能的延伸，需要承担公共职能，以弥补市场机制之不足，同时，其也是国家控制国民经济命脉和实现国家发展战略的工具；也有人说，发展混合所有制经济是为了搞活国有企业，并放大国有资本功能，那么，社会公共职能如何体现？这些基本理论上的误区，都会妨碍国有经济战略性调整的到位。

三是具体做法有困难。国有经济战略性调整需要"有进有退"，但"进"比较容易，"退"却很难。在中国现行体制下，从省到地市再到区县，每个块块都希望自己做大做强；从条条看，360 行每个行业也都希望自己做大做强。由于"做大做强"会"得人心"，让大家更快地实现小康，所以从上到下，从各级政府到企业，

都有快速扩张的冲动。而当战略性调整需要国有经济退出一些领域时，则会实实在在地影响一部分人的利益，甚至会得罪一大批人，因此，很少有人愿意主动去做收缩这件事，这也是调整的难点所在。尤其是在"退"的时候，容易发生国有资产流失、职工下岗再就业等一系列棘手问题，政策尺度很难把握好，在极端情况下甚至会发生流血事件。因此，当一些利益集团以公有制为主作为理由，欲阻止对其实施战略性调整的时候，国有企业的主管部门就会很为难。

四是指导思想有偏差。2003年之前，国有经济布局调整的方向是国有经济战线的收缩，"实现国有资本从低效企业到高效企业、从小型企业到大型企业、从一般竞争性部门到战略性部门的集中"，以摆脱国有企业大面积亏损的困境。改革的成果是非公有制资本通过兼并收购、股权改造等方式参与到国企改革当中，混合所有制经济得到了相当程度的发展。但2003年后，在"防止国有资产流失，实现国有资产保值增值"的原则指导下，国企改革的思路发生了一定的变化：国有经济退出竞争性领域的步伐有所放缓。国有企业的主管部门对国有企业特别是央企，提出了"突出主业、做强做大"等战略调整的要求，并出台了一系列举措，加强对企业责任人的经营绩效考核。这直接导致了大批中央企业为了做大做强，争当本领域排头兵、进入前三甲而不至于被其他央企兼并重组，到处攻城略地，兼并了不少地方国企甚至民企，这显然有悖于国有经济战略性调整的方针。

第四节
展望国有经济战略性调整的未来

2013年11月，中共十八届三中全会通过了《中共中央关于全面深化改革若干重大问题的决定》，提出要"紧紧围绕使市场在资源配置中起决定性作用，深化经济体制改革"，这为中国的经济体制改革提出了更高的目标和新的任务，也为深化国有经济改革提供了新的契机。2015年8月，中共中央、国务院发布了《关于深化国有企业改革的指导意见》，明确提出将国有企业分为商业类和公益类，这为国有企业分类改革、分类发展、分类监管、分类定责和分类考核提供了基本依据。该指导意见将成为今后一个时段指导国有企业改革、推进国有经济战略性调整的纲领性文件。①

该指导意见指出，根据国有资本的战略定位和发展目标，对于主业处于充分竞争行业和领域的商业类国有企业，国有资本可以绝对控股、相对控股，也可以参股，并着力推进其整体上市。对于主业处于关系国家安全和国民经济命脉的重要行业和关键领域、主要承担重大专项任务的商业类国有企业，则要保持国有资本控股地位。而对于公益类国有企业，可以采取国有独资形式，具备条件的也可以推行投资主体多元化，还可以通过购买服务、特许经营、委托代理等方式，鼓励非国有企业参与经营。

该指导意见强调，要以管资本为主推动国有资本合理流动优化配置，有进有退，有所为有所不为，优化国有资本布局结构，推动国有资本向关系国家安全、国民经济命脉和国计民生的重要行业和关键领域、重点基础设施集中，向前瞻性战略性产业集中，向具有核心竞争力的优势企业集中。

同时，该指导意见也指出，要"清理退出一批"国有企业，建立健全优胜劣汰市场化退出机制，充分发挥失业救济和再就业培训等作用，解决好职工安置问题，切实保障退出企业依法实现关闭或破产，加快处置低效无效资产，淘汰落后产能。

按照该指导意见的部署，到2020年，国有企业改革将在重要领域和关键环节取得决定性成果，国有资本布局结构也将更趋合理。

---

① 目前已经形成了以《关于深化国有企业改革的指导意见》为纲、十几个配套文件为目的的"1+N"文件体系，为国有企业全方位改革提供了基本的依据。这些配套文件包括：《中央管理企业主要负责人薪酬制度改革方案》《关于合理确定并严格规范中央企业负责人履职待遇、业务支出的意见》《关于在深化国有企业改革中坚持党的领导加强党的建设的若干意见》《关于国有企业发展混合所有制经济的意见》《关于改革和完善国有资产管理体制的若干意见》《关于加强和改进企业国有资产监督防止国有资产流失的意见》《关于国有企业功能界定与分类的指导意见》《企业国有资产交易监督管理办法》《关于推动中央企业结构调整与重组的指导意见》《关于国有控股混合所有制企业开展员工持股试点的意见》《关于深化国有企业和国有资本审计监督的若干意见》和《国务院国资委以管资本为主推进职能转变方案》等。

中共十九大报告在国有资产管理体制改革部分,再次提出:"加快国有经济布局优化、结构调整、战略性重组。"① 这表明,中国国有经济的结构调整和战略性重组,仍然任重而道远。

国有经济战略性调整的顺利推进,或许还需要一些其他条件的配合,譬如,政府职能的调整和转变,市场秩序好转,非公经济的健康成长等。据悉,全国人大正在组织有关方面加紧草拟民法典,估计三五年后可正式实施。这样,国有经济的战略性调整将与民营经济的发展保持一种相互协调、相互促进的态势,不但更有利于国有经济布局的进退,也会大大增强整个国家的竞争力。

---

① 《中国共产党第十九次全国代表大会文件汇编》,人民出版社,2007 年版,第 27 页。

第六章
作为重头戏的垄断性行业改革与民营资本进入

垄断性行业改革是中国所有制结构改革的"重头戏",更是国有企业改革"最难啃的硬骨头"。10年前,即2008年12月,在中共中央党校组织的"中国改革三十年"系列研究中,笔者曾以《国有制改革与人的发展》为题提出专题报告,讲到:"第一个三十年,中国改革的重点——经济改革,经济改革的重点——国有制改革,国有制改革的重点——竞争性行业改革;下一步国有制改革的重点——应放在垄断性行业。"[①] 又一个10年过去,在中国改革开放40年之际,回顾总结并探讨垄断性行业改革问题,极有价值。

其实,从1992年中国确立社会主义市场经济改革目标以来,"深化垄断行业改革"就是时代应该承担的一项战略性任务,但是,"破垄"一直进展受阻,不尽如人意。非但受阻,甚至有人直接打着"垄断"的招牌或迂回性地假冒"破垄"的名义,把"垄断"和"破垄"两种完全不同的活动,都变成他们创造寻租机会的手段。

本章着力探讨五个问题:第一,经过近40年的改革,中国垄断性行业改革到底推进到了什么程度(拟用两节,按中共十八大以前和中共十八届三中全会之后两大时段分析)?第二,用中共十八届三中全会决定和中共十九大提出的全面深化改革的战略眼光来审视,垄断性行业改革迄今仍存在什么问题?面临什么挑战?第三,下一步深化垄断行业改革需要探讨和厘清哪些重要理论问题?第四,在新阶段,推进垄断行业改革应采取什么样的思路,或将呈现什么新趋势?第五,与"破垄"相联系的民间资本如何进入?

---

① 常修泽:《国有制改革与人的发展》,中共中央党校求索音像出版社,2008年版。

第一节
垄断性行业改革的复杂性、艰巨性与艰难起步

中国垄断性行业改革是个相当复杂的问题,这里既有认识问题,也有利益问题。从认识角度分析,不少人对如何"识别垄断及其分类"并不十分清楚。从利益角度分析,某些利益集团以攫取利益为中心,挖空心思设法钻营,既钻"垄断"的空子,又钻"破垄"的空子:若国家实行"垄断",他就利用"垄断"以寻租;若国家启动"破垄",他就利用"破垄"去寻租。甚至有人把"破垄异化"的责任扣在理论研究者和制度设计者的头上,以此为理由,扼杀垄断性行业改革。

所以,本节先从垄断性行业改革的复杂性、艰巨性,特别是从体制坚硬与利益纠结谈起。

一、中国垄断性行业本身的复杂性

在中国现阶段,垄断性行业本身带有复杂性,梳理之后,大体包括以下四组。

第一组,号称"自然垄断性"的垄断行业。在中国,这一组内部情况也很复杂,其中有的属于"真正的"自然垄断性环节,有的不属于"真正的"自然垄断性环节,或原本属于自然垄断性但现在已经"变异"了的环节。

(1)属于"真正的"自然垄断性环节。如电网、铁路网、航空网、邮政网等属此类,再如城市自来水供水亦属此类。城市自来水供水的自然垄断性同时受管网、制水企业制供水能力和可使用资源限制,在一定范围内由一个企业提供产品,可使成本最低,有利于水资源优化配置。

(2)不属于"真正的"自然垄断性环节,或原本属于自然垄断性但现在已经"变异"了的环节。目前在电信部门比较突出。因计算机技术应用于交换机而出现自动交换,节省了原来手工交换需要的大量人员与场地;大传输量光纤的使用不再

用传统的铜缆,长途或本地线路成本较低,加上无线移动网出现,因此成本更低。传统的电信垄断经营面临新挑战。

不论是假冒的自然垄断性环节,还是已经"变异"了的自然垄断性环节,有些目前还在"自然垄断性"的旗号下"笼统而混沌地"垄断着,实际上是一种变相的行业垄断。这是问题的所在。

第二组,专卖专营性的垄断行业。比较突出的是烟草行业。此行业是特殊行业,实行"国家烟草专卖制度"。1991年6月,全国人大常委会曾通过《中华人民共和国烟草专卖法》。该行业不属于自然垄断性,属于"法令性垄断"。

第三组,市政公用方面的垄断行业。包括供气、供热、城市公交等。这一组情况也很复杂:这里既有公共性和自然垄断性(如给排水、供气、供热等需要网络输送的部门具有某些区域垄断的特征,就这一点来说,与第一组自然垄断性部门有一定的交叉),同时又有市场性,需要区分。

第四组,战略资源的垄断。如石油、天然气(石油部门一般具有"寡头垄断"的性质,当然,管道输油、输气业务具有一定的自然垄断性)。

如果再加上行政性垄断和市场垄断,垄断行业及垄断问题相当复杂。①

二、体制坚硬与利益纠结:增大改革难度

(一)改革近40年:"渐进式"改革留下的都是"硬骨头"

起于1978年12月中共十一届三中全会的中国改革,除方向不同于苏联外,方式也不同于苏联的"中心爆破论",走的是一条"渐进式"边际演进的改革之路:在城乡关系上,先农村、后城市;在区域关系上,先东部沿海、后中西部和东北;在改革领域关系上,先竞争性行业、后垄断性行业。

在前10多年里,改革的主战场放在国有经济的竞争性行业。1982年的中共十二大、1987年的中共十三大均未对垄断性行业改革作出部署。这一阶段,虽在实

---

① 常修泽:《广义产权论——中国广领域多权能产权制度研究》(其中第三章"中国垄断性行业改革"),中国经济出版社,2009年版。

践中的一些行业内部进行了一些局部的、浅层次的改革，但是在改革的总体部署上，尚没有将垄断性行业作为一项改革的重要任务予以推进。为什么？先易后难。

随着改革的深化，改革的"战车"逐步由竞争性行业转入垄断性行业。

垄断性行业是中国计划经济体制最坚硬的部位，有人将其称为中国"计划经济体制的最后堡垒"。第一，从产权关系来看，垄断性行业企业基本是国有独资或国有控股企业。第二，从运行机制来看，垄断性行业计划经济体制根深蒂固。第三，从决策机制来看，垄断性行业企业实行高度集权，决策层具有相当大的权力。第四，从制度经济学角度来研究，垄断性行业出的问题不是浅层次问题，而是深层次问题，其原因不应仅仅在垄断性行业自身寻找，一些问题是深层次的问题在垄断性行业的反映，需要从体制缺陷和利益集团寻找。

（二）利益集团的目标函数：垄断性行业改革的掣肘因素

除了体制坚硬之外，还有利益纠结问题。中共十八届三中全会以来，垄断性行业改革的实践表明，利益集团的目标函数已成为最大的掣肘因素。由于改革是一场深刻的革命，必然要改变旧体制固有的和体制转变过程中形成的各种不合理的利益格局，因此不可避免地会遇到各种阻力的挑战。

垄断性行业是一种特殊的利益集团，它不同于市场化过程中由公平竞争产生出的一般性利益集团，它往往有更强烈的冲动，抵制某些具有"帕累托改进"性质的改革方略的实施。由于这些特殊的利益集团具有更强的行动能力，可以对政策决策过程施加影响力，因此有可能妨碍正在推进的垄断性行业改革，使制度安排被僵滞在低效率状态。特别是那些被权力资本觊觎的部门，利益关系就更加错综复杂[1]，既得利益链条环环相扣，这就极大地加大了改革的难度。

在这种格局下，如何从制度上摆脱、超越利益集团的利益羁绊，以形成对利益集团的有效制约，成为影响垄断性行业改革实际进程的重大因素。对于改革决策者而言，必须树立以人民为中心的思想，秉持"公共利益至上论"，坚定推进改革的

---

[1] 特殊利益集团对改革的干扰和掣肘有诸多案例。

信念，防止某些既得利益集团左右改革方案的制订和改革进程的实施。还应注重对改革的统筹协调，通过高层次、跨部门、利益相对超脱的改革协调机构来设计改革方案，破除特殊利益集团对改革的干扰和掣肘，防止改革走形变样，降低改革的摩擦成本。①

三、1992 年以后关于"打破垄断"和垄断性行业改革的决策

1982 年的中共十二大、1987 年的中共十三大均未提及垄断性行业改革问题。据笔者看到的中央文献，提出"垄断"问题还是在邓小平 1992 年南方谈话之后。从 1992 年中共十四大到 2007 年中共十七大，中央文献中提及的关于"破除垄断"和垄断性行业改革问题，有如下六次。

第一次，1992 年中共十四大首提"打破垄断"问题。中共十四大报告第一次明确提出中国改革的目标是建立社会主义市场经济体制。与这一市场化改革目标相适应，开始触及"垄断"问题。党的十四大报告中指出："坚决打破条条块块的分割、封锁和垄断，促进和保护公平竞争。"② 请注意，此处只是提出"打破垄断"，并未提出"垄断性行业改革"。

第二次，"九五"计划提出带垄断性的"基础性产业"问题。1995 年制定国民经济和社会发展"九五"计划，提出了"两个根本性转变"（经济体制从传统的计划经济体制向社会主义市场经济体制转变，经济增长方式从粗放型向集约型转变）的战略任务，明确要求："竞争性行业主要由市场配置资源，基础性产业也要引入竞争机制，使经济更富有活力和效率。"这里的"基础性产业"，包括垄断性行业。③"九五"计划中的"基础性产业"虽在逻辑上包括垄断性行业，但毕竟没有明确提出来。

第三次，中共十五大明确提出："打破部门垄断"。在报告"充分发挥市场机

---

① 关于破除特殊利益集团对改革的干扰和掣肘的分析，参见常修泽：《广义产权论——中国广领域多权能产权制度研究》（其中第三章"中国垄断性行业改革"），中国经济出版社，2009 年版。
② 《十四大以来重要文献选编》（上），人民出版社，1996 年版，第 21 页。
③ 见 1995 年中央制定的国民经济和社会发展"九五"计划。

第六章
作为重头戏的垄断性行业改革与民营资本进入

制作用"的部分,提出:"要加快国民经济市场化进程。继续发展各类市场,着重发展资本、劳动力、技术等生产要素市场,完善生产要素价格形成机制。改革流通体制,健全市场规则,加强市场管理,清除市场障碍,打破地区封锁、部门垄断,尽快建成统一开放、竞争有序的市场体系,进一步发挥市场对资源配置的基础性作用。"① 这里已由笼统地提"坚决打破条条块块的分割、封锁和垄断",聚焦锁定并明确提出了"打破部门垄断"的任务。但这里的侧重点是清除市场障碍,尚不是指垄断行业改革。此后不久,中共十五届三中全会曾提及"自然垄断行业",但却是指向国有经济需要控制的行业和领域,无关垄断性行业改革。

第四次,中共十六大首提"推进垄断行业改革"。作为一个鲜明命题"推进垄断行业改革",首次出现是在 2002 年 10 月中共十六大报告中。报告指出:"除极少数必须由国家独资经营的企业外,积极推行股份制,发展混合所有制经济。实行投资主体多元化,重要的企业由国家控股。按照现代企业制度的要求,国有大中型企业继续实行规范的公司制改革,完善法人治理结构。推进垄断行业改革,积极引入竞争机制。"② 请注意,这里用的是"推进垄断行业改革"。

第五次,中共十六届三中全会进一步提出"加快推进和完善垄断行业改革"。《中共中央关于完善社会主义市场经济体制若干问题的决定》提出:"加快推进和完善垄断行业改革。对垄断行业要放宽市场准入,引入竞争机制。有条件的企业要积极推行投资主体多元化。继续推进和完善电信、电力、民航等行业的改革重组。加快推进铁道、邮政和城市公用事业等改革,实行政企分开、政资分开、政事分开。对自然垄断业务要进行有效监管。"③ 与中共十六大首提"推进"相比,这里提出"加快推进和完善"。

第六次,中共十七大更进一步提出"深化垄断行业改革"。2007 年,中共十七大报告指出:"深化国有企业公司制股份制改革,健全现代企业制度,优化国有经

---

① 《十五大以来重要文献选编》(上),人民出版社,1996 年版,第 21 页。
② 《全面建设小康社会,开创中国特色社会主义事业新局面——在中国共产党第十六次全国代表大会上的报告》(2002 年 11 月 8 日),人民出版社,2002 年版。
③ 《中共中央关于完善社会主义市场经济体制若干问题的决定》,人民出版社,2003 年版。

济布局和结构,增强国有经济活力、控制力、影响力。深化垄断行业改革,引入竞争机制,加强政府监管和社会监督。"与中共十六届三中全会提出"加快推进和完善垄断行业改革"相比,这里已经把"加快推进和完善"升格为"深化",要求更高;同时,增加了关于政府监管和社会监督的内容①。

从以上可以看出,从1992年到2007年中共十七大,决策层在提出"打破垄断"问题后逐步提高:由"打破部门垄断"到"推进垄断行业改革";由"加快推进和完善垄断行业改革"到"深化垄断行业改革"。这里有个逐步深化的过程。

四、中共十八大以前:垄断性行业改革的艰难起步与进展不佳

审视1992年以来的垄断性行业改革,在1996—2002年间,电力、电信、邮政确实做了些实实在在的改革。主要是在以下三方面作了一些尝试。

一是着手政企分开。如撤销电力部,组建相关发电集团公司和电网公司,成立电监会;撤销邮电部和此后"政企合一"的国家邮政局,实行新的国家邮政管理机构与中国邮政集团公司分离等。

二是推进业务"分拆"。如电力部门通过"纵向拆分"和"横向拆分",组建了几家发电集团和两家电网公司;电信业经过多次重组,也初步形成"三足鼎立"之势;等等。

三是引入行业外资本。

几个主要行业改革进展情况,因篇幅限制,简略。对于这些,应该给予肯定。

虽然中共十六大首提"推进垄断行业改革",但改革推进艰难(有的行业有所前进,有的行业有所停滞,有的行业遇到挫折)。这一段,改革的"攻坚之战"打得十分艰苦,在一些方面改革处于"胶着"状态。例如,在电力、军工等行业"企业拆分"这一浅层改革方面,虽取得了一些进展,但是深层的竞争尚未真正建立,这些行业的竞争局面未能形成。即使一些国际通行的有效改革措施,也未能在推行中奏效。

---

① 《中国共产党第十七次全国代表大会报告》,人民出版社,2007年版。

至于那些垄断度极高的部门则更是步履维艰。以铁路运输业改革为例：近年来，铁路改革先后酝酿了纵、横分拆方案，但由于种种原因，均未能实施。在铁路部门的投融资体制改革方面，虽然"轮子"下面的路轨建设已有极少量民营资本进入，"轮子"上面的运输部分也有"大秦铁路"等的改制上市，但总体来看，铁路部门的深层次体制尚未有实质性触动：政企政资边界仍然不清；投融资体制改革滞后，尚未形成资本化运营机制；企业尚未成为市场主体；等等，从而使铁路部门成为改革最滞后的部门，这种格局与中共十九大提出的将我国建设成为"交通强国"的宏伟目标很不相称。

第二节
"结构性破垄"及中共十八届三中全会后的进展

一、"结构性破垄"："三不破""三破"

上一节指出，中共十四大首提"垄断"问题；中共十五大明确提出"打破部门垄断"问题；中共十六大首次提出"推进垄断行业改革"；中共十六届三中全会和中共十七大都把垄断性行业改革作为经济改革的任务之一。

在中共十八届三中全会之前，依笔者对"垄断行业改革"的研究①，2013年6月笔者在一份报告中，提出"结构性破垄"方略，即对中国垄断的三大类、六种情况区别对待，"三不破""三破"：

（1）对真正的自然垄断性环节，可不提"破垄"[但要实行一定范围的"争夺市场的竞争方式（competition for the market）"]；但对过时的、假冒的所谓"自然垄断"和垄断性行业中的竞争环节，要坚决"破垄"。

---

① 常修泽：《中国垄断性行业深化改革研究》，《宏观经济研究》，2008年第9期。

（2）对法令性的垄断（如烟草），可不"破垄"；但对不合理的行政垄断（存在不少），要坚决"破垄"。

（3）对在竞争基础上形成的产业集中，不应"破垄"，还应进一步加强，以提高中国产业的国际竞争力；但对阻碍和限制竞争的经济性垄断（或称"市场垄断"，包括厂商串谋、寡头垄断）等，应坚决"破垄"。在此，要消除社会上包括一些领导干部将"产业集中"等同于"垄断"的误区，化解以"提高国际竞争力"为由而排斥垄断性行业改革的"心结"。①

二、中共十八届三中全会：新一轮垄断性行业改革的部署

2013年11月召开的中共十八届三中全会通过的《中共中央关于全面深化改革若干重大问题的决定》，对新一轮垄断性行业改革作了重要部署。梳理该决定中有关垄断性行业改革和反垄断的内容，主要有如下10条：

（1）"必须积极稳妥从广度和深度上推进市场化改革，大幅度减少政府对资源的直接配置，推动资源配置依据市场规则、市场价格、市场竞争实现效益最大化和效率最优化。政府的职责和作用主要是保持宏观经济稳定，加强和优化公共服务，保障公平竞争，加强市场监管，维护市场秩序，推动可持续发展，促进共同富裕，弥补市场失灵。"这段话高屋建瓴，强调"从广度和深度上推进市场化改革"，为新一轮垄断性行业改革确立了基调。

（2）"国有资本继续控股经营的自然垄断行业，实行以政企分开、政资分开、特许经营、政府监管为主要内容的改革，根据不同行业特点实行网运分开、放开竞争性业务，推进公共资源配置市场化。"这段话专指"自然垄断行业"，有三层意思：①对于真正的自然垄断行业或环节（不是过时的、假冒的所谓"自然垄断"），由"国有资本继续控股经营"；②即使真正的自然垄断行业也要改革，改革的内容为十六字方针——"政企分开、政资分开、特许经营、政府监管"，其中"特许经营"是新内容；③具体方式为"网运分开"，"实行一定范围的争夺市场的竞争方

---

① 常修泽：《给三中全会全面改革方案的四点框架性意见》，载常修泽：《包容性改革论——中国新阶段全面改革的新思维》一书附录，经济科学出版社，2013年10月版。

式（competition for the market）"。

（3）"推进水、石油、天然气、电力、交通、电信等领域价格改革，放开竞争性环节价格。政府定价范围主要限定在重要公用事业、公益性服务、网络型自然垄断环节，提高透明度，接受社会监督。"这段话，严格区别了垄断性行业中的"竞争性环节"和真正的"网络型自然垄断性环节"。前者，市场；后者，政府。

（4）"进一步破除各种形式的行政垄断。"这段话，由"自然垄断"转向"行政垄断"。就是前面讲的除"对法令性的垄断（如烟草）可不'破垄'外"，"对不合理的行政垄断（存在不少），要坚决'破垄'"。

（5）"建设统一开放、竞争有序的市场体系，是使市场在资源配置中起决定性作用的基础。必须加快形成企业自主经营、公平竞争，消费者自由选择、自主消费，商品和要素自由流动、平等交换的现代市场体系，着力清除市场壁垒，提高资源配置效率和公平性。"这段话，进一步由"自然垄断""行政垄断"转向"阻碍和限制竞争的经济性垄断"（经济性垄断又称"市场垄断"），明确提出"清除市场壁垒"。

（6）"改革市场监管体系，实行统一的市场监管，清理和废除妨碍全国统一市场和公平竞争的各种规定和做法，严禁和惩处各类违法实行优惠政策行为，反对地方保护，反对垄断和不正当竞争。"这段话，继续指向"阻碍和限制竞争的经济性垄断（厂商串谋、寡头垄断）"等，明确提出"反对垄断"。

（7）"企业投资项目，除关系国家安全和生态安全、涉及重大生产力布局、战略性资源开发和重大公共利益等项目外，一律由企业依法依规自主决策，政府不再审批。"这段话，表明"战略性资源开发"等，政府将继续审批。

（8）"推广政府购买服务，凡属事务性管理服务，原则上都要引入竞争机制，通过合同、委托等方式向社会购买。"这段话，提出垄断性行业"破垄"的一种重要方式——"政府购买服务"。

（9）"推进金融、教育、文化、医疗等服务业领域有序开放，放开育幼养老、建筑设计、会计审计、商贸物流、电子商务等服务业领域外资准入限制，进一步放开一般制造业。"这段话表明，不仅垄断性行业要"破垄"，过去控制较严的服务业领域也要"反对垄断"。

（10）"国家保护各种所有制经济产权和合法利益，保证各种所有制经济依法平等使用生产要素、公开公平公正参与市场竞争、同等受到法律保护，依法监管各种所有制经济。"这段话，是一句收底的话，各种所有制经济依法平等使用生产要素、公开公平公正参与市场竞争、同等受到法律保护，体现了一种"包容性改革"思维。①

中共十八届三中全会通过的《中共中央关于全面深化改革若干重大问题的决定》，为新一轮垄断性行业改革奠定了基调。

三、中共十八届三中全会后垄断性行业改革的进展

中共十八届三中全会以来，特别是 2016 年以来，从垄断性行业改革进展来看，盐业改革以及电信、电力、交通（铁路、民航）、油气、军工等领域的国企"混改"有提速的迹象。例如，进入 2017 年 4 月以来，已有中国联通、中国国航等多家央企正式公告"混改"，成为从 2016 年国家确定首批"混改"试点名单后的新进展。其中，电力、石油、天然气、铁路、民航、电信、军工七大垄断行业为央企"混改"重点领域。以下几个行业动向值得关注。

（1）盐业体制改革：中共十八届三中全会以来，垄断性行业改革中有进展的是盐业体制改革。2016 年 6 月，国务院发布《盐业体制改革方案》，废除了食盐计划管理和政府定价机制。要求从 2017 年 1 月 1 日开始，放开所有盐产品价格，取消食盐准运证，允许现有食盐批发企业向食盐定点生产企业购盐，并开展跨区域经营，允许食盐定点生产企业以自主品牌开展跨区域经营，实现产销一体。

此轮改革，直击食盐产业痼疾：取消食盐批发企业只能在指定范围销售的规定，允许向食盐定点生产企业购盐并开展跨区域经营；食盐定点生产企业可以跨区域经营，实现产销一体或委托有批发资质的企业代理销售。这些举措将有效引入竞

---

① 以上 10 条见中共十八届三中全会通过的《中共中央关于全面深化改革若干重大问题的决定》。

争机制,倒逼企业转型升级,同时也将进一步释放市场活力,促进市场优胜劣汰。①

(2)电信行业:2016年9月末,国家发改委召开专题会,研究部署国有企业混合所有制改革试点相关工作。随后,中国联通于10月10日公告,其成为A股市场上首家公开披露"混改"试点进展的公司。

(3)电力行业:电力体制改革已经实现网电分开、网建分开。电厂的建设和运营已经放开,但上网电价还未放开。拟推进网运分开。国家电网和南方电网的竞争性业务也将进一步放开。

(4)民航部门:2017年3月28日南方航空公司发布公告,该公司已与美国航空就潜在的重大战略合作的部分核心内容达成一致,包括公司向美国航空发行H股股份等,这意味着民航领域"混改"进一步提速。此前,东航与达美航空结为战略合作伙伴。在此前,与香港国泰航空交叉持股的国航,则宣布与汉莎航空集团签署航线联营合作协议。

(5)铁路行业:网车(制造)已实现分开。中国铁路通信信号股份有限公司也拟以重组、控股、参股、合资、合作等方式加快推进"混改"。铁路网如何实行网运分开目前正在研究中。如今,铁路货运运力已经出现供大于求,这为网运分开提供了难得的改革窗口。

(6)石油行业:"三桶油"的竞争性业务已进一步开放,引入合格的竞争者。中国石油已明确宣布,将按照国家要求推进"混改";中国海洋石油总公司也根据不同产业性质和特点探索引入战略投资者。

(7)军工行业:中国兵器装备集团确定了4家"混改"试点单位,并在上市公司长安汽车中推行中高管持股试点。另一公司中核新能源投资有限公司(简称"中核新能源")"混改"首次股东大会于2017年2月28日在北京召开。上市公司安徽水利(安徽国企)、康缘药业(民企)在股东榜中,持股占比分别为16.65%、5.55%。中国船舶工业集团也优先选择在纯民品、竞争性强的业务领域引入各种所

---

① 国务院于2016年发布《盐业体制改革方案》。

有制资本。

（8）城市地铁：实行特许经营，国企、民企、外企都可以进入。对于英国伦敦交通局统管地铁、公交的做法和理念（如考核企业最重要的指标是"用户体验"），正在研究借鉴中。

第三节
垄断性行业改革仍存在的问题及其面临的新挑战

一、垄断性行业改革迄今存在的问题

中国前一阶段的垄断性行业改革，虽然取得一定的进展和成效，但用建立完善的社会主义市场经济体制的目标来衡量，还存在不少问题。主要表现在以下四个方面。

（一）政企政资尚未分开，缺乏商业化运营环境

1. 政企政资不分的问题

在中国，政企政资不分的问题是一种痼疾，虽讲了多年，但迄今在有些行业也很难说已经完全分开，尤其在号称"自然垄断行业"里，更是如此。

长期以来，有些垄断行业的主要业务由有关部门垄断经营，有关部门既是管制政策的制定者与监督执行者，又是具体业务的实际经营者。有关部门对其微观经济活动的参与，不但范围广，而且程度深。在这种体制下，企业的生产经营活动由行政计划安排，企业无经营自主权，也不承担风险，这是中国垄断行业低效率的主要原因。

2. 价格扭曲的问题

在商业运营环境方面，存在价格扭曲的问题。这种扭曲是双向性的：

一部分存在价格人为压低的成分，导致利润率偏低，这是由于此类行业所涉及

的服务是构成社会生产与生活的基础。因此，长期以来，在政府垄断经营的体制下，此类行业的部分服务被当作"社会性物品"而不是"经济性物品"来对待。政府如何"购买服务"尚未解决。

另一部分则存在价格偏高的成分，原因是成本中存在大量的不合理因素。

无论是价格人为压低，还是价格偏高，都与价格形成机制不合理密切相关，由此导致垄断性行业内的企业难以超出正常的运营和竞争。

需要指出，垄断性行业存在的价格问题，与对相关垄断性行业经营企业的定位有关。究竟垄断性行业经营企业是完全的市场主体，自主经营、自负盈亏？还是要承担社会责任（尤其是国有企业），成为政府调控的工具，甚至是政府调控最得力的工具（本可以采取"政府购买服务"体制思维的）？由此观之，垄断性行业的价格问题，实际涉及垄断性行业整个体制的改革问题。

（二）进入壁垒依然过高，有效竞争尚未形成

主要表现在三个方面：一是"进不来"；二是"不对等"；三是"同质性"。

（1）"进不来"，就是市场准入环境仍不宽松，进入壁垒障碍依然严重，导致在多数部门竞争主体数量有限，产业集中度偏高。

（2）"不对等"，就是在位企业与新进入企业处于不对等竞争的状态，公平竞争的市场博弈规则尚未形成。支配市场的原垄断企业在竞争方面较之新进入企业具有压倒性的先入优势，同时，它还凭借自己的优势（特别是控制着瓶颈环节和网络基本设施），采取一些阻碍竞争的策略性行为，使得有效竞争难以实现。

（3）"同质性"，就是竞争主体资本属性的同质性较高。也就是说，引入竞争的方式基本上是对国有企业进行拆分重组，新的市场进入者也基本上是国有企业。由此，引入竞争就变成是在"国有经济框架内"的拆拆分分。这种拆拆分分，只是作为所有者的国家所管理企业的数量发生变化，或者说，只是国有企业之间的利益调整，并没有产生以明晰产权为基础的更严格意义上的市场竞争主体，最终只能是预算软约束下国有企业之间的"兄弟之争"。其结果，既无规模效益之利，又有效率低下之弊。

从另一个角度看，由于只是在单一国有或国有投资占主体的结构中引入竞争，所有竞争者的利益主体只是一个，即国有资产所有者，这样，任何一个企业在竞争中被淘汰都将是国有资产的巨大损失。因此，对于行业主管部门来说，它表面上可能希望引入一些竞争作点缀，但实际上并不愿在各个经营者之间鼓励真正的竞争，最终形成的只能是既非垄断也非真正竞争的局面。

（三）国有资本"一家独大"，非公资本所占比重有限

研究中国垄断性行业的固定资产投资情况，总体反映民间资本进入的有限性、民营资本进入垄断性行业之艰难。

1. 非公资本比重有限

依据相关数据，按民营资本所占比重由高到低排列如下：①燃气的生产和供应业；②水的生产和供应业、邮政业；③电力、热力的生产和供应业；④城市公共交通业；⑤航空运输业；⑥烟草制造业；⑦电信和其他信息传输服务业；⑧铁路运输业。

由此排序可以看出，由地方政府所管理的供气、供水等市政公用事业，民营资本进入稍多一些；而主要由中央管理的行业，民营资本则进入困难，特别是铁路部门，私人资本进入微乎其微。具体数据和情况将在本章第五节展开分析。

2. 上市公司仍"过于""一家独大"

即便在主体企业已进行了股份制改造和上市的电信业，仍然存在"过度"的"一股独大"的现象。国资部门通过全资拥有集团公司，间接控制了上市公司的绝大多数股权。此外，其他国有股东还持有一定股份，而可流通的公众股东的份额在总资产中实在有限。这里的关键是尚未找到合理的均衡点。

（四）科学监管尚未到位，政府职能亟待转变

1. 监管机构存在严重缺陷

概括地说，当前垄断性行业监管机构的设置主要有三种类型：一是政企、政资、政监"全合一"型，典型的是原来铁路部门（铁道部，现已有所改变，但

"中铁总"仍有部分行政职能,仍需政企分开)以及带有专卖性质的烟草行业(国家烟草专卖局);二是政监合一型,政府行业管理机构代行监管职能,如电信(工业与信息化部)、民航(交通部民航局)、邮政(国家邮政局)、市政公用设施部门(住房与城乡建设部以及各地的建设部门);三是政监相对分开型。

在有关单位的干预下,有些监管最后不了了之。由于多数监管机构属于政监合一型,被监管企业与监管机构有天然的利益关系,因此极易导致"软性监管"问题。监管如何摆脱相关层级的长官意识?人们呼唤真正的独立监管,实行监管"中立"化。

2. 政府监管职能缺位与越位

除了缺乏独立监管机构外,政府监管职能并没有随着改革而与时俱进,主要表现为政府监管职能缺位与越位。同时,在监管的透明化、法制化方面,也存在诸多问题,如对相关监管机构缺乏有效的监督和制约,决策过程透明度低,一些监管职能没有得到法律的明确授权。

总体上判断,经过近40年改革,还只能说是在既有体制框架内进行的初步改革。从改革的总体进展来看,长期存在的体制性障碍已逐渐暴露但尚未破除,垄断行业不合理的利益格局仍未打破,垄断行业与国民经济其他行业之间的不协调问题依旧突出。根据建立完善的社会主义市场经济体制的目标要求,垄断行业推进改革的任务仍十分艰巨。

二、中国垄断性行业改革面临的挑战

(一)新阶段世界范围内科技革命的挑战

技术革命是"破垄"的第一门"大炮"。尤其是在当今信息革命的条件下,技术革命对"破垄"的作用值得重视。包括"云、物、移、大、智"(云计算、物联网、移动通信、大数据、智能化)在内的各种信息技术异乎寻常的发展,使得深度应用信息通信技术和网络物理系统等手段成为可能,逼迫垄断性行业必须实施结构转型。

在这方面,"电信基础网络运营业"即经营最具自然垄断性的基础网络行业表现尤为突出。随着移动通信技术、卫星通信技术、计算机网络通信技术、信息处理技术和其他高技术异军突起,这种技术进步对自然垄断特性进行了并正在进行着相当程度的演化、演变和演进①,从而便于新厂商进入。

——比如,技术进步正在使企业固定资本投入大幅度降低,从而降低进入壁垒,使引入更多的竞争者成为可能。

——再如,技术进步正在使自然垄断性环节与非自然垄断性环节的业务分割在技术上成为可能,由此分割出的业务可以引入直接的竞争。

——再如,技术进步还可以产生替代效应。按法国著名专家让·雅克·拉丰的分析,其他提供传输设备的潜在运营商(如电力、铁路、有线电视公司等)也将成为传统电信网的有力竞争者。② 由此推论,替代技术的发展和网络融合的趋势将使异质竞争成为可能。

总之,技术上的巨大进步,已经使得在原自然垄断领域内形成了新企业加入所需的技术基础,这种技术条件的变化导致市场结构的变化,在一定程度上弱化了相关行业的自然垄断特性,使其从自然垄断性环节向非自然垄断性环节逐渐演变。

(二) 新阶段参与经济全球化的挑战

当今世界正在经历着一场全球化与"逆全球化"的激战。2017 年,美国新政府声言实行贸易保护主义,表现之一就是将对中国输美产品征收高额关税。欧洲现在也出现了这样的苗头,频繁采取反倾销等贸易限制措施。但是,这股贸易保护主义只是一种"逆全球化"的潮流,从人类文明发展的基本走势来看,全球化的浪潮是不可阻遏的。

以 2016 年 9 月举行的 G20 杭州峰会为例,会议通过了"确定九大结构性改革

---

① 例如,技术进步正在改变某些资金密集型和劳动密集型行业状况。大家熟悉的电信运营行业比较典型。该行业原来确实是资金密集型行业(交换机、铜缆和要求的城市地下管道、农村线杆及维护,都占用大量资金),也是使用大量人员的劳动密集型行业(需要大量人员进行手工交换、线路维护),但现在随着自动交换、光纤网和无线网络,情况有所变化。

② [法] 让·雅克·拉丰,让·泰勒尔:《电信竞争》,人民邮电出版社,2001 年版。

的优先领域"相关文件，文件规定了G20国家九大结构性改革优先领域。其中，第一条"促进贸易和投资开放"，第六条"促进竞争并改善商业环境"，都意味着G20国家将融入全球化的潮流，在自由竞争的基础上开展贸易活动，都明确传递出反垄断的决心。当年，中国"入世"对部分行业（如电信、民航、铁路等）开放是有承诺的。同时，下一步参与经济全球化过程，面临提高产业竞争力的挑战，这种挑战将"倒逼"垄断性行业改革。

（三）市场规模扩大化的挑战

市场规模是打破垄断的又一门"大炮"。从理论上说，一个特定的行业是否为自然垄断，取决于平均成本最低时的产量（最小成本最佳规模）与市场总规模（市场容量或产业的需求量）的对比程度。过去为什么有些行业成为"自然垄断性"行业？原因之一，与市场容量的狭小性或有限性密切相关。

现在情况发生了变化：由于供给侧和需求侧"双线结构性改革"[①] 的深化，使得市场规模扩大化。市场规模扩大化产生一种可能：在市场总需求面前，单个企业的最小成本最佳规模（企业供应量）"相形见绌"，以至于在市场达到均衡的时候，任何一个企业占有的市场份额都不足以"一手遮天"（行政性垄断除外），从而在一定程度上产生竞争，自然垄断性逐渐丧失。日本学者植草益在《微观规制经济学》一书中关于市场需求水平的变化如何成为自然垄断的崩溃条件的论述，使我们看到这种可能。[②]

此外，当市场容量扩大时，"大路朝天，各走一边"，"新进入者"夺走"在位者"市场份额的可能性降低，在位厂商对新进入者的排斥性相应弱化，进入也会相对容易地发生。我们过去不太重视市场容量对"破垄"的作用，思路不够开阔。马克思曾说过，市场（价格）是一门能够摧毁任何万里长城的"重炮"。[③] 这一论

[①] "需求管理与供给管理相结合的新方略"，参见常修泽：《人本型结构论——中国经济结构转型新思维》，安徽人民出版社，2015年版，第5页。
[②] ［日］植草益：《微观规制经济学》，中国发展出版社，1992年版，第46—48页。
[③] 《马克思恩格斯选集》第1卷，人民出版社，1995年版，第276页。

点，大家比较熟悉。今天要说，市场容量也是一门打破垄断、促进竞争的"重炮"。

（四）新阶段国家全面深化改革的挑战，特别是法治化的挑战

盘点近40年中国经济体制改革的成绩和问题，会明显地看到，垄断行业改革尚未取得理想的进展，与竞争性行业相比明显滞后，是整个经济体制改革的"短板"。按照改革的目标和部署，市场化改革欲进一步推进，改革的"战车"需进一步由竞争性行业向垄断性行业纵深推进。

特别是中国的法治化正在加强中。以国企改革为例，目前我国已经制定了具有普遍适用意义的《中华人民共和国公司法》《中华人民共和国证券法》《中华人民共和国企业国有资产法》等私法，下一步对特殊领域和公共领域的公法将会相应进行。一旦处于特殊领域而被政府赋予特定目标、特殊责任和特殊规制等规范化，将大大缩小垄断的范围。即便按现行法律而言，与垄断有关的《中华人民共和国反垄断法》也已正式施行，该法设专章针对"行政性垄断"进行规管，也逼着要把垄断行业改革提到重要位置上来。[①]

三、垄断性行业改革深层理论问题有待突破

深化垄断性行业的改革，需要有"深化改革"的理论来予以支撑，这些方面的理论问题有待突破。

——比如，关于技术、市场"双驱变异"问题。包括如何通过促进技术条件的变化驱动自然垄断性变异？如何通过促进市场规模的扩大驱动自然垄断性变异？在上述两种自然垄断性变异的情况下，如何对垄断性行业进行相应的调整和更新？

——再如，网络内外"双重竞争"问题。包括自然垄断环节网络外的竞争，这是一类比较典型、比较充分的市场竞争，即企业之间面对面的直接的市场竞争（直

---

① 关于四个挑战分析，参见常修泽：《中国垄断性行业深化改革研究》，《宏观经济研究》，2008年第9期；另见常修泽：《广义产权论——中国广领域多权能产权制度研究》，中国经济出版社，2009年版，第58—88页。

接竞争,如发电、增值电信、航空运输等)如何展开?还包括自然垄断环节网络内的竞争——特许经营权竞争与标杆竞争。最难的是这一类,即自然垄断环节网络内(如电网以及烟草等)这一部分如何展开有效竞争?这个难点能否攻克,关系到垄断行业改革能否深化。这涉及特许经营权竞争理论和标杆竞争理论。

——再如,纯粹与非纯粹公共品并存及"双向转化"问题。垄断性行业中纯粹公共性与非纯粹公共性不是一成不变的,在一定条件下可以发生"变异",而且这种转化是双向的。在何时会出现市场性或准公共性向纯粹公共性转化的趋势(也就是"内部效应外部化"的趋势)?在何时,会出现部分纯粹公共性向市场性或非纯粹性转化(或者说"外部经济内部化")的趋势?这些问题都需要深入探讨。

第四节
"四化":新阶段垄断性行业改革的新趋势

根据中国的实践,下一步深化垄断性行业改革,可能会出现以下四个新趋势。①

一、运营环境商业化:政企分开和价格改革

营造适宜的商业运营环境是垄断性行业改革的前提,包括两个部分:政企分开和价格改革。

(一)政企分开:三个层面的改革

现在"破垄"之难仍在于某些部门政企不分,为此必须实行政企分开。西方有句谚语:"上帝归上帝,恺撒归恺撒。"要划分边界,定纷止争,"政是政,企是企"。

---

① 常修泽:《以"四化"破除垄断壁垒》,《瞭望》,2007年第30期。

政企分开，涉及三个层面的改革。

第一个层面，政府自身管理体制的改革。中共十九大报告指出："转变政府职能，深化简政放权，创新监管方式，增强政府公信力和执行力，建设人民满意的服务型政府。"笔者认为，重点是加快政府职能转变。政府的职能定位涉及四个方面，即经济调节、市场监管、社会治理、公共服务。当前阶段尤其要强化政府的社会治理和公共服务职能。应明确"不干预"原则：政府不应干预企业（包括垄断性行业企业）的经济活动。摆脱过去经济干预型政府的羁绊，真正地凸显政府和企业分开。

第二个层面，与政府体制改革相关的国有资产管理和运营体制改革。这方面根深蒂固的政资不分问题应该深究。针对其弊端，结合政府体制改革，实行政资分开，建立与行政系统相独立的国资监督和管理系统，"政是政，资是资"。相应地，建立国有资本经营预算制度。为真正实行政资分开，现在的国资监督和管理体制还要探索。①

在国有资产管理体制上有一个突出的问题，就是目前中央、省、地均在建立国资监督和管理部门，其职能定位究竟是"只履行出资人职能"，还是"只履行监管出资人职能"，还是"既履行出资人职能，又履行监管出资人职能"？这是三种不同的模式，到底是哪种，应该明确定位。

中国现在处在一个特殊的体制转型时期，现实的问题是国有资本的存量格局还没有得到相应调整。在这种情况下，一方面要加强国有资本的监督和管理，另一方面又要调整国有资本的存量格局。这就产生了国有资本的监督管理者与国有资本格局的调整推动者双重角色的冲突问题，由前者来做后者的事情有些勉为其难，由此需建立与改革进程相适应的改革协调机制。

第三个层面，企业（指国有企业）改革，关键是实行所有权与经营权分开，割断企业与政府的直接联系。国资监督和管理部门固然代表国家行使所有权职能，但不可逾越权力边界。

---

① 常修泽等：《现代企业创新论——中国企业制度创新研究》，天津人民出版社，1994年版。

笔者认为，代表国家行使所有权职能，有两项直接权力、两项间接权力。两项直接权力指：①分红收益权；②转让权（用脚投票）。两项间接权力指：①通过董事会参与重大经济活动的决策权；②通过董事会对管理者的选择权。现在的问题是，在"管人、管事、管资产"的名义下，不通过董事会而直接决策重大经济活动，或直接选择管理者，挫伤了企业的积极性。强调一点，国资监督和管理部门必须尊重和维护企业的市场主体地位及其权利。

（二）价格改革：两个关键因素

两个关键的决定因素包括：一是产品的市场结构，二是产品的公共性程度。

1. 产品的市场结构

根据产品的市场结构，对能够形成充分有效竞争的业务和环节，应逐步放松价格管制，完善市场价格形成机制，允许企业自由竞价。而对于具有自然垄断性的业务和环节，为了防止形成垄断高价，政府可采取竞争性投标确定价格，或利用价格上限规制的管理模式。

2. 产品的公共性程度

根据产品的公共性程度，对于某些公益性较强的重要产品或服务，由于不适宜完全的市场调节，在很多情况下由政府制定价格。① 此外，则完全实行竞争性的市场价格形成机制。

这里可以借鉴一下国际上"干预非宏观的具体产品和服务价格的确定标准"，一般是分两个时期和两个标准。两个时期是指：和平时期和非常时期。非常时期包括大规模战争时期与大规模经济危机时期。在非常时期，政府可以对任何产品和服务价格采取政府定价等管制措施。在和平时期，政府是否干预具体产品和服务价格一般是看"两个标准"：一是产品性质，二是市场结构。关系国计民生的重要价

---

① 按国际做法，属于"公用事业"的垄断价格，需区分民间企业经营、公用事业企业经营和政府企业经营。民间企业经营的价格定价原则，基本是"补偿成本＋合理利润"，但不保障利润率；公用事业企业经营的定价原则是价格补偿合理成本，不允许有利润，收与支——收入与成本在多年长期中形成动态平衡；政府企业经营的定价原则是价格不需要补偿成本，即"价格＋政府补贴＝经营成本"模式，可借鉴纽约地铁管理局的案例。

格，不管是垄断还是竞争，在政府需要时都可以干预、调控，比如现在美国对本国农业生产、农产品进行的价格控制等；非关系国计民生的价格，则完全可以不管。

二、投资主体多元化：放宽市场准入

投资主体多元化的问题涉及笔者《广义产权论——中国广领域多权能产权制度研究》中的"多权能"①，这里既从所有权的权能来分析，也从"多层参与"的其他权利角度进行分析。关于这个问题，要把握三个要点。

（一）澄清一个误区

虽然自然垄断性项目是非竞争性的或竞争性不强的，但这与项目本身是否营利并没有必然联系，也就是说，自然垄断性项目也可以是营利性项目。这样，即使是具有整合效应的网络基础设施，也可以将投资环节与运营环节分开，在投资主体上不一定非要求国有独资公司不可，也可吸纳民间资本，通过股份制形式实现多元化投资。比如，国家电网建设过去主要是靠发行债券融资，但因电网建设资金需求巨大，单靠债券融资不能解决全部需求，也可考虑充分利用资本市场的巨大融资能力，实现融资手段的多元化。这势必形成电网企业产权关系多元化的格局，即使是某些特殊行业，如烟草等，也可实行"法人产权多元化"。

（二）把握两重含义

1. 进入主体的含义

不仅允许国有资本进入，也允许非国有资本包括非公有资本进入（除特殊行业外）。不仅允许本领域的资本进入，也允许其他领域的资本进入。

2. 进入形式的含义

不仅可以企业形式进入，也可以资本形式进入，即在企业形式进入不可能或不适宜的情况下，通过多种方式吸引非公有部门将储蓄转化为基础领域的投资，从而

---

① 常修泽：《广义产权论——中国广领域多权能产权制度研究》，中国经济出版社，2009年版。

形成资本形式的进入。

（三）打通进入通道

国务院通过的有影响的《国务院关于鼓励支持和引导个体私营等非公经济发展的若干意见》（著名的"非公经济发展36条"），为非公有资本形式进入垄断性行业提供了政策依据。但是，由于一些地区和部门的具体法规滞后，特别是既得利益集团的阻碍，存在比较严重的"玻璃门"（指看得见、进不去，欲进就碰壁）问题。对此，必须从高层做起，加大审批制改革力度，宏观经济管理部门和相关行业管理部门应率先垂范，防止出现"中梗阻"现象。尤其要克服既得利益集团的干扰，对于有意干扰者要采取相应措施予以处理。

三、市场竞争公平化：打破垄断格局

（一）市场竞争的三种不同类别

根据中国当前垄断性行业的实际，市场竞争可分成三种不同的类别：①垄断性行业中可以直接竞争的部分；②垄断性行业中仍然具有垄断性、间接竞争的部分；③垄断性行业中居于中间或过渡状态的部分。针对以上三类，按照笔者的"广义产权论"实行不同的推进竞争方略。如果借用"鸟笼"来表达的话：第一类属于冲破"笼子"，即没有"笼子"的直接竞争；第二类属于"笼子"内的有效竞争；第三类属于介于上述两类之间带有过渡性质的竞争。

1. 冲破"笼子"的直接竞争方略

对于垄断性行业中可以直接竞争的部分（如电信业服务包括"电信基础网络运营服务"，电力和供水、供气等行业的生产和供应业务，铁路和民航部门的客货运输服务等），完全充分地引入竞争。需要指出，竞争机制的引入和完善，是与投融资体制改革、实现产权结构多元化互相促进的。在目前国有资本占有较大资产份额的情况下，应通过逐步消除各种有形和无形的障碍，积极引导、鼓励社会资本进入垄断性行业中可竞争的环节。在可以展开充分竞争的领域，经济性垄断（即中共十九大报告讲的"市场垄断")有可能成为阻碍自由竞争的主要因素,此时,以制裁企业限制竞争为目的的反垄断方面的监管,极有必要。

2. "笼子"内的有效竞争方略

垄断性行业中具有网络型传输性质(请不要理解成电信那种网络)的自然垄断部分,可由一家或极少数几家企业(寡头垄断)经营。在这种格局下,可考虑实行含有一定竞争刺激的方案:①引入特许权竞标或拍卖;②引入区域间比较竞争或"标杆竞争";③实行某些替代竞争或异质竞争方案,比如电信业中无线接入等大量新兴技术的兴起会对传统固网垄断形成强烈冲击,电力、煤气、石油等不同能源之间的替代性可以对原有的垄断地位形成挑战,公路、水路、铁路和民航之间也会形成替代性竞争,等等。

3. 介于上述两类之间带有过渡性质的竞争方略

对垄断与竞争的界面或在从垄断向充分竞争过渡的过程中,为确保有效竞争的实现,需要着力解决四个问题:一是接入政策特别是接入定价问题;二是网络租借或网间"互联互通"问题;三是普遍服务与交叉补贴问题;四是"搁浅成本"补偿问题。

特别地,在从垄断向充分竞争过渡的初期,为了尽快改变不对等竞争的局面,需要监管机构对原有垄断企业和新进入企业实行"不对称监管":管住大的,扶植小的;管住老的,扶植新的。这种偏向新进入者的"不对称监管"政策可能对原有企业不公平,但是,这是为了追求最终公平而容忍的暂时的不公平。当市场真正形成有效竞争的局面后,监管部门就可以把"不对称监管"改为"中性"的干预政策,以充分发挥市场竞争机制的调节功能。

(二)当前非国有资本可平等进入的五类领域具体分析

(1)重要通信基础设施、枢纽型交通基础设施、重要江河流域控制性水利水电航运枢纽、跨流域调水工程等领域,实行国有独资或控股,采用PPP模式,允许符合条件的非国有企业依法通过"特许经营"、政府"购买服务"等方式参与建设和运营。这里的PPP模式是国际上混合所有制的通用模式,本章最后将深入分析。

（2）重要水资源、森林资源、战略性矿产资源等开发利用，实行国有独资或绝对控股，在强化环境、质量、安全监管的基础上，允许非国有资本进入，依法依规有序参与开发经营。

（3）江河主干渠道、石油天然气主干管网、电网等，根据不同行业领域特点，实行"网运分开""主辅分离"，除对自然垄断环节的管网实行国有独资或绝对控股外，其他运营环节放开竞争性业务，允许非国有资本平等进入。

（4）核电、重要公共技术平台、气象测绘水文等基础数据采集利用等领域，实行国有独资或绝对控股，支持非国有企业投资参股以及参与特许经营和政府采购。粮食、石油、天然气等战略物资国家储备领域，保持国有独资或控股。

（5）国防军工等特殊产业，从事战略武器装备科研生产、关系国家战略安全和涉及国家核心机密的核心军工能力领域，实行国有独资或绝对控股。其他军工领域，分类逐步放宽市场准入，建立竞争性采购体制机制，支持非国有企业参与武器装备科研生产、维修服务和"竞争性采购"（国外就采取此法）。

四、政府监管科学化：解决四个监管问题

在垄断性行业放开之后，作为政府部门要加强对垄断性行业运营状况的监管，为此，需要推进政府体制改革，建立新的监管体制，实现监管科学化。

主要解决四个问题：①相对性独立监管问题。就是在明确党、政、资、企、监五方面（这点与西方不尽相同）各自不同的职能与责任的前提下，确立监管机构的相对独立性。②依法监管问题。加快相关立法，尽快建立与新环境相适应的行业法。③"统分结合"监管问题。通过监管部门的整合和调整，进一步理顺部门之间的职能，减少过多的沟通环节。在这方面，读者应特别关注中共十九大报告提出的"深化国家监察体制改革"。按此思路，将"组建国家、省、市、县监察委员会，同党的纪律部门合署办公，实现对行使公权力的公职人员监察全覆盖"。这里包括国企及其监管机构在内。④对监管者的监管问题。这是一个新问题，应建立监管者活动的透明机制、社会各方面的表达和参与机制，并加强对规制者的行为监

督,包括行政监督、舆论监督,以此形成对监管者的社会约束机制。①

这里有一个问题需要澄清:"管资本为主"与"加强对垄断国企监管"并不矛盾。根据中共十八届三中全会决定提出的"完善国有资产管理体制,以管资本为主加强国有资产监管,改革国有资本授权经营体制"的要求,中央将此确定为改革的四个目标:①以管资本为主推进国有资产监管机构职能转变;②以管资本为主改革国有资本授权经营体制;③以管资本为主推动国有资本合理流动优化配置;④以管资本为主推进经营性国有资产集中统一监管。但这四个目标不能引申为今后国家就"只管资本",而对国有企业的监管问题"撒手不管"了。要防止误读。

第五节
垄断性行业"破垄"中的民间资本进入

一、民间资本进入的结构比例

经过近40多年的改革,现在垄断性行业民间资本进入的情况怎么样?这里根据2015年出版的统计年鉴做了一张表。数据是在国家统计局资料里收集到的,收集到以后作了一个分类比较,按照2014年固定资产投资中民营资本所占的比重,由高到低排列如下(见表6-1)。

---

① 关于垄断性行业未来"四化"分析,可见常修泽:《中国垄断性行业深化改革研究》,《宏观经济研究》,2008年第9期;另见常修泽:《广义产权论——中国广领域多权能产权制度研究》,中国经济出版社,2009年版,第58—88页。

表6-1 基础设施行业的固定资产投资结构（2014年）

基础设施行业	总投资额（亿元）	其中		
		国有控股	集体控股	私人控股
电力、热力的生产和供应业	17432.5	11981.3（68.7%）	502.5（2.9%）	3831（22%）
燃气的生产和供应业	2241.6	991.3（44.2%）	82.4（3.7%）	946.3（42.2%）
水的生产和供应业	3150.9	2118.7（67.2%）	196.2（6.2%）	602.5（19.1%）
铁路运输业	7707.2	7427.2（96.4%）	75.6（1%）	172.7（2.2%）
城市公共交通业	2225.3	2122.9（95.4%）	29.1（1.3%）	50.2（2.3%）
航空运输业	1430.4	1235.1（86.3%）	18.9（1.3%）	64.3（4.5%）
电信、广播电视和卫星传输服务业	2065.3	1539.9（74.6%）	33.8（1.6%）	82.5（4%）

资料来源：国家统计局《中国统计年鉴》2015年版。

从表6-1可知，从2002年中共十六大首次提出"垄断性行业改革"以来，一直到2014年底，有关行业民营资本进入的比重，数据如下：

（1）燃气的生产和供应业。民营资本占42.2%，这是目前民营资本进入比重最高的一个行业。

（2）电力、热力的生产和供应业。电力分成发电和输电，输电网由国家控制，但是发电是要开放的，发是发、输是输。热力生产也是一样，到目前为止，这个行业的民营资本占22%。

（3）水的生产和供应业。水包括水的生产和供应，水网由国家控制，但是水的生产供应是放开的，民营资本占19.1%。

(4) 航空运输业。民营资本占 4.5%。

(5) 电信、广播电视和卫星传输服务业。民营资本占 4%。

(6) 城市公共交通业与铁路运输业。其中，城市的公共交通，民营资本占 2.3%；最低的是铁路运输业，民营资本占 2.2%。

二、民营资本进入垄断性行业的体制障碍和"五条路径"

（一）民营资本进入垄断性行业的体制障碍

前已指出，民营资本应进入垄断性行业，但现在尚未"破题"，存在"难进来"[1]"不对等""同质性"的问题。

根据社会资本反映，民营资本进入垄断性行业有所谓的"四门"：① "玻璃门"，看着可以进去，真的想进去的时候，头上会撞出个大包；② "弹簧门"，脚虽进去了，但在非市场因素的干扰下又被迫退出；③ "旋转门"，比如项目招标，表面上看对各种体制的企业一视同仁，可招标条件里设定了某些条款，又把民间投资推了出来挡在门外；④ "没门"，民企在进入一些新领域时，往往会发生没有人受理、接待、办理的现象。

需要说明，遇到上述"四门"障碍的，是指普通民资；对于"有背景"的特殊民资不仅没"四门"障碍，有些还是"请进去"的。[2] 而更可悲的是，普通民资即使进来也遭"关门打狗"。对普通民资"难进来"，即使进来也遭"关门打狗"和把权力资本"请进去"、奉为上宾的种种"不对等"问题，群众颇有意见，应该革除。[3]

---

[1] 对民资"进入难"的问题，也要具体分析。有些民企是想进入"有厚利"的地方，如没厚利则不愿进入。有人调研过，四川甘孜地区、西藏边远村镇的有线电话、移动电话，虽然政府给予适当补贴，但是有的民企仍不愿进入。故曰，在有的地方"进入难"可能是"吃好肉难"。

[2] 除以上"四门"外，也存在"走旁门""进后门"的情况。某些垄断性行业能进入的人群，不少是有背景的"权贵民资"。普通民资"走大正门"确实不大容易，但在"大门"边开的"旁门"，实际上比"大门"通畅得多。

[3] 这个问题在一些计划经济体制影响比较深重的地区更为突出，因此必须强调国有与民营"两翼齐飞"。参见常修泽：《东北经济需"两翼齐飞"》，《经济日报》，2017 年 8 月 16 日。

（二）民营资本进入垄断性行业体制障碍的理论根源

为什么民营资本进入垄断性行业存在"四门"？这里问题的实质依然是非公有制经济的地位问题：非公有制经济是否是"我国经济社会发展的重要基础"问题？在意识形态领域，有人片面性地引申解读《中共中央、国务院关于深化国有企业改革的指导意见》（2015年8月24日）中关于国有企业"是我们党和国家事业发展的重要物质基础和政治基础"的内涵，只承认"公有制经济是我国经济社会发展的重要基础"，不承认"非公有制经济也是我国经济社会发展的重要基础"。这种观点是不符合中央精神的，但是很有市场，且根深蒂固。

习近平主持制定的中共十八届三中全会《中共中央关于全面深化改革若干重大问题的决定》指出："公有制为主体、多种所有制经济共同发展的基本经济制度，是中国特色社会主义制度的重要支柱，也是社会主义市场经济体制的根基。公有制经济和非公有制经济都是社会主义市场经济的重要组成部分，都是我国经济社会发展的重要基础。必须毫不动摇巩固和发展公有制经济，坚持公有制主体地位，发挥国有经济主导作用，不断增强国有经济活力、控制力、影响力。必须毫不动摇鼓励、支持、引导非公有制经济发展，激发非公有制经济活力和创造力。"中共十九大报告进一步重申："必须坚持和完善我国社会主义基本经济制度和分配制度，毫不动摇巩固和发展公有制经济，毫不动摇鼓励、支持、引导非公有制经济发展，使市场在资源配置中起决定性作用，更好发挥政府作用。"中共十九大后出版的《习近平谈治国理政》第二卷更坚定表示："我在这里重申，非公有制经济在我国经济社会发展中的地位作用没有变，我们毫不动摇鼓励、支持、引导非公有制经济发展的方针政策没有变，我们致力于为非公有制经济发展营造良好环境和提供更多机会的方针政策没有变。"这三个"没有变"是2016年3月4日讲的，但在中共十九大后结集出版是有重要指导意义的。这才是正确的指导思想。这个正确的指导思想需要在全党和全国人民中宣传普及，使之深入人心，并且付诸行动。

（三）民营资本进入垄断性行业的"五条路径"

针对此，需要研究民营资本进入垄断性行业的"路径"问题。怎样帮助民营资本真正进入？有下列五条路径：

第一条路径，向民营资本开放"管理外包"。民营企业组建高质量的管理团队，去承包国有企业的"管理权"，就像现在的酒店管理公司一样，虽不动国有企业的所有权关系，但通过"管理外包"参与进去。

第二条路径，民营资本收购垄断性行业的"经营权"。不动国有企业的所有权关系，但通过"经营权变革"进入垄断行业。

第三条路径，瞄准垄断性行业的"特许经营权"。结合中国的实践，实施"特许权经营制"，实质上是由民营企业与政府公共服务部门签订合同，在合同期限内，民营企业经营公共服务部门业务，获得收益，并承担商业风险以及相应的维护性投资之责任（即"Public-Private Partnership"，中文直译为"公私伙伴关系"）。

第四条路径，向非公有企业转让部分股份，使其"参股"经营，这虽触及国有企业部分所有权关系，但限定在"参股"范围。

第五条路径，非自然垄断性环节向非公有企业整体或大部分出售，使其独资或控股经营。当前，非垄断性环节虽然有非公资本进入，但总的来看，规模还是偏小，下一步应进一步扩大股份制的规模，在增量资产和存量资产两个方面加大产权制度改革的力度。就某企业而言，不一定限定在"参股"范围，也可在一定范围触及企业控股问题，民营资本以全资的身份进入非垄断性环节或成立自己的企业。

上述五条路径，可以由浅入深、由易到难，逐步地使民营资本进入垄断性行业。

三、以"特许经营权"为基础的PPP（公私伙伴关系）模式

在以上五个层级的参与方式中，应关注并善用PPP模式。PPP，简称"3P"，国家发改委和财政部等文件规范称之为"政府与社会资本合作机制"。该词虽早有提出，但正式流行不过是近10年的事情，这里的PPP模式指政府与民营商签订长

期协议,授权民营商代替政府建设、运营或管理公共基础设施并向公众提供公共服务。①

2004 年 8 月,笔者以"北欧模式:政府职能转变与制度安排"为题,对北欧芬兰、瑞典、丹麦等国善用 PPP 模式进行了考察。根据考察内容,笔者就北欧国家政府在公共服务方面的创新及其对中国改革的启示,撰写了《北欧国家打造"善治"政府、实行公共服务的考察报告》。②

该考察报告专门有一部分:《财产关系和经营方面的"公私伙伴关系(PPP)"机制》。节选如下:

> 北欧国家在所有制方面,抱着一种"超然""平和"的态度,一方面强调私有企业的有益作用(但又反对搞"全盘私有化"),另一方面又注意发挥国有企业在公共服务中的重要作用(但又不抹杀公有制企业的弊端)。在这种"超然"心态中,它们试图把这两者融合起来,实行被称为 3P "Public-Private Partnership" 的"公私伙伴关系"机制。按照当地的解释,第一个 P 是 Public(公共),第二个 P 是 Private(私有),第三个 P 是 Partnership(伙伴关系)。这种公私伙伴关系,表现在三个层面:
>
> 一是在社会财产关系方面,政府对基础领域的"关键环节"保持必要的公有成分。据芬兰国有控股机构负责人介绍,在芬兰,国家贸易工业部下面设有国有资产管理公司,拥有 52 家国有企业。另据瑞典经济委员会专家介绍,在瑞典,国家工业部下面有 39 家国有控股企业;此外,在财政部和卫生部下面还分别有 14 家和 12 家国有控股企业。即使是在我们考察的北欧三国中国有比

---

① 这种模式现在引起人们的兴趣和关注,主要是因为其"名"(PPP 即"政府与社会资本合作机制")。其实,中国在 19 世纪 60—90 年代发生的洋务运动,曾、李、左、张等搞的"官督商办""官商合办",不也是大清版的 PPP 吗?

② 此稿系笔者于 2004 年实地考察北欧后的学术报告,载于国家发展和改革委员会宏观经济研究院《调查·研究·建议》增刊第 5 期(2004 年 11 月 17 日);收入中国(海南)改革发展研究院:《政府转型——中国改革下一步》(中国改革论坛丛书)[M],中国经济出版社,2005 年版;并作为笔者学术专著《人本型体制论——中国人的发展及体制安排研究》第三章的第一附录,中国经济出版社,2008 年版。

重比较低的丹麦,也保留有 23 家国有独资和控股公司。除了这些基础领域的关键环节外,其他的则主要由私营企业来经营。我们曾专门调查和估算了从事公共产品生产和公共服务部门中公私伙伴关系的状况,不算非公共产品生产和服务,仅就公共产品生产和公共服务而言,公有企业和私有企业这两个"伙伴"各占 50% 左右。

二是在企业(细胞)层面,公有资本和私有资本相互渗透和融合,特别是从上市公司的股权结构来看,公私资本各占相应份额,从而融合为一种混合所有制企业。

三是在经营管理层面,与财产关系方面的"公私伙伴"相联系,也呈现出良好的"公私伙伴关系"。表现在资金、建筑、创新、管理等方面合作,我认为"公私伙伴关系"是"混合经济"的新发展,较之"板块式"的混合所有,关系更融洽、更和谐。这种 PPP 机制值得重视。①

从当前各国和国际组织对 PPP 的理解来看,PPP 有广义和狭义之分。广义的 PPP 泛指公共部门与私人部门为提供公共产品或服务而建立的各种合作关系;此含义的 PPP 可以理解为一系列项目融资模式的总称,包含 BOT、TOT、DBFO 等多种模式。狭义的 PPP 更加强调合作过程中的风险分担机制和项目的衡工量值(Value-For-Money)原则。

由于世界各国的意识形态不同,且处于 PPP 发展的不同阶段,导致各国使用的术语不尽相同,广义的 PPP 可以分为外包、特许经营权和私有化三大类。但出于国情特点考虑,中国使用 PPP 模式,绝不采用私有化类,而是采用前两类,重点是"特许经营权"类。

"特许经营权"及其竞争理论,是由德姆塞茨(Demsetz)于 1968 年提出的。他认为,传统理论认为单一厂商意味着垄断,而新制度经济学打破了这一成见,因为新制度经济学提供了一种更为有效率的制度安排:可以允许"竞争对手"投标,

---

① 常修泽:《人本型体制论——中国人的发展及体制安排研究》第三章的第一附录,中国经济出版社,2008 年版,第 151—152 页。

去取得在某一"合同期"内提供某种商品或服务的"特许经营权"。① 这样，市场潜在进入者的竞争压力，会对在位厂商的行为产生一定的约束，从而对市场绩效的改善有所帮助。

这种"特许经营权"经营制实质上是托管制的进一步延伸，它是由非公共部门和政府部门签订合同，在合同期限内，非公共部门经营和管理公共服务部门，获得收益，并承担商业风险以及相应的维护性投资的责任。在"特许经营权"经营制的大框架下，可进一步分为 TOT（Transfer-Operate-Transfer）方式、BOT（Build-Operate-Transfer）方式、BOO（Build-Operate-Own）方式，等等。②

上述 PPP 模式，不管是 TOT 方式、BOT 方式，还是 BOO 方式，其项目都需要私人参与部分或全部投资，并通过一定的合作机制与公共部门分担项目风险、共享项目收益。第一，有利于转换政府职能。政府可以从繁重的事务中脱身出来，从过去的基础设施公共服务的提供者变成监管的角色；第二，促进投资主体多元化，特别是激发民间投资的活力；第三，提高公共产品和服务供给效率和质量。

这是一种符合"包容性改革论"思维的改革举措，是政府部门与私人部门充分发挥各自优势的双赢之举。显然，作为"破垄"的有效探索，可在实践中大力推广。

正是基于上述认识，2015 年 6 月 1 日，中国政府正式施行《基础设施和公用事业特许经营管理办法》。该办法明确提出：在能源、交通、水利、环保、市政等基础设施和公用事业领域开展特许经营，境内外法人或其他组织均可通过公开竞争，在一定期限和范围内参与投资、建设和运营基础设施和公用事业并获得收益。该管理办法确立了社会资本可参与特许经营权的制度性创新，被业界称为"中国 PPP 基本法"。

此后，作为政府一方的代表——国家发改委和作为民间资本一方的代表——全国工商联，在北京举行了"政府和社会资本合作（PPP）"项目推介会议。项目涉

---

① 王俊豪：《中国政府管制体制改革研究》，经济科学出版社，1999 年版。
② 常修泽：《政府提供公共品也可采用"公私伙伴关系（PPP）"机制》，《中国改革报》，2006 年 6 月 26 日。

及市政、公路、轨道交通、机场、水利、能源等多个领域。上述举措使人们进一步认识到，在中国基础设施建设领域引入 PPP 模式，具有极其重要的现实价值，并为 PPP 模式在中国提供了国家政策层面和法律法规层面的支持。

据笔者看到的财政部 PPP 中心公布的三组最新数据，截至 2017 年 3 月末，全国已经入库的 PPP 项目数据合计 12287 个，项目合计投资额 14.6 万亿元，覆盖了全国 31 个省和 19 个行业领域；在已经入库的 PPP 项目中签约落地数为 1729 个，落地率达 34.5%；PPP 项目落地周期从 15 个月缩短到 11 个月。① 目前 PPP 模式正发挥着越来越重要的作用，但是其配套体制建设还很不完善，尤其是缺乏有针对性的 PPP 法律机制，亟待推动 PPP 立法。

---

① 央广天下财经：《14.6 万亿元 PPP 项目入库，或迎新一轮扶持政策》，2017 年 4 月 30 日。

第七章
所有制结构变动中的民营经济发展与财富积累

中国的改革开放，改变了中国民营企业的命运与地位；中国的民营经济发展，也改变了中国经济发展的结构与面貌。

自1978年12月开始的改革开放，给中国经济带来了巨大而根本的变化。中国经济年均增长速度较高，现已成为世界第二大经济体。中国经济增长率之高、之持久、之稳定，创造了人类经济发展史上的奇迹。

中国经济之所以能够如此高速与持续地增长，一个根本的内在因素是，改革开放政策激发了广大民众自由创业与创造创新的潜力，其主要表现之一是中国民营经济的广泛、迅速兴起与发展。中国民营经济从改革开放初的几乎为零，发展到现在已经是国民生产总值的2/3左右。

随着民营经济的发展，企业家的财富积累空前增长，中国亿万元级富人总人数已经超过美国。伴随财富快速增长而来的是，民营企业家应该树立什么样的财富观，如何正确地认识、对待、使用与安排自己掌握的巨大财富，国家和社会如何引导与推动民营企业家在财富上取之有道、管之有规、用之有节、散之有方，是影响当今中国甚至世界的一个重大而深远的经济、社会与文化问题。

第一节
近40年民营经济发展方针政策之演变

改革开放以来，中国共产党和国家关于非公有制经济的方针政策、法律法规不断调整、完善，为民营经济的不断发展壮大提供了政策法律的有力支持。以下是有关法律政策的主要变化过程。

一、宪法关于发展民营经济的重要修改

1982 年宪法 第十一条，"在法律规定范围内的城乡劳动者个体经济，是社会主义公有制经济的补充。国家保护个体经济的合法的权利和利益"。第十三条，"国家保护公民的合法的收入、储蓄、房屋和其他合法财产的所有权"。

1988 年，宪法第一二次修改 第十一条增加"国家允许私营经济在法律规定的范围内存在和发展"，"私营经济是社会主义公有制经济的补充。国家保护私营经济的合法的权利和利益，对私营经济实行引导、监督和管理"的内容。

1999 年，宪法第三次修改 第十一条修改为："在法律规定范围内的个体经济、私营经济，是社会主义市场经济的重要组成部分。国家保护个体经济、私营经济的合法的权利和利益。国家对个体经济、私营经济实行引导、监督和管理。"

2004 年，宪法第四次修改 第十一条修改为："国家保护个体经济、私营经济等非公有制经济的合法的权利和利益。国家鼓励、支持和引导非公有制经济的发展，并对非公有制经济依法实行监督和管理。"第十三条改为："公民的合法的私有财产不受侵犯。""国家依照法律规定保护公民的私有财产权和继承权。""国家为了公共利益的需要，可以依照法律规定对公民的私有财产实行征收或者征用并给予补偿。"

2018 年，对上述 1982 年宪法将做第五次修改。具体什么内容读者可关注。

二、中共中央关于发展民营经济方针政策的多次调整与改进

（1）中共十二大报告（1982 年 9 月）："在农村和城市，都要鼓励劳动者个体经济在国家规定的范围内和工商行政管理下适当发展，作为公有制经济的必要的、有益的补充。只有多种经济形式的合理配置和发展，才能繁荣城乡经济，方便人民生活。"

（2）中共十二届三中全会（1984 年 10 月）：《中共中央关于经济体制改革的决

定》,"八、积极发展多种经济形式""我国现在的个体经济是和社会主义公有制相联系的,不同于和资本主义私有制相联系的个体经济,它对于发展社会生产、方便人民生活、扩大劳动就业具有不可代替的作用,是社会主义经济必要的有益的补充,是从属于社会主义经济的""特别是在以劳务为主和适宜分散经营的经济活动中,个体经济应该大力发展"。

（3）中共十三大报告（1987年10月）："在初级阶段,尤其要在以公有制为主体的前提下发展多种经济成分,在以按劳分配为主体的前提下实行多种分配方式,在共同富裕的目标下鼓励一部分人通过诚实劳动和合法经营先富起来。""在公有制为主体的前提下继续发展多种所有制经济。""在不同的经济领域,不同的地区,各种所有制经济所占的比重应当允许有所不同。""实践证明,私营经济一定程度的发展,有利于促进生产,活跃市场,扩大就业,更好地满足人民多方面的生活需求,是公有制经济必要的和有益的补充。必须尽快制订有关私营经济的政策和法律,保护它们的合法利益,加强对它们的引导、监督和管理。"

（4）中共十四大报告（1992年10月）："经济体制改革的目标,是在坚持公有制和按劳分配为主体、其他经济成分和分配方式为补充的基础上,建立和完善社会主义市场经济体制。""在所有制结构上,以公有制包括全民所有制和集体所有制经济为主体,个体经济、私营经济、外资经济为补充,多种经济成分长期共同发展,不同经济成分还可以自愿实行多种形式的联合经营。"

（5）中共十四届三中全会（1993年11月）：《中共中央关于建立社会主义市场经济体制若干问题的决定》提出,必须坚持以公有制为主体、多种经济成分共同发展的方针。"鼓励一部分地区一部分人先富起来,走共同富裕的道路。""在积极促进国有经济和集体经济发展的同时,鼓励个体、私营、外资经济发展,并依法加强管理。随着产权的流动和重组,财产混合所有的经济单位越来越多,将会形成新的财产所有结构。就全国来说,公有制在国民经济中应占主体地位,有的地方、有的产业可以有所差别。""国家要为各种所有制经济平等参与市场竞争创造条件,对各类企业一视同仁。"

（6）中共十五大报告（1997年9月）："调整和完善所有制结构。""公有制为主体、多种所有制经济共同发展,是我国社会主义初级阶段的一项基本经济制度。""非公有制经济是我国社会主义市场经济的重要组成部分。""对个体、私营等非公有制经济要继续鼓励、引导,使之健康发展。"

(7) 中共十六大报告(2002年11月):"坚持和完善公有制为主体、多种所有制经济共同发展的基本经济制度。第一,必须毫不动摇地巩固和发展公有制经济。……第二,必须毫不动摇地鼓励、支持和引导非公有制经济发展。个体、私营等各种形式的非公有制经济是社会主义市场经济的重要组成部分,对充分调动社会各方面的积极性、加快生产力发展具有重要作用。第三,坚持公有制为主体,促进非公有制经济发展,统一于社会主义现代化建设的进程中,不能把这两者对立起来。各种所有制经济完全可以在市场竞争中发挥各自优势,相互促进,共同发展。""放宽国内民间资本的市场准入领域,在投融资、税收、土地使用和对外贸易等方面采取措施,实现公平竞争。""创造各类市场主体平等使用生产要素的环境。"

(8) 中共十六届三中全会报告(2003年10月):"个体、私营等非公有制经济是促进我国社会生产力发展的重要力量。清理和修订限制非公有制经济发展的法律法规和政策,消除体制性障碍。放宽市场准入,允许非公有资本进入法律法规未禁入的基础设施、公用事业及其他行业和领域。非公有制企业在投融资、税收、土地使用和对外贸易等方面,与其他企业享受同等待遇。支持非公有制中小企业的发展,鼓励有条件的企业做强做大。"

(9) 中共十七大报告(2007年10月):"坚持和完善公有制为主体、多种所有制经济共同发展的基本经济制度,毫不动摇地巩固和发展公有制经济,毫不动摇地鼓励、支持、引导非公有制经济发展,坚持平等保护物权,形成各种所有制经济平等竞争、相互促进新格局。""推进公平准入,改善融资条件,破除体制障碍,促进个体、私营经济和中小企业发展。以现代产权制度为基础,发展混合所有制经济。"

(10) 中共十八大报告(2012年11月):"毫不动摇鼓励、支持、引导非公有制经济发展,保证各种所有制经济依法平等使用生产要素、公平参与市场竞争、同等受到法律保护。""加快发展民营金融机构。"

(11) 中共十八届三中全会《中共中央关于全面深化改革若干重大问题的决

定》（2013年11月）："公有制为主体、多种所有制经济共同发展的基本经济制度，是中国特色社会主义制度的重要支柱，也是社会主义市场经济体制的根基。公有制经济和非公有制经济都是社会主义市场经济的重要组成部分，都是我国经济社会发展的重要基础。""公有制经济财产权不可侵犯，非公有制经济财产权同样不可侵犯。国家保护各种所有制经济产权和合法利益，保证各种所有制经济依法平等使用生产要素、公开公平公正参与市场竞争、同等受到法律保护，依法监管各种所有制经济。"

（12）中共十九大报告（2017年10月）："毫不动摇巩固和发展公有制经济，毫不动摇鼓励、支持、引导非公有制经济发展。""清理废除妨碍统一市场和公平竞争的各种规定和做法，支持民营企业发展，激发各类市场主体活力。""激发和保护企业家精神，鼓励更多社会主体投身创新创业。"

三、国家关于发展民营经济的相关具体法律政策

为落实宪法修正案与中国共产党各届代表大会的精神，中共与国家政府制定了一系列法律法规与政策规章，现已形成一整套比较系统、全面、明确与细致的法律政策，以促进民营经济快速健康发展。

主要法律法规有：《中华人民共和国民法通则》（1986年）、《中华人民共和国私营企业暂行条例》（1988年）、《中华人民共和国公司法》（1993年）、《中华人民共和国合伙企业法》（1997年）、《中华人民共和国个人独资企业法》（1999年）、《中华人民共和国中小企业促进法》（2002年）、《中华人民共和国物权法》（2007年）、《中华人民共和国民法总则》（2017年）等。

主要国家政策有：《国务院关于鼓励支持和引导个体私营等非公有制经济发展的若干意见》（2005年）、《国务院关于促进非公有资本进入文化产业的若干决定》（2005年）、《国务院关于进一步促进中小企业发展的若干意见》（2009年）、《国务院关于鼓励和引导民间投资健康发展的若干意见》（2009年）、《中共中央国务院关于完善产权保护制度依法保护产权的意见》（2016年）、《中共中央 国务院关于营造企业家健康成长环境 弘扬优秀企业家精神更好发挥企业家作用的意见》（2017年）等。

第二节
民营经济近 40 年的迅速发展
——从微乎其微到三分之二

民营经济从改革开放初的几乎为零,发展到现在已经是国民生产总值的 2/3 左右。

一、全国个体私营企业发展基本情况——占企业总数的 85%

据国家工商行政管理总局统计,1981—2014 年,全国个体工商户数量从 182.85 万家增长至 4984 万家,增长了 26 倍多;注册资金总额从 45840 万元增长至 24338 亿元,增长了 5308 倍。

从 1988 年(开始正式公布统计数据)至 2014 年,私营企业数量从 4.0634 万家增长至 1546.37 万家,增长了近 380 倍;从业人员从 72.3782 万人增长至 14390.4 万人,增长了 198 倍;注册资金从 328575 万元增长至 59.21 万亿元,增长了 1.8 万倍;户均资金从 8.09 万元增长至 382.9 万元,增长了 46 倍多。

截至 2015 年底,全国企业法人单位数 12593254 个,其中私人控股单位共计 10677612 个,占 84.79%;国有控股 291263 个,占 2.3%;外商与港澳台商单位共计 201369 个,占 1.6%。全部民营企业法人单位数占全国企业法人单位数的 96.1%。

二、全国民间投资基本情况——占固定资产投资比重约六成

目前,在我国固定资产投资中,民间投资已经占 60% 以上。① 2015 年,全国固

---

① "民间投资"是一个比较广泛的统计指标,大体来说,是相对于"国有控股投资"而言的。其范围包括:①个体投资(居民个人的生产性投资和住宅投资,城乡个体户的经营性投资);②私营企业投资;③私有资本控股的股份制企业投资;④集体企业投资。2017 年整个固定资产投资为 631684 亿元,其中民间投资 381510 亿元,占 60%。

定资产投资551590亿元,其中民间投资354007亿元,占全国的64%。其中,第一产业全国投资15561亿元,民间投资12730亿元,占全国的82%;第二产业全国投资224090亿元,民间投资176870亿元,占全国的79%;第三产业全国投资311939亿元,民间投资164407亿元,占全国的53%。

在各行业固定资产投资中,按十个大类行业分,民间投资占50%以上的有农林牧渔业(76%),采矿业(55%),制造业(88%),文化、体育和娱乐业(58%)等四大行业。在制造业有可比数据的各行业中,除电力、热力、燃气及水生产和供应业外,其他行业民间投资都是主体(见表7-1)。

表7-1 2015年各行业全国与民间固定资产投资情况

指 标	全国固定资产投资		民间固定资产投资		
	绝对量(亿元)	同比增长(%)	绝对量(亿元)	同比增长(%)	占比(%)
固定资产投资(不含农户)	551590	10	354007	10	64
分产业					
第一产业	15561	32	12730	33	82
第二产业	224090	8	176870	9	79
第三产业	311939	11	164407	9	53
分行业					
农林牧渔业	19061	31	14527	33	76
采矿业	12971	-9	7082	-10	55
其中:煤炭开采和洗选业	4008	-14	2281	-12	57
石油和天然气开采业	3425	-6	251	-22	7
黑色金属矿采选业	1366	-18	1181	-21	86
有色金属矿采选业	1588	-2	1102	-11	69
非金属矿采选业	2092	2	1978	5	95
制造业	180365	8	158173	9	88
其中:非金属矿物制品业	16748	6	15988	6	95
黑色金属冶炼和压延加工业	4257	-11	3356	-12	79

（续表）

指　标	全国固定资产投资		民间固定资产投资		
	绝对量（亿元）	同比增长（%）	绝对量（亿元）	同比增长（%）	占比（%）
有色金属冶炼和压延加工业	5579	-4	4736	-4	85
通用设备制造业	13364	10	12472	11	93
专用设备制造业	12353	9	11197	11	91
汽车制造业	11527	14	8626	12	75
铁路、船舶、航空航天和其他运输设备制造业	3226	2	2236	-4	69
电气机械和器材制造业	11307	9	10245	10	91
计算机、通信和其他电子设备制造业	9035	13	6024	17	67
电力、热力、燃气及水生产和供应业	26621	17	9798	33	37
其中：电力、热力生产和供应业	20171	16	7106	38	35
建筑业	4895	10	2269	10	46
交通运输、仓储和邮政业	48972	14	12441	25	25
其中：铁路运输业	7730	1	302	11	4
道路运输业	28611	17	4334	22	15
水利、环境和公共设施管理业	55673	20	14636	29	26
其中：水利管理业	7249	21	1052	32	15
公共设施管理业	46175	20	12707	30	28
教育	7723	15	2165	16	28
卫生和社会工作	5175	30	2048	53	40
文化、体育和娱乐业	6724	9	3899	11	58
公共管理、社会保障和社会组织	7851	9	2161	26	28

来源：国家统计局国家数据网站。

三、规模以上民营工业企业——占全国工业收入与利润的近60%

在全国规模以上工业企业中，民营工业已经占据半壁江山。2015年，民营工业企业数量占全国工业企业的80.6%，资产占42%，主营业务收入占56%，利润总额占58%，税金总额占38%（见表7-2）。

表7-2　2015年规模以上全国及民营工业企业基本情况

指标	全国工业	国有控股	私营工业	外商工业	民营工业
企业数量（户）	374359	18373	211831	54315	301851
占比（%）	100	4.9	56.6	14.5	80.6
资产总计（亿元）	999741	383263	224598	203100	486622
占比（%）	100	38	22	20	42
主营业务收入（亿元）	1103301	235900	386258	249487	617914
占比（%）	100	21	35	23	56
利润总额（亿元）	63554	10944	23222	15726	36884
占比（%）	100	17	37	25	58
*税金总额（亿元）	49911	21960	12715	8761	19190
占比（%）	100	44	25	18	38

注：*税金总额为主营业务税金及附加与应交增值税两者之和。
来源：国家统计局国家数据网站。

四、全国民营企业税收贡献——占全国税收的一半

民营企业担起了全国企业税收的半壁江山（见表7-3）。以下民营企业数据，是指除国有及国有控股和外商投资之外的其他全部企业。

表 7-3　2016 年各经济类型税收收入情况

	2015 年		2016 年	
	收入额（亿元）	占比（%）	收入额（亿元）	占比（%）
全国税收收入合计	136021	100	140499	100.0
其中：国有及国有控股企业	43186	31.7	43052	30.6
民营企业	68073	50.0	71834	51.1
其中：1. 国有企业	16130	11.9	14915	10.6
2. 集体企业	891	0.7	832	0.6
3. 股份合作	622	0.5	528	0.4
4. 股份公司	67615	49.7	70557	50.2
5. 私营企业	12945	9.5	15167	10.8
6. 涉外企业	24763	18.2	25613	18.2
7. 个体经营	6585	4.8	6985	5
8. 其他企业	6471	4.8	5902	4.2

数据来源：国家税务总局《税收月度快报》，民营企业数据是根据相关数据推算。

2016 年全年税收累计 140499 亿元，其中，国有及国有控股企业税收 43052 亿元，占比 30.6%，民营企业税收 71834 亿元，占比 51.1%。据国家税务总局专家介绍，涉外企业中有大约 12% 的税收属于国有及国有控股企业，即两者税收有 12% 左右是交叉重叠的，若扣除此影响，民营企业税收占比实际上要高于 2~3 个百分点。

除以上几方面外，特别应关注和重视非公经济在全国就业人数的占比。据统计，2015 年，非公经济新增就业贡献率达到 90%。2016 年，继续保持这一态势。

五、民营企业 500 强——207 家企业和 16 家企业分别进入中国 500 强和世界 500 强

据全国工商联调查，2001—2014 年，全国民营企业销售收入 500 强的入围门槛从 2.95 亿元增长到 95.09 亿元（见表 7-4），年均增长 30.63%。同期，中国企业 500 强的入围门槛从 20.02 亿元增长到 236.12 亿元，年均增长 20.90%。

表 7-4 2001—2014 年度中国民营企业 500 强的营业收入总额

年度	国内生产总值（亿元）	民营企业500强营业收入总额（亿元）	相当于GDP比例（%）	中国企业500强营业收入总额（亿元）	相当于GDP比例（%）	占比（%）
2001	110270	4947	4.49	61055	55.37	8.10
2005	185896	20807	11.19	141405	76.07	14.71
2010	408903	69884	17.09	363156	88.81	19.24
2011	484124	93072	19.22	448970	92.74	20.73
2012	534123	105775	19.80	500207	93.65	21.15
2013	588019	132122	22.47	566769	96.39	23.31
2014	636139	146916	23.09	594796	93.50	24.70

民营企业 500 强的营业收入总额从 4947 亿元增长到 146916 亿元，年均增长 29.8%。户均收入从近 10 亿元增长到 29.4 亿元。民营企业 500 强营业收入相当于当年国内生产总值的比例从 4.49% 增长到 23.09%，在国民经济中的地位和作用不断提升。

2016 年 7 月 20 日，《财富》杂志公布了 2016 年世界 500 强企业榜单。2016 年世界 500 强的总营业收入为 27.6 万亿美元，净利润之和为 1.48 万亿美元，同比分别下降了 11.5% 和 11.3%。入围门槛为 209.2 亿美元，比 2015 年的 237.2 亿美元下降了 11.8%。中国上榜公司数量继续增长，达到了 110 家，比上年增加了 4 家。其中内地民营企业共 16 家，比上年增加了 5 家，万科企业股份有限公司、京东、大连万达集团、美的集团股份有限公司、恒大集团等 5 家内地民营企业首次上榜（见表 7-5）。

表 7-5 2016 年《财富》杂志公布的世界 500 强中的中国民营企业

排名	上年排名	公司名称	营业收入（百万美元）	上年营业收入（百万美元）	增长	总部所在城市
41	96	中国平安保险（集团）股份有限公司	110308	86022	28.2%	深圳
99	156	太平洋建设集团	73047	63369	15.3%	南京
129	228	华为投资控股有限公司	62855	46774	34.4%	深圳
163	234	山东魏桥创业集团有限公司	53026	45757	15.9%	滨州
190	247	正威国际集团	47795	43612	9.6%	深圳
202	231	联想集团	44912	46296	-3.0%	北京
221	281	中国民生银行	42449	39922	6.3%	北京
229	342	中国华信能源有限公司	41845	34699	20.6%	上海
314	274	江苏沙钢集团	32751	40334	-18.8%	张家港
353	464	海航集团	29562	25646	15.3%	海口
356	—	万科企业股份有限公司	29329			深圳
366	—	京东	28847			北京
385	—	大连万达集团	27377			北京
410	477	浙江吉利控股集团	26304	24986	5.3%	杭州
481	—	美的集团股份有限公司	22174			佛山
496	—	恒大集团	21184			广州

第三节
企业家财富迅速积累
——从万元户到亿万富翁再到百亿、千亿富豪

从20世纪80年代初的万元户,到20世纪末的亿万富翁,再到现在的百亿、千亿富豪,中国富人的人数总量、财富总额与人均财富额增长之快已经远超发达国家。

一、民营工业企业:占全国工业资产的40%、营业收入的53%

改革开放初期,中国没有一家私营工业企业。2014年,全国规模以上(年销售收入2000万元以上)的工业企业有361286家,其中民营企业(90%以上为私营企业)287741家,占全国的79.64%。全国工业企业资产总计为925245亿元,其中民营工业企业资产373257亿元,占全国的40.34%。民营企业户均资产1.3亿元,户均净资产6083万元。全国工业企业主营业务收入总额为1094646亿元,其中民营企业为584356亿元,占全国的53.38%,民营企业户均主营业务收入为2.03亿元。全国工业企业利润总额为64715亿元,其中民营企业为34736亿元,占全国的53.68%,民营企业户均利润1207万元,相当于企业净资产的19.8%。全国工业企业税金总额为48402亿元,其中民营企业为18477亿元,占全国的38.17%,民营企业户均税金额为642万元,相当于企业净资产的10.55%。

二、民营企业500强:户均资产69亿元

据全国工商联调查统计,2001—2014年,民营企业500强资产总额从4346亿元增长到138227亿元(见表7-6),年均增长30.49%,户均资产从8.6亿元增长到69亿元,年均增长15.85%;中国企业500强的资产总额从260317亿元增长到

1975977 亿元，年均增长 16.87%。民营企业 500 强资产总额相当于中国企业 500 强资产总额的比例从 1.7% 上升至 7.0%。民营企业 500 强资产总额与中国企业 500 强资产总额差距巨大，是因为在大部分重资产的行业中，国企都占有主要地位。

表 7-6 民营企业 500 强与中国企业 500 强资产总额

年份	民营企业 500 强			中国企业 500 强			民营企业 500 强资产总额在中国企业 500 强资产总额中的比例（%）
	资产总额（亿元）	资产负债率（%）	资产增长率（%）	资产总额（亿元）	资产增长率（%）	资产负债率（%）	
2001	4346	54.88		260317	—		1.7
2005	15157	64.46	26.19	411721	22.88	83.3	3.7
2010	58825	63.83	50.90	1081009	18.42	84.2	5.4
2011	77704	65.25	32.09	1301607	20.41	87.3	6.0
2012	90887	65.89	16.97	1509770	15.99	87.4	6.0
2013	110227	65.08	21.28	1764296	16.86	87.9	6.2
2014	138227	66.48	25.40	1975977	12.00	87.6	7.0
2015	173005		25.16	2232722	13.0		7.8

三、民营企业 500 强：户均净利润近 12 亿元

2001—2014 年，民营企业 500 强净利润总额从 267 亿元增长到 5929 亿元（见表 7-7），年均增长 26.9%；中国企业 500 强的净利润总额从 3058 亿元增长到 25774 万亿元，年均增长 17.9%；民营企业 500 强净利润总额占中国企业 500 强净利润总额的比例从 8.7% 提升至 23.0%，年均提高 1.1 个百分点。

表7-7 民营企业500强与中国企业500强的净利润总额

年份	民营企业500强 净利润（亿元）	增速（%）	中国企业500强 净利润（亿元）	增速（%）	民营企业500强净利润在中国企业500强净利润中的占比（%）
2001	267		3058		8.7
2005	795	12.8	6428	22.1	12.4
2010	3911	79.5	20835	38.6	18.8
2011	4387	12.2	20967	0.6	20.9
2012	4238	-3.4	21720	3.6	19.5
2013	4977	17.4	24032	10.6	20.7
2014	5929	19.1	25774	7.3	23.0
2015	6977	17.67	27402	6.3	25.5

四、中国富豪榜：亿万富豪1877人，人均财富72亿元

如表7-8、表7-9、表7-10所示，随着民营经济发展、民营企业资产增长，民营企业家的个人财富也快速积累，一批亿万富豪在中国出现，且富裕程度日益提高。据胡润中国富豪榜显示，2001年，进入榜单门槛为5亿元，有100人进入，财富总额1500亿元，人（家族）均财富15亿元，首富刘永行、刘永好兄弟83亿元；2015年，进入榜单门槛为20亿元，有1877人进入，财富总额135144亿元，人（家族）均财富72亿元，其中有333人（家族）财富均超过100亿元，首富王健林的财富总额为2200亿元。据胡润2016年世界富豪榜显示，大中华区共有568人进入10亿美元以上的世界富豪榜，位居世界第一，比美国的535人还多33人，其中内地人数为470人；北京有100人进入10亿富豪榜，超过纽约，成为世界富豪最集中的城市。

表 7-8　1999—2015 年胡润中国富豪榜上榜门槛及人数统计

年份	上榜门槛（亿元）	富豪上榜人数	第 50 名财富（亿元）	百亿富豪人数	上榜者平均财富（亿元）
1999	0.5	50	0.5	0	—
2000	3.5	50	3.5	1	—
2001	5	100	9	0	15
2002	7	100	12	0	15
2003	9	100	15	0	19
2004	12.5	100	19	1	25
2005	5	400	26	5	35
2006	8	500	42	10	22
2007	8	800	120	65	42
2008	7	1000	100	50	30
2009	10	1000	145	75	39
2010	10	1363	155	95	39
2011	20	1000	170	129	59
2012	18	1000	150	120	54
2013	20	1000	180	148	64
2014	20	1271	200	176	64
2015	20	1877	300	333	72

表 7-9　2008—2014 年胡润中国富豪榜上榜门槛统计

年份	前 10 名门槛（亿元）	前 100 名门槛（亿元）	前 200 名门槛（亿元）	前 500 名门槛（亿元）	前 1000 名门槛（亿元）
2008	200	68	38	17	7
2009	280	75	48	22	10
2010	330	95	63	28	15
2011	360	110	75	37	20
2012	340	105	70	35	18
2013	375	120	80	40	20
2014	450	135	90	45	24

表 7-10 1999—2015 年胡润中国富豪榜历年首富情况统计

年份	姓名	年龄（岁）	行业	财富（亿元）
1999	荣毅仁	83	综合	80
2000	荣毅仁	84	综合	150
2001	刘永行、刘永好兄弟	53、50	农业	83
2002	荣智健	60	综合	70
2003	丁磊	32	互联网	76
2004	黄光裕	36	零售、地产	105
2005	黄光裕	37	零售、地产	140
2006	张茵家族	49	环保造纸	270
2007	杨惠妍	25	地产	1300
2008	黄光裕	39	零售、地产	430
2009	王传福	43	汽车、手机部件、电池	350
2010	宗庆后家族	65	饮料	800
2011	梁稳根	55	重型机械	700
2012	宗庆后家族	67	饮料	800
2013	王健林	59	地产、文化	1350
2014	马云家族	50	电子商务	1500
2015	王健林	61	地产、文化	2200

第四节
民营企业经营者财富的来源、使用及安排

一、民营企业经营者财富积累与使用面临的八大问题

人们对民营企业及企业经营者财富的来源、使用、消费与安排，在社会与道德层面存在着种种看法与不同评价。

（一）收入差距拉大、贫富明显不均问题

这是当今中国存在的一个严重的社会经济问题。民营经济是中国普通大众由贫穷走向小康与初步富裕的主要推动者，也是导致贫富差距快速拉大的主要原因。全国农村有贫困人口 5000 多万，低收入人群不下 2 亿人。城镇低收入人群大约为 1.5 亿人，他们大都是在民营企业中就业的、文化水平与技术能力较低的劳动力，或是个体工商从业人员。全国最富有的人群，大都是规模较大的民营企业的老板、重要投资者及高管，特别是进入中国与世界 500 强的民营企业的老板与高管。2014 年 12 月，全国共有 1880.2 万人享受城市居民最低生活保障，5209 万人享受农村居民最低生活保障。目前，国家正在采取精准扶贫等措施解决农村 5000 万贫困人口脱贫和城市 1000 多万人的低保问题。

而民营企业的老板、重要投资者和高管，相当大部分人的年收入少则几十万元、几百万元，多则几千万元甚至几亿元。胡润中国富豪榜显示，2013 年全国共有 82.5 万个千万富豪和 5.1 万个亿万富豪，每 1 万人中有 6 人是千万富豪。他们大多数人都是民营企业老板、重要投资者或高管（当然，还包括国有企业和外资企业的部分高管）。

全国不少普通百姓，对少部分人发财之快、收入分配之不公、贫富差距之大，持极为不满态度。社会上不少人将其矛头直接指向部分民企老板，认为他们发不义

之财。面对社会对贫富差距迅速拉大的严厉指责，不少民营企业经营者面临着如何在发展企业、追逐利润、积累财富与员工工资、福利社保、社会公益上做更多的合理平衡的问题。

（二）劳资关系紧张问题

当前，我国正处于经济社会转型时期，劳资关系的主体及其利益诉求越来越多元化，劳资矛盾已进入凸显期和多发期，劳动争议案件数量居高不下，有的地方拖欠农民工工资等损害职工利益的现象仍较突出，集体停工和群体性事件时有发生。这些现象大都发生在民营企业。劳动与社会保障部数据显示，2014年，全国各地劳动人事争议调解组织和仲裁机构共处理争议案件155.9万件，同比上升4.1%；办结案件136.2万件；仲裁结案率为95.2%，同比下降0.4个百分点。仲裁机构期末未结案件数达到3.6万件，同比上升15.2%。2014年，全国各级劳动保障监察机构共主动检查用人单位198万户次，比上年下降2%，涉及劳动者9781.1万人次，比上年增长4.5%；书面审查用人单位233.5万户次，涉及劳动者1亿人次；全年共查处各类劳动保障违法案件40.6万件，比上年下降3%。

全国城镇就业人口的80%以上在民营企业，因此，劳资关系问题就成为民营企业必须面对的突出问题之一。特别是2007年《中华人民共和国劳动合同法》出台之后，民营企业劳资关系就面临着更多、更难的矛盾需要解决。民营企业劳资矛盾主要表现为：部分中小民营企业不与员工签订劳动协议，不少民营企业少交甚至不为劳动者交纳社会保障金，一些民营企业与劳动者签订的劳动合同在内容安排上不利于劳动者，一些民营企业有意甚至恶意拖欠员工工资，劳资矛盾出现时不少员工申诉难，等等。总体来看，面对劳资矛盾，普通劳动者往往处于弱势地位，资方往往处于强势地位。20世纪末21世纪初，中国民营企业劳资关系处于矛盾冲突多、官司纠纷多、群体事件多的状态，有时甚至发生暴力事件。《中华人民共和国劳动合同法》出台后，劳资关系比过去规范，劳资矛盾相对比较缓和，但各类矛盾仍然较多。面对这些劳资矛盾，人们普遍将矛盾产生的主要原因归咎于民营企业一方，不少企业经营者面临着法律追究、社会谴责与道德审问等问题。为此，不少民营企业越来越从理智与制度上重视构建和谐劳资关系、依法理智地处理劳资矛盾，以保证企业长期稳定发展。

（三）资源与环境严重破坏问题

中国经济发展之快速为世界之最，与此同时，超速发展的经济带来的一个巨大的负面效应是，自然资源的过度消耗和生态环境的破坏，某些方面的代价远远高于其对经济发展所作出的贡献。不管是国有企业、外资企业还是民营企业，大多数企业在自身的发展过程中都在不同程度地过度消耗资源与破坏生态环境，各类企业均要为此承担责任。比较而言，民营企业在高速发展过程中，对自然资源的消耗与生态环境的破坏的程度比国有企业与外资企业更为严重。因此，人们在批评与指责对自然资源的过度消耗与对生态环境的破坏时，更多地将目光投向民营企业，特别是那些无视法律与政策基本规定，大幅度超越底线、滥采乱挖、肆意排污的企业，这些企业大都遭到社会的猛烈谴责与法律的严厉惩处。

比较典型的是 10 多年前发生的太湖严重污染事件，国家与社会已经花了巨大投资，但至今尚未将其根本解决。太湖污染原因众多且复杂，其中一个主要且十分明确的原因是，太湖流域 3 万多平方公里内分布了 2 万多家各类工业企业，特别是以化工与纺织为主的中小企业，其中绝大多数都是民营企业。在废气、废水、废渣排放方面，绝大多数企业比较严重地超过基本标准，其中不少企业恶意违法、任意排放，引起了整个太湖流域人民乃至全国人民的严厉谴责。几万家工业企业创造了巨大的 GDP，为太湖流域经济发展作出了重大贡献，但如果要彻底治理太湖的污染、弥补并恢复太湖水质原貌，其实际花费可能大大超出这些企业创造的 GDP。

面对全国性的资源过度消耗与严重的生态环境污染，绝大多数民营企业都在重新建立自身的发展模式，从对社会负责、对国家负责、对人民负责、对子孙后代负责的最基本要求出发，日益重视节约、集约利用资源，开展绿色生产、发展绿色经济，重树企业形象。现在，资源过度消耗与生态破坏已经引起国家和整个社会的重视。针对发展带来的"后遗症"，人们准备通过艰苦的努力来解决问题。

（四）生产经营假冒伪劣问题

20世纪80—90年代，我国市场普遍存在假冒伪劣问题。进入21世纪以来，问题有所缓解，但仍然比较严重，且绝大多数发生在中小企业、民营企业中。因此，一谈到市场商品与服务的假冒伪劣，社会大都指向中小企业与民营企业，并对其进行经常的、严厉的谴责。

据国家工商总局公布，2012年初至2015年11月底，全国工商和市场监管部门共立案查处侵权假冒案件31.7万件；捣毁制假售假窝点10622个；依法向司法机关移送涉嫌犯罪案件2644件，涉案金额29.1亿元。在2015年前11个月中，全国工商和市场监管部门共立案查处侵权假冒案件4.6万件，涉案金额6.5亿元。2015年上半年，全国工商行政管理机关共查处扰乱市场竞争秩序案件19.9万件，案件总值34.9亿元，罚没金额13.5亿元。这些案件绝大多数都发生在中小民营企业和个体工商户中。这些案件主要有"四多"：无照经营案件多、侵犯知识产权行为多、利用合同格式条款侵害消费者合法权益问题多、虚假广告、虚假宣传和虚假表示案件多。

当今的民营企业，相当一部分在其发展的初期与中期，可能不同程度地涉及生产经营中的假冒伪劣问题。这些企业如今已经进入了一个新的发展阶段，正在以诚信、品质、商誉、责任取信市场、占领市场、发展市场，重树民营企业的社会与道德形象。这正是广大民众与社会所期望的，也是未来中国发展之希望所在。

（五）行贿政府官员问题

中国经济已经经过了近40年的迅猛发展，但是，市场经济环境不完善、权力寻租空间巨大、法治基础薄弱等问题仍然突出，造成部分企业经营者违法犯罪，这是当今中国的一个重大社会问题。民营企业经营者行贿政府官员，有的出于主动，有的出于被迫，有的则是主动与被动兼而有之。

相关统计显示，2015年企业负责人犯罪案件多达605例，远超2014年的426例，案件总量大幅度增加。其中，国企负责人涉案罪名排名前三位的是受贿（278

例)、贪污（66例）、挪用公款（21例），这三类犯罪案件共计365例，占犯罪案件总量的3/4。民企企业经营者涉案罪名排名前三位的是非法吸收公众存款罪（27例）、行贿罪（20例）、单位行贿（19例），案件总量有所减少。民企企业经营者涉及腐败类犯罪以行贿类犯罪为主，这类罪名在民企企业经营者犯罪罪名的排名上，居于前列。

（六）过度追求政治、社会头衔问题

民营企业老板在经济上获得成功之后，往往都想在文化、社会与政治上表现自己，他们努力获取相关职务，积极参与相关活动，这既是为了个人价值的更大实现，也是为了以此推动企业实现更大的发展。改革开放以来，民营企业经营者中产生了一大批文化名人、社会活动家、慈善家，不少人成为各级党代会代表、人大代表、政协委员，成为各级工青妇，各类商会协会、基金会、慈善会等社会团体领导，这对我国的文化繁荣、社会发展和政治进步发挥了重要作用。

但是，在民营企业经营者参与的各类社会活动中，也出现了一些乱象，主要是一些人像做买卖谈生意一样，过度追求各类政治、社会与文化头衔，特别是一些人，为获得各级人大代表、政协委员、工商联常委执委、全国青联委员、全国妇联委员等政治与社会组织头衔，往往采取直接或间接、或明或暗的方式，对相关决策与权力人员进行各类行贿。

对民营企业经营者参与社会、文化和政治活动，既要积极鼓励，又要正确引导，使其保持在适度与合理范围内，对其中出现的不少乱象，要严格限制与禁止。特别是在这些活动过程中，对利用各种潜规则甚至非法手段谋名、谋利等行为，要予以依法惩治。要防止民营企业经营者对个人政治地位与社会头衔的过度追求，引导其正确定位，当好经营者、干好企业事、做好社会人。

（七）生活奢靡腐朽、炫富斗阔问题

中国的部分富豪及其家属子女，在暴富之后对国家、对社会缺乏基本的感恩之情，对国家法律与社会道德缺乏底线遵守意识，对个人思想意识与生活行为缺乏最

基本的约束。一些人的个人生活极其奢靡、极其浪费,特别喜欢炫富斗阔、在社会公众面前显金显银。这些人的行为严重损害了民营企业的形象,严重败坏了社会风气,受到了社会群众的广泛批评甚至愤怒谴责。这些人的行为已经成为当今中国的一大社会问题。

中国部分企业老板及其家属,购买奢侈品往往一掷千金。进入 21 世纪以来,中国在世界奢侈品消费上飞速发展,年增长率超过 15%,现已成为世界最大的奢侈品消费国。虽然这些奢侈品并非都是民企老板及其家属消费的,但估计其占奢侈品消费人群的多数。

(八) 社会舆论争论所谓"原罪"问题

民营企业经营者的所谓"原罪"问题,在 20 世纪末 21 世纪初引起了一番较大争论,后又被人们多次提及,至今仍然影响着社会对民营企业经营者的道德评价、影响着民营企业经营者的心理。

民营企业经营者的"原罪",主要是指一些民营企业及其老板在其建立与创业的初期有某些违规行为,否则,企业发展不起来。但对于这些违规行为,诸如投机倒把、倒买倒卖等,应当进行历史分析:有的是违背计划经济体制之规定,有的是违反合理的法规,不可一概而论。对于这样一个概念不够清晰、会引起无谓争论的用语,慎用为宜。

二、客观评价民营企业经营者的财富来源、使用与安排

面对民营企业经营者财富的快速积累,面对民营企业经营者的财富在来源、使用和安排上各种各样的行为,特别是面对其中的不少社会负面消息,国家与社会,特别是政府,都应当采取客观的态度予以公正评价。

(一) 民营企业经营者的财富来源:总体上取之有道、合法合规

中国民营企业经营者的主要构成包括:①个体工商户。现在的规模以上企业多半由这样的白手起家者创建。②国有、集体企业管理人员。有的是在企业改制后成

为企业主,有的是自己下海经商创业成为企业主。③党政机关及事业单位下海经商人员。基本是下海重新就业或自己创业后成为企业主。④海外归来人员。海外大量的科技人员回国后自己创业成为企业主。

中国民营企业经营者的财富迅速积累与集聚,来源主要包括以下几个方面。

1. 抓住了四大致富机会

一是政策机会。国家政策从逐步承认转为全面支持民营经济发展且国家法律保护私人合法财产,许多人看到并抓住了这一机会,投身创业经营,逐步积累财富。

二是市场机会。民营企业经营者创业的初期和中期,正是物资短缺、市场供不应求的时期,生产什么都能卖掉,生产多少都有人要,经营企业容易赚钱,企业财富能够较快积累。

三是资源机会,即资源成本低带来的造富机会。民营企业经营者创业的初期和中期,从国家或其他单位拿到的土地、矿产等资源的市场价格低,从国有集体企业改制时获得的企业资产资源的评估价值低,随着经济发展,土地矿产资源、企业资产资源的价值大幅度增加,企业财富随之得以迅速增值。

四是环境机会,即环境成本低带来的造富机会。民营企业在整个创业过程与生产经营管理过程中,本应对其带来的环境影响支付相应的成本,但是,由于整个国家与社会对企业生产经营的环境成本明显低估,这给民营企业带来了巨大的造富机会。

2. 付出了辛苦的创业劳动和智慧的管理劳动

大多数民营企业经营者都经历过极为艰苦的创业过程,他们白手起家,成为最初的万元户。随着企业规模的扩大,不少企业经营者通过学习企业管理、技术开发、市场营销与社会公关,将企业员工从几十人扩大到几百人、几千人甚至几万人,将企业资产从几千万元增值到几亿元、几十亿元甚至上千亿元,企业经营者的管理才能与智慧得以充分体现,企业经营者管理劳动的市场价值得以迅速提高。

3. 获得了资本报酬与风险收入

在市场经济条件下,投入资本要获得利润收入,投入风险资本要获得风险收入。国有资本、集体资本、外商资本与个人资本都一样。随着民营企业资本及各类资本收入的日益增加，民营企业的资本财富日益积累集聚，企业家个人的股份日益增值、分红日益增多。

4. 由人口红利带来的低廉劳动力成本

中国人口多，劳动力市场供大于求，劳动力价格特别是农民工价格长期低廉。因此，在企业生产价值创造的一次分配中，劳动工资成本比重较低，税收比重较高，资本利润比重较高。除最近几年外，改革开放30多年来民营企业员工工资收入增长率明显低于企业利润增长率，也低于国家税收增长率，企业家财富因此快速积累。

以上4个基本来源，总体上都是在国家法律法规与政策允许范围内，属于企业经营者财富取之有道范围，是企业经营者财富来源的主体。

除此之外，必须看到，一些企业经营者的部分财富来源是非法的甚至是违法的，属于取之无道范围。如偷税漏税、销售假冒伪劣产品、非法廉价雇工，为获取政策优惠、行政审批和各类经济资源而行贿政府官员和国企管理人员，以不合理价格收购国有或集体资产、滥采乱挖资源、违规排放污染物、向社会转移环保成本，等等。这些行为给相当部分民营企业带来了相当大的灰色与黑色财富，但这不是企业家财富来源的主体。

（二）民营企业经营者的财富：取之于社会，主要也用之于社会

民营企业的资产财富，按其实际产生与使用构成，可分为多个层次与多个方面：一是企业总资产与净资产和企业主股权门下的资产份额；二是企业总利润与净利润（其中公积金用于企业再投资）和在企业主股权门下的利润份额；三是企业主股权分红收入与管理工资收入；四是企业主收入中用于再投资的支出；五是企业主收入中用于个人及家族消费、储蓄与社会交往的支出；六是企业主收入中用于社会公益慈善的支出。

基于2014年规模以上民营工业企业统计数据和对部分企业经营者的调查，从总体上看，如果以民营企业的资产为100算，其中企业的净资产大约为47%，其余53%为负债；净资产中，企业主的股份占30%~80%，其余20%~70%为其他投

资者（包括国有与集体经济投资者）所有；民营企业利润额相当于净资产的20%左右，净利润相当于净资产的16%左右，上缴国家税收相当于净资产的11%左右，支付给银行的利息相当于净资产的3%左右。

如果民营企业的主营业务收入为100算，其中主营业务成本（用于支付员工工资与社保、购买能源原材料、机器设备折旧等）占87%左右，上缴国家税收占3.5%左右，支付银行利息占1%左右，属于企业的净利润占4.5%左右。

据一些企业经营者介绍，他们的个人分红及工资收入，大半用于再投资，剩余部分的10%～50%用于个人与家族消费、储蓄与社会交往，其他基本都用于社会公益慈善。企业规模越大，企业经营者分红与工资收入就越高，收入用于再投资的比例就越大，用于社会公益慈善的比例也越大，而用于个人与家族消费的比例则越小。对于资产达几十亿元至几百亿元及千亿元以上的企业，企业经营者每年收入达几千万元至几亿元，其个人与家族每年的日常消费多在几百万元或一两千万元不等，不足其资产的1%，只占其年收入的百分之几，远低于其每年的社会公益慈善支出。

（三）民营企业经营者：广泛积极投身于社会公益慈善活动

随着民营企业经营者财富的增长，绝大多数企业经营者日益重视企业与企业经营者的社会责任，日益关注、尽力支持并积极参与社会公益慈善事业，通过向各类社会公益事业捐钱、捐物、捐股票等展示其善举行为。个人，特别是民营企业经营者已经成为中国公益慈善组织与事业发展的最大主力和主要资金来源。

据有关部门统计，2013年，在民政系统慈善机构接受的全社会近954亿元捐赠额中，企业捐赠占72.37%，其中民营企业捐赠占企业捐赠的51%，外资与港澳台资企业捐赠占42.45%，国有及国有控股企业捐赠占6.5%。由此推算民营企业通过民政系统慈善机构捐赠的总额达352亿元。

实际上，民营企业的捐赠远远超过以上额度。全国1000多万家大大小小的民营企业，都在不同程度上参与了慈善捐赠。从胡润慈善榜的统计看，一批民营企业经营者在进入中国富豪榜的同时，也进入了中国慈善榜，个人的慈善捐赠额度越来越大，远远超出人们的预计。胡润慈善榜显示，2004年，中国慈善榜有50人，总捐赠额为10亿多元，平均捐赠额为2060万元，第1名捐赠额为2.1亿元；2011年慈善榜有100人，总捐赠额为121亿元，平均捐赠额为1.21亿元，第1名捐赠额为46.8亿元；2015年，慈善榜有100人，平均捐赠额为2亿元，总捐赠额为200亿元，第1名捐赠额为146.5亿元。

三、民营企业经营者价值观、财富观正在发生的转变

与20世纪80年代的万元户相比，当今的亿万富豪对财富的观念已经发生较大变化，今后还将进一步深刻变化。

（一）民营企业的家族财富继承面临难题

当今成功的民营企业经营者，大都创业于20世纪80—90年代，其创立的企业大都在21世纪初获得大发展。这些企业经营者大都年过半百，许多已到退休年龄。企业如何接班，家族财富如何继承，是当今民营企业面临的重大问题。对于资产规模达几亿元、几十亿元、几百亿元的民营企业来说，当初创业艰难，后来守业发展不易，现在后人继承发展更难。当今民营企业经营者的子女接班出现了三种情况：想接班也有能力接班，想接班却无能力接班，有能力或无能力都不想接班。民营企业经营者交班也出现了三种情况：全部交班给子女，部分交班给子女、部分交班给可信管理团队，全部交班给可信管理团队。不少资产规模达几十亿元、几百亿元的企业家经营者已经明确表示，绝不会将企业财富都交给子女，这样可能会害了了女；子女能管多少就管多少，只交给其部分财产，满足其富裕生活和创业发展需要，大部分财产交给可信任管理团队，或将其捐赠出去用于社会公益事业。

（二）企业经营者反思与理性看待巨额财富来源

在短短30多年的时间内，中国民营企业经营者发财人数之多、发财速度之快、发财额度之大，超过了所有人的预料与想象，当然，也完全超过了其本人及家族的预料与想象。人们在思考这个问题，民营企业经营者也在反思这个问题。民营企业

经营者普遍认为，自己赶上了中国改革开放好时代，是改革开放改变了自己的命运，给自己带来了创业机会，是市场需求迅速扩大、各类生产资源潜力发挥与内在价值提升、企业员工的贡献给自己带来了致富机会，因此，应当感恩时代、感恩国家、感恩社会、感恩员工，应将财富回馈人民、社会与国家。民营企业经营者在普遍认为自己的财富迅速而巨大的积累，是自己艰难创业、辛苦奋斗、善抓机遇的结果的同时，也有不少人看到并承认自己在财富的积累过程中，不同程度地存在违法、违规、违德甚至犯罪行为，发了非法之财、不良之财。因此，不少民营企业经营者认为自己应当也必须"补过"，要在诚信守法经营，为社会发展作更大贡献的同时，积德行善、扶危济困，通过积极参与社会公益慈善等，将部分财富逐步回馈社会、回馈人民。

（三）企业经营者的财富观正在发生重大转变

改革开放初期，除极个别有海外关系的人士外，中国内地没有一个人是百万富翁。成为万元户是当年许多人的梦想。随着个体私营经济的兴起，部分人先富起来，率先成为万元户。成为万元户后，他们继续追求的目标是百万富翁、千万富翁，进一步是亿万富翁，以更好地保障家庭的富裕生活。当其财富达到几亿元、几十亿元、上百亿元后，富裕生活需求被充分满足、不再为经济问题发愁，于是多数人的价值观与财富观开始发生转变。他们将个人与企业同国家民族利益的一致性看得更重，将企业的更大、更好与持续发展，企业在行业、国家与世界中的市场竞争力地位，个人与企业对国家社会的产品、服务、就业和税收的贡献，个人与企业从政府、社会与公众那里获得的良好名声与受尊敬地位，摆到了个人和家族追求的价值目标中更高、更重要的位置。

一些企业经营者常说，当你只有几万元、几十万元财产时，挣钱主要是为了自己；当你拥有几百万元、几千万元财产时，挣钱既是为了自己，也是为了他人、为了社会；当你拥有几亿元、几十亿元甚至上百亿元财产时，挣钱较少为自己，更多的是为他人和社会。这就是当今民营企业经营者的财富观正在发生的重大转变。

（四）影响企业经营者财富观的三大思想因素

当今中国民营企业经营者的价值观和财富观，在不同程度上受到以下三种重要思想观念的影响。

1. 影响因素之一：社会主义核心价值观

改革开放以后，社会主义核心价值观逐步取代传统社会主义价值观。其在企业经营者财富安排问题上有几点基本要求：让一部分人通过劳动先富裕起来，先富带后富，走共同富裕道路；要在先富人群中提倡"义利兼顾，以义为先"精神，大力发展光彩事业；要培养与宣传社会主义优秀建设者，推动非公经济人士积极践行"爱国、敬业、诚信、守法、贡献"原则。这些要求对民营企业经营者的财富观形成与转变产生了深刻影响。特别是不少企业经营者，有的作为中共党员、各级党的代表，有的作为各级人大代表、政协委员，有的作为各级工商联常委、执委，有的作为各级工会、妇联、青联重要成员，有的作为各类社会组织的领导人员，等等，他们大都自觉或不自觉地在不同程度上实践着社会主义核心价值观，并将其与企业发展、财富积累、国家振兴、社会进步、公益慈善结合起来，以实现人生的更大价值。

2. 影响因素之二：中国优秀传统文化及价值观

改革开放后，中国人开始重新评价与认识优秀传统文化及精神，充分肯定其内含的基本优秀精神对中国经济社会长期发展的重大意义。中国人再次不同程度地、普遍地接受了优秀传统文化及价值观，民营企业经营者更是如此。一些企业经营者认真阅读中华文化经典，努力学习成为儒商，推动企业内外和谐发展；一些企业经营者认真体会老子《道德经》博大精深的内涵，以个人内心的"淡泊"推动企业发展的"有为"。大量企业家都将中国优秀传统文化及价值观作为个人的一大精神寄托，用以思考企业管理、处理社会关系、指导个人生活、调节内心世界。

3. 影响因素之三：承担社会责任价值观

企业必须承担社会责任，这是现代市场经济对企业的一项基本要求与约束，也是中国特色社会主义市场经济对中国企业的一项基本要求与约束。中国民营企业经营者作为中国特色社会主义市场经济发展的推动者和受益者之一,绝大多数都已经开始比较自觉地遵循市场经济中关于企业社会责任的要求,将其纳入企业发展战略目标,并在企业管理制度上定规定矩,积极履行各类社会责任,既诚信守法、照章纳税,努力建立企业与社会的和谐关系,又大力支持社会公益慈善事业,参与国家与社会的扶贫与绿色行动,扶持社区发展等。中国有不少上市公司,其中许多是民营上市公司,每年都要发布企业社会责任报告,向社会公众公布每年企业履行社会责任的情况及未来计划,报告的一个重要内容就是参与社会公益慈善活动情况。

四、引导和支持民营企业经营者进行更合理的财富安排

面对财富快速而巨大的增长,一方面,应当要求民营企业经营者树立正确的财富观,智慧地认识、对待、使用与安排自己掌握的巨大财富;另一方面,国家和社会也要合理引导与推动民营企业经营者在财富上取之有道、管之有规、用之有节、耗之有度、散之有方。这是影响当今中国的一个重大而深远的经济、社会与文化问题。

(一)正确把握新趋势,企业经营者在资产积累、财富安排、实施慈善方面的更大行动是中国未来经济、社会、文化发展的一大重要特征

中国经济正处在一个新的转折点上。在此转折点上,中国民营经济的地位和作用更加重要与突出,民营企业经营者的事业发展更加迅速。在此情况下,企业经营者在资产积累、财富安排和实施慈善方面的更大行动是当前与未来深深影响中国经济、社会、文化发展的一大重要特征。国家与社会,特别是各级政府,要高度关注这一大重要特征的出现,认清其发展特点,把握其发展趋势。要顺应其发展的内在要求与规律特点,开展相关研究、创新相关理论、完善相关政策、建立相关制度、发展相关文化、引导相关价值评判,推动中国民营企业经营者树立正确的财富观和慈善观,使其财富真正实现取之有道、管之有规、用之有节、耗之有度、散之有方,以利己利家、利民利国。

（二）破除传统观念，承认非公有经济是中国特色社会主义市场经济发展的内在要求和必然规律

建设社会主义必须消灭私有制，这一传统观念至今仍深深影响着人们的价值判断与思维方式。这一观念不从根本上澄清，免除不了人们对民营经济的负面看法，也免除不了民营企业经营者对未来的担忧。① 现在，国家从法律法规与政策上已经完全承认并支持保护发展非公有经济，但这还不够，还要在理论分析、政治判断、道德价值、观念教育和社会舆论上，公开、明确阐述中国发展非公有经济绝不是权宜之计，而是发展中国特色社会主义市场经济的内在要求和必然规律。一定要在全社会上上下下形成一种共识，即在社会主义市场经济条件下，非公有经济与公有经济，民营企业与国有企业，不仅经济地位与法律地位是平等的，政治地位、社会地位、道德名声、价值评价也应是平等的，只有功能作用不同，无高下优劣之分。彻底消除传统观念与偏见，根本消除企业家的担忧，是中国民营企业继续稳定发展、整个国民经济持续健康发展的重要前提条件。

（三）全面树立新观念，充分肯定私人财产与企业家财富的合法性与正当性

民营企业有所谓的"原罪"，这是一些人潜藏在心底的看法，也是不少民营企业经营者心中的顾虑。这是中国民营经济政策合理制定与有效执行的重大障碍，也是民营企业正常经营、顺利发展的一大羁绊。中国民营企业经营者财富的来源，合规合法正当、取之有道是主流；违规违法失德、取之无道是支流。根据胡润发布的《中国富豪特别报告》，自1999年开展财富调查以来，17年中有3087位企业经营者登上胡润百富榜，其中98.9%的富豪仍在带领企业健康发展。"问题富豪"只有35位，仅占上榜总人数的1.1%。这反映，"问题民营企业经营者"的比例比很多人想象的要低，可能明显低于"问题国有企业负责人"与"问题政府官员"的比

---

① 在这个问题上，切不可把最终目标和现实路线混为一谈。中国仍处于并将长期处于社会主义初级阶段，必须"毫不动摇鼓励、支持、引导非公有制经济发展"（中共十九大报告语）。这个时候如果宣传"消灭私有制"是违背十九大精神的。

例。因此,要推动全社会广泛形成共识,全面树立新观念,客观评价改革开放以来私人财产与企业经营者财富的合法性、合理性与正当性。

(四)公正评判新变化,中国民营企业经营者的财富取之于社会,也主要用之于社会

对民营企业的财产,有人将其视为"以完全的私人财产完全为私人服务"。基于此判断,仍有人从道德评判上对民营企业经营者持比较负面的看法。要用客观事实扭转人们的这一不恰当判断。要通过分析与公布相关数据,说明民营企业经营者的财富取之于社会,也主要用之于社会。在民营企业的资产财富中,一半以上为负债,也就是别人的财产;民营企业资产首先用于企业生产经营,为市场提供产品、提供服务,为社会提供就业机会,为国家提供税收来源;民营企业利润主要用于再投资、再生产,推动社会经济持续发展;民营企业经营者的股权分红与工资收入,部分用于再投资,部分用于储蓄,相当大一部分用于公益慈善事业,只有很小一部分用于消费。企业资产规模越大,企业经营者财富用于社会的比例越大,用于个人与家庭消费的比例越小。相当部分亿万富翁,大部分十亿富翁、百亿富翁,其每年用于社会公益慈善事业的开支远高于个人与家庭的消费。因此,从某种意义上讲,企业经营者的财产在相当大程度上与社会相连。一般来说,企业规模越大,企业经营者财富越巨大,其资产财富用于社会就越多,企业经营者财产的社会性就越高。

(五)确立舆论新导向,形成"百姓致富光荣、企业经营者致富光荣、企业经营者慈善光荣"新风尚

"让部分人通过劳动和合法经营先富起来",这句改革开放初期提出的口号一直激励着人们去创业致富。但受传统的完全否定私有制的观念影响,同时也受现实中私营企业主存在的某些问题影响,人们对私营企业财富仍持异样看法。即使一些企业经营者做了大量公益慈善工作,一些人也认为他们或是为了博取名声,或是在为己赎罪。为改变部分人的这种非客观看法,必须进一步改善舆论环境,确立舆论新导向,只有民富才能国强,强国梦首先是民富梦,要推动实现百姓致富梦,支持实

现企业经营者致富梦，形成"百姓致富光荣，企业经营者致富光荣"新风尚；支持企业经营者更多地、更深入地参与公益慈善活动，带动实现共同富裕中国梦，形成"企业经营者公益慈善光荣"新风尚。

（六）推动树立新典范，引导民营企业经营者耗财有度、散财有方

长期以来，一些中国百姓受过去某些极"左"舆论宣传影响，对富人持怀疑甚至仇视态度。加之确实有一些富人及其子女，经营违法违规，行为放荡不羁，生活奢靡浪费，道德品质低下，所思所想缺乏起码的道德约束，严重影响民营企业经营者在普通百姓心中的形象。为扭转这一现象，必须从正面鼓励、推动和倡导民营企业经营者及其家属富不忘本、洁身自好。要在民营企业经营者中树立新典范，向公众推介与宣传那些耗财有度、行为有德、生活有节、交往有规、散财有方的企业经营者。通过树立新典范，推动与引导广大企业经营者认识到不仅要有管理企业之方，也要有内心约束之法，还要有良好社会声誉。

（七）完善法规政策，推动民营企业经营者更加合理地安排自身财富

由于改革推进速度较快，因此中国的法律法规制定一直滞后于发展需要。在民营企业经营者如何合理与智慧地安排财富方面，国家更是缺乏相关的法规政策。虽然国家有了《中华人民共和国民法通则》《中华人民共和国物权法》等基本法律，但在企业经营者个人与家族财富的继承、转移、馈送、捐赠、出入境等方面，如何合理有效地保护、鼓励、引导与监督，缺乏相应的法规政策。这方面，发达国家大都有成熟的经验与制度，我国应当学习与借鉴，结合中国情况，完善相关法规政策，推动中国民营企业经营者更加合理、智慧与有效地安排自身的财富。

（八）推动落实《中华人民共和国慈善法》，鼓励民营企业经营者更加积极地参与社会公益慈善事业

中国的慈善事业发展迅速，一个重要表现是民营企业经营者成为慈善事业发展的主力军。企业经营者参与社会公益慈善活动，向有关慈善机构、社会组织和个人

等捐赠财物,或者自己建立独立的慈善机构直接参与社会公益慈善事业,缺乏基本的法律法规予以规范,在实际操作中也面临一系列法律与政策问题。当前,尤其需要加快推进《中华人民共和国慈善法》的执法进程,广泛宣传与全面落实《中华人民共和国慈善法》,推进公益慈善行为准则广泛实行。对企业经营者的慈善捐赠行为,要以鼓励、支持与引导为主,兼顾规范与监督,推动更多的企业经营者积极参加社会公益慈善事业,支持有条件的民营企业创办公益慈善机构,独立运行。

(九)授予崇高声誉,对领先参与社会公益慈善事业的民营企业经营者以特殊荣誉称号

中国人十分注重社会名声,发财致富的民营企业经营者更是如此。国家与社会要充分利用企业经营者追求良好社会名声的需求,对其慈善公益行为予以鼓励、支持与宣传。目前,专门针对民营企业经营者的荣誉称号是"优秀社会主义建设者",全国每两年评选一次,这是对民营企业经营者的一个综合性评价荣誉,对民营企业经营者起到了良好的鼓励与引导作用。为适应中国慈善事业发展需要,国家和社会应当针对社会个人尤其是民营企业经营者积极参与社会公益慈善事业的行为,设立专门的社会荣誉称号,如"慈善家""社会慈善家""人民慈善家""公益人""社会公益人"等。对那些在全国或某一地区、某一领域、某一事业进行大额捐赠(财物捐赠额度大)、大比例捐赠(占个人与企业财产比例较高)者,由各级政府、社会组织向其颁发特殊荣誉称号。荣誉称号可以是定期的和不定期的,如"某某年度中国慈善家""某某市慈善家""某某行业或领域慈善家""某次重大公益活动慈善家"等。

第八章
中国所有制结构改革中的外资企业

改革开放近40年来，外资企业从无到有，从小到大，在解决我国经济发展资金缺口、拉动就业、促进经济增长等方面发挥了十分重要的作用，也为我国积极参与全球价值链和东亚生产网络，成长为全球第一大贸易国和第二大经济体作出了重要的贡献。未来我国对外直接投资规模将超过利用外资规模，内资企业和外资企业之间的差别也将逐渐减小，但外资仍然将为我国提升技术创新能力、深度融入全球经济合作网络作出重要贡献。本章论述在所有制结构改革中，如何发挥外资对我国经济发展和经济体制改革的积极作用问题。

第一节
外资企业在中国的发展历程

外资企业在我国的发展伴随着改革开放进程。改革开放初期，我国经济发展面临着资金、技术等关键生产要素短缺这一重大短板，利用外资作为引进资金和技术的重要手段，为弥补我国外汇短缺、扩大出口、拉动就业和促进国内企业技术进步发挥了重要的作用。我国加入 WTO 之后，积极把握信息技术革命的重大机遇，通过吸收欧美日韩大型跨国公司的先进技术和资本，有力地推动了我国深度融入全球经济体系和东亚生产网络，成长为全球第二大贸易国和经济体。近年来，随着我国比较优势的变化，利用外资的规模增速有所放缓，但随着外资重点流向先进制造业和高端服务业，外资在改善我国供给结构、推进产业转型升级等方面仍然发挥着十分重要的作用。整体上看,可以将外资企业在我国的发展历程划分为四个阶段。

一、起步阶段(1978—1991年)

(一)外资法律法规体系初步形成,鼓励利用外资政策陆续出台

在改革开放之前,虽然毛泽东等党和国家领导人也对利用国外资金作出过论述,但由于种种国内外因素,我国利用外资基本处于空白阶段。

中共十一届三中全会确定了将党的工作重心转移到经济建设上来,制定了改革开放的总方针之后,我国开始实施积极利用外资的政策。1979年1月,邓小平同志在同几位工商界领导人的谈话中指出:"现在搞建设,门路要多一点,可以利用外国的资金和技术,华侨、华裔也可以回来办工厂。"① 陈云同志也曾经指出:"资金不够,可以借外债,这是打破闭关自守以后的新形势""今后在自力更生的条件下,还可以借不吃亏的外债"②。在这一背景下,我国政府鼓励外资企业的设立和运营,将外资企业划分为中外合资经营企业、中外合作经营企业和外商独资企业,并分别制定了相应的法律法规。

1984年10月,中共十二届三中全会通过了《中共中央关于经济体制改革的决定》,这一重大纲领性文件明确指出:"利用外资,吸引外商来我国举办合资经营企业、合作经营企业和独资企业,也是对我国社会主义经济必要的有益的补充。"

在这一背景下,有关外资的法律法规体系逐渐建立。第一个出台的外资相关法律法规是《中华人民共和国中外合资经营企业法》,其于1979年7月在五届人大二次会议上通过。1986年4月、1988年4月我国又先后出台了《中华人民共和国外资企业法》《中华人民共和国中外合作经营企业法》,三者统称"'三资'企业法"。

"三资"企业法的出台对我国外资发展具有十分重要的意义。首先,在法律上规定了外资企业的合法性和合理性,并明确政府保护其合法权益;其次,这三大法律规定了中外合资、中外合作、外商独资三大类外资企业的定义、内涵和划分标

---

① 《邓小平文选》(第二卷),人民出版社,1994年版,第156页。
② 《陈云文选》(第三卷),人民出版社,2015年版,第276页。

准,如规定合资企业中外资所占比重一般不能低于25%;最后,规定了三类企业的具体运营方式、外资企业的投资模式、外籍员工工资收入汇回等具体的经营模式,为外资企业合法运营提供了制度保障。

在对外资企业予以法律规范的同时,为进一步引进资金、技术,我国政府对外资给予了大量的优惠政策,其中最主要的优惠政策是所得税优惠政策。1980年颁布的《中华人民共和国中外合资经营企业所得税法》明确规定,中外合资企业的所得税率为30%,明显低于当时我国内资企业55%的所得税率;并规定合营期在10年以上的企业可从获利年度起,第一年和第二年免征所得税,第三年至第五年减半征收所得税,俗称"两免三减半"。1986年出台的《国务院关于鼓励外商投资的规定》对于先进技术企业和产品出口企业除进一步延长了所得税优惠政策的期限外,还在工商统一税、场地使用费、进口许可证乃至工资标准自主权等方面给予了相当多的优惠措施。各地政府在用水、用地、厂房等方面也开始给予外资企业一定的优惠政策。这些政策在早期利用外资的进程中发挥了重要的作用。

(二)外商直接投资规模稳定增长,但仍明显低于对外借款规模

在一系列积极利用外资政策的有力支持下,我国利用外资规模呈现出稳定增长

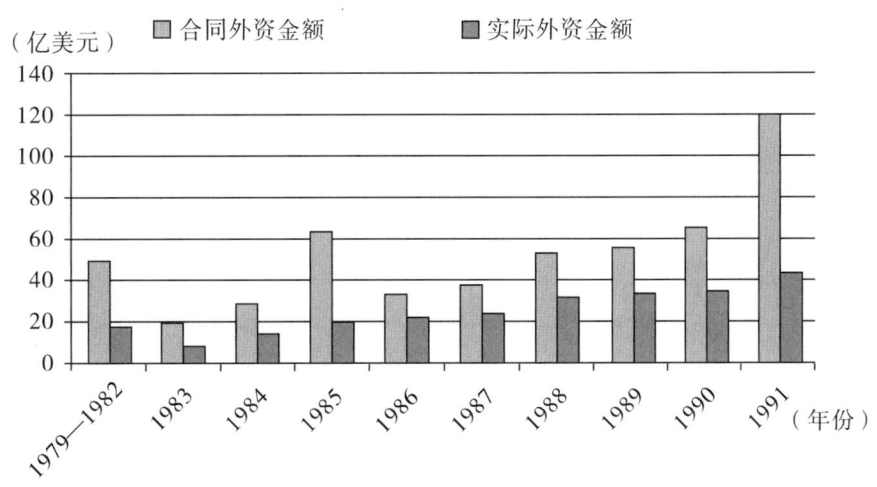

图8-1 1979—1991年我国利用外商直接投资情况

资料来源:中国统计年鉴。

态势。1991 年，我国合同利用外资规模、实际利用外资规模分别达到 119.77 亿美元、43.66 亿美元，分别首次突破 100 亿美元和 40 亿美元大关，较 1983 年分别增长了 4.24 倍和 3.35 倍。从年度走势上看，实际利用外资金额基本上保持了稳定增长的态势，如图 8-1 所示。

从客观上看，20 世纪 80 年代我国利用外商直接投资尚处于起步阶段。在改革开放初期，我国尚不允许设立外商独资企业，1986 年之后才放开这一限制，但相当一部分行业仍对外资企业有较大准入限制，除广东、福建、江苏等沿海省份外，大多数地区政府对于外资对经济发展的作用的认识尚不够深刻。同时，世界银行贷款、亚洲开发银行贷款等对外借款由于具备利率较低、能够集中用于建设短期回报率偏低的重大项目等优点，成为同期我国利用国外资金的主要方式。1978—1987 年，我国从世界银行、亚洲开发银行及发达国家政府取得的中长期贷款规模超过 250 亿美元，明显高于同期我国利用外商直接投资规模。与外商直接投资不同，一半以上的对外借款用于能源、交通、通信等基础设施领域，在产业领域的借款也更多投向石化、钢铁等国民经济支柱行业，有效地帮助我国改善基础设施和在国民经

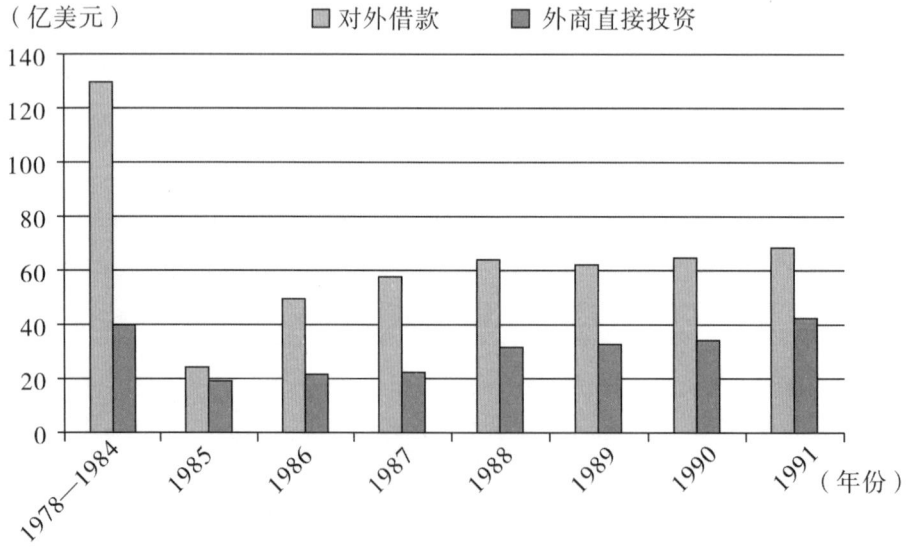

图 8-2 1978—1991 年我国对外借款与外商直接投资情况对比

资料来源：中国统计年鉴。

济关键领域形成先进产能。虽然对外借款增速低于外商直接投资增速,但在1991年,我国对外借款规模仍然高达68.9亿美元,是当年利用外商直接投资规模的1.57倍,如图8-2所示。

(三)特区成为吸引外资的热土,重点投向劳动密集型行业

我国对外开放和吸引外资的过程与特区的创立密切相关。

经济特区的历史最早可以追溯到1979年1月党中央、国务院决定设立的蛇口工业区。1979年1月31日,招商局常务副董事长袁庚和交通部副部长彭德清向中共中央副主席李先念、国务院副总理谷牧汇报由招商局在广东建立蛇口工业区的设想,当即得到批准,招商局蛇口工业区从此创立。[①]

1979年7月,中央批准了广东、福建两省在对外开放领域实行"特殊政策和灵活措施",为设立经济特区奠定了基础。1980年5月,中央决定在深圳、珠海、汕头、厦门四地各设立一个经济特区(后又把海南设为中国最大经济特区,这样共计有5个经济特区),在计划、投融资、工资、土地管理、财税金融和政府管理等方面采取与内地不同的政策。这些特区整体上走在向市场经济体制转轨的最前沿,对于在市场经济体制下运行的外资企业具有巨大的吸引力,成为外资进入我国的主要平台。

1984年,国务院决定开放大连、青岛等14个沿海港口城市,1985—1990年又先后将长三角、珠三角、闽南、海南、辽东半岛、胶东半岛等地区列入对外开放范围,特别是1990年成立上海浦东新区,初步形成东部沿海地区的全面开放格局。

在这一阶段,深圳、珠海、厦门、汕头等特区由于整体体制改革的先行一步,成为我国利用外资的试验田。据统计,截至1984年底,四大特区利用外商直接投资规模占我国利用外资总规模的2/5以上,仅深圳一地利用外资规模就累计高达5.8亿美元,其中约1/3的外资企业技术水平达到当时国际或国内先进水平。1991年,广东、福建两省利用外商直接投资规模占我国利用外商直接投资规模的比重仍

[①] 中共中央党史研究室第三研究部:《中国改革开放史》,辽宁人民出版社,2002年版。

高达 55.4%。

(四) 港澳台地区企业成为投资主体，欧美大型跨国公司开始进入中国

由于港澳台地区和内地有着血浓于水的联系，加之招商局集团、中国银行等内地大型企业和香港有着长期的合作基础，港澳台地区对内地政策变化的敏感性要明显高于欧美日的大型跨国公司，因此港澳台企业成了我国改革开放之后进军内地的"排头兵"，毗邻香港地区的深圳特区更是成为港澳资本进入内地的重要窗口。据统计，1991 年港澳台地区对内地直接投资规模占比高达 65%。当时，港澳台地区正处于产业升级的过程中，港澳正大力发展金融、进出口贸易等服务业，台湾则重点发展半导体、计算机等新兴制造业，三地均有将逐渐不再具有比较优势的传统劳动密集型企业向劳动力成本更低的地区转移的动力。因此，纺织、服装、皮革、玩具等劳动密集型行业成为港澳台向内地投资的重点行业。

随着我国鼓励外资政策的不断出台，特别是 20 世纪 80 年代中期后允许外资设立独资企业，欧美大型跨国公司也逐渐认识到我国的市场潜力和劳动力成本优势，开始进入中国。1991 年，日本、美国对华直接投资规模分别为 5.3 亿美元和 3.2 亿美元，居发达经济体的前两位，松下、IBM、肯德基等知名欧美日跨国公司均在中国设立了分公司。

二、稳步发展阶段（1992—2001 年）

(一) 外资法律体系基本完善，在鼓励外资的同时重视维护国家安全

1992 年邓小平南方谈话明确提出"只要政权在我们手里，就不用害怕外资"[①]，进一步明确了鼓励利用外资的政策大方向。同年中共十四大报告明确指出：必须进一步扩大对外开放，更多更好地利用国外资金、资源、技术和管理经验，形成多层次、多渠道的全方位对外开放格局。在这一理念的指引下，我国政府对待外资，特

---

① 《邓小平文选》（第三卷），人民出版社，1994 年版，第 370 页。

别是欧美日韩的跨国公司来华投资的态度更为积极，且逐步开始利用国际证券市场引进外资，为外资企业的发展创造了良好的政策环境。

在外资大量进入我国，对我国经济的积极作用得以发挥的同时，也出现了外资以较低成本获取民族企业技术、品牌等重要资源的现象，"血汗工厂"、破坏环境等问题也开始出现，从而引发了全社会对于外资是否会冲击民族经济、是否会造成国有资产流失乃至是否会危害国家经济安全的大讨论。如左大培（2007）认为，早在20世纪90年代，外资的大量流入就已经成为我国经济安全的最严重隐患。[①]而叶辅靖（2004）[②]、裴长洪（2006）[③]等则运用各种定量分析方法，认定外资对我国的经济安全并未造成严重损害，且对就业、经济增长和制度改革的积极作用均十分显著。这一讨论深化了我国对外资的认识，使得我国利用外资政策开始由普遍性的超国民待遇向以产业、技术引进和地区发展为导向的差别性外资优惠政策转变，利用外资的目标也从引进资金和技术转向促进产业结构调整和区域协调发展。1995年，《指导外商投资方向暂行规定》出台；1997年，进一步升级《外商投资产业指导目录》，该文件将外资分为鼓励、允许、限制、禁止四大类，后经多次修订，至今仍是我国利用外商直接投资的重要指导性文件。

（二）外商直接投资逐渐成为我国利用外资的主要形式

20世纪90年代，随着我国经济发展水平的提高、营商环境的明显改善以及实施积极利用外资的政策，外商直接投资规模呈现出高速增长的趋势。1992年，我国利用外资规模高达110.08亿美元，同比增长152.1%；1993年，我国利用外资规模高达275.15亿美元，同比增长149.9%，之后仍然保持较大幅度的年均增幅。[④]而同期我国对外借款规模则保持在100亿美元左右。因此，1992年之后，外

[①] 左大培：《外资并购已危及民族产业的发展》，http://news.sohu.com/20070727/n251279786.html。

[②] 叶辅靖：《把握资本进出关——我国利用外资中的国家经济安全问题分析》，《国际贸易》，2004年第1期。

[③] 裴长洪：《吸收外商直接投资与产业结构优化升级——"十一五"时期利用外资政策目标的思考》，《中国工业经济》，2006年第1期。

[④] 中华人民共和国国家统计局：《中国统计年鉴2016》，中国统计出版社，2016年版。

商直接投资规模明显超过了对外借款，成为我国利用外资的主要形式，如图 8-3 所示。

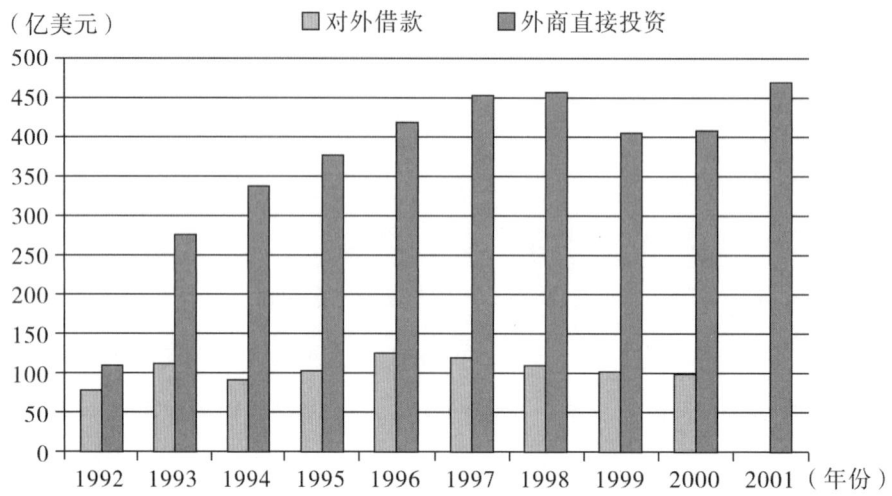

图 8-3 1992—2001 年我国对外借款与外商直接投资情况对比

资料来源：中国统计年鉴。

（三）长三角、珠三角成为外商投资热点，涉及行业范围大幅度拓宽

以长三角、珠三角为代表的东部沿海地区在营商环境、体制机制等方面相较内陆地区有明显的优势，且在纺织、服装、鞋帽等劳动密集型行业拥有良好的发展基础，也是我国重要的对外开放窗口和对外贸易基地。1992—2002 年，国务院除设立浦东新区外，还先后建立了 35 个国家级经济技术开发区、53 个国家级高新技术产业开发区、15 个国家级出口加工区、14 个国家级保税区，[①] 其中相当一部分出口加工区和高新技术产业开发区位于长三角、珠三角地区。在利用外资、对外贸易、税收、财政等政策的优惠安排下，长三角、珠三角地区充分发挥了自身在体制机制上的独特优势，成为我国利用外资的热点地区。2001 年，江苏、广东、浙江、

---

① 中华人民共和国商务部：《国家级经济技术开发区发展报告（2006）》，http：//wenku. baidu. com/view/4e506fc608a1284ac850438d. html。

上海四省（直辖市）外资企业注册资本总额高达2545亿美元，占我国外资企业注册资本总额的50.3%，如图8-4所示。

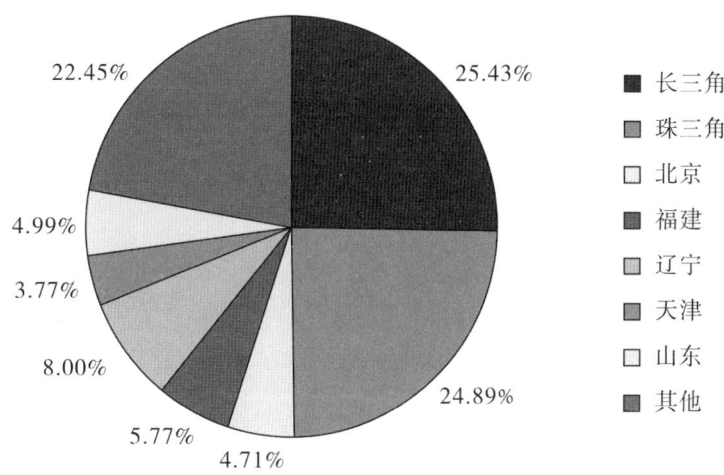

图8-4　2001年我国外资企业注册资本分布情况

资料来源：中国统计年鉴。

从行业分布看，随着我国大多数行业特别是一般制造业和服务业开始对外资开放，且国家针对外资进入高技术行业出台了有效的激励措施，外资企业在各行业的分布日益广阔，但仍以制造业为主。2001年，流入我国制造业的外商直接投资高达309.1亿美元，占比高达66%。在制造业中，计算机制造、电器制造、机械制造、纺织服装乃至钢铁、化工、塑料等行业均成为利用外资的热点。此外，物流、商贸、金融、房地产等服务业也开始成为外资流入的新热点，2001年流入我国服务业的外商直接投资高达141.7亿美元，其中约1/3流入房地产业。

（四）大型跨国公司在华分部纷纷设立，加工贸易方式开始兴起

由于货物、服务、资本、技术、信息等产品与要素跨境流动成本的大幅下降，同时，劳动力要素跨境流动的制度性障碍反而上升，20世纪80年代以来，跨国公司为降低成本提高竞争力，开始大规模从发达国家向发展中国家进行产业转移，为

我国吸引境外投资提供了良好的机遇。① 在这一背景下，随着我国积极利用外资政策的逐渐出台，欧美日大型跨国公司开始纷纷进入中国设立中国区分部，同时依托我国的市场和劳动力成本优势建设生产基地。

其中，IT 行业的三星、英特尔等大型跨国公司对华直接投资的进展尤为迅速。1992 年，韩国三星公司在东莞成立第一家合资企业，同年底在惠州建设生产基地，这一基地目前仍是亚洲重要的手机制造基地之一。随后，1993—1995 年，三星又先后在天津、苏州等地设立制造业基地，并于 1995 年成立三星中国总部。1994 年，美国英特尔公司在上海设立芯片测试和封装工厂，并在 1998 年成立英特尔在亚太地区的第一个研究实验室。在机械、电器乃至食品等领域，西门子、卡特彼勒、可口可乐等企业也在上海等地设立了中国区分部和生产基地；在服务业领域，汇丰、花旗、和记黄埔等金融、房地产领域的大型跨国公司也纷纷进入内地。

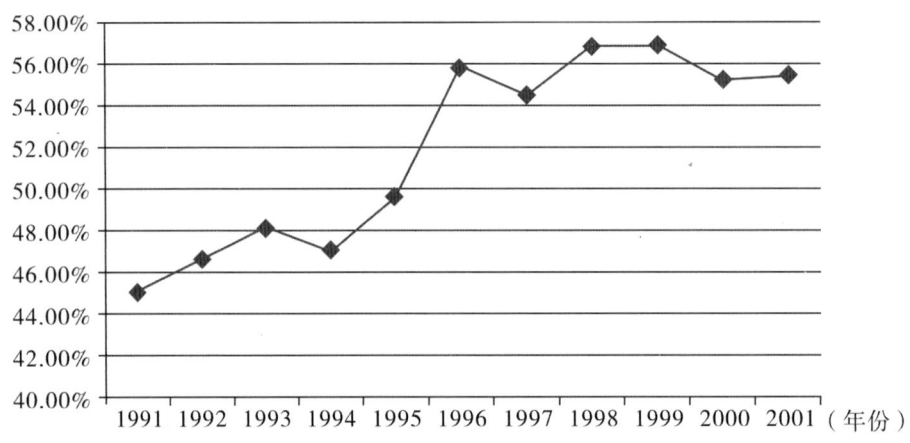

图 8-5　1991—2001 年加工贸易出口占我国出口的比重

资料来源：中国统计年鉴。

在大型跨国公司进入我国的同时，以港澳台企业为代表的外资企业充分发挥我国内地劳动力成本的优势，并把握住内地积极发展加工贸易这一"两头在外"的

---

① 隆国强：《全球化背景下的产业升级新战略——基于全球生产价值链的分析》，《国际贸易》，2007 年第 7 期。

贸易方式的机遇，大力发展外向型产业，推动了我国加工贸易规模的高速发展。2001 年，我国加工贸易出口额高达 1474.34 亿美元，占我国出口额比重高达 55.4%，较 1991 年上升了 10.3 个百分点，如图 8-5 所示。东莞等地凭借引进外资，发展来料加工、进料加工等加工贸易，成为我国的外贸大市。2000 年，东莞市出口额高达 171.6 亿美元，在全国大中城市中仅次于深圳和上海，处于第三位，其中绝大部分为加工贸易出口。

三、高速增长阶段（2002—2008 年）

（一）我国法律体系逐渐和 WTO 接轨，营商环境持续改善

自 2002 年加入 WTO 之后，按照世贸组织的要求，我国开始了更深层次、更宽领域的对外开放和经济体制改革，进一步促进贸易投资便利化，放开外贸经营权，大幅度降低关税，取消了绝大部分的非关税措施，并不断调整金融、商业、电信等服务业对外资的准入限制，还积极推动"边境后政策"，和国际通行规则接轨。

这些对外开放领域的改革既逐渐降低了外商投资股比限制、董事会成员国籍限制等"硬"门槛，也降低了国内行政审批、商事制度等"软"门槛，营商环境大幅度改善。此外，在行业准入方面，我国多次调整了《外商投资产业指导目录》，逐渐减少限制类和禁止类项目的比重，不断调整和优化鼓励类项目，有效促进了外商直接投资规模的持续增长和结构的不断优化。

随着我国资本账户开放步伐的推进，除传统的"绿地"投资、并购等直接投资方式外，证券投资也开始成为外资进入我国市场的重要方式之一。2002 年 11 月 5 日，《合格境外机构投资者境内证券投资管理暂行办法》出台，外资进入境内证券市场的障碍开始消除。截至 2015 年 6 月，已经有 288 家合格境外机构投资者可以投资境内证券市场，投资总额度超过 700 亿美元。

（二）外商直接投资规模稳定增长，在经济增长中的作用大幅提升

我国加入 WTO 大幅度减轻了我国与全球经济之间的产品和要素流动壁垒，带

动了流入我国的外商直接投资规模在高基数上的稳定增长。2002—2008年，流入我国的外商直接投资规模由527.43亿美元迅速增长到923.95亿美元，如图8-6所示，年均增速高达9.8%，我国成长为发展中国家中第一大外商直接投资目的地和全球第二大外商直接投资目的地。

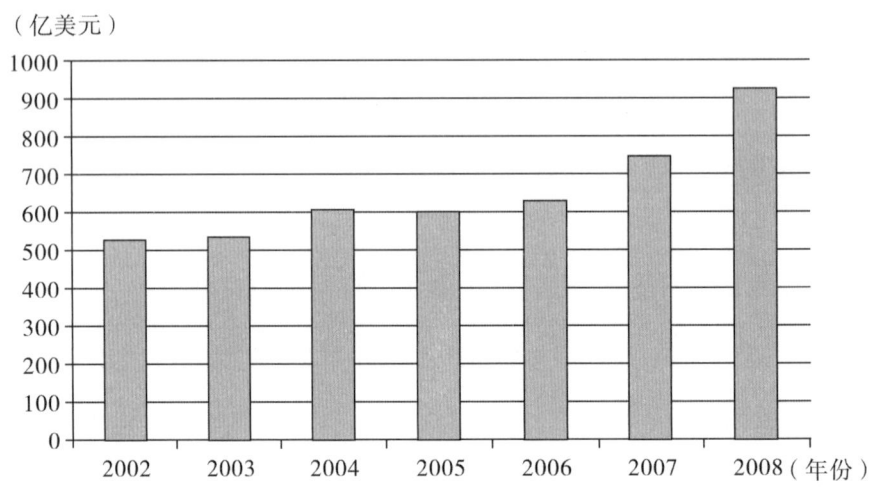

图8-6 2002—2008年中国利用外资规模走势

资料来源：中国统计年鉴。

随着流入我国的外商直接投资规模的持续增长，外商直接投资在我国经济增长中的作用也持续增强。在对外贸易方面，2008年，我国外商投资企业进出口总值高达14105.76亿美元，占全国进出口总值的55.1%；在固定资产投资方面，2008年，我国来自外资的固定资产投资达5311.94亿元，占固定资产投资总额的2.9%；在对经济增长的贡献方面，2008年，我国外商投资企业工业销售产值规模高达14.6万亿元，占全国工业销售产值的29.5%。

（三）外资企业在东部沿海地区"遍地开花"，带动我国全面融入全球价值链

我国加入WTO之后，长三角及珠三角依托其在营商环境、产业配套等方面的综合优势，仍然是我国利用外资的热点地区，胶东半岛、辽东半岛、京津冀、福建沿海

等其他东部沿海地区依托自身与日本、韩国及中国台湾地区在区位、文化交流等方面的独特优势，利用外资规模也保持持续稳定增长态势。2008年，流入东部沿海地区的外商直接投资占比超过80%，而流入西部地区的外商直接投资仅占5%左右。

这一时期，欧美日韩等发达经济体的跨国公司充分利用信息技术等新兴产业模块化程度较高的特点，将劳动密集型的计算机制造、手机制造等环节布置在中国等劳动力成本较低的国家和地区，形成了代工（OEM）、原始设计制造商（ODM）等基于产品内分工的生产方式。这些生产方式将某种最终消费品在全球价值链上的不同环节配置在效率最高的地区，在实现跨国公司利润最大化的同时，也大幅度深化了各国的经济联系，形成了"你中有我，我中有你"的全球分工合作格局。因此，外商直接投资也成为我国深度融入东亚生产网络和全球价值链的主要方式，对我国把握全球化机遇，成长为全球贸易大国和经济大国发挥了重要的作用。

（四）金融、商贸等服务业开始成为新的利用外资热点

在这一时期，随着我国服务业对外开放水平的不断提高，特别是增值电信、专业服务、金融等领域逐渐放宽对外资开放的限制，服务业开始成为新的利用外资热点。2008年，流入我国服务业的外商直接投资规模高达390.5亿美元，占比高达42.26%，较2001年上升了近10个百分点。

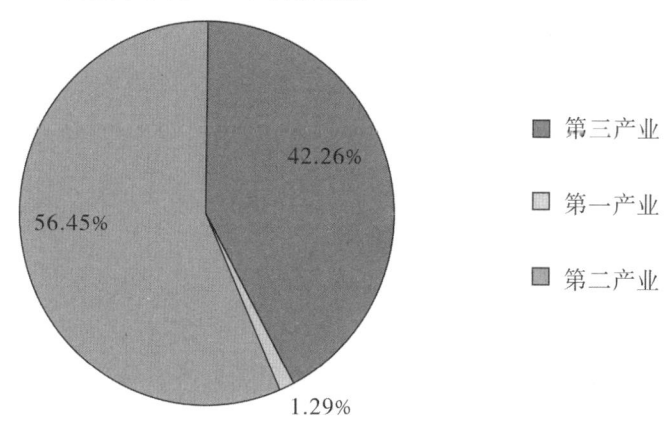

图8-7 2008年流入我国的三大产业外商直接投资占比情况

资料来源：中国统计年鉴。

在服务业中,以下几个领域在利用外资中的地位值得重点关注。一是金融业。除外资银行在我国开展业务范围明显拓宽、在部分区域成为外资企业的主要融资渠道外,我国国有银行也引入境外战略投资者,这对改善我国银行资产负债状况、提升银行业金融业务发展水平等发挥了十分重要的作用。二是专业服务业。特别是在中央政府和香港特区、澳门特区签署了《关于建立更紧密经贸关系的安排》(CEPA)及其补充协议之后,以香港特区为代表的专业服务机构进入内地的门槛明显降低,这对提升我国咨询、法律、会计等专业服务水平,延长制造业价值链发挥了重要的作用。三是商贸业。我国加入WTO之后,商贸行业的开放幅度大幅提高,沃尔玛、乐天等国际大型商贸巨头迅速进入我国,这对提升我国内地商业服务水平发挥了重要的作用。四是房地产业。随着我国城镇化进程的加速,我国对商业地产和住宅地产的需求大幅度上升,房地产业也一度成为我国利用外资的热点行业。

四、质量提升阶段(2009年以来)

(一)利用外资理念由规模向效益转变,正在逐步和国际通行规则接轨

2008年国际金融危机的爆发,充分证明了美国等发达国家负债消费传统发展模式的不可持续,也间接凸显出我国在经济发展中存在着增长方式粗放、对外资依赖程度较高、在全球价值链中位势较低等问题。为此,我国政府明确提出要将利用外资的重心由规模转移到质量上来,并在"十二五"规划中明确指出要确立"引导外资更多投向现代农业、高新技术、先进制造、节能环保、新能源、现代服务业等领域……引进海外高层次人才和先进技术,鼓励外资企业在华设立研发中心,借鉴国际先进管理理念、制度、经验,积极融入全球创新体系"的新时期利用外资理念。

利用外资理念的调整直接导致外资政策的相关调整。在这一阶段,最为明显的变化体现在初步实现了对外资企业的国民待遇原则上。2008年,我国实现了"两税合一",即在最重要的税收政策——所得税政策领域实现了对外资企业的国民待遇。在"两税合一"之后,外资企业即便享受税收优惠政策,这种优惠也不是来

自于其外资的身份,而是来自于其独特的技术优势或对西部地区的经济拉动作用。在逐步取消对外资企业的超国民待遇的同时,我国积极推进实施国际通行的"准入前国民待遇+负面清单"制度,2015年1月19日出台的《中华人民共和国外国投资法(草案征求意见稿)》明确了对外资原则上实施国民待遇,在国民待遇的基础上对外资的限制列入负面清单,并取消超国民待遇,将鼓励外资的相关措施纳入投资促进政策范畴的理念,这一理念已经和国际通行规则高度接轨。2015年12月1日起,我国的上海、天津等自贸区已经实施了负面清单制度,并在"十三五"时期全面推广实施。

(二) 外商直接投资规模增速有所放缓,直接投资国际收支基本平衡

在"十二五"期间我国利用外资规模超过1000亿美元大关之后,由于我国利用外商直接投资规模基数已经达到一个非常高的水平,长期维持流入我国的外商直接投资规模的高速增长已经不具备可持续性。同时,从投资环境看,虽然凭借在基础设施、营商环境、配套产业等领域的综合优势,我国仍然是全球主要的跨国直接投资目的地,但在传统层面上,吸引外资的劳动力、土地、环境容量等优势已经明显减弱。养老、医疗等新兴服务业固然是我国利用外资的增长点,但这类服务类行业更多地依赖人力资本投资,其对利用外资规模的拉动作用相对要弱于制造业。同时,东盟、印度等经济体正在积极推进工业化和城镇化进程,重复我国当年曾经走过的发展道路,在承接劳动密集型制造业方面相较我国的比较优势日益显著。美国等发达国家积极推进"再工业化"等政策,也在相当程度上对其对外直接投资规模增长形成一定制约。在上述诸多因素的作用下,虽然流入我国的外商直接投资规模仍然保持稳定增长态势,但增速已经明显放缓,如图8-8所示。

在流入我国的外商直接投资规模增速放缓的同时,我国资本要素逐渐变得相对充裕,国内资本回报率有所降低,国内资本向外流动的动机不断增强。同时,我国不但拥有较为完备的产业体系,在基础设施建设、通信设备等领域已具备较强的国际竞争力,而且拥有一大批实力雄厚、国际化经营能力较强的企业集团,企业的优势整体上明显优于与我国人均GDP水平相近的巴西、土耳其等发展中国家,通过

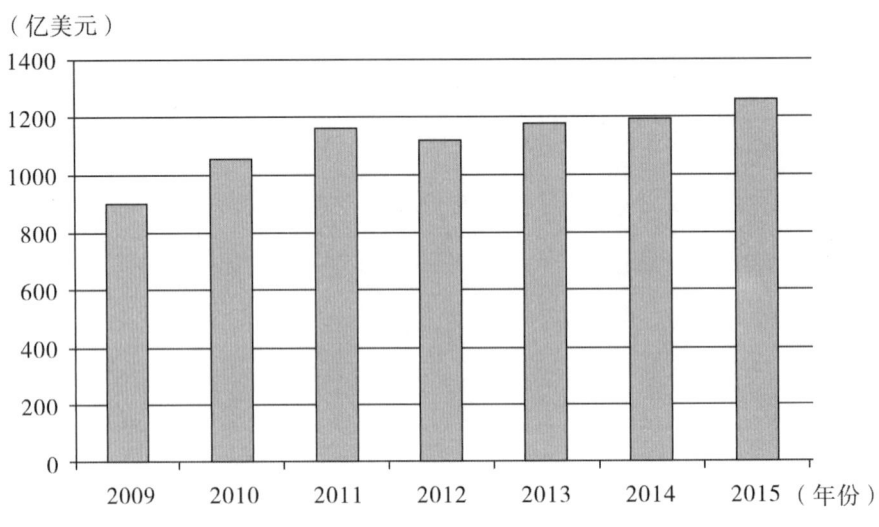

图 8-8 2009—2015 年流入我国的外商直接投资规模走势

资料来源：中国统计年鉴。

对外投资开拓海外市场、降低交易成本以及获取能源资源和先进技术的动力较强，导致我国对外直接投资规模明显高于经济发展水平相近的其他发展中经济体。

2015 年，我国非金融类对外直接投资规模高达 1180.2 亿美元，同比增长 14.7%，若考虑到金融类对外直接投资，已经和流入我国的外商直接投资规模基本持平。2016 年，在"一带一路"、国际产能合作等的推动下，我国非金融类对外直接投资高达 1701.1 亿美元，已经高于外商直接投资规模。

（三）市场导向型外资占比明显上升，外资企业逐渐向价值链高端跃升

在劳动力、土地等传统生产要素成本明显上升的同时，我国在技术、资本等高端生产要素方面的比较优势也逐步凸显。因此，在制造业中，流入我国的外商直接投资开始呈现出以下三个新特征：一是由纺织、汽车、电子等传统优势行业转向新能源、液晶面板等新兴产业；二是由最终消费品生产转向高附加值零部件生产；三是由面向发达国家市场转向面向我国本土市场，与我国本土企业的竞争日益激烈。[①]

[①] 王一鸣：《战略合作伙伴时代下的中韩投资合作——2010 年中韩经济合作研讨会文集》，中国计划出版社，2011 年版。

表 8-1 给出了我国重要外商直接投资来源地之一的韩国近年来对我国直接投资的重大项目,从中可以看出,韩国对华制造业投资在产品环节上正在由传统的手机等最终产品加工组装向价值链层次更高的液晶面板、高端贴片电容等产品转移,在目的市场方面则由面向欧美发达国家和地区市场逐渐转向面向我国内地。

表 8-1 近年来韩国对华直接投资项目一览

年份	地区	投资者	行业	主要产品
2010	天津	三星	质量监测	技术认证服务
2010	浙江	三星	新材料	不锈钢精密材料生产装置
2010	天津	三星	新材料	高端合成树脂
2010	日照	现代	汽车	汽车零部件
2010	惠州	LG	新能源	LED
2011	天津	三星	电子	高端贴片电容
2011	苏州	三星	电子	7.5 代 LCD
2011	南通	韩华	新能源	太阳能电池板
2011	威海	现代	新能源	风电机组
2012	苏州	三星	电子	8.5 代 LCD
2012	成都	现代	汽车	商用车生产
2014	西安	三星	半导体	晶圆生产
2014	西安	三星	新能源汽车	动力电池

(四) 中西部地区逐步成为新的利用外资热点,服务业利用外资比重超过制造业

随着东部地区生产要素成本的不断提高、中西部地区基础设施和营商环境的不断改善,中西部地区利用外商直接投资规模在"十二五"期间明显高于东部地区,个别地区(如重庆)部分年份增速甚至超过 100%。2016 年流入西部地区的外商直接投资占比已经超过 20%,较 21 世纪初上升了 10 个百分点。流入西部地区的外商直接投资主要分为以下两类:一是承接东部地区外向型产业转移,2016 年重庆、广西、云南等中西部地区已经形成 26 个加工贸易梯度转移承接地;二是面向西部地区本地市场的生产加工基地,如富士康集团在贵州的自主品牌手机生产线主要面向西南五省市场。从表 8-2 中可以看出，贵州、云南、四川等中西部省份利用外资增速在过去 10 年中位居前列。

注：此处"民营企业"的内涵是：全国工业—国有控制—外商企业。

表 8-2 2006—2015 年我国各省利用外商直接投资排名

年平均增速排名前五的省份		年平均增速排名后五的省份	
省份	年平均增速	省份	年平均增速
贵州	34%	青海	-16%
云南	29%	辽宁	-2%
安徽	29%	福建	1%
河南	27%	宁夏	3%
四川	27%	江苏	4%

资料来源：各省统计年鉴。

从行业层面看，随着我国服务业开放水平的不断提高，流入我国服务业的外商直接投资规模增速明显高于制造业，2011 年其总规模也已超过制造业。2014 年服务业占外资比重进一步上升至 61.98%，如图 8-9 所示。在服务业中，除房地产业一直是利用外资的重点行业之外，金融业和科技服务业也是利用外资规模增长十分迅速的行业，2014 年流入这两个行业的外商直接投资同比增速均接近 100%。

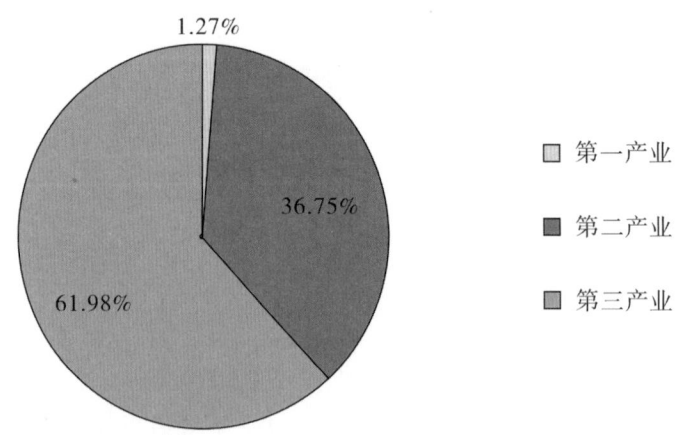

图 8-9 2014 年流入我国的外商直接投资的产业结构

资料来源：中国统计年鉴。

第二节
外资企业在中国经济发展和改革中的重要作用

一、有效弥补国内生产要素短缺

从供给侧看,我国在改革开放初期仅仅在潜在劳动力上具有比较优势,而在资本、技术、管理经验等方面均存在着巨大的短缺。在 20 世纪 80 年代,我国利用外资规模相对较小,外资弥补国内资金、技术和设备短缺更多通过从世界银行等国际机构取得借款等形式完成,但外商直接投资也为深圳、厦门等特区发挥劳动力优势以促进经济增长作出了巨大的贡献。特别重要的是,在当时我国工业投入产出比较低的情况下,外资设立的新企业、新项目实际上形成了高质量的增量资产。[1]

20 世纪 90 年代之后,我国利用外资大幅增长,同时,我国大量农村剩余劳动力以农民工的形式进入生产要素市场,外资企业所提供的资本、设备和先进的管理经验与我国国内的劳动力、土地等生产要素相结合,有效地实现了资源配置效率的最优化,为经济高速增长作出了巨大的贡献。

二、带动国内企业转型升级

国际学术界普遍认为,一方面,引进外资能够打破国内低水平企业对市场的垄断,通过竞争效应促进本土企业加强研发和改进管理,提升劳动生产率;另一方面,由于外资企业的技术和管理经验不可能完全保密,因此本土企业在与外资企业的竞争和合作过程中能够接触到外资企业的先进技术和管理经验,形成技术溢出效应,这种效应在外资企业的上下游本土企业合作方中体现得尤为明显。整体上,外

---

[1] 江小涓:《中国的外资经济对增长、结构升级和竞争力的贡献》,《中国社会科学》,2002 年第 6 期。

资企业对我国企业的竞争效应和技术溢出效应是明显存在的,且对上下游企业的技术溢出效应要高于同行业企业,对民营企业的技术溢出效应要高于国有企业。①

20世纪90年代的调研结果表明,外资企业所运用的技术绝大部分在当时的我国属于空白技术。② 我国企业正是在和微软、三星、沃尔玛、家乐福等外资企业的竞争和合作过程中,逐渐学会了世界主流的经营方式、设计理念,也通过自身的努力消化和吸收逐渐掌握了先进技术,从而提升了自身的技术水平和生产能力,实现了产业结构、产品结构的转型升级。

三、推动我国全面融入全球价值链

如前所述,我国加入WTO之后,发达国家的跨国公司通过在我国建立加工组装基地的方式,使我国的劳动力、配套企业、资金和全球价值链密切相接,使我国成为东亚生产网络的一部分。③ 从客观上看,长期以来,我国自身要素的比较优势决定了我国在全球价值链中处于相对低端环节,所获得附加值偏低。但是,只有进入全球价值链,才能实现从全球价值链低端环节向中高端环节的跃升。在我国融入全球价值链的初级阶段,发挥自身的独特优势,形成巨大的加工制造规模是我国实现产业结构升级不可或缺的一个环节。在这一过程中,我国凭借强大的制造能力、良好的基础设施建设状况以及有效的配套政策,实现对外贸易规模高速增长,最终成长为全球第一大贸易国。

四、推动我国加快经济体制改革

改革开放之后,我国处于由计划经济向市场经济转轨的阶段,经济管理体制面临着深度调整。中国香港、中国澳门地区企业与欧美等发达国家和地区的跨国公司熟知现代市场经济运作规则,因此在外资企业与我国政府管理部门进行互动的过程中,我国政府的传统计划经济体制与市场经济理念不断地发生碰撞并进行调整,最

---

① 路江涌:《外商直接投资对内资企业效率的影响和渠道》,《经济研究》,2008年第6期。
② 江小涓:《利用外资的理论研究》,《经济学动态》,2001年第3期。
③ 李大伟:《提升我国产业在全球价值链中的位势研究》,《宏观经济研究》,2015年第6期。

终形成了有中国特色的社会主义市场经济体制。在我国加入 WTO 之后,外资企业的大量进入使我国充分了解国际通行规则,有效地倒逼我国不断提高开放水平,实施与国际通行规则接轨的外资管理制度。纵观改革开放近 40 年的历史,在行政管理体制改革、价格形成机制改革、营商环境改革等领域,外资企业在客观上为我国提供了有益的经验和借鉴。①

第三节
金融危机以来外资企业相关关系的新变化

一、本土企业与外资企业的差异显著缩小

改革开放初期,我国整体经济发展水平明显落后于欧美发达国家和地区,因此可以将外资企业和本土企业看成两类不同的企业:前者在技术、人才、管理经验、资金上具有明显优势,且遵循国际通行的商业规则;后者的发展水平则要明显逊色于前者。在本土企业和外资企业整体发展差距较大的情况下,对于外资企业的管理既要充分考虑到对本土企业的适度保护,使其具有良好的发展空间,也要考虑到在一些本土企业水平低,甚至处于空白的领域对外资企业采取较多的激励政策。但随着本土企业发展水平日益接近外资企业,加之国际资本流动壁垒日益减轻,我国本土企业在国际金融市场融资日益频繁,跨国公司股权多元化成为潮流,外资企业与本土企业之间的差异已经明显缩小。目前联想、比亚迪等我国知名本土企业的股权结构中也有一部分为境外资本,但将这类企业定义为外资企业显然是不准确的。

因此,从长期看,应从我国企业客观上存在从境外融资的需求角度去理解外资企业在为我国经济发展提供资金方面的作用。民营企业,甚至国有企业,在开展海

---

① 隆国强:《论新时期进一步提高利用外资质量和水平》,《国际贸易》,2007 年第 10 期。

外业务或出于降低融资成本考虑,吸收一定规模的境外资金,最终形成混合所有制的相关企业,这将成为未来外资进入我国的重要模式。特别是在国有企业体制改革之中,在这种模式下外资的进入能够有效地优化股权结构,外方管理人员的参与也有利于提高国有企业的运行效率,将成为未来国企改革的一个重要内容。

二、竞争性技术溢出效应明显增强

近年来,外资企业,特别是发达国家的跨国公司积极推进研发本土化进程,在我国境内设立了大量的研发中心。由于以大型跨国公司为代表的外资企业的研发投入规模巨大,且和国际高水平研发机构有着长期丰富的合作基础,是全球科技创新和产业化应用的重要来源地之一,因此外资企业在未来我国实施创新驱动战略中仍将发挥重要作用。

然而,外资企业对我国本土企业的技术外溢路径较金融危机之前已有明显不同。一方面,外资企业对本土企业的竞争效应将明显强于直接的技术转移。随着外资企业与本土企业技术差距的明显缩小,外资企业对本土企业的技术转移意愿会下降,本土企业对外资企业直接技术转移的诉求也会下降。但外资企业和本土企业的技术竞争仍然存在,且由于双方发展差距较小,在一个良性的市场环境下这种竞争机制对本土企业技术进步的促进作用可能会更加突出。

另一方面,外资企业和本土企业共同开展研发,甚至依托新出现的"互联网+"进行研发合作将成为技术溢出的一个重要方式,最终形成集外资企业、本土企业甚至研发人员于一体的有个性的扁平化创新网络,共同产出创新成果,促进产业升级和技术进步。

三、由弥补资本短缺转向弥补服务短缺

必须看到,我国整体服务业发展水平仍然较低,这已经成为制约我国企业从全球价值链中低端迈向中高端的主要短板。从全球价值链格局看,无论是前端的研发、设计,还是后端的咨询、市场推广、品牌建设,均需要高水平的服务业作为支撑。

第八章
中国所有制结构改革中的外资企业

与发达国家相比，我国整体服务业开放水平仍然偏低，主要体现在以下方面：一是我国针对外资企业与本土企业在项目核准、备案以及企业设立的程序上存在差异；二是我国在市场准入领域对外资进入或提供各种服务的限制和禁止措施仍要明显多于发达国家；三是我国对外资的限制措施散见于各部门的规章，缺乏上位法律支撑；四是我国在企业设立、项目核准和备案等领域的前置审批环节的透明性有待提高，且各级政府的自由裁量权偏大；五是受发展阶段、维护国家安全等正当理由影响，我国在知识产权保护、政府对服务产品的控制、自由获取资讯的便利性等影响开放的"软环境"方面与发达国家存在区别。

中共十八届三中全会明确指出，我国将进一步统一内外资法律法规，保持外资政策稳定、透明、可预期。推进金融、教育、文化、医疗等服务业领域有序开放，放开育幼养老、建筑设计、会计审计、商贸物流、电子商务等服务业领域外资准入限制。这对提升我国服务业发展水平，促进我国服务业和国际规则接轨具有重大意义，未来服务业将成为我国利用外资的重要热点。

四、传统方式外资向外转移步伐加快

近年来，越南、印度尼西亚、印度等经济体加快利用外资步伐，成为全球跨国直接投资新的重要目的地。2014年，美国对马来西亚、菲律宾的制造业投资分别同比增长28.6%和50%，其中一半以上流入IT制造业；日本对东盟的投资额高达204亿美元，远高于其对我国投资的67亿美元；韩国对东盟的投资额约为49.8亿美元，同比增长9.2%，已经超过对我国的直接投资，其中对越南、印度尼西亚投资额分别为21亿美元和8.6亿美元，同比增长43.8%和39.3%。我国也在加大对美国等发达国家的投资规模，以获取先进技术和占领当地市场，并加快将加工制造环节向东盟转移。2014年，我国对东盟的直接投资规模为78.1亿美元，同比增长7.6%。

从中长期看，我国自身的比较优势变化仍将逐渐推动这些效率导向型的外商直接投资由我国向劳动力成本更低的东盟等经济体转移，我国企业提升自身在全球价值链中的地位的客观要求也不允许我国长期固化在简单的劳动密集型加工组装环节

这一低端环节。因此，这类效率导向型外资向劳动力成本更低的地区流动仍然是一个大的发展趋势。

第四节
新阶段发挥外资企业对中国改革的促进作用的思路与方略

一、指导思想

中共十九大报告提出了新时代对外开放的总体思路，指出"推动形成全面开放新格局"，强调"开放带来进步，封闭必然落后。中国开放的大门不会关闭，只会越开越大"。为此：

第一，特别强调要以"一带一路"建设为重点，坚持"引进来"和"走出去"并重，遵循共商共建共享原则，加强创新能力开放合作，形成陆海内外联动、东西双向互济的开放格局。

第二，拓展对外贸易，培育贸易新业态新模式，推进贸易强国建设。

第三，实行高水平的贸易和投资自由化便利化政策，全面实行准入前国民待遇加负面清单管理制度，大幅度加宽市场准入，扩大服务业对外开放，保护外商投资合法权益。

第四，重申凡是在我国境内注册的企业，都要一视同仁、平等对待。

第五，优化区域开放布局，加大西部开放力度。

第六，赋予自由贸易试验区更大改革自主权，探索建设自由贸易港。

第七，创新对外投资方式，促进国际产能合作，形成面向全球的贸易、投融资、生产、服务网络，加快培育国际经济合作和竞争新优势。[①]

[①] 《中国共产党第十九次全国代表大会文件汇编》，人民出版社，2017年版，第28页。

二、三点趋势

（一）由以被动学习为主转向以主动借鉴为主

长期以来，我国企业乃至政府在外资企业面前更多是充当"学生"的角色，采取的是将国外的商业规则、管理理念、营销模式直接"拿来"的做法。这种做法在过去近 40 年的改革开放进程中确实发挥了巨大的作用，但随着我国整体市场经济体制和国际通行规则的差别变得较小，迫切需要充分考虑我国国情，结合先进理念创建出一套适合我国经济发展的体制机制。在这种背景下，简单的"拿来"已经不足以满足未来我国改革的诉求。未来无论是企业，还是政府，在推进改革的过程中，更多是要发挥自己的主观能动性，不但要向外资企业学习，还要推动外资企业适应我国的经济体制机制进一步完善的新趋势，共同为我国的改革积累新的经验。

（二）由"引进来"转向良性竞争合作

长期以来，我国对待外资的思路主要是二元式的：在一些关键领域，出于国家安全、保护民族产业等因素的考虑，对外资实施限制措施；而在大多数领域，特别是一般制造业领域，外资则是"多多益善"。虽然 21 世纪之初特别是 2008 年国际金融危机以来，我国已经明确提出将利用外资的重心由规模向质量转变，但实施引进外资政策的思路仍未发生根本变化。未来我国利用外资的视角应从"是否应引进外资"转向"促进本土企业与外资企业的良性互动"，不必过度干预引进外资的规模、结构甚至技术水平，而要从外资企业是否对我国经济发挥了良性的促进作用，本土企业和外资企业是否存在良性的竞争关系的动态交互性视角制定相应的外资政策，以实现更好地利用外资。

（三）由体制改革转向营商环境塑造

"十三五"期间，我国将全面实施"准入前国民待遇＋负面清单"制度，并进一步完善外资并购安全审查制度，在外资管理模式上与国际通行规则将基本接轨，未来在宏观层面上进一步对外资管理体制进行重大改革的空间已经不大。但在微观层面上，我国仍然存在事前审批项目过多、市场分割严重、透明度偏低等诸多问题，营商环境与发达国家差距仍然较大。世界银行发布的《2015年全球营商环境报告》显示，2015年我国营商环境仅排全球第90位，远低于美国、德国、英国等发达国家，甚至低于越南。因此，从诸多微观层面入手，构建有利于本土企业与外资企业公平竞争的营商环境，将成为未来我国在外资领域推进改革的新重点所在。

三、四组方略

（一）尽快实施"准入前国民待遇+负面清单"制度，在市场准入环节上给予外资企业国民待遇

如何确定负面清单是实施"准入前国民待遇+负面清单"制度的焦点问题。在具体建立负面清单时，建议：

（1）对于青霉素生产、钢铁、有色、化工等不涉及本土企业与外资企业差别待遇的产业部门，可考虑完全按照国民待遇的原则予以管理，将其移出负面清单。

（2）对于钢铁、有色、化工等本土产业存在产能过剩的重工业，建议同样移出负面清单。

（3）对于新能源、生物、3D打印等我国未来可能重点发展，目前并无对外资有关限制的新兴产业，应在原则上保留有关部门的核准权利，但不宜明确设置股比限制等限制措施。

（4）对于涉及民族特殊工艺和国家经济安全的重点行业，应在深入调研具体行业特征的基础上，参考其他国家的经验斟酌制定对外资行为的限制措施。

（5）参考国际经验，在国有企业产权、社会公共利益、少数族群利益、不正当竞争、资源保护、文化传统保护等方面，仿效韩国等发达国家，力争设立大量的灵活性条款。

（二）对外资企业的监管和约束逐渐由经济层面转向信息安全、健康等国家安全层面，加强事中事后监管职能

我国在借鉴发达国家准入前国民待遇这一管理模式的同时，必须强调加强对外资企业的安全审查和准入后监管。建议：

（1）尽量取消在经济层面上对外资企业的核准，如投资项目核准、营业资格核准等，尽量为本土企业和外资企业创造公平便捷的营商环境。

（2）保留区域性产业政策核准、消防安全核准、环保核准、意识形态安全核准等非经济领域的准入前核准环节，但在这些领域应实施本土企业和外资企业统一管理，以避免将这些正常的管理措施错误解读为对外资企业的监管和约束。

（3）借鉴美国经验，实施操作性强、透明度高、程序规范的安全审查制度，防范外资进入对国家安全可能造成的危害。

（4）加强对本土企业和外资企业在环保、技术、劳工权益等方面的监管，防止企业对环境造成严重破坏，并损害劳工利益。

（5）加强在反垄断、不正当竞争等方面的监管，避免外资凭借自身的技术优势垄断国内市场，影响行业稳定健康发展。

（三）进一步优化营商环境，重点解决自然人流动困难、招标机制不透明等隐性障碍

改善营商环境是提升我国利用外资质量，更好地发挥外资促进我国经济增长的作用的关键环节。建议：

（1）重点解决目前自然人流动环节存在的诸多障碍，保证外籍来华人员在教育、医疗、居住、福利等方面和本国公民享受同等待遇，并对高素质人才制定一定的激励政策。

（2）参考 WTO 政府采购协议，重点推进财政项目招投标机制改革，使本土企业和外资企业能够公平公正地参与政府采购项目投标。

（3）积极推进国内服务业相关技术、标准和规则与国际通行规则接轨，解决"弹簧门""玻璃门"等阻碍公平竞争的现象。

（4）进一步提高政府决策透明度，形成规范合理公正的政府决策程序和争端解决机制。

（四）积极加快高标准自贸区建设，探索形成高标准贸易投资规则

高标准 FTA（Free Trade Agreement，自由贸易协定）建设是形成贸易投资规则，提高我国参与全球化门槛的有效工具，也是推进我国国内体制机制改革的重要抓手。建议：

（1）在中韩、中澳 FTA 现有成果的基础上尽快增加科技创新合作、基础设施建设合作、中小企业等双方合作潜力较大领域的议题，并建立增加议题、降低关税税率和提升非传统议题标准的双边协调机制，将中韩、中澳 FTA 打造成为亚太地区高水平 FTA 的重要样板。

（2）积极推进中韩日 FTA、RCEP（Regional Comprehensive Economic Partnership，区域全面经济伙伴关系）、中国—海合会 FTA 等自贸区谈判，并积极推动中韩 FTA 相应规则体系向上述自贸区辐射，增强我国在制定国际经贸规则中的话语权。

（3）加快开展和印度、欧亚经济联盟、巴西等主要新兴经济体的 FTA 谈判，尝试形成适应新兴经济体的经贸规则体系。

（4）把握英国脱欧后英国、欧盟在国际经贸规则中话语权有所降低的机遇，适时启动中英、中欧 FTA 谈判，提升"中国规则"在发达国家的影响力。

PART FOUR

第四篇
治理篇

第九章
国有企业的公司治理及创新

近40年的国有企业改革成效明显,但问题和矛盾也很突出。中共十八届三中全会后,中央和国务院相继推出"1+N"国企改革政策,系统性提出了国企改革的新方略。尤其是,完善公司治理被确定为新一轮国企改革的基础工程,这意味着,国企深化改革要取得成功,完善公司治理是关键。

第一节
国有企业分类及依据

近40年的国有企业改革,在实施市场化改革的过程中,有些方面本着赚钱的原则来推进国有企业改革,从而导致一些领域的国有企业改革偏离了国有企业的本质属性。

从世界国有企业产生的历史看,国有企业是为了解决因市场失灵而出现的市场本身不能解决的诸多公共性问题而产生的,国有企业的成败不在于能否赚钱,或者赚多少钱,而在于尊重国有企业的本质和发展规律,保证国民福利的最大化。

然而,中国仍处于社会主义的初级阶段,国有企业改革不可能像发达国家那样按市场经济自然发展的轨道来走,而是仍然需要发挥其经济带动作用,以在稳定中求发展,尽可能减少改革成本。这意味着,在中国社会主义市场经济的初级阶段,同时存在着不同类型的国有企业,它们的地位和目标是不尽相同的。因此,有必要对国有企业进行分类分析。这种分析既有助于对不同类型国有企业的绩效进行考核,也有助于产业结构的调整和优化,更有助于确立不同类型国有企业的改革方向。

从理论上说,国有企业可以基于目标和功能划分为三类:公益性国有企业、合理垄断性国有企业和竞争性国有企业。

一、公益性国有企业

该类企业提供公共产品和公共服务,如公交、地铁、环卫、国防设施、公共卫生保健、义务教育等。由于公共产品和公共服务的消费具有非竞争性和非排他性,容易出现外部性和搭便车行为,私人企业不愿意进入,进入后无利可图,所以公共产品和公共服务必须,也只能由公益性国有企业来"垄断性"提供。公益性国有企业不以营利为目的,其绩效衡量标准应是社会绩效或公共绩效,即向公众提供高质量的公共产品和公共服务是对其进行评价的依据。目前,对于公益性国有企业,存在着过度市场化的倾向。

二、合理垄断性国有企业

本书第六章,曾将中国的垄断分成三大类六种情况,这里,从合理垄断性的角度,将该类企业分为两类:

(一)自然垄断性国有企业

自然垄断性行业具有规模报酬递增和成本递减的特征,如输电、管道燃气、自来水、铁路运输、水利基础设施建设等。基于这种特征,其产品或服务应该按边际成本来定价。为了既最大限度地提高社会福利,又保证企业不至于亏损,一般采用平均成本定价。按此定价方法,企业不赔不赚,通过收支平衡来实现社会福利的最大化。而如果由私人资本控制,则产品或服务的成本很可能大幅上升,从而影响消费者福利的提高。对这类企业,应当主要以公共绩效同时辅之以财务绩效(以成本控制为主要指标)进行评价。

(二) 稀缺资源垄断性国有企业

稀缺资源是指不可再生的资源，如石油、黄金等矿产资源。为防止资源过度耗竭，保证资源利用的可持续，稀缺资源也必须由国有企业来经营。不过，一方面，为防止稀缺资源消费过度，其定价应由市场决定，这意味着企业能赚钱；另一方面，为防止企业因能够赚钱而过度开发稀缺资源，必须对国内稀缺资源开发征收高额资源税。也就是说，这类企业赚的钱必须全部上缴国家财政，然后通过国家财政支出回馈公众。

以上两类企业都是垄断性企业，但从保障公众利益的角度来说，这样的垄断属于合理的垄断。

三、竞争性国有企业

竞争性行业十分广泛，包括制造业、商业、服务业等，是允许民营资本大量存在的领域。目前，竞争性行业仍然保留部分国有资本，主要基于以下考虑：第一，实现政府调控经济的职能。政府为了实现调控经济的目标，需要部分国有企业分布在一些对经济发展具有战略意义的竞争性行业，并保持一定的控制力。第二，维护经济稳定。中国市场发育程度还不充分，私人资本力量有限，国有企业还有必要保留一部分在竞争性行业中以维护经济稳定，避免过快退出给经济带来的影响。第三，加快产业结构的调整和优化。国有企业能够通过资金和技术优势迅速培育新的产业，推动国家产业结构的调整和优化。竞争性国有企业以营利为目的，能够实现国有资产保值增值和政府调控目标。

另外，现实中可能还有一种情况，即一些竞争性企业由于自身的强大竞争力而成为行业中的支配性厂商，这种企业尽管具有较强甚至很强的垄断势力，但由于行业进入不像前两类那样受到政府管制，消费者也可以通过不消费或少消费来制约企业，因此，该类支配性厂商仍未改变其竞争性企业的属性。

综合来看，公益性国有企业被赋予强制性社会公共目标，以促进社会和谐稳定为基本目标；合理垄断性国有企业包括自然垄断性国有企业和稀缺资源垄断性国有企业，基本上是追求社会公共目标，也可能有一定的经济目标，但这种经济目标或者用以更好地直接实现社会目标，或者通过上缴国库体现为社会目标；而竞争性国有企业以追求利润最大化为首要目标，没有任何强制性社会公共目标。

以上分类是理论上的分类，现实中的国有企业似乎并不能全部纳入这三类国有企业。但是，现实中不能纳入并不意味着理论分类不科学或不完整，而是说明现实中的一些国有企业走偏了方向。比如，一些垄断性国有企业借助政府赋予的垄断资源谋取企业或高管自身的利益最大化，而不考虑或较少考虑公共利益，这属于不合理垄断，对此应当纠偏，使其回到合理的轨道上来。

第二节
国有企业分类治理——基于典型调研

在对国有企业按照功能性质进行分类的基础上，我们于2012年12月至2013年1月调研了7家典型国有企业，以深入了解国有企业改革和公司治理的现状及存在的问题。调研企业中有2家公益性国有企业，2家垄断性国有企业（均为自然垄断性国有企业，没有稀缺资源垄断性国有企业），3家竞争性国有企业（其中2家已上市）；4家地方国有企业，3家中央企业。访谈对象全部是公司高层，包括董事长、党委书记、副书记、总经理、副总经理、工会主席、总经济师、财务总监等。表9-1显示了调研企业的基本信息。

表9-1 调研企业描述性信息

企业类型	企业	股权结构	收入来源	对国有股进退的态度
公益性国有企业	B	国有独资	获得政府一定的补贴，同时，政府为帮助企业筹集资金提供项目支持	部分高管认为，可以走完全市场化道路，因为企业的目标就是营利
	G	国有独资		

(续表)

企业类型	企业	股权结构	收入来源	对国有股进退的态度
自然垄断性国有企业	A	国有控股	政府不提供补贴,而是提供有限的扶持,企业主要依靠多元化经营谋求发展;对于承担社会目标的部分,靠其他盈利项目来弥补	部分高管认为,吸纳其他资本进来可能会带来新的理念和机遇
	C	国有控股		
竞争性国有企业	D	国有独资	不享受政府补贴,靠企业自身盈利	部分高管认为,推行改制有助于竞争性企业的发展
	E	国有控股		
	F	国有独资		

注:根据企业要求,不注明企业名称,使用代码代替。

鉴于国家对不同国有企业的控制力度不同,我们考察了不同类型企业对于国有股进退的看法,以及国有企业改制是会带来风险还是机遇。我们发现,虽然调研企业高管对此持有不同的意见,但有一点基本上是共识,即涉及公共品的部分,必须是国有控股;对于其他性质的企业,应当引入民营资本或外资。但是,国有企业改制,不仅仅是为了让一部分资金进来,更重要的是改变企业经营管理的机制和理念,否则即便引入其他资本,改革也会由于体制问题而无法在企业内部推广。同时,我们发现,部分公益性国有企业的高管对于企业功能性质的认识存在误区,他们认为作为一家企业,无论是公益性还是竞争性,其根本目标都是营利,企业应走完全市场化道路,而这与公益性国有企业的责任和功能是相悖的。

一、调研企业治理结构

(一)董事会运作

我们对调研企业的董事会构成、董事会与党委会的关系、高管选聘、董事长与总经理的关系、薪酬激励和专业委员会制度进行了深入访谈。我们发现,虽然公益性国有企业、自然垄断性国有企业和竞争性国有企业三类企业的经营目标和社会功能性质存在显著差异,但调研企业在董事会设置和治理方面,并没有体现相应的差异化,而是使用完全统一的标准,这可能导致不同类型的国有企业无法实现自身应实现的社会目标或经营目标。表9-2反映了目前国有企业董事会的运作现状。

表9-2 调研企业董事会运作现状

项目	公益性国有企业	自然垄断性国有企业	竞争性国有企业
董事会构成	平均9人	平均11人	平均8人
	包括内部执行董事、外部非独立董事,只有上市公司才设独立董事,非上市公司部分高管认为没有必要设置独立董事		
董事会与党委会的关系	通过职务交叉,互相协调		
高管选聘	董事长由组织部或国资委派遣,总经理人选由组织部或国资委推荐,董事会批准		
董事长与总经理之间的关系	基本不存在董事长和总经理为同一个人的情形,董事长和总经理各自的职责较为明确		
高管考核与激励	受到国资委管控,按照国资委的统一标准,薪酬实行年薪制,根据打分作相应调整		
专业委员会	上市公司设置,运作效果较好,非上市公司没有设置		

1. 董事会构成

调研的国有企业的董事会规模平均在10人左右,董事会构成具有一定的中国特色。董事会成员包括三类人员:内部执行董事、外部非独立董事、独立董事。内部执行董事通常由董事长、总经理、纪委书记、工会主席、总会计师等组成;外部非独立董事和独立董事一般由股东委派,不在企业任职;只有上市的国有企业按照证监会的要求设置了独立董事。

对于国有企业是否应该设置独立董事,不同企业给出了不同答案。一位已上市的国有企业的高管认为,独立董事有助于解决企业内部人控制问题。但大部分非上市国有企业的高管则认为,没有必要设置独立董事。一位高管指出,国有独资企业只有一个股东,可能存在内部人控制的现象,但这可以通过外部非独立董事的制衡来解决,不需要设置独立董事。另一位高管指出,完全照搬国外的东西是行不通的,中国特色就应该是党委监督经营班子,没有必要按照国外的模式设置独立董事。还有一位高管指出,由于目前独立董事基本上是由大股东或董事长推荐而产生的,因此这可能演变成一种变相的利益交换,独立董事机制的功能必然会退化,既然如此,便没有设置的必要。综上,在调研的国有企业中,独立董事发挥作用的企业认可了其设置的必要性,而没有设置独立董事的企业则认为其没有必要设置。

2. 董事会与党委会的关系

在调研企业中,董事会和党委会通过职务交叉(党委会的核心成员都在董事会中)来体现党委对公司决策的参与。双方各自承担的职责不同,董事会主管公司经营决策,重大的投资事项、组织架构的调整变动要通过董事会决策产生;党委会主管干部任命,重大的干部事项按照党管干部的原则由党委会决定。由于党委会的核心成员都在董事会中,加之董事会决策前的沟通,因此,尽管最终决策权在董事会手中,但党委会决策和董事会决策基本没有出现过不一致的情况。

3. 高管选聘

对于国有企业的高管选聘,普遍的做法是董事长由组织部或者国资委派遣,总经理人选则由组织部或者国资委推荐,董事会批准。从法律角度来看,董事会有聘任总经理和副总经理的权力,但是董事会的意志会受到组织部或者国资委的影响,因此基本上不存在否决组织部或者国资委推荐的情况。不过,虽然高管的聘任主导权属于组织部或者国资委,但一些地区正在尝试推动试点改革,比如对于国有企业副总经理的聘任,可以由董事会提名委员会提名,总经理确认,然后与国资委充分沟通。从改革趋势来看,一些地区的国资委对国有企业的人事任免正在逐渐放权。在调研的国有企业中,管理层的人选大多数来自企业内部培养,全国或全球公开招聘的比例非常小。

对于国有企业高管的选聘,调研企业高管普遍认为,公开招聘成功的不多,因为公开招聘可能会遇到两个问题：第一，官本位意识下的上级领导推荐问题；第二，适应问题。大多数国有企业选择内部培养高管，是因为企业内部一些部门领导本身具有本科、硕士或者博士学历，在企业工作多年，逐层锻炼上来，对企业更为熟悉，也更有责任心和忠诚感，招聘过程中优势比较明显，而空降的其他背景的高管往往不能适应国有企业独特的环境。但也有高管提出，管理人员中内部晋升和外部选聘各有各的优势和不足：内部晋升的人员，更熟悉公司情况，很快能上手，但是由于在企业工作时间较长，可能会形成一些固定的思维模式；而外部选聘的人员，尽管不熟悉公司情况，但是没有包袱，能大刀阔斧地开展工作。有的高管认为，企业内部如果始终不能培养一批管理层人选的话，对于企业的健康发展和内部员工士气会造成严重的打击，内部晋升和外部选聘取决于企业不同的发展阶段以及企业的性质。

4. 董事长与总经理的关系

在调研的国有企业中，目前基本不存在董事长和总经理为同一个人的情形，董事长和总经理对自身的职责有较清晰的认识：日常经营活动主要由总经理负责，董事长更多是起决策和监督的作用。国有企业中有一种比较流行的说法是："董事长是管方向的，总经理是管油门的，监事会主席、纪委书记是管刹车的。"也有国有企业高管将董事长与总经理的关系概括为："董事长是管明天的事，总经理是管今天的事，监事会主席是管昨天的事。"调研的国有企业的高管普遍认为，董事长和总经理两职分离是有必要的，两职分离可以起到互相制衡和互相监督的作用，对企业的健康发展有好处。

5. 高管考核与激励

调研发现，国有企业高管薪酬受到国资委的管控，高管薪酬实行年薪制。国资委有一套标准来考核董事长，包括经济指标、社会责任、安全维稳等。总经理薪酬是在董事长薪酬的基础上打一定折扣；副总经理考核采取同样的方式，但折扣逐级递减。高管薪酬有上限，但没有下限，考核中通过扣分制对薪酬进行调整。在考核标准上，竞争性行业和非竞争性行业的基数存在差异：竞争性国有企业的工资上限远高于非竞争性国有企业。同时，既要考核社会责任，又要考核经济责任，对于公益性质较强的行业，经济指标相对较弱，而对于竞争性很强的行业，则更多考核经济指标。对于高管的股权激励，目前非常少，处于起步阶段，一些地区的国资委规定，股权激励收益部分不能超过一定比例，超过的部分则归公司所有。从调研结果来看，国资委对于不同类型国有企业的高管薪酬考核，体现了一定的差异性。

6. 专业委员会

在调研企业中，只有上市公司按照证监会的要求设置了专业委员会，而非上市公司则没有设置。与独立董事的设置类似，一位已上市的国有企业的高管认为，其自身实际经验很好地证明了专业委员会，尤其是审计委员会在公司治理中的作用。而大部分非上市国有企业的高管则认为，没有必要设置专业委员会。

（二）监事会运作

调研的国有企业全部设置了监事会，且监事会主席均由国资委委派，成员包括内部监事和外部监事，由大股东或小股东推荐的人选和员工代表构成。但我们发现，调研企业的高管，尤其是上市公司的高管，都认为监事会、独立董事和审计委员会三者职能不存在重合和交叉，更不会存在意见冲突的可能，因为它们基本上都是由大股东控制的。

二、调研企业信息披露

在调研的国有企业中，已上市的企业能够按照证监会的要求定期披露财务报告等信息，但存在提前向大股东或国资委报告的情况，这背离了股东平等的原则。

非上市国有企业也开始建立一定的信息披露机制。尤其是市场化程度较高的地区，更重视国有企业的信息披露机制建设。如部分地区的国资委把所管辖的所有国有企业的情况，以白皮书的方式向社会公开。公开之后，相关指标或者内容就无法更改，这样在考核时就可以将其作为参照。如果不公开的话，则可以通过国资委进行修改，这样就没有完不成的任务。公开信息接受监督，是国有企业信息披露的进步。同时，部分地区开展非上市国有企业信息披露试点工作，鼓励并要求一些公益性较强的非上市国有企业参照上市公司要求披露年度经营信息。

企业网站建设是企业（尤其是非上市公司）信息披露的有效途径，为此，我们考察了调研的国有企业的门户网站。我们发现，调研企业基本都建设了自己的网站，但是内容含量参差不齐，门户网站模式多类似于上市公司，信息披露主要存在于"投资者关系"门类下。

三、调研企业社会责任

调研的国有企业，无论是公益性国有企业、自然垄断性国有企业还是竞争性国有企业，都承担了一定的社会责任，但不同类型的国有企业承担社会责任存在差异。公益性国有企业主要承担公共性的社会责任，包括服务宏观调控、保障国计民生、维护社会稳定等，同时，它们也会参与一定的自愿性公益社会活动；自然垄断性国有企业和竞争性国有企业则更多承担自愿性公益的社会责任，包括扶贫助困、节能环保、应急救灾、安全生产、关爱员工等，较少涉及公共性社会活动。政府对于企业承担的公共性社会责任，通过补贴或扶持项目给予一定补偿，而自愿公益性社会责任则多为企业自愿承担，不会得到政府的补偿。调研企业承担社会责任的方式，进一步说明了国有企业功能分类的合理性。

第三节
不同类型国有企业的改革方向和治理机制设计

从调研结果来看，虽然公益性国有企业、合理垄断性国有企业和竞争性国有企业三类国有企业的经营目标和社会功能性质存在显著差异，但其法人治理结构和机制并没有"因类制宜"，没有体现相应的差异化。

一、不同类型国有企业的改革方向

(一) 公益性国有企业

公益性国有企业的作用是直接提供公共服务,而非营利。就此说来,把这类企业称为"企业"是不合适的,因为赚钱与该类企业的宗旨不符,因此,最好将这类企业定位为特殊法人。

特殊法人是指依照专门法律设立和经营的,具有专门职能的国有独资单位。特殊法人的特殊性表面上在于其受特别法律规范,经营方式特别,本质上在于其具有特别职能。从产权角度来说,特殊法人由国家单独出资,出资人唯一,这与国有独资公司一致,但特殊法人不受《中华人民共和国公司法》和一般商法规范的约束。特殊法人依照专门法律设立,受专门法律调整,一般不要求作商事登记,其具体组织机构也由特别法规定。在经营上,特殊法人独立核算,但不负盈亏而靠财政维持,若有亏损则由财政弥补。政府依法对其产品价格进行控制。

对于公益性国有企业,应当借鉴西方发达国家经验,推进特殊法人的专门立法,尽快建立特殊法人制度。换言之,公益性国有企业的改革方向不是推进现代企业制度建设,而是非企业化。

(二) 合理垄断性国有企业

对于合理垄断性国有企业,政府必须通过规制政策,使经营者站在国民福利最大化的立场上来经营这类企业,而不是借助行政垄断把消费者剩余最大限度地转化成生产者剩余。

对于自然垄断性国有企业,由于其产品基本上都是公众日常必需品,因此应该选择国有独资形式,以保证企业实现盈亏平衡,而不是追求盈利。这类企业不允许通过股权多元化在资本市场上市经营,因为一旦上市,就意味着要追求利润最大化,公众的基本需求将无法得到满足。

对于稀缺资源垄断性国有企业,改革方向也必须回归其本性,即一方面要抑制需求,另一方面要抑制过度开发。要达到这种双重抑制的目的,只能采取国有独资的组织形式,这与自然垄断性国有企业一样。不过需要注意的是,这里所说的稀缺资源是针对国内资源。如果在国内是稀缺的资源,在其他一些国家并不稀缺,则可以鼓励企业按照资源所在国的法规到国外开发资源。

(三)竞争性国有企业

竞争性国有企业完全按市场规则来运作,追求利润最大化,不承担公共职能(但鼓励其自愿承担社会责任的行为),不过,前提是政府必须放弃对这类国有企业的各种保护,既不赋予其任何行政垄断地位,也不给予其任何政策支持,让它们在市场上与民营企业进行平等的、优胜劣汰的竞争。有公平的竞争,企业才会有创新的动力。

对于这类企业的组织形式,无须追求国有独资,也不必追求绝对控股。国有持股多少由市场来决定,政府不应干预,政府作为出资人代表,只负责监督和从企业中获取足额收益(股息和红利)。随着民营企业的发展壮大,这类国有企业将逐步减少。

显然,通过这种改革,公益性国有企业不再采取企业形式,合理垄断性国有企业尽管是企业,但不以营利为目的,可以说是"准企业"。只有竞争性国有企业才是名副其实的现代企业。

需要强调的是,在国有企业布局上,要通过改革,尽可能使三类国有企业更纯粹一些,使不同类型国有企业更符合自身的本质属性。如果让同一个国有企业履行不同的,甚至是冲突的职能,将会模糊企业的目标,最终可能哪个目标都实现不了。

二、不同类型国有企业的治理机制设计

(一)董事会机制设计

董事会作为公司治理的核心,其机制设计直接关系着不同类型国有企业目标的

实现。然而，如果公益性国有企业、合理垄断性国有企业和竞争性国有企业三类企业的董事会设置和治理使用完全统一的标准，则可能会导致不同类型国有企业无法实现自身应实现的社会目标或经营目标。例如，如果使用同样的薪酬激励标准去管理公益性国有企业和竞争性国有企业，便可能出现公益性国有企业过度追求利润目标，而竞争性国有企业的高管薪酬与市场脱节的问题。

1. 董事会构成

国有企业董事会应包括内部执行董事、外部非独立董事和独立董事。部分高管认为外部非独立董事可以代替独立董事行使监督职能，是存在片面之处的。外部非独立董事对于抑制内部人控制问题，可以起到一定的制衡作用，但却无法制衡一股独大、大股东侵占公司和小股东利益等问题。即便是公益性国有企业，独立董事也能够从社会公众角度出发在一定程度上监督公益目标的实现。因此，国有企业的三类董事都有必要设置，可以用独立董事代替外部非独立董事，但不可以用外部非独立董事代替独立董事。不过，对于不同类型企业的独立董事人选的要求应该有所差异。公益性国有企业的独立董事应具有很强的公益和财务背景，以尽最大能力反映公众利益和诉求，有效控制企业成本；合理垄断性国有企业的独立董事应具有较强的行业、公益和财务背景，使其能够基于行业特征，在很大程度上反映公众利益和控制企业成本；而竞争性国有企业的独立董事应对竞争性市场有深入的了解，能够反映所有股东尤其是小股东的最大化利益。

2. 董事会与党委会的关系

目前国有企业中董事会和党委会通过职务交叉（党委会的核心成员都在董事会中）来体现党委对公司决策的参与，这对于加强党的领导、避免党委与董事会的矛盾具有重要作用。但是，两者的具体职责在不同类型企业中应有一定差异。在公益性国有企业和合理垄断性国有企业中，董事会应重点负责投资决策以及成本和风险控制，党委会则重点负责干部任命和思想政治工作，以充分体现党对于企业公益性和公众利益的掌控，使其不偏离企业的公益性，不背离公众的基本利益，并保证社会发展的可持续性。

3. 高管选聘

目前国有企业对于公开招聘高管持较为消极的态度。企业高管直接影响企业文化、内部环境和经营思路等，国有企业长期在体制内选拔管理层，会导致企业很难增加"新鲜血液"，难以突破固有思路和模式，也难以提升创新性。这可能是中国国有企业持续推进深化改革面临的困难之一。我们认为，选聘不同背景的高管，会带来多元化模式和思路的优势，也必然会引发不同思想碰撞所产生的"阵痛"，然而，不能因为"阵痛"而认为这种选聘方式不适用于国有企业，固守原有思维模式只会加剧国有企业的故步自封，从而抑制企业推进改革和创新。由于竞争性国有企业处于充分竞争的市场环境下，因此可以推动由董事会通过经理或人才市场独立选聘总经理，并对选错总经理独立承担责任，进而由总经理主导选择企业其他高管，总经理及其他高管选聘的标准是如何在合乎公司治理规范的前提下实现企业价值最大化。而对于公益性国有企业和合理垄断性国有企业，由于其高管进入和退出企业的成本较高，可以尝试由政府主导引入公开招聘制度，但公开招聘的标准要与竞争性国有企业不同，应该是如何加强成本控制和体现公众利益。

4. 董事长与总经理的关系

目前国有企业董事长和总经理对自身的职责尽管有较清晰的认识，但在实践中会经常出现越位和交叉。一些企业认为，所谓的"董事长是管方向的，总经理是管油门的，监事会主席、纪委书记是管刹车的"，是一种简单化的理解。如果总经理只管"油门"，既不能把控方向，也不能在发现碰触"红线"时及时"刹车"，其结果是不可想象的。必须明确和强调，公司治理的本质是契约关系，董事会中没有"一把手"，只有召集人，经营层才有"一把手"，即总经理。总经理作为经营层的"一把手"，必须既了解企业发展方向，也有能力沿着正确方向努力开拓创新，同时还能够及时发现碰触"红线"并"刹车"。而董事长作为董事会的召集人，要切实担负起通过董事会机制来实现对以总经理为首的经营层的监督职责，而不是自己充当经营者，对总经理进行授权的是董事会，而不是董事长。如不能认识这一点，董事会和经营层之间监督与被监督的关系将不复存在，董事长和总经理的矛盾将难以消除，公司治理层的契约关系和法律权利平等原则就会遭到严重破坏。更重要的是，明确董事长和总经理的关系，以及总经理在经营层的"一把手"地位，可以保证总经理在遵纪守法和不违反董事会战略决策的前提下，发挥其最大潜能。

5. 高管考核与激励

对于不同类型国有企业的高管考核与激励，现有政策体现了一定的差异性，但差异性不够。我们认为，公益性国有企业、合理垄断性国有企业和竞争性国有企业的考核标准应该有很大的不同。对于公益性国有企业，应该以实现社会公共目标作为评价标准，高管激励不是薪酬多少，而是行政职务的晋升。对于合理垄断性国有企业，为防止因追求利润而忽视公众利益，或者过度开发稀缺资源而影响可持续发展和破坏环境，在高管激励上应与公益性国有企业相同，即高管激励不是来自薪酬，而是行政职务的晋升。但在考核上，自然垄断性国有企业和稀缺资源垄断性国有企业应该有一定差异。对于自然垄断性国有企业，要把成本控制水平和公众满意度作为重要评价标准；对于稀缺资源垄断性国有企业，要把成本控制水平和利润水平（尽管利润是全额上缴财政）作为重要评价标准。对于竞争性国有企业，应该取消高管的行政级别，高管激励来自市场化薪酬。

目前国资监管机构对于高管薪酬有总额限制，由此带来的问题是，有的企业业绩上涨较快（尤其是竞争性国有企业），但薪酬没有上涨的余地，高管薪酬没有真正与企业实际情况相结合。对此，我们认为，对于公益性国有企业和合理垄断性国有企业的高管薪酬，要严格限制上限，可以借鉴西方国有企业的薪酬制度，参照公务员薪酬标准，具体额度要视其完成的公共绩效目标有所浮动；而对于竞争性国有企业，则应该在政府放弃特殊支持的前提下，完全按市场规则来确定高管薪酬，以促进其按照市场规则追求企业利润最大化。具体来说，是在董事会公开选聘高管的基础上，由被选高管与董事会之间的谈判来决定，具体额度则由董事会视高管完成经济绩效的情况而定。

6. 专业委员会

对于国有企业是否应该设置专业委员会，不同的企业存在不同的看法。我们认为，专业委员会的设置与作用的发挥，需要与独立董事制度相结合，专业委员会的负责人由独立董事担任，有助于发挥其被赋予的职责，并保证其独立性。公益性国有企业的独立董事应具有很强的公益和财务背景,合理垄断性国有企业的独立董事应具有较强的行业、公益和财务背景,而竞争性国有企业的独立董事应对竞争性市场有深入了解。由此,由不同背景的独立董事负责的专业委员会,可以有针对性地监督不同类型国有企业的社会目标和经济目标的实现。

(二)国有企业监事会设置

调研企业反映的独立董事或审计委员会的职责不能代替监事会职责(反之亦然),说明二者的职能划分是比较清晰的。但是,这并不意味着同时设置独立董事制度和监事会制度是合理的。如果独立董事职责能够覆盖监事会职责,或者监事会职责能够覆盖独立董事职责,则可以避免机构臃肿,并减少监管"搭便车"的费用,从而使公司治理更加规范。总之,不管哪种类型的国有企业,在健全的公司治理中,不管是监事会,还是独立董事,一定要职责清晰,避免职责重叠,这样才有助于从不同层面监督企业的经营和运作,并降低企业成本。

(三)国有企业信息披露

由于国有企业的最终出资者是全体公众,因此,信息披露不应仅仅针对投资者这一与企业经济目标相关的群体,还应该包括社会公众等与社会目标相关的群体。由此,公益性国有企业、合理垄断性国有企业和竞争性国有企业信息披露的对象和侧重点应该明显不同。公益性国有企业的信息披露对象应是社会公众,其披露重点应是公益目标和成本控制的实现情况;合理垄断性国有企业的信息披露对象也是社会公众,其披露重点除了社会目标和成本控制的实现情况外,对于稀缺资源垄断性国有企业,还应包括利润获取和上缴财政情况;竞争性国有企业的披露对象主要是投资者、债权人以及社会公众,其披露重点应是企业经济目标的实现、自愿承担社会责任情况以及红利分配情况,并且,信息披露应该对所有投资者一视同仁。

最后需要说明的是,国有企业分类治理并不意味着不同国有企业在治理的各方面都有严格区别,个别方面也有相同之处,或者存在共性,这是正常的,就像国有企业和民营企业在治理上存在共性一样。

本 章 小 结

本章以"国有企业分类改革与分类治理"为基本思路,根据中国的实际情况,将国有企业划分为公益性国有企业、合理垄断性国有企业(又分为自然垄断性国有企业和稀缺资源垄断性国有企业)和竞争性国有企业三类。通过典型调研,分析了目前国有企业改革和治理的现状及存在的问题。调研企业普遍认为对国有企业进行分类改革和分类治理是非常有必要的,并且认可三种类型国有企业划分的合理性。由于调研企业在规模上都属于大中型国有企业,其业务的多样化使得企业较难分类,在此以其更偏向某一种类型来分类。在董事会构成、董事会与党委会的关系、高管选聘、董事长与总经理的关系、高管考评与激励以及专业委员会制度方面,虽然三类企业的经营目标和社会功能性质存在显著差异,但其董事会设置和治理并没有体现相应的差异化,信息披露对象和披露内容也不存在明显的差异。国有企业要深化改革,一方面,在布局上,要尽可能使三类国有企业更纯粹一些,使不同类型国有企业更符合自身的本质属性;另一方面,在公司治理和评价上,要制定符合各自属性的评价标准和治理准则。

国有企业分类改革和分类治理的思路,既强调了国有企业的营利性(竞争性国有企业),又考虑了国有企业的社会作用和公共性(公益性国有企业和合理垄断性国有企业),是深化国有企业改革、做优做强国有企业的有效途径,也是国有企业改革研究的未来方向。

第十章
国有企业高管薪酬制度及改革取向

高管是企业家范畴,是企业发展和创新的核心力量。但高管能否发挥出最大潜能,除了强化他们的责任机制外,企业的激励或薪酬机制也是不可忽视的重要因素。高管薪酬合理与否,关乎国有企业的运作效率。因此,研究国有企业高管薪酬问题具有非常重要的理论和现实意义。

第一节
国有企业高管薪酬制度变迁

国有企业高管薪酬正经历着从计划分配到市场化薪酬激励的变迁过程,但这种变迁尚未最终完成,计划分配的色彩仍然存在,薪酬与实际贡献的匹配度并不高,市场化激励机制仍需进一步健全。

改革开放之后,国有企业高管薪酬制度的发展大体可以划分为三个阶段。

一、岗位工资制阶段(1978年至20世纪90年代初)

1978年党的十一届三中全会召开,明确国企改革路线,重新确定按劳分配的原则,恢复高管奖金制度,提高高管工资水平。具体做法为,在工资总额上实施"工效"挂钩;企业可以自主选择不同的工资制度,包括岗位工资制、岗位等级工资制、结构工资制、浮动工资制和达标工资制等。

1986年,《国务院关于深化企业改革增强企业活力的若干规定》颁布,指出对实施厂长经理负责制的国有企业,如果高管完成了责任期的目标,那他的收入水平可以更高一些。

20世纪80年代末期,国有企业开始了"产权清晰、权责明确、政企分开、管理科学"的现代企业制度改革。为了调动高管工作的积极性,国有企业开始着手建立高管薪酬制度。

1992年,原劳动部颁布《岗位技能工资制试行方案》,岗位工资制成为国有企业高管薪酬制度,这意味着计划经济时期的等级工资制被彻底废除。岗位绩效工资包括岗位工资、年功工资和效益工资,把高管薪酬与企业绩效联系起来,有较强的激励作用。

二、年薪制阶段(20世纪90年代初至2012年)

1992年,上海市轻工局选定所属上海英雄金笔厂等3家企业在全国实行年薪制。随后深圳、四川、江苏、北京、河南、辽宁等省、市也先后开始了年薪制试点。

1995年,原劳动部出台《企业经营者年薪制试行办法》,并在100家国有企业中进行试点并逐步推开。高管年薪由基本工资和风险收入构成,其中风险收入与高管的经营业绩挂钩,以激励高管努力工作。1999年,国家开始允许和鼓励企业对其经营者和核心技术人员实行股权激励,但由于相关条件不成熟而未能将其推广。

2004年和2005年,国资委先后发布《中央企业负责人薪酬管理暂行办法》和《关于中央企业试行企业年金制度的指导意见》,在国有企业中普遍推行高管年薪制,旨在建立有利于国有资本保值增值的高管激励机制;2006年,国资委发布《国有控股上市公司(境内)实施股权激励试行办法》,为国有企业实施高管股权激励提供了政策保障;2007年,国资委发布《中央企业负责人经营业绩考核暂行办法》,提出国有企业高管的经营业绩考核标准和方法。

2009年,财政部出台"限薪令",严格控制国有企业,尤其是金融企业的高管薪酬。2010年,国资委进一步修订《中央企业负责人经营业绩考核暂行办法》,进一步明确了央企高管考核标准,采用经济附加值(EVA)作为评价央企高管业绩的标准,使央企高管绩效考核有规可循。

三、注重分类和长期激励阶段（2013 年至今）

2013 年党的十八届三中全会作出了深化国有企业改革的战略部署。2015 年，《中共中央　国务院关于深化国有企业改革的指导意见》发布，明确提出对国有企业领导人员实行与选任方式相匹配、与企业功能性质相适应、与经营业绩相挂钩的差异化薪酬分配办法。对中共中央，国务院和地方党委、政府及其部门任命的国有企业领导人员，合理确定基本年薪、绩效年薪和任期激励收入。对市场化选聘的职业经理人实行市场化薪酬分配机制，可以采取多种方式探索完善中长期激励机制。健全与激励机制相对称的经济责任审计、信息披露、延期支付、追索扣回等约束机制。严格规范履职待遇、业务支出，严禁将公款用于个人支出。

第二节
行业垄断、"放大效应" 与高管薪酬

高管的薪酬应与其对企业的贡献相吻合，这是普遍的市场规则。中国许多国企高管的薪酬与其贡献不吻合，主要表现为薪酬激励不足。这已经引起人们的普遍关注。不过，需要注意的是，这种不吻合有两种情况：一种情况是真正的不吻合，即高管的薪酬不能反映其实际贡献，贡献较大，但薪酬不高；另一种情况是虚假的不吻合，即当用企业名义绩效来衡量高管的贡献时，表现为薪酬激励不足，但如果剔除企业从政府获得的各种垄断资源和优势（包括政策），则高管贡献并不像名义上的那么大，可能缩水很多，由此就出现高管薪酬看起来低，但用实际贡献来衡量，则可能不低，甚至还偏高或激励过度。

我国国有企业中有相当一部分企业从事的是于自然垄断性行业和稀缺资源性行业，这部分企业尽管存在垄断，但从自然垄断性行业的属性和保护稀缺资源的角度来看，应归于合理垄断。然而，在中国的部分稀缺资源性行业中，如石油、发电和矿产开采行业，这些行业中的企业是归于竞争性企业范畴的，或者说，基本上属于营利性国有垄断企业。在这些企业，利润不完全来自于高管的努力，其中一部分利润属于垄断利润，而这些垄断利润与由于高管努力而产生的利润经常混合在一起，被误认为是高管努力的结果，进而高估了高管的实际贡献，即放大了高管的贡献。因此，需要按照高管的贡献评价高管的行为结果，以此来支付高管薪酬，这就需要我们准确衡量高管的贡献。

一、行业垄断与垄断租金

对于营利性国有垄断企业，其高管薪酬契约必须充分考虑政府赋予企业的垄断优势，否则必然会高估高管对企业业绩的实际贡献，从而对高管贡献作出不合理的补偿。营利性国有垄断企业的垄断优势主要来源于土地租、资源租、价格租、利息租、分红租和政府补贴等六项垄断租金。

资源租：改革前，政府通过计划方式分配经济资源；改革后，逐步转向主要由市场来分配经济资源。但是，对于国有垄断企业，政府仍然使用行政手段而不是市场手段分配给其大量的经济资源，使国有垄断企业获得了大量的资源租。

价格租：在市场经济条件下，产品价格应该由市场供求关系决定，不过，国有垄断企业的产品价格并不是由市场决定的，而是由具有垄断地位的企业自身决定的，即使产品价格需要通过听证会决定，这些也只是程序。

利息租：长期以来，非国有企业和国有企业面临着天壤之别的银行贷款条件，国有垄断企业想获得贷款是十分便利的，且利率较其他类型企业低很多，这使国有垄断企业获得了大量的利息租。

政府补贴：政府补贴是营利性国有垄断企业具有的绝对优势，其获得的政府补贴经常是国有非垄断企业获得的政府补贴的几倍，甚至几十倍。

以中石油为例，表10-1计算了中石油2007—2010年的垄断租金。可以看到，尽管中石油的名义利润很高，可扣除垄断租金后，实际利润大大缩水。这种情况在营利性国有垄断企业中比较普遍。

表 10-1　中石油垄断租金（2007—2010 年）　　　（单位：亿元）

项　目	计算	2007 年	2008 年	2009 年	2010 年
营业收入	(1)	8350.37	10711.46	10192.75	14654.15
名义企业业绩（营业利润）	(2)	1939.58	1495.20	1447.65	1930.86
垄断租金	(3)	1196.28	696.60	2200.14	1564.00
其中：土地租	-	236.94	249.30	253.43	268.08
资源租	-	410.29	498.83	294.59	377.61
价格租	-	153.92	-226.44	1631.15	891.41
利息租	-	7.13	5.77	10.00	10.91
政府补贴	-	388.00	169.14	10.97	15.99
实际企业业绩（营业利润）	(4)=(2)-(3)	743.30	798.60	-752.49	366.86
名义营业利润率（%）	(5)=(2)÷(1)	23.23	13.96	14.20	13.18
实际营业利润率（%）	(6)=(4)÷(1)	8.90	7.46	-7.38	2.50

资料来源：高明华，《中国上市公司高管薪酬指数报告 2011》，经济科学出版社，2011 年版。表中数据根据中国石油股份有限公司年报（2007—2010 年）相关数据计算。

政府补贴是营利性国有垄断企业垄断利润的主要来源之一。表 10-2 列出了石油、发电和矿产开采行业 11 家营利性国有垄断企业所控股的 24 家上市公司 2001—2010 年的政府补贴数据。

表 10-2　2001—2010 年营利性国有垄断企业的政府补贴（单位：亿元）

年份	样本数（个）	获得政府补贴的样本数（个）	政府补贴	补贴均值
2001	14	4	1.7406	0.2176

(续表)

年份	样本数（个）	获得政府补贴的样本数（个）	政府补贴	补贴均值
2002	16	6	1.3802	0.2760
2003	18	7	3.8246	0.4250
2004	19	8	1.4976	0.1361
2005	19	12	4.8733	0.4873
2006	20	15	99.4534	7.1038
2007	23	19	53.2346	4.0950
2008	20	18	57.2868	4.7739
2009	24	23	11.9416	0.7463
2010	23	22	10.1806	0.6787
合计	196	134	245.4133	1.8940

资料来源：杜雯翠，《国有垄断企业改革与高管薪酬》，中国出版集团东方出版中心，2016年版，第114页。

由表10-2可知，2001—2010年，共有196个样本点，其中134个样本点有政府补助，共获得政府补贴245.4133亿元，占样本公司扣除非经常性损益后净利润总和（10821.34亿元）的2.27%；样本公司平均每年获得约1.89亿元政府补贴。

表10-3统计了2001—2010年营利性国有垄断企业、国有非垄断企业和非国有企业三类样本企业的政府补贴情况。

表10-3　2001—2010年三类企业的政府补贴　　（单位：亿元）

企业类型	样本数	平均值
营利性国有垄断企业	196	7.3
国有非垄断企业	226	0.169
非国有企业	215	0.176
全部样本	637	2.35

资料来源：杜雯翠，《国有垄断企业改革与高管薪酬》，中国出版集团东方出版中心，2016年版，第115页。

由表 10-3 可知，营利性国有垄断企业的政府补贴均值为 7.3 亿元，远远高于国有非垄断企业的政府补贴均值（0.169 亿元）和非国有企业的政府补贴均值（0.176 亿元）。可见，营利性国有垄断企业这些年来获得了巨额的政府补贴。

因此，对于营利性国有垄断企业，衡量高管贡献需要剔除其因享有垄断资源而获得的利润部分，按其实际贡献实施激励。

二、行业垄断对高管贡献的"放大效应"

股东和高管是委托代理关系，股东作为委托人希望高管使企业利益最大化，高管作为代理人却以自身利益最大化为行为准则。高管的努力程度属于私人信息，是股东难以观察到的，更是难以衡量的，这种信息不对称很容易造成管理层的道德风险。为了避免道德风险带来的损失，股东往往会根据企业业绩来判断高管的努力程度，进而决定支付的薪酬。但问题的关键是，企业的业绩到底在多大程度上能够反映高管的努力程度？换句话说，企业业绩中有多少来自高管的努力，多少来自企业自身的固有条件，多少来自政府赋予的垄断优势？

非垄断企业的业绩由企业规模、治理结构和高管努力程度等因素决定。垄断企业则不同，除上述因素外，还有其天生的自然垄断优势或行政垄断优势。这里，我们运用一个简单的理论模型来分析垄断优势对高管贡献的影响。

先作如下假设：

(1) 高管是理性的经济人，其行为出发点是自身利益最大化。

(2) 高管自己决定采取何种努力程度 (k)。

(3) 高管努力要付出体力和脑力成本，记为 $c(k)$。成本与努力程度有关，高管越努力，成本越高，即 $\frac{\delta c(k)}{\delta k} > 0$。因此，令 $c(k) = a + bk$，其中 a、b 均为常数，b 反映了高管成本对努力程度的敏感性。

(4) 企业看不到高管的努力程度，只看到企业业绩等结果。

(5) 企业根据业绩支付高管薪酬，表示为 $w = w(y)$，y 是企业业绩。

(6) 企业业绩由很多因素决定，包括企业固有条件（如资产、规模等）、政府赋予企业的垄断优势、高管的能力和努力程度。进而，业绩可以表示为 $y = y(k, q, s, m)$，其中，q 表示高管能力，s 表示企业固有条件，m 表示垄断优势。这里，将 m 写进 s。如果企业拥有垄断优势，则 $m > 0$；如果企业没有垄断优势，则 $m = 0$。即非垄断企业的 $s_1 = s + m = s$，垄断企业的 $s_2 = s + m > s$，如果两个企业的固有条件相同，那么有垄断优势企业的最终固有条件（包含垄断优势）大于无垄断优势企业的最终固有条件（包含垄断优势），即 $s_1 < s_2$。

对于管理者来说，其效益函数应该包括薪酬、在职消费、声誉等，但由于对在职消费的衡量迄今为止并没有很准确的办法，声誉也无法衡量，因此这里讲的高管效益函数只包括高管薪酬。而且，在某种程度上，高管效益函数最重要的因素是薪酬激励。于是，高管效益函数为 $u = w(y) - c(k)$。高管最大化其效益函数，求效益函数的一阶导数，结果为：$\frac{\delta u}{\delta k} = \frac{\delta w}{\delta y} \times \frac{\delta y}{\delta k} - \frac{\delta c}{\delta k}$，令 $\frac{\delta u}{\delta k} = 0$，则 $\frac{\delta w}{\delta y} \times \frac{\delta y}{\delta k} = \frac{\delta c}{\delta k}$。由于 $c(k) = a + bk$，所以 $\frac{\delta c}{\delta k} = b$，$b$ 为常数。因此，$\frac{\delta w}{\delta y} = \frac{\frac{\delta c}{\delta k}}{\frac{\delta y}{\delta k}} = \frac{b}{\frac{\delta y}{\delta k}}$，$\frac{\delta w}{\delta y}$ 就是"高管薪酬—企业业绩相关度"。

由于企业业绩由很多因素决定，这里参考柯布—道格拉斯生产函数考虑企业业绩的决定。柯布—道格拉斯生产函数为 $y = L^{\alpha} K^{1-\alpha}$，其中 L 为人力资本，K 为物质资本，α 为人力资本的贡献率，$1 - \alpha$ 为物质资本的贡献率。企业的人力资本包括高管和工人的人力资本。但相对于工人人力资本来说，高管人力资本一直被看作决定企业发展的主要因素。因此只考虑有差异的高管人力资本，工人的人力资本可以通过行业因素体现在实证中。企业高管的能力和努力水平可以看作人力资本投入，而企业固有条件和垄断优势则是物质资本投入。写成由高管能力、努力水平、企业固有条件构成的企业业绩函数，为 $y = (kq)^{\alpha} s^{1-\alpha}$。

非垄断企业：$y_1 = (k_1 q_1)^{\alpha} s_1^{1-\alpha}$，$\frac{\delta y_1}{\delta k_1} = \alpha q_1^{\alpha} s_1^{1-\alpha} k_1^{\alpha-1} = \alpha q_1^{\alpha} (\frac{s_1}{k_1})^{1-\alpha}$；

垄断企业：$y_2 = (k_2 q_2)^{\alpha} s_2^{1-\alpha}$，$\frac{\delta y_2}{\delta k_2} = \alpha q_2^{\alpha} s_2^{1-\alpha} k_2^{\alpha-1} = \alpha q_2^{\alpha} (\frac{s_2}{k_2})^{1-\alpha}$。

在高管能力相同（$q_1 = q_2$），努力水平相同（$k_1 = k_2$）的情况下，垄断企业和非垄断企业的"高管薪酬—企业业绩相关度"主要取决于企业包含垄断优势在内的最终固有条件（s）。由于政府赋予垄断企业垄断优势和特权，所以相对于同等条件的非垄断企业，$s_1 < s_2$。进而有，$\alpha q_1^\alpha (\frac{s_1}{k_1})^{1-\alpha} < \alpha q_2^\alpha (\frac{s_2}{k_2})^{1-\alpha}$，于是，$\frac{\delta y_1}{\delta k_1} < \frac{\delta y_2}{\delta k_2}$。

这个不等式说明垄断企业的业绩对高管努力程度的敏感度大于非垄断企业的业绩对高管努力程度的敏感度。这是因为垄断企业天生的垄断优势放大了高管的努力成果，这可以称为垄断的"放大效应"。而非垄断企业没有这种垄断优势，即不存在"放大效应"。譬如，垄断企业的高管努力值为10，由于垄断因素的存在，这个10反映到业绩上可能就是100；非垄断企业的高管努力值为10，这个10反映到业绩上也仍是10。

这个关系应用到薪酬的决定上，就可以说明垄断企业薪酬是否具有理性的问题。因为 $\frac{\delta y_1}{\delta k_1} < \frac{\delta y_2}{\delta k_2}$，所以 $\frac{b}{\frac{\delta y_1}{\delta k_1}} > \frac{b}{\frac{\delta y_2}{\delta k_2}}$。又因为 $\frac{\delta w}{\delta y} = \frac{b}{\frac{\delta y}{\delta k}}$，所以 $\frac{\delta w_1}{\delta y_1} > \frac{\delta w_2}{\delta y_2}$。垄断企业的"高管薪酬—企业业绩相关度"小于非垄断企业的"高管薪酬—企业业绩相关度"，即垄断企业和非垄断企业的业绩同样上升一个单位，高管薪酬上升的程度不应是相同的，垄断企业高管薪酬的增加幅度应该少于非垄断企业高管薪酬的增加幅度。因为业绩上升同样的程度，垄断企业高管付出的努力小于非垄断企业高管付出的努力。

综上所述，理论模型得出以下两个主要结论：第一，垄断企业"业绩对高管努力程度的敏感度"大于非垄断企业"业绩对高管努力程度的敏感度"；第二，垄断企业"高管薪酬—企业业绩相关度"小于非垄断企业"高管薪酬—企业业绩相关度"。正因如此，对垄断企业高管努力的评价不能完全用企业业绩来衡量。即使将企业高管薪酬和企业业绩挂钩，也应将垄断企业和非垄断企业区分开来。

第三节
国有企业高管激励机制市场化改革取向

作为国有企业运营的核心人物，高管是完成企业目标的执行者。国有企业高管是否能够最大限度地满足国有企业所有者的利益要求，取决于是否拥有健全、合理、有效的监督机制、约束机制与激励机制。其中，激励机制的市场化取向改革方向已经确定，那么，不同类型国有企业的高管激励应以什么作为支付依据呢？国有企业高管贡献的评价标准是什么？国有企业高管通过什么方式获得激励？这是本节所要回答的问题。

一、企业高管激励：分类与分层

所谓分类，是指国有企业具有不同类型。分类是基于中国国有企业的实际布局，分类改革包含着高管薪酬的分类改革。在第九章，我们把国有企业分为公益性国有企业、合理垄断性国有企业和竞争性国有企业三种类型，其中合理垄断性国有企业又分为自然垄断性国有企业和稀缺资源性国有企业。国有企业类型不同，对企业高管的要求也应不同。公益性国有企业和合理垄断性国有企业的高管应以公众利益最大化为目标，满足公众对公共品、准公共品以及社会经济可持续发展的需求；竞争性国有企业的高管则应以股东（含国资股东和民资股东）利益最大化为目标，实现股东资本的保值和增值。因此，不同类型国有企业的高管的薪酬机制设计不应相同。

所谓分层，是指把国有企业负责人进一步分为不同层次。从公司治理角度，国有企业负责人的分层不是把负责人按行政级别分类，而是指同一企业的不同负责人具有不同的来源和职责。需要注意的是，这里使用了"企业负责人"概念，而不是使用"企业高管"，因为企业高管只是企业负责人的一种类型，并不是全部企业负责人都是企业高管。

对于公益性国有企业和合理垄断性国有企业，基于公益性、准公益性、资源稀缺性的企业特点，以及满足公众利益和经济社会可持续发展的目标，国有企业负责人不存在分层问题，即他们均由政府委派，且有相同的职责，只是职责分工不同。

对于竞争性国有企业尤其是国有控股的混合所有制企业，企业负责人可以分为四层：一是政府董事（即政府委派的代表国资的外部非独立董事）；二是独立董事；三是高管董事；四是非董事的高管（如不担任董事的副总经理）。政府董事和独立董事是外部董事或非执行董事，他们都不是企业高管，高管董事则是内部董事或执行董事，他们与非董事的高管共同构成企业的高管团队。对于企业集团中的子公司，企业负责人同样存在来源和职责等方面的差异，但不再存在政府董事，而是代之以母公司派出的、代表母公司（股东）利益的外部非独立董事，该类董事不具有政府背景。

国有企业分类以及竞争性国有企业负责人的分层，意味着国有企业负责人激励机制的差异化，通过差异化的激励机制设计，调动企业负责人的最大动力。

二、公益性国有企业和合理垄断性国有企业负责人激励机制的创新

公益性国有企业和合理垄断性国有企业的特点和目标决定了企业负责人薪酬激励机制基本上参照公务员薪酬激励机制，即企业负责人应由政府委派，具有相应的行政级别，在信息公开的前提下，以公众满意度、有效成本控制、稀缺资源过度开发程度、生态和环境评估等指标为贡献评价标准，对公益性国有企业和合理垄断性国有企业负责人进行有效和合理的激励。

对公益性国有企业和合理垄断性国有企业负责人进行有效和合理激励的前提是正确评价企业负责人的贡献，只有对公益性国有企业和合理垄断性国有企业负责人的行为和贡献作出正确评价，对其激励才具有针对性。公益性国有企业和合理垄断性国有企业由于经营目标和方式的差异化，对负责人的贡献评价是不尽相同的。

公益性和自然垄断性这两类国有企业负责人的贡献应以企业的有效成本控制（包括负责人履职成本）和公众满意度作为标准。选择有效成本控制作为评价标

准，是因为这两类国有企业需要在满足公众需求的前提下尽可能降低成本，防止虚增成本，对于公益性国有企业，还应尽可能减少其财政压力。因此，能否有效控制成本水平，以最小的投入获得公众满意的公共品和准公共品的产出，是评价公益性国有企业和自然垄断性国有企业负责人贡献的主要标准。选择公众满意度作为评价标准，是因为公众不仅是公益性国有企业和自然垄断性国有企业的所有者，也是企业产出的最终使用者，且公共品和准公共品是不能选择和替代的。因此，能否为公众提供数量足、质量优的公共品和准公共品，就自然成为评价公益性国有企业和自然垄断性国有企业负责人贡献的重要标准。

对于稀缺资源垄断性国有企业来说，由于需要抑制消费，因此产品定价必须考虑供需水平，这使得企业可以盈利，只是需要将盈利绝大部分上缴国库，然后通过国家财政支出回馈公众。因此，对于这类国有企业，要把成本控制水平（包括企业负责人履职成本）和利润水平作为企业负责人贡献的重要评价标准。同时，由于稀缺资源性垄断国有企业的生产资料来源于国内不可再生的稀缺资源，因此，是否过度开发资源以及相应的对生态环境和经济社会可持续发展的影响程度也是衡量稀缺资源垄断性国有企业负责人贡献与行为的重要标准。

通常人们认为监督是促进国有企业负责人实现自身利益与企业利益一致性的重要手段，但这不是唯一手段。与监督相对应的是激励，激励同样可以实现这种一致性。可以说，监督和激励是一枚硬币的正反两面，在促进国有企业负责人努力工作上发挥着同等效力。那么，如何通过激励机制创新促使公益性国有企业和合理垄断性国有企业负责人将企业利益纳入自身效用最大化的目标函数中呢？这包括两个方面：一是职务升迁；二是竞争上岗。由于公益性国有企业和合理垄断性国有企业不能盈利，或者只有微薄利润，或者利润要以高额资源税形式上缴，因此，对公益性国有企业和合理垄断性国有企业负责人的激励并不能采用以现金、股票、期权为主要形式的物质激励，而是以职务升迁为主要形式的非物质激励。也就是说，公益性国有企业和合理垄断性国有企业负责人应保留行政级别，其薪酬待遇则参考同级别的公务员薪酬，并根据其贡献评价确定一定的浮动区间，总体上要略高于同级公务员薪酬。与此同时，应严格控制公益性国有企业和合理垄断性国有企业负责人的在职消费，避免企业负责人通过在职消费实现自我补偿。在这种情况下，职务升迁就是主要的激励方式。基于这种激励，还可以同时进行竞争上岗，以加大激励的力度。

三、竞争性国有企业负责人激励机制的创新

竞争性国有企业是市场化的企业，应当通过强化公司治理、实现依法治企来实施市场化的激励机制。

（一）竞争性国有企业负责人的选择与贡献评价

如前所述，竞争性国有企业负责人可以分为政府董事、独立董事、高管董事和非董事的高管。目前，这些董事和非董事的高管基本上都由董事直接或主导任免。对于其中的股份有限公司和有限责任公司来说，按照《中华人民共和国公司法》，董事只能由股东（大会）选举产生，高管只能由董事会独立选聘，国家作为非单一股东，是无权主导选择或任命的。在政府直接或主导任命和聘用的情况下，高管出现问题的概率不仅高，而且将无人对此负责。由于聘任他们的主体实际上是政府（国资委或上级组织部门），而不是仅仅走形式的董事会，因此，董事会是不可能对此负责的，而任命他们的政府部门由于是集体组织，也无人对此负责，集体负责等于无人负责。

为保证对竞争性国有企业负责人监督到位和各负其责，基于企业的竞争性，负责人的来源不应相同。

政府董事是国有股东的代表，应由政府选择和推荐。对于拥有股东大会的国有控股的混合所有制企业，最终应由股东大会选举产生。为保证政府董事忠实代表国有股东利益，同时避免其与高管董事合谋，政府董事应设为外部非独立董事，并享有行政级别，政府对其监督等同于对公务员的监督。

独立董事、高管董事和非董事的高管均应来自职业化的经理人市场，不具有行政级别。对于拥有股东大会的国有控股的混合所有制企业，独立董事和高管董事都由股东大会选举产生，总经理以外的其他高管则应由总经理提名，董事会选聘。

职业化经理人市场的核心特征是职业和透明。"职业"意味着经理人的人力资本具有专用性，其职业转移的成本很高，从而促使其尽心尽力做好自己的经理人职业；"透明"意味着经理人的任职经历（包括成功的经历和失败的经历）和社会关系是透明的，隐瞒个人信息将会被市场认定为不诚信或信用很低而遭到市场淘汰，这对于职业化的经理人来说，代价是极高的。

要特别提到的是独立董事的选择。目前国企中近一半的独立董事来自高校、科研机构和政府机关，尽管这些独立董事形式上是独立的，但由于不是来自于经理人市场，因此经理人市场的优胜劣汰机制难以对这些独立董事产生约束作用，也就是说，经理人市场的竞争对不是来自经理人市场的独立董事不能起到促使独立董事自我约束和尽职尽责的作用。

那么，总经理的来源又如何呢？根据北京师范大学公司治理与企业发展研究中心的"中国上市公司分类指数数据库"显示，2013年、2015年和2016年，在沪深两市上市公司中，总经理由市场选聘的比例分别是12.17%、12.12%和9.44%。

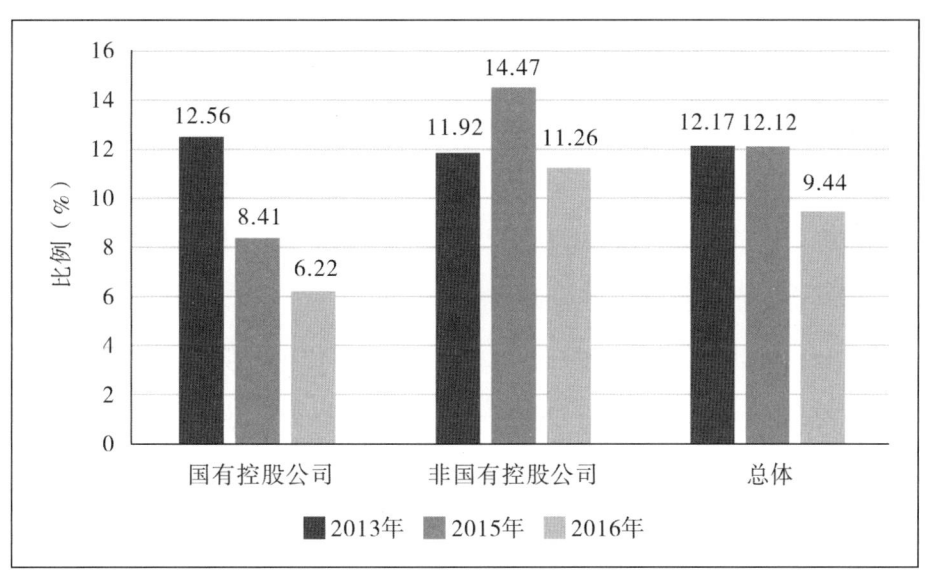

图10-1　上市公司总经理由市场选聘的比例

资料来源：北京师范大学公司治理与企业发展研究中心"中国上市公司分类指数数据库"。

其中，国有控股公司总经理由市场选聘的比例为 12.56%、8.41% 和 6.22%，下降非常明显（参见图 10-1）。

可以看到，不论是国有控股公司，还是非国有控股公司，市场选聘总经理的比例都是十分低的。值得注意的是，国有控股公司的市场选聘并非都由董事会独立选聘，更多的是由政府主导选聘，因此，真正由董事会独立选聘总经理的比例更低。由于不是董事会独立选聘总经理，使得董事会对总经理的正常监督关系发生异化，出现监督真空。

竞争性国有企业应当选择什么样的负责人？答案一定是能力高的，并且这种高能力同时包含着对企业和投资者的高度忠诚。这对于总经理尤其重要，因为在规范的公司治理环境下，总经理是真正意义上的企业家。高能力的企业家是在激烈的市场竞争中涌现出来的，靠政府或某个人的"独具慧眼"不是选择高能力企业家的最优方案。当然，这还有赖于经理人市场的成熟与完善，有赖于经理人声誉的透明与公开。因此，政府必须积极推动建立职业化的经理人市场，使市场的惩戒机制能够对现任经理人产生强激励和强约束，从而造就更多的高能力企业家。在经理人市场相对完备的前提下，董事会可以从人力资本、关系网络、战略领导、社会责任等方面综合考核应聘者的企业家能力，进而独立选聘出与企业需求相匹配的高层管理者，实现竞争上岗。

目前国有企业负责人的能力如何呢？根据高明华等人的研究（参见图 10-2），目前中国国有企业企业家能力普遍偏低。2001 年以来，国有控股公司的企业家能力呈下降态势，且低于非国有控股公司。究其原因有三个方面：一是我们研究评价的对象是总经理，而总经理在绝大部分公司不是独立的企业家，而是一个附属角色；二是总经理不是董事会独立选聘的，从而不可能选择到能力高的企业家，董事会也没有动力督促总经理成长为优秀的企业家；三是职业化经理人市场尚未形成，也难以造就高能力的企业家。

对竞争性国有企业负责人的贡献评价也不同于合理垄断性国有企业。竞争性国有企业的目标是利润最大化，利润最大化最终表现为公司价值的增长或者企业资本的保值增值，对于国有控股的混合所有制企业来说，企业资本既包括国有资本，也

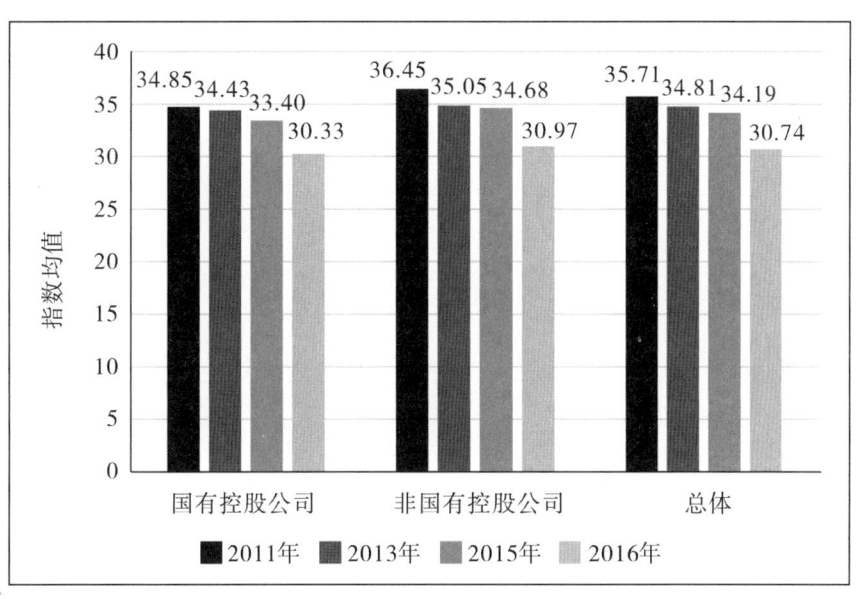

图 10－2　中国上市公司企业家能力指数

资料来源：高明华等，《中国公司治理分类指数报告 No.16（2017）》，中国出版集团东方出版中心，2017 年版。

包括民营资本，利润最大化是所有资本增值的共同结果。利润最大化一方面表现为公司绩效的高低，另一方面则表现为这些绩效承担的经营风险，因此，竞争性国有企业负责人的贡献衡量要以公司绩效与经营风险作为评价标准，以企业资本保值增值作为支付依据，这是对企业负责人的重要激励，而这种激励可以转化为企业负责人的自我约束。

近几年，国企高管薪酬激励出现了"一刀切"式的普遍下降，没有考虑到不同类型国企的实际情况。对于竞争性国企，在政府赋予的垄断资源很少或基本不存在的情况下，高管的实际贡献是可以用公司业绩来衡量的。根据高明华等（2017）对上市公司高管薪酬激励的研究，国有控股公司高管薪酬指数[①]明显低于非国有控股公司，就是说，国有控股公司薪酬激励力度远低于非国有控股公司（参见图 10－3）。这恐怕是近年来国企人才流失的一个重要原因。因此，按照高管实际

[①] 高管薪酬指数是指高管薪酬与其实际贡献的吻合度，指数 100 表示最吻合。参见高明华等：《中国公司治理分类指数报告 No.16（2017）》，中国出版集团东方出版中心，2017 年版。

贡献，赋予高管足够力度的薪酬激励，是国企改革的重要方向。

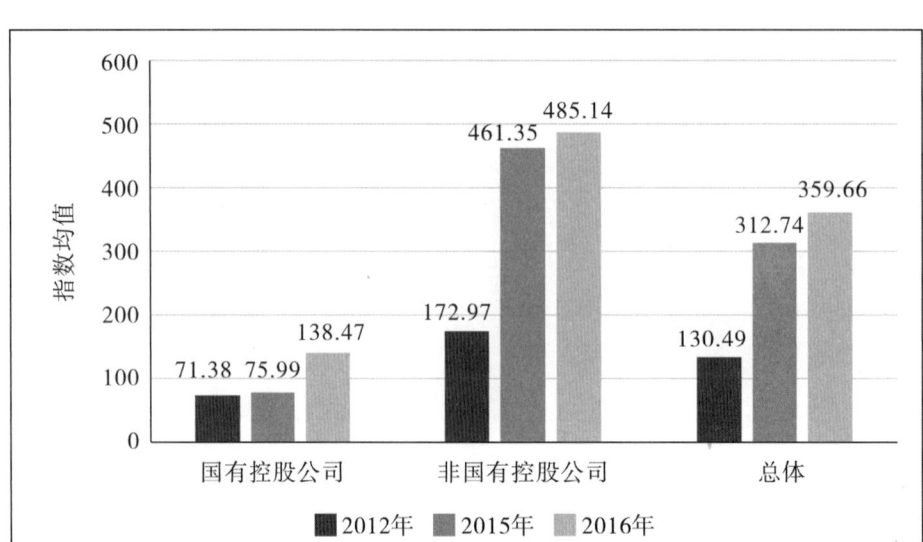

图 10-3　中国上市公司高管薪酬指数

资料来源：高明华等，《中国公司治理分类指数报告 No. 16（2017）》，中国出版集团东方出版中心，2017 年版。

（二）竞争性国有企业负责人的激励机制设计

对于竞争性国有企业负责人，应以市场约束为主，要建立股东（所有者）对董事会、董事会对高管的制衡机制，要建立各主体对各自行为独立承担责任的体制机制，以实现外在约束和自我约束（如市场淘汰机制、激励性薪酬机制）的双向约束。

与市场约束对应的，就是市场激励，主要是薪酬激励。在具体薪酬制定中，应参考同行业、同规模、同地区其他竞争性国有企业的高管薪酬水平，在科学评价企业绩效的基础上，对高管绩效作出客观评价，并以此作为竞争性国有企业高管薪酬支付的依据。另外，竞争性国有企业的高管薪酬应当公开透明，以此促进经理人市场均衡价格的形成。对于具有行政垄断性的国有控股公司，衡量高管薪酬是否合适，除了需要剔除不是因高管努力（如政府赋予垄断资源和特殊政策）而产生的经营成果外，也应考虑营业收入中是否有虚高的成本因素。

不同于公益性国有企业和合理垄断性国有企业，竞争性国有企业的高管薪酬形式是多样化的。竞争性国有企业的高管薪酬应当采用现金激励与股权激励相结合，短期激励与长期激励相促进的薪酬工具。利用上述薪酬工具将高管个人利益与股东利益联系起来，使得高管在最大化自身利益的同时，实现股东价值最大化。

具体而言，竞争性国有企业适合分层确定负责人的激励方式。

（1）对于政府董事（外部非独立董事），应实行"公务员基准＋贡献＋行政级别"的激励机制，薪酬待遇可以略高于同级公务员的薪酬待遇。

（2）对于独立董事，应采用国际通行做法，通过经理人市场建立独立董事声誉机制，而强调薪酬机制是不利于独立董事的独立的。如果独立董事是其他企业的现任高管，在透明的、职业化的经理人市场上，一旦独立董事丧失独立性，或者未能尽职，则其在经理人市场上的声誉就会下降，进而会对其担任的其他公司的职位产生负面影响，从而导致其或被降薪或被辞退。

（3）对于高管董事和非董事的高管，应实行市场化薪酬，但前提是由董事会独立从经理人市场选聘。在经理人市场上，能力高的企业家应有高价格，这是建立企业家自我约束机制的重要方面。因为在高度竞争的、透明的、职业化的经理人市场上，只有能力高的企业家才会要求高价格，这种高价格能够把能力高的企业家和能力低的滥竽充数者区别开来。一旦能力高的企业家被聘用，他将会尽其所能发挥最大能力，因为其失去企业家职位的机会成本将非常高昂。

本 章 小 结

本章首先梳理了中国国有企业高管薪酬制度的变迁，指出市场化激励和精神激励相结合是高管激励机制的发展方向。

其次，对于营利性国有垄断企业，衡量高管贡献需要剔除其因享有垄断资源而获得的利润部分,即要剔除垄断租金,按高管的实际贡献实施激励。在这类企业中,垄断具有"放大效应",即由于垄断因素的存在,在高管付出同样努力的情况下,垄断企业的业绩会被放大,从而导致激励过度。因此,对垄断企业高管努力的评价不能完全由企业业绩来决定。

最后,要通过分类和分层两个方面设计激励机制。所谓分类,即不同类型国企负责人的激励机制应有所不同。所谓分层,即同一企业,尤其是竞争性国有企业中不同负责人的激励机制也应有所不同,因为负责人的来源不同,职责也不尽相同。公益性国有企业和合理垄断性国有企业必须由国家垄断经营,国有企业负责人激励机制基本上参照公务员激励机制,但必须考虑成本控制和公众满意度。对于稀缺资源垄断性国有企业,还应该考虑稀缺资源过度开发的程度及其对经济社会可持续发展的不利影响。竞争性国有企业是市场化企业,其发展方向是混合所有制,应当通过强化公司治理、实现依法治企来进行有效的激励。

第十一章
中国上市公司治理评价及改进方向

公司治理是以股东为核心的企业利益相关者之间在权利安排、利益分配和责任机制等方面的一系列契约关系规则。相对于成熟市场经济国家上百年的公司发展史和较完善的治理规则,中国上市公司的治理还很不健全。因此,运用国际通行的公司治理规则,客观评价中国上市公司治理水平,有助于发现中国公司治理的发展进程,以及中国公司治理与国际先进水平的差距,从而找准着力点,不断推进中国公司治理的发展,以实现中国企业的长期可持续发展。

第一节
中国公司治理发展历程

自1990年上海证券交易所建立起,中国资本市场已经走过28年的历程。截至2017年9月30日,中国境内上市公司总数已达3399家(含A股、B股)。伴随着资本市场的发展,中国上市公司治理也在不断改进,大体经历了以下3个发展阶段。

一、公司治理规范化起步阶段(1991—1999年)

中国公司治理制度起步于信息披露制度。1991年6月10日,在《上海证券报》试刊号上,当时的"老八股"首次集体公布年报,尽管总共只用了半个版面,信息质量不高,但这是中国上市公司信息披露制度的起步。

1992 年和 1993 年是具有里程碑意义的两个年份。在此期间，国家颁布多项法律法规，如《股份有限公司规范意见》《有限责任公司规范意见》《股票发行与交易管理暂行条例》《公开发行股票公司信息披露实施细则（试行）》《企业会计准则》《企业财务通则》等，其中最为重要的是 1993 年 12 月全国人大颁布的《中华人民共和国公司法》，这些法律法规使中国股份制企业的运行从此有法可依，中国公司治理的规范化由此迈出重要的一步。

1998 年，第九届全国人大常委会第六次会议审议通过《中华人民共和国证券法》，此后，沪、深两家证交所依照《中华人民共和国公司法》和《中华人民共和国证券法》，又相继颁布了《上海证券交易所股票上市规则》和《深圳证券交易所股票上市规则》，证监会也颁布了《公开发行股票公司信息披露的内容与格式准则》，这些制度规则对股票交易的规范化、信息披露以及投资者保护进一步作了细致规定。

二、公司治理专门规则建立阶段（2000—2014 年）

自 2000 年起，借鉴国际公司治理准则，中国证监会等部门相继发布《上市公司治理准则》《国有商业银行公司治理及相关监管指引》《关于在上市公司建立独立董事制度的指导意见》等公司治理专门规则。

2003 年，最高人民法院公布《最高人民法院关于审理证券市场因虚假陈述引发的民事赔偿案件的若干规定》，投资者的民事赔偿迎来新的司法解释。2013 年 12 月，国务院办公厅发布《国务院办公厅关于进一步加强资本市场中小投资者合法权益保护工作的意见》。2014 年 5 月，国务院又发布《国务院关于进一步促进资本市场健康发展的若干意见》，强调通过资本市场的规范化来有效保护投资者，尤其是中小投资者。

另外，在这个时期，《中华人民共和国公司法》进行了 4 次修订，《中华人民共和国证券法》进行了 3 次修订，《中华人民共和国企业破产法》有了新版本，《中华人民共和国企业国有资产法》出台，新的会计准则和审计准则体系也颁布实施。这些制度的建立，意味着中国公司治理制度进入新的阶段。

三、强化公司治理监管阶段（2015 年至今）

2015 年，中国发生了资本市场恢复后的最严重股灾，熔断机制实施几个小时便流产，公司上市注册制也不得不延期。其实，股灾的发生、熔断机制的流产，以及注册制的延期，背后的深层次原因是投资者尤其是中小投资者权益保护制度的缺失。以此为契机，中国开始加强公司治理的监管工作，包括严惩内幕交易和信息披露等违法行为，严格执行退市制度，督促有能力的公司进行分红，遏止盲目跨界重组，强调送转股比例要与公司业绩相吻合，等等。

2016 年 11 月，出台《中共中央 国务院关于完善产权保护制度依法保护产权的意见》，提出要加强各种所有制经济产权保护，要推动实现国有企业股权多元化和公司治理现代化，强化董事会规范运作和对经理层的监督。这为促进中国公司治理规范化提供了重要政策支持。

2017 年 5 月，国务院办公厅发布《国务院办公厅关于进一步完善国有企业法人治理结构的指导意见》，提出完善国有企业法人治理结构是全面推进依法治企、推进国家治理体系和治理能力现代化的内在要求，是新一轮国有企业改革的重要任务，由此，国有企业公司治理的规范化有了政策支撑。

然而，总体来看，中国公司治理制度尤其是公司治理的法律制度进步不大，很多规则还停留在 21 世纪初的水平，没有随着资本市场的发展而同步完善，尽管执法的力度有所加大，但有法不依、无法可依、维权成本高的问题仍很严重。中国公司治理制度与发达国家仍有不小的差距，尤其是国际上公司治理的制度不断推陈出新，像 2015 年新修订的《G20/OECD 公司治理原则》，顺应了资本市场的新变化，而我们的反应却显得缓慢。中国公司治理制度还有很多工作要做，尤其是在立法和执法方面。

第二节
中国上市公司治理评价

公司治理涉及很多维度，而且不同维度多有交叉。大体来说，公司治理包括投资者权益保护、董事会治理、企业家能力、财务治理、信息披露、高管薪酬、社会责任、政府监管等诸多方面，每个维度既有相对独立性，也与其他维度密切相关。如投资者权益保护既包括投资者的知情权，即信息披露，也包括决策与监督权，而决策与监督权则涉及董事会治理，还包括收益权和诉讼权，而收益权涉及财务治理，诉讼权涉及政府监管（规则制定）。由于不同维度难以有清晰的界限，因此，试图通过把各个维度整合为一个总体指数来反映公司治理水平是难以做到的，而分类评价公司治理更具有客观性和可行性。限于篇幅，本章只选择中小投资者权益保护、董事会治理、财务治理和自愿性信息披露进行简单分析。

一、中小投资者权益保护评价及年度比较

从全球经验来看，资本市场发展与中小投资者权益保护息息相关。随着公司所有权与经营权的分离，经营者控制成为现代公司的普遍现象，股东对公司的权力（包括收益权和支配权，尤其是支配权）随之弱化，由此中小投资者权益保护被提上日程。在发达国家，尤其是英美两国，投资者权益保护针对的主要是经营者的侵害问题，这与中小投资者权益保护并没有实质性区别。与此不同的是，中国上市公司存在着普遍的"一股独大"现象，中小投资者可能遭遇来自大股东和经营者的双重侵害。显而易见，加强中小投资者权益保护，在中国具有更重要和更特殊的意义。

从字面上理解，中小投资者是相对于大投资者（大股东）而言的。在这里，大股东控股主要包括两种情况："一股独大"和"几股共大"。无论是"一股独大"

还是"几股共大",这些大股东往往对公司具有很强的实际控制能力,从而可以通过控制权来确保自身利益。与此相反,中小投资者则缺乏相应的话语权。因此,从权益保护角度,中小投资者可以被界定为:股份制公司中,除对公司拥有实际控制力的大股东之外的其他投资者。

中小投资者权益保护应该着重突出四大要素:信息不对称是大股东和经营者侵占的前提条件;中小投资者决策与监督权缺失是大股东和经营者侵占的权力基础;收益权是中小投资者权益保护的直接体现;维权环境体现了中小投资者权益保护的救济手段。因此,知情权、决策与监督权、收益权、维权环境是中小投资者权益保护4个不可分割的组成部分。

综合中小投资者权益保护的基础理论、既有的相关法律法规以及国际先进的中小投资者权益保护规范,基于知情权、决策与监督权、收益权、维权环境4个维度,我们具体设计了37个二级指标,并据此计算了中国上市公司中小投资者权益保护指数。

2015—2017年,我们连续3年对中国上市公司的中小投资者权益保护进行评价,评价对象是上年度几乎全部的上市公司,评价结果参见表11-1。

表11-1 2014—2016年中国上市公司中小投资者权益保护指数均值比较

（单位:分）

年份	样本量（份）	总体指数	分项指数			
			知情权	决策与监督权	收益权	维权环境
2014	2514	43.17	54.77	35.67	27.783	54.44
2015	2655	45.78	57.24	40.10	40.93	44.85
2016	2840	47.70	57.92	38.29	38.51	56.08

资料来源:高明华等,《中国公司治理分类指数报告No.16(2017)》,中国出版集团东方出版中心,2017年版。

由表11-1可知,2014年、2015年和2016年中小投资者权益保护指数均值分别为43.17分、45.78分和47.70分,总体呈上升趋势。2015年比2014年提高

2.61分，2016年又比2015年提高1.92分。从分项指数看，4个分项指数中2014年最低的是收益权分项指数，2015年和2016年最低的都是决策与监督权分项指数。2014—2016年，知情权分项指数均值连续上升；决策与监督权以及收益权2个分项指数的均值都是2015年比2014年提高，但2016年出现下降；维权环境分项指数均值则是在2015年大幅下降，降幅为9.59分，而2016年又较大幅上升，升幅为11.23分，波动较大。

进一步对国有控股上市公司和非国有控股上市公司进行比较，结果参见表11-2。

表11-2 2014—2016年不同所有制中小投资者权益保护指数均值比较

（单位：分）

所有制类型	年份	总体指数	分项指数			
			知情权	决策与监督权	收益权	维权环境
国有控股上市公司	2014	43.91	55.74	37.14	27.11	55.67
	2015	45.064	56.57	39.86	39.66	44.17
	2016	47.64	57.66	38.41	38.99	55.52
非国有控股上市公司	2014	42.67	54.13	34.68	28.24	53.62
	2015	46.23	57.66	40.25	41.72	45.28
	2016	47.73	58.07	38.22	38.23	56.40

资料来源：高明华等，《中国公司治理分类指数报告No.16（2017）》，中国出版集团东方出版中心，2017年版。

从表11-2可知，在总体指数均值上，两类公司都是连续3年上升，2014年国有控股上市公司高于非国有控股上市公司，2015年和2016年则都是非国有控股上市公司高于国有控股上市公司。在知情权分项指数上，两类公司都是连续3年上升，但非国有控股上市公司升幅大于国有控股上市公司，且2015年和2016年非国有控股上市公司都高于国有控股上市公司。在决策与监督权以及收益权2个分项指数上，两类公司都是2015年上升，2016年下降；2016年2个分项指数都是国有控股上市公司略高于非国有控股上市公司。在维权环境分项指数上，两类公司都是

2015年下降，2016年上升，且变动幅度相近；2015年和2016年，都是非国有控股上市公司高于国有控股上市公司。

二、董事会治理评价及年度比较

现代公司治理中存在着两个层次的委托代理关系，一是股东大会和董事会之间的委托代理关系；二是董事会和管理层之间的委托代理关系。董事会在公司所有者与经营者之间起着至关重要的桥梁作用，董事会把提供资本的股东与使用这些资本创造价值的管理者联结起来，统筹协调股东、高管、职工、消费者等利益相关者之间的利益关系。董事会具有双重身份，既是代理人又是委托人，处于公司治理链条中的枢纽位置，是公司治理的核心。科学的董事会治理能够提升公司质量，促进资本市场的发展与完善，因此，科学评价董事会治理效率至关重要。

董事会治理的主要内容包括：

（1）董事会作为代理人如何做到对委托人尽职尽责？

（2）董事会作为决策者如何做到科学决策？

（3）董事会作为监督者如何做到监督到位而不会被经营者（被监督者）所干扰？

（4）董事会作为利益主体如何做到既有动力又不被利益所"俘房"（激励与约束）？

（5）董事会作为责任主体如何对自己的决策和监督错误独立承担责任？

根据董事会治理的主要内容，以董事会治理质量评价为核心，以2015年的《G20/OECD公司治理原则》和标准普尔公司治理评级系统等国际组织有关公司治理的准则指引为基本参考系，同时综合考虑中国的相关公司治理规则，我们从董事会结构、独立董事独立性、董事会行为、董事激励与约束4个维度设计了37个二级指标，运用指数方法，于2013—2017年对中国上市公司董事会治理进行了4次评价，评价对象是上年度几乎全部的上市公司，评价结果参见表11-3。

表11-3 四个年度中国上市公司董事会治理指数均值比较 （单位：分）

年份	样本量（份）	总体指数	分项指数			
			董事会结构	独立董事独立性	董事会行为	董事激励与约束
2012	2314	51.85	49.70	58.81	47.43	51.45
2014	2514	50.27	49.06	57.10	42.66	52.25
2015	2655	50.26	40.28	60.57	48.61	51.58
2016	2840	50.77	40.50	59.38	51.09	52.12

资料来源：高明华等，《中国公司治理分类指数报告 No.16（2017）》，中国出版集团东方出版中心，2017年版。

由表11-3可知，2014年和2015年上市公司董事会治理指数均值都有所下降，2016年略有回升，但仍低于2012年的水平。在4个分项指数中，相比2015年，2016年董事会结构、董事会行为和董事激励与约束3个分项指数都有所上升，其中董事会行为分项指数上升幅度最大，为2.48分，独立董事独立性分项指数则有所下降。由于董事会行为和董事激励与约束2个维度侧重于反映董事会的实质性治理，因此意味着上市公司越来越重视董事会实质上的治理。

进一步比较国有控股上市公司和非国有控股上市公司的董事会治理指数，结果参见表11-4。

表11-4 四个年度不同所有制上市公司董事会治理指数均值比较 （单位：分）

所有制类型	年份	总体指数	分项指数			
			董事会结构	独立董事独立性	董事会行为	董事激励与约束
国有控股上市公司	2012	52.34	51.30	58.70	47.49	51.88
	2014	50.74	51.50	57.71	42.35	51.40
	2015	50.08	42.14	59.72	46.00	52.47
	2016	50.16	42.84	58.18	47.68	51.95

（续表）

所有制类型	年份	总体指数	分项指数			
			董事会结构	独立董事独立性	董事会行为	董事激励与约束
非国有控股上市公司	2012	51.49	48.54	58.89	47.38	51.15
	2014	49.95	47.43	56.69	42.86	52.82
	2015	50.37	39.10	61.10	50.25	51.02
	2016	51.12	39.17	60.07	53.03	52.21

资料来源：高明华等，《中国公司治理分类指数报告 No.16（2017）》，中国出版集团东方出版中心，2017 年版。

由表 11-4 可知，从董事会治理总体指数看，国有控股上市公司在 2014 年和 2015 年两个年度连续下降，2016 年略有上升；非国有控股上市公司在 2014 年有所下降，在 2015 年、2016 年两个年度连续上升，并且在 2015 年超过了国有控股上市公司。从分项指数看，在董事会结构分项指数上，国有控股上市公司 2014 年上升，2015 年大幅下降，2016 年又小幅上升；非国有控股上市公司 2014 年和 2015 年连续下降，其中 2015 年下降幅度较大，2016 年又小幅上升。在独立董事独立性分项指数上，两类公司都是 2014 年下降，2015 年上升，2016 年又下降，上升或下降的幅度都不大。在董事会行为分项指数上，两类公司都是 2014 年较大幅度下降，2015 年和 2016 年连续上升，其中非国有控股上市公司 2015 年上升幅度较大。在董事激励与约束分项指数上，国有控股上市公司 2014 年下降，2015 年上升，2016 年又下降；非国有控股上市公司则是 2014 年上升，2015 年下降，2016 年又上升，但是两类公司变动的幅度都不大。不难看出，非国有控股上市公司的董事会实质性治理水平在提升，而国有控股上市公司的实质性治理水平提升只体现在董事会行为上，其董事激励与约束水平的下降与近几年的降薪有关。

三、财务治理评价及年度比较

财务治理是关于企业财权配置、财务控制、财务监督和财务激励的一系列正式和非正式制度安排，这些制度安排通过财权配置将各个财务主体紧密联系起来，同时，通过财务控制、财务监督和财务激励对财务主体形成合理的控制、监督和激励。较高质量的财务治理不仅能够合理配置各财务主体的权责利，有力控制各个财务环节，有效监督财务行为，还能适当激励财务主体，是公司正常运行的关键保障。

财权配置是指财务决策权在各个财务主体之间的配置和落实，主要的财务主体包括股东（股东大会）、董事会、总经理（CEO）、首席财务官（CFO）。当然还有其他利益相关者，如政府、员工等，但这些利益相关者的财权是可以包含在董事会中的。公允的财权配置可以实现公司分权制衡，杜绝独裁，保障财务活动的合法性和透明度。

财务控制是指财务权力的执行过程，具体包括企业的内部控制体系和风险控制体系。健全的财务控制能够从程序上保证财务信息生成的合法、合规，提高财务信息的真实性和准确性，从而保证财务主体决策的科学性和可行性。

财务监督是指对财务权力执行的监督。这种监督需要相应的机制设计，包括企业内部监督机制和外部监督机制。内部监督主要来自董事会，尤其是其中的审计委员会；外部监督主要来自外部审计机构和政府监管部门，当然也包括广大投资者，甚至包括公众。而监督机制要有效发挥作用，依赖于信息的公开、全面和真实，依赖于董事会的独立性，依赖于外部审计机构的中立性，更依赖于政府监管部门立法和执法的公信力。

财务激励是指对财务主体投入的回报，这种投入既包括资金资本的投入（如股东的资金投入），也包括人力资本的投入（如企业高管和员工的人力投入）。有投入就必须有相应的权力和利益，前者即财务权力，后者即财务激励。在财务激励中，核心是股东利益，如果股东合理的回报得不到保证，将会影响股东投资的信心，进而影响资本市场的稳定。

在以上4个方面中，财权配置是财务治理的核心和基础，合理的、有效的财权配置能够协调各个利益相关者的利益，从而有利于形成合力；财务控制和财务监督是手段，前者重在财权执行，后者重在对财权执行的监督；财务激励是财权执行的结果，财权最终要落实在利益方面，没有财务激励，各财务主体就不可能形成合力。财务治理的4个维度，不是独立发挥作用的，它们共同构成财务治理系统，只有系统性发挥作用，才能保证企业的健康和可持续发展。

基于上述对财务治理的界定，借鉴国内外已有的财务治理研究成果，参照国际先进的财务治理规范，同时也考虑国内既有的相关法律法规，我们从财权配置、财务控制、财务监督和财务激励4个方面，设计了31个指标，运用指数方法，于2011—2017年对中国上市公司财务治理进行了5次评价，评价对象是上年度几乎全部的上市公司，评价结果参见表11-5。

表11-5 中国上市公司财务治理指数均值比较　　　（单位：分）

年份	样本量（份）	总体指数	分项指数			
			财权配置	财务控制	财务监督	财务激励
2010	1722	53.55	51.22	55.40	75.87	31.70
2012	2314	57.61	50.05	56.63	76.19	47.58
2014	2514	52.79	41.12	45.29	72.38	52.35
2015	2655	53.12	41.11	66.25	75.85	29.25
2016	2840	53.52	41.22	70.51	73.22	29.14

资料来源：高明华等，《中国公司治理分类指数报告 No.16（2017）》，中国出版集团东方出版中心，2017年版。

由表11-5可知，2016年，上市公司财务治理总体指数均值为53.52分，比2010年低0.03分，比2012年低4.09分，但相比2014年和2015年则有所提升，高出2014年0.73分，高出2015年0.40分。其中，财权配置分项指数2016年与2014年和2015年相比略有提升，差距微小，仍大大低于2010年和2012年。财务控制分项指数2016年高于前四个年度；财务监督分项指数2016年略高于2014年，但低于另外三个年度。财务激励分项指数2016年略低于2015年，但大大低于2010年、2012年和2014年三个年度。

进一步比较国有控股上市公司和非国有控股上市公司的财务治理指数，结果参见表 11-6。

表 11-6 五个年度不同所有制上市公司财务治理指数均值比较

(单位：分)

所有制类型	年份	总体指数	分项指数			
			财权配置	财务控制	财务监督	财务激励
国有控股上市公司	2010	54.70	53.91	55.53	76.83	32.52
	2012	59.33	54.42	61.13	77.91	43.87
	2014	54.10	43.73	49.73	73.67	49.28
	2015	54.18	43.77	64.39	76.64	31.93
	2016	53.19	44.12	68.59	73.13	26.95
非国有控股上市公司	2010	52.50	48.78	55.28	75.00	30.95
	2012	56.38	46.91	53.40	75.95	50.25
	2014	51.91	39.36	42.32	71.53	54.42
	2015	52.45	39.45	67.42	75.35	27.57
	2016	53.71	39.58	71.60	73.28	30.38

资料来源：高明华等，《中国公司治理分类指数报告 No.16（2017）》，中国出版集团东方出版中心，2017 年版。

从表 11-6 可以看出，第一，国有控股上市公司和非国有控股上市公司前四个年度财务治理总体指数都是在 2012 年明显上升，2014 年出现回落，2015 年又略有回升，但到了 2016 年，出现了不同的情况，国有控股上市公司小幅下降，非国有控股上市公司继续回升，但回升幅度不大；前四个年度，国有控股上市公司财务治理指数均值都大于非国有控股上市公司，但 2016 年被非国有控股上市公司反超。第二，在财权配置分项指数上，国有控股上市公司 2012 年小幅上升，2014 年大幅下降，此后连续两个年度小幅上升；非国有控股上市公司则是连续下降两个年度后，又连续两个年度小幅上升。第三，在财务控制分项指数上，国有控股公司在 2012 年明显上升，2014 年大幅回落，此后两个年度连续上升，其中 2015 年上升幅度达 14.66 分；非国有控股上市公司则是连续下降两个年度，其中 2014 年下降幅度达 11.08 分，此后连续上升两个年度，其中 2015 年上升达 25.10 分。第四，在财务监督分项指数上，国有控股上市公司和非国有控股上市公司同步呈现上升与下降交替出现的态势。第五，在财务激励分项指数上，国有控股上市公司在前三个年度较大幅度上升，此后在 2015 年出现大幅下滑，下降达 17.35 分，2016 年继续下滑；非国有控股上市公司在 2012 年上升 19.30 分，在 2014 年进一步小幅上升，而在 2015 年则大幅下降 26.85 分，在 2016 年有所上升，波动很大。

四、自愿性信息披露评价及年度比较

自愿性信息披露是相对于强制性信息披露而言的。自愿性信息披露的关键词是"自愿"。自愿，顾名思义，就是可披露也可不披露。披露了，使用者欢迎；不披露，也没人追究，因为没有追究的法律依据。但不披露，需求者尽管不追究，却并非不计较。如何计较，这就涉及市场机制了，即需求者可以"用脚投票"。

上市公司信息的最大需求者是投资者，投资者投资依赖于其所获取的信息，不同投资者的信息需求不同。随着市场的完善，越来越多的投资者的投资趋于理性，他们不再满足于监管机构强制要求公司披露的信息，而是通过获取更多的信息来最大限度地降低自己的投资风险，即追求所谓信息的有用性，而强制性信息披露难以满足许多投资者所要求的有用性。如果投资者难以获得他们认为有用的信息，他们就会认为投资有风险，从而不投、少投、转投，如果很多投资者不投、少投、转投，则这家公司就可能被并购或倒闭，这就是投资者的"用脚投票"。从这个角度讲，自愿性信息披露并不是可有可无的，而是上市公司吸引投资者不可或缺的重要方式。企业要想获得可持续发展，就不能仅仅满足于强制性信息披露，而必须高度重视自愿性信息披露。尽管自愿性信息披露增加了信息披露的成本，但相对于企业由此获得的投资者信心和其他利益相关者的信赖，以及企业的良好声誉和长期发展，这些成本支付都是非常值得的。

借鉴国内外已有的自愿性信息披露评价研究成果，基于国内信息披露相关法律法规，特别参照国际先进的信息披露规范，立足于投资者权益保护，我们从治理结构、治理效率、利益相关者和风险控制 4 个维度设立了 31 个指标，并运用指数方法，于 2013—2016 年对中国上市公司自愿性信息披露进行了 3 次评价，评价对象

是上年度几乎全部的上市公司，评价结果参见表 11-7。

表 11-7 上市公司自愿性信息披露指数均值比较 （单位：分）

年份	样本量（份）	总体指数	分项指数			
			治理结构	治理效率	利益相关者	风险控制
2013	2464	41.70	34.82	30.05	66.38	35.54
2015	2655	41.02	41.74	41.37	41.92	39.06
2016	2840	50.25	43.48	45.63	64.93	46.98

资料来源：高明华等，《中国公司治理分类指数报告 No.16（2017）》，中国出版集团东方出版中心，2017 年版。

由表 11-7 可知，2013 年，上市公司自愿性信息披露总体指数均值为 41.70 分，2015 年为 41.02 分，2016 年为 50.25 分，与 2013 年和 2015 年相比，2016 年中国上市公司自愿性信息披露总体指数分别提高 8.55 分和 9.23 分。从 4 个分项指数看，相比 2015 年，2016 年治理结构、治理效率、利益相关者和风险控制 4 个方面的自愿性信息披露指数分别提高 1.74 分、4.26 分、23.01 分和 7.92 分，其中利益相关者方面的自愿性信息披露指数呈现跳跃式提升，不过仍低于 2013 年的 66.38 分。这表明，由于经济下行压力，以及监管力度加大，上市公司试图通过对利益相关者提供更多的信息，来谋求获取更多投资，以及维持稳定的战略合作关系。

进一步比较国有控股上市公司和非国有控股上市公司的财务治理指数，评价结果参见表 11-8。

表 11-8 不同所有制上市公司自愿性信息披露指数均值比较（单位：分）

所有制类型	年份	总体指数	分项指数			
			治理结构	治理效率	利益相关者	风险控制
国有控股上市公司	2013	41.21	31.99	32.99	66.28	33.56
	2015	38.62	38.92	38.47	37.95	39.12
	2016	48.65	40.80	43.74	62.88	47.19

(续表)

所有制类型	年份	总体指数	分项指数			
			治理结构	治理效率	利益相关者	风险控制
非国有控股上市公司	2013	42.01	36.64	28.16	66.44	36.82
	2015	42.53	43.51	43.19	44.41	39.02
	2016	51.16	44.96	46.71	66.09	46.86

资料来源：高明华等，《中国公司治理分类指数报告 No.16（2017）》，中国出版集团东方出版中心，2017年版。

从表11-8可以看出，国有控股上市公司三个年度的自愿性信息披露总体指数先下降后上升，非国有控股上市公司则是逐年上升。但相比2015年，2016年国有控股上市公司上升10.03分，大于非国有控股上市公司的上升幅度8.63分。三个年度，国有控股上市公司自愿性信息披露水平都低于非国有控股上市公司。从4个分项指数看，国有控股上市公司和非国有控股上市公司在治理结构、治理效率和风险控制3个分项指数上都是逐年上升。相比2015年，2016年在4个分项指数上，都是国有控股上市公司上升幅度大于非国有控股上市公司，上升幅度最大的是利益相关者分项指数，国有控股上市公司和非国有控股上市公司分别上升24.93分和21.68分。但除了风险控制分项指数外，其他3个分项指数仍是非国有控股上市公司大于国有控股上市公司。

第三节
中国上市公司治理的改进方向

一、中小投资者权益保护的改进方向

从全球经验来看，中小投资者的积极参与是资本市场赖以发展的根本。从目前如火如荼的国有企业混合所有制改革看，中小投资者的积极参与是国有企业混合所有制改革成功的重要标志，而中小投资者积极参与的前提是其权益得到切实保护。根据对中小投资者权益保护的评价，中国上市公司中小投资者权益保护尚需进一步改进。

（一）平等行权是中小投资者权益保护的根本

上市公司是混合所有制企业，必须立足于不同产权主体的行权平等。不过，应当注意，平等不是均等，平等是指按照现代企业的公司治理规范，企业的各个股东在法律地位上是平等的。由于持股比例不同，客观上必然存在权力和利益的不均等，但只要没有侵害，就不能认为不平等。

（二）保证中小投资者决策与监督权，实现股权制衡

这包括以下四个方面：一是推行累积投票制。累积投票制是保证中小股东代表进入董事会并参与公司战略决策的重要制度安排，实行累积投票可减少受侵害可能性。二是降低行权成本。可以考虑实行网上股东大会，目前实行网上股东大会的技术条件已经具备，但实行网上股东大会的公司还为数甚少。网上股东大会需要解决信息的完备和真实问题。没有完备和真实的信息提供，即使实行了网上股东大会，也徒具形式。三是尽可能相对控股，实现股权制衡。现实中经常有一个错误认识，即认为只要实现了相对控股，就不存在"一股独大"。其实，是否存在"一股独大"，关键要看是否能够实现股权制衡，而不在于第一大股东持有多大比例的股份。四是提高独董比例。目前中国上市公司独董的平均比例只有36.79%，不足以实现独立性，因此，亟须提高独董比例。另外，实施中小股东对董事会的满意度调查制度，也是强化中小股东对其代理人的监督权的重要措施。

（三）强化中小投资者知情权，优化维权环境

这包括以下三个方面：一是提高信息缺失成本，维护中小投资者知情权。必须通过法律强化信息披露，改变"能不说就不说"的固有观念，树立"能说的都要说"的新理念。二是加快推动股东集体诉讼和索赔立法，保证中小投资者救济权。

三是推动内幕交易处罚立法,加大制度威慑力度。

(四) 保障中小投资者收益权,防止股市过度波动

这包括以下三个方面:一是进一步引导上市公司提高分红力度。二是坚持高压打击内幕交易的态势,维护市场的公开、公平和公正。三是规范市值管理行为,防止二级市场的肆意妄为行为。

二、董事会治理的改进方向

董事会治理是公司治理的核心,完善董事会治理是中国资本市场制度建设的最重要环节之一。基于对董事会治理的评价,中国上市公司董事会治理需要从以下几个方面进一步改进。

(一) 强化董事会关键地位,实现治理"形实俱备"

中国上市公司董事会治理过于追求形式而缺乏实质性治理,被虚置的董事会难以在公司治理中充分发挥作用。《中共中央 国务院关于深化国有企业改革的指导意见》也指出要"切实解决一些企业董事会形同虚设、'一把手'说了算的问题"。这就要求监管层、上市公司、投资者等相关主体必须正视这一问题,并高度重视董事会在公司治理中的关键性地位,科学定位董事会在公司治理中所扮演的角色,准确理清董事会的各项职责。就目前国有企业混合所有制改革而言,规范董事会治理更是国企发展混合所有制的重要组织保证。

(二) 理清董事会和经营层职责,树立契约意识

根据公司治理的基本规范,董事会和经营层之间不是一个纵向的等级关系(只有在经营层领导的生产和经营系统中,才是一个纵向的行政管理系统),而是一组授权关系。每一方的权力和责任都受到法规的保护和约束,也就是说,各方都有相对独立的权力运用空间和对应的责任,任何一方都不能越界,违反程序,滥用权力。如果董事会被架空或虚置,则会出现董事会对总经理监督上的真空。同样,如

果总经理被置于"二把手"位置,其日常决策权总是受到干扰,其潜能便无法发挥出来。要科学理清董事会和经营层的职责边界,落实和维护董事会、经营层的权力,必须以法律为基本出发点。

(三)尊重董事会对总经理的独立选聘权,强化市场选择

要想选择到能力高的企业家,就必须赋予董事会独立选聘总经理的权力,并对选错总经理独立承担责任。董事会独立选聘总经理是《中华人民共和国公司法》赋予董事会的一项基本权力,也是市场经济的基本公司治理规范。然而,在实践中,董事会选聘总经理更多流于形式。对于国有控股公司,总经理基本上是国资委或组织部门提出人选;对于民营控股公司,则更多由家族或创始股东选择,董事会只不过是一个表决机器。这种任命造成的一个致命结果是,董事会对于以总经理为首的经营者的行为可以完全不负责任,因为这些经营者不是它选择的。

(四)健全董事激励和约束机制,规范董事会行为

董事是利益主体,需要激励和约束,否则,就容易被利益所俘虏。为此,必须建立起董事独立承担责任的机制,同时,根据每个或每类董事承担的责任,采取相应的激励手段。进而通过责任机制,建立起董事自我约束的机制。在促使董事承担责任和自我约束方面,董事备忘录制度、内部董事与外部董事的沟通制度、投资者关系建设、规范的《董事会议事规则》、董事会有明确的高管考评和激励制度、股东大会的股东出席率披露制度、股东诉讼、董事考核或薪酬制度、董事考评或考核结果的发布、董事行为准则等,都是重要的制度安排。

(五)规范独立董事选择,优化董事会结构

独立董事占多数是国际上认可的公司治理通行规则。独立董事制度在于避免了董事会成员与经理人员身份重叠和角色冲突,保证董事会独立于管理层进行公司决策和价值判断。中国独立董事制度需要从以下方面进行改进:一是提高独立董事的比例到至少50%,以避免董事会的集体决策体制蜕变为一人决策体制。二是独立

董事要来自职业经理人市场,而不是来自高校、研究机构或曾经的公务员,唯有如此,他们才能受到市场约束,才能满足企业对独立董事专业素质和管理经验的要求。三是独立董事不以薪酬为激励手段,对其激励主要是声誉激励,不过,这同样有赖于透明的、有约束力的经理人市场。四是独立董事作为董事会成员,必须认识到,他们要对股东和公司承担受托责任,就是说,他们是作为股东和公司的代理人而存在的,他们必须服务于股东和公司的整体利益。

三、财务治理的改进方向

提高财务治理水平是政府监管部门、公司董事会和管理层以及投资者都需要关注的重要课题。基于对财务治理的评价,中国上市公司财务治理需要从以下几个方面进一步改进。

(一)优化财权配置,尊重财务主体权利

财务治理的作用实体是拥有财务权力的个人或机构,这些人包括拥有所有权的股东(个人或机构)、拥有监督权的董事以及拥有控制权的高管。对于公司制企业,尤其是上市公司,必须在这些财务主体之间进行合理的财权配置,这是财务治理的核心和基础。合理的财权配置能够协调各个利益相关者的利益,从而有利于形成合力,保证公司健康和可持续发展。因此,明晰财务主体的权责利,合理配置财权是优化财务治理的第一步,也是最重要的一步。

(二)强化财务控制,提高违规成本

中国屡屡出现财务造假和欺诈案例,一个重要原因是财务治理水平低下,尤其是财务控制水平低下。财务控制主要是指财务权力执行过程,包括企业是否有一个健全的内部控制体系和风险控制体系。中国的内部控制和风险管理制度一直是公司治理的软肋。我们并非缺乏内控和风险管理制度,尽管不尽完善,但执行不力却是导致公司治理水平低下更重要的原因。需要指出的是,制度不是孤立的,而是一个制度体系。只有拥有一套完善的制度体系且执法到位,才能大大提高违规的成本,

进而才能增加国家、企业和投资者的收益，才能使财务风险降至最低，将财务危机消灭在萌芽状态。

（三）完善财务监督，实现形神兼备

中国上市公司财务监督的形式化问题比较严重，比如外部审计出具标准无保留意见的公司比例高达96.14%，这看起来很好，但其中很多存在利益关联和"合谋"的成分。作为公众公司，上市公司需要将经营状况和盈利能力等信息传递给股东、债权人和潜在投资者，以获取更多的资金。上市公司会出于各种目的，瞒报、谎报、漏报财务信息，这势必导致资本市场的信号失灵，进而造成资源配置低效。这就需要内部审计人员和外部审计机构对上市公司的信息披露过程进行严格把关，从根源上监督上市公司财务信息披露，提高财务信息质量，杜绝财务信息失真。

（四）规范财务激励，强化激励有效性

上市公司的产出依赖于各个财务主体的要素投入，包括资本、劳动和企业家才能等，而这些要素在投入的同时自然要求得到合理的补偿。股东是资本的所有者，他们投入资本的目的是获得回报，因此，定期发放股利或分红是对资本要素的补偿，更是吸引更多资本的动力源。员工是劳动的所有者，他们付出劳动的目的是获得报酬，如果不能得到应有的补偿，他们就会流向回报率更高的部门，因此，合理补偿员工劳动是留住熟练员工的前提。高管是企业家才能的所有者，他们投入企业家才能的目的是实现个人收益的最大化，这个收益就是高管薪酬，因此，上市公司需要对高管的行为作出合理补偿，同时，激励高管在下一期付出更多努力。可见，在合理配置财务主体责任和权力的同时，应该对财务主体的要素投入作出合理的补偿，这样才能增强财务激励的有效性。

四、自愿性信息披露的改进方向

信息披露是以投资者为核心的利益相关者进行决策的重要依据。强制性信息披露只是对上市公司的最低要求，其只是从监管部门的角度出发来考虑对上市公司的

信息披露需求。从投资者的角度出发，上市公司还需要增加更多的自愿性信息披露，以满足投资者进行理性投资决策的需求。

引导上市公司增加自愿性信息披露，至少有两个方面的积极作用：一方面，阳光是最好的防腐剂，上市公司披露信息越多，监管机构和投资者越能够清晰地了解公司现状；另一方面，当自愿性信息披露成为上市公司的主流时，那些不自愿披露信息的上市公司就可能是问题公司，监管部门可以有针对性地进行监管核查，从而降低监管成本。

但是，从现实情况来看，上市公司普遍存在着"多一事不如少一事""能不说就不说"的心态，除非信息披露制度有强制性要求，否则上市公司很难有动力自愿披露信息。在目前的制度安排下，鼓励上市公司自愿披露更多信息是一种不切实际的幻想，解决方法只能靠法律，规定只要因信息披露不到位给投资者和其他利益相关者造成了损失，不论之前的信息披露是不是强制性的，都要承担重大责任。

本 章 小 结

公司治理涉及投资者权益保护、董事会治理、企业家能力、财务治理、信息披露、高管薪酬、社会责任、政府监管等诸多方面，每个维度既有相对独立性，也与其他维度密切相关。由于不同维度难以有清晰的界限，因此，试图通过把各个维度整合为一个总体指数来反映公司治理水平是难以做到的，而分类评价公司治理更具有客观性和可行性。本章选择了中小投资者权益保护、董事会治理、财务治理和自愿性信息披露4个方面，基于国际先进的公司治理规范，运用指数方法，对中国上市公司治理水平进行了全面评价，并作了年度比较。评价结果显示，中国上市公司的治理水平还比较低下，距离国际先进水平还有较大差距，且近几年有走低态势。因此，需要加大力度尤其是加大立法和执法力度，以进一步健全中国公司治理制度，不断提升中国公司治理水平。

PART FIVE

第五篇
攻坚篇

第十二章
国企改革的两难境地如何突破以及发展前景

从本章开始本书进入"攻坚篇"（其实也是"展望篇"）。本章先从展望国有企业前景开始，将重点放在国企改革面临的两难境地上，探讨如何突破这种问题。

通过对1998—2007年企业成本函数的分析，我们发现在国企与非国企之间存在着长期明显的成本差异，这表明市场存在着壁垒（包括进入壁垒和退出壁垒），表明某些国企存在着某种垄断力量，使得市场公平竞争难以实现。这种市场壁垒，既包括中共十九大报告提出的需要"打破"的"行政性垄断"，也包括中共十九大报告提出的需要"防止"的"市场垄断"。[①] 这些"妨碍统一市场和公平竞争"[②] 的做法，倘若不破除，无论是国企还是民企都难以实现成功的变革与发展。

市场壁垒存在的原因，在于行政管理体制的基因遗传和不合理的产业政策保护。这种垄断对于经济具有较大的危害性，不仅会导致腐败和收入差异变大，还会导致垄断高成本的溢出效应，因而成为产能过剩以及通货膨胀的根源。

本章拟针对国企改革无法回避的两难"陷阱"，探讨突破之路。

---

① 《中国共产党第十九次全国代表大会文件汇编》，人民出版社，2017年版，第27页。
② 同上。

第一节
如何选择改革的切入点：改革的选择和顺序

一、改革顺序：市场化和公平竞争优先

国企采取任何涉及产权的改革，都会面临几种主要的约束条件。

（1）令作为国企出资人的政府满意，即国有资本通过改制得到了保障（保值增值），其底线是至少能够补偿所出售的股权资本价值。

（2）令组成国企主体的管理层和员工满意，主要是涉及可能出现的裁员，作为国企的最重要利益相关者，让他们能得到自身原有权益的补偿或更新（当然，能够有所增值更好），也是一个底线。

（3）作为国企最主要债权人的银行，其底线是清偿所有债务，但它们也有软预算的空间，就是可以用借新债还旧债的方式来把这种清偿无限期向后推，或者通过政府打包置换的方式来解决。

（4）其他利益相关者，包括其他债权人、应收账款人、主要客户、分散小股东等。

以上约束条件，尤其是第一个条件和第二个条件不能得到满足时，改革就无法取得成功。怎样满足所有底线的约束要求？最根本的就是要实现国企资产价格的正确评估与合理定价，如果没有这一条，就无法判定国企是否存在资产流失，在公平价格合理交易的基础上，不会存在资本流失。同样，对于管理层和职工权益的补偿，也需要参照企业的定价以及相应的人力资本市场的价格。因此，最重要的约束条件就转化为企业如何合理定价的问题。

为企业定价是一个经典难题，为此才产生和形成了一整套企业黑箱和企业家理论。通常来看，资本市场能够为企业定价提供合理的竞价基础，因而看起来通过资

本市场能够解决企业定价的困难,这也许是政府想通过此渠道解决国企改制难题的思路。

通常来说,企业的价格是由企业的预期利润率来决定的,因此,产品市场的充分可竞争性是形成企业合理定价的基础。如果我们还不能一下子解决资本市场的问题,那么,致力于形成一个可竞争的产品市场,是我们已经部分完成并正在进行的一个重要任务。从产权入手难度较大,从解决竞争市场入手,则能够开辟出一条可行之路。何况,资本市场的基础正是商品市场,在一个存在扭曲的产品市场上不可能建立一个正常的资本市场。因此,选择具有较高共识和较少阻力的突破口,是国企改革的切入点。

二、分类改革的理论依据和政策依据

在目前的国企改革指导方案中,把国企分为商业性和公益性这两大类,在此基础上进行分类改革。按照通常的理解,公益类的领域主要是按照公共产品或公共服务的规范提供的领域,例如供水供电、公共交通、城市绿化等公用部门。对这些领域的相关部门进行政府规制,适当引进竞争因素,推动和促进其发展,满足公共利益的最大化目标即可。

商业类则较复杂,大体上可分为垄断和竞争两大类。其中,对企业进行竞争和垄断的分类,在推动改革方面更为重要。如果不加区分地进行改制,由于垄断力量的存在,不管是混合所有制,还是公司化上市,企业都难以得到合理定价的基础。对于混合所有制改革,要防止过程中出现"异化"问题(本书下一章会提出并加以分析),例如,私人股权往往可能成为垄断利益输送的合理渠道,或者可以利用资本市场的信息垄断地位,为各类投机者、内部交易者提供数不清的获利套利机会,对国有资产流失和社会不公平的质疑将会层出不穷。

一般来说,全行业垄断通常比较容易看到,它可能是由自然垄断或创新力量所致,更可能是由政府权力设置进入壁垒造成的。这种全行业垄断一般通过控制市场供给,得以实现高额垄断利润。这种垄断主要是在行业或地区层面上的。

那么,对于那些所谓的"玻璃门"现象,即无法直接观测到进入壁垒的领域,垄断是否存在？这些垄断是否具有合理性？在这些行业内部，是否存在不公平竞争，企业行为是否都服从于同样的市场竞争规则？这些都需要进行深入研究。在现实中，即使在同一个行业内，竞争与垄断也不一定是完全分开独立的，而是经常相互交织。所以，即使是在竞争性领域，也并不完全是由竞争行为主导，在其中很可能存在着很多的垄断行为。因此，我们称竞争市场为"可竞争市场"可能更准确，意思是这类市场按照本质来说是可以竞争的，但实际上不一定如此。理论上或名义上与实际上并不一致。

因此，人们往往难以直接观察的是局部垄断，这是由各种各样的隐性进入壁垒所致。这种局部垄断市场的特点是，它与竞争市场经常是相互交织的，往往是在大的竞争环境内存在的一块块具有垄断性的独立领地。它们一般无法控制全行业的市场供给，但是能控制其势力范围内的供给及价格。

人们过去以为，只有在垄断行业中的企业才是垄断的，然而却不知道，在可竞争行业中的企业也可能是寡头的或垄断的。人们还以为，某种产品市场只有一个卖方或买方才是垄断的，然而却不知道，在某个市场局部中，即使是可竞争市场，只要能形成足够高的市场进入壁垒，只要能够把新进入者的成本（包括实际成本和潜在成本）提高到一定程度而使前者无法进入，也会形成局部垄断市场。因此，垄断与竞争的分野，在一定程度上往往是结构内生的结果，而不一定是其前提。

在这种相互交织的市场上，如何区分竞争和垄断性质？由于理论与实践的不一致，我们不仅要从理论上区分企业的竞争和垄断性质，更重要的是，需要从实践上区分和确定企业的行为特征，从而为企业合理定价提供基本必要的前提，为企业厘清产权扫清外围障碍。否则，在一种由市场势力垄断并控制的市场上，企业改制可能无助于解决问题，甚至还会饱受诟病。所以，我们试图从更微观的企业层面去进行研究，尝试发现在同一产业内企业之间的竞争关系是否存在进入壁垒导致的结果。

在对竞争和垄断的分类基础上，对于垄断，又可将其分为两类，即经济性垄断和非经济性垄断。经济性垄断包括自然垄断、创新垄断等，垄断者在经济上成本最低，因而具有垄断优势。非经济性垄断则是通过非市场方式获得市场力量，包括行政垄断、行贿受贿、私下串谋或欺行霸市等行为，结果形成某种局部市场的独占或控制局面。

判定合理的经济性垄断与不合理的非经济性垄断，是分类改革在理论上的关键问题。研究的难题在于如何区分这两种不同性质的垄断。从一般企业的角度来看，追求独一无二的垄断是其天性，鼓励创新形成的垄断，合理确定自然垄断的边界等，都能够使社会福利最大化。然而，如果把不同性质的垄断相混淆，市场上就会形成依赖权力或关系的不公平竞争规则，这样就会落入愈演愈烈的"权力资本"的不公平陷阱。因此，究竟要怎样厘清垄断的不同本质，是极为重要的问题。只有在确定不同性质垄断的理论和实践的基础上，我们才能有效地界定反垄断的边界，从而使市场化真正在公平和效率的轨道上发展起来，而不至于走向歧途。

三、如何选择行业和企业进行分类改革

按照中央出台的国企改革文件，提出国企分类改革的政策，有必要将国企进行分类，除了自然垄断和公共产品外，在商业类企业中，需要把那些涉及战略性需要的国企区分出来，清楚界定它们的发展目标，并给予必要的合同契约的约束，赋予合理的成本收益的考核评价体制。在这个范围之外，一般国企则需要服从于统一的市场公平竞争规则，优胜劣汰。①

首先需要对所有的国企进行清理和分类，确定其性质和发展目标，然后有的放矢地进行改革。现在最模糊的地方就在于，如何在商业类国企中确定哪些是"关系国家安全、国民经济命脉和国家战略性"的重要领域，哪些是"充分竞争"的领域。这个分类在实际改革中至关重要，因为在充分竞争的领域，可以实行股权多元化中包括非国有控股，改革的空间较大；而在涉及战略性的重要领域，国企改革的混合多元化只能是国有控股或独资，民企最多只能参股。如此，留给民企的进入空间或者说改革空间就受到很大限制。如果民企只能参股，那么国企的根本变革就

---

① 关于新阶段的经济体制改革，中共十九大报告在确定完善产权制度的要素市场化两大重点之后，讲了五个要点：一、产权有效激励；二、要素自由流动；三、价格反应灵活；四、竞争公平有序；五、企业优胜劣汰。

很难进行，除非有可分享的垄断利益，否则一般民企不太愿意进入。如果国企在混合产权的机制中，仍然保持过去体制下的控制权不变，没有注入新的活力因素，那么也很难有新的改革动力来推动。

具体来说，按照相关的文件，商业类企业中的重要领域包括：通信基础设施、江河流域和水利水电枢纽、森林和战略性矿产资源、石油天然气主干网和电网、国防以及服务于国家战略目标的产业等；除此之外的则是一般充分竞争行业的领域，在此领域中的国企实行混合所有制，使其成为真正的市场主体。

分类如何实施？国资委等部门的文件提出，谁出资谁分类，由出资人职责机构负责制订所出资企业的功能界定与分类方案，报政府批准。这里留下了很大的模糊空间，各地政府及国资委是国企的主管部门，决定什么是重要领域，什么涉及战略性行业。对此，还需要深入研究。

第二节
改革的突破口：识别垄断和破除垄断

一、如何区分不同性质的垄断

传统理论的框架只能外生地从产品特征、技术性质、规模经济等不同的角度独立分开地解释竞争和垄断。著名经济学家鲍莫尔从系统出发来内生地理解市场结构，根据企业行为来判定竞争和垄断，因而突破了传统理论的框架。因此，从企业的成本函数出发，则能够比较企业之间的不同成本及其行为，进而发现存在于企业背后的市场力量。

鲍莫尔把企业分成两大类：在位企业和新进入企业（或潜在的进入企业），通过比较这两类企业的成本函数来分析企业行为及其市场效果。当在位企业没得到新进入者得不到的补贴，潜在进入者也不需要承担特别的成本，即在位者不承担的成本。这样完全对称的企业成本竞争行为,表明了可竞争市场的基本性质。因此,这两类企业之间相等的成本关系决定了市场结构的性质。由此可得到:

$$C(Y^I) = C(Y^N) \quad (1)$$

在自然垄断的行业中,由于一家企业的生产成本低于多家企业的生产成本,因此新进入者的成本必然高于在位者,否则不是自然垄断。在创新的效率垄断下,创新者在一定时期和一定范围内,具有市场支配地位和不可替代性,故新进入者的成本不具有任何优势。由此可见,在这类合理垄断的范围内,新进入者的成本通常高于在位者,或至少与新进入者相比,在位者具有相当大的成本优势,因而才能阻碍新进入者进入其市场势力范围。

因此,对于这类富有效率的垄断,我们称之为"经济性垄断"。其与自然垄断具有共同的特征,都可以采用以下简化的成本函数形式来表现:

$$C(Y^I) < C(Y^N) \quad (2)$$

以上这种进入壁垒是依靠自然力量、规模经济或技术创新而形成的,因而表现为原在位者的低成本优势,在位者与新进入者之间的非对称竞争产生了垄断。沿着这个思路,我们可以推论,只要在位者与新进入者之间存在着非对称的竞争关系,那么就可能会存在垄断。如果说在位者的低成本优势产生了合理的经济垄断,那么相反,在位者的高成本则会产生不合理的、非经济的垄断。这可能是鲍莫尔难以想象的情形,因此,他并未给出这种垄断的定义,在标准的经济学教科书里,我们也难以找到这样的概念。

然而,它是否存在呢?

假定在市场上本来存在着新进入者的进入空间,其成本低于在位者,但是,由于种种原因,新进入者面临着种种难以逾越的障碍,不得不面对巨大的隐性成本而无法进入。由此可得:

$$C(Y^I) > C(Y^N) \quad (3)$$

由成本行为(3)表现的产业结构不能满足一定产业或市场范围内的成本最小化要求,其含义是,即使在位者成本高于新进入者,后者也无法进入,因而是低效率的、非经济的垄断市场结构。在正常的市场经济下,这种状态是不可持续的。然而，这种进入壁垒的形成原因在于非市场的力量，首先，从产品市场来看，围绕各种审批权或特许权形成的寻租行为产生的寻租成本，由各种关系交易形成的额外租金费用，都是进入壁垒的成本；其次，从要素市场来看，在位者通过要素市场的壁垒得到潜在保护或补贴，即使高成本也无退出压力，因为新进入者无法与在位者平等竞争。这种隐性的垄断租金或者其背后的控制势力，成为这种垄断壁垒的典型特征。

考察企业行为特征及其市场效果，才能发现隐性的市场壁垒。在位者与新进入者之间的非对称竞争在这里表现为成本函数的非对称形式，当新进入者的成本中包含潜在的进入障碍或困难，使其潜在成本大大提高时，这种状况就类似于施蒂格勒定义的进入壁垒，即在位企业不必承担，而潜在进入企业必须承担的生产成本。同时，在位者成本中包含了保护性壁垒下的种种补贴，而新进入者则不可能享受这些补贴。这两种情形的综合结果导致竞争的非对称性大大加强，因而使竞争市场转变为垄断或寡头垄断的结构，使看起来不可持续的市场结构得以保持稳定。

这种非经济垄断在中国最突出的表现为行政垄断，或制度垄断，它的特征是在位者的成本高于新进入者，然而新进入者却无法进入，这种垄断的本质是非效率的，其结果不是降低了成本，而是提高了成本，因而造成效率的损失和社会福利的损失。

由此，我们提出了不同于经济性垄断的理论范畴，即非经济或非效率垄断的本质特征。为了检验这个理论假设，我们建立了成本函数，并对其进行了系数估计和平均成本曲线的拟合，以便检验这种非经济的进入壁垒是否存在。

二、如何识别中国现实中的垄断

为了验证哪些类型企业与这种垄断壁垒之间存在着较为密切的联系，我们需要排除行业差异，独立地考察同一行业内的不同所有制企业面临的市场环境，进而检验所有制形式是否为形成市场壁垒的直接前提。实际上这是把行业差异加以固定，来考察在不同产权类型的企业之间，是否可能存在阻碍市场竞争的垄断因素。通过测定这几类企业的成本函数，可以发现其间存在怎样的关系，从而证实这种非经济垄断的存在性及其原因。

我们运用国家统计局规模以上工业企业数据库,对 2000—2007 年的全部制造业（共 167 个三位数行业,排除了公用部门）中的企业,分别进行测定和估计,作出三种所有制企业分组的平均成本比较图,其中符合模型技术要求从而能够作图的三位数行业共 158 个。对这些行业进行成本函数的测定,分别得到每个行业内不同所有制企业的平均成本曲线图形,然后进行比较。

通过观察制造业全部企业的成本函数图形,大致可以把它们分为两大类。一类是三种所有制企业的平均成本曲线比较接近,趋于一致,这类行业约占全部行业的 25%。在全部制造业中,约有 36 个产业的国企与非国企的平均成本曲线比较接近,有趋同化的特点,因而表现为较好的竞争性市场的特征。另一类产业的市场特征表现为,国有企业的平均成本曲线一直稳定地处于高位,即高于民企和外企,这类企业约占全部行业的 75%。这个结果表明,大多数行业的国企平均成本曲线稳定地高于其他企业,在国企与民企之间,不是偶然或随机的,而是系统地、普遍地存在着一种逆市场行为,这意味着存在着某种超市场的垄断力量在产生作用。

总的看来,在中国的制造业中,可竞争市场实际上并不占据支配地位,而是由国企的垄断力量占据很大程度的市场支配地位。从中可以看到,这些不同类型的企业面临的市场是有明显差异的,因为它们的行为并不服从统一的市场竞争规则。实际上,这个市场是由层层壁垒进行分割的,所以才表现出不同企业对其面临的外部市场环境的不同反应。这些行为的结果,就表现为我们看到的上述独立并行的、无法趋同化的成本曲线,这也表明我们的市场化还未能覆盖全部制造业,其中大部分还存在着许多在制度壁垒分割下的局部垄断市场。

传统的垄断研究根据直接地进入壁垒,观察到高额垄断利润的来源,因此在这种壁垒保护下,垄断利润总是高于社会平均利润。然而,我们研究的这种垄断结果,却形成了低于竞争利润的反常效果,这似乎令人困惑,究其根源,也是进入壁垒所致。那么,这样的进入壁垒究竟需要保护什么呢?实际上,这种壁垒保护了企业的市场份额,使企业的高成本得以持续。再进一步分析,在高成本后面隐藏着设租寻租、在职消费、高工资和高福利、关联交易等,这实际上是垄断超额利润的另一种表现形式。这种高成本垄断占用了大量社会资源,却并不创造新的价值,从而导致社会福利的损失。

三、判定不合理垄断的实证依据

为了更直观地看到国企是如何偏离了市场均衡状态，以下选择几类典型的成本曲线进行观察，从中可以看到由于制度壁垒存在而形成的市场垄断特征。

我们分别对国有、民营和"三资"这三类企业进行了实际成本函数的测定，可以得到三条平均成本曲线，这实际上反映了这三类企业的长期平均成本及其变化状态。

在以下曲线图中，ac_gg1 表示国有企业的平均成本函数，ac_gg4 表示民营企业的平均成本函数，ac_gg56 表示"三资"企业的平均成本函数。可以看到，民营企业与"三资"企业的成本曲线非常接近，基本处于趋同化阶段，它们均处于图形的下方，处在上方的则是国企的成本曲线。三者的这种关系表明非国企的平均成本显著低于国企。国企的成本曲线不但没有和民企、"三资"企业的成本曲线趋同，反而出现了十分明显和稳定的差距，这说明了一种系统的偏离，而非偶然零散的偏差。这类行业约占全部制造业的3/4。

以下这些行业的平均成本曲线如图所示，它们约占1/4，其特点是，随着产量的增加，国企的平均成本趋于下降，接近民企或"三资"企业的水平，或者逐步退出。这种企业成本曲线趋同化的变动趋势，是典型的竞争市场的特征。

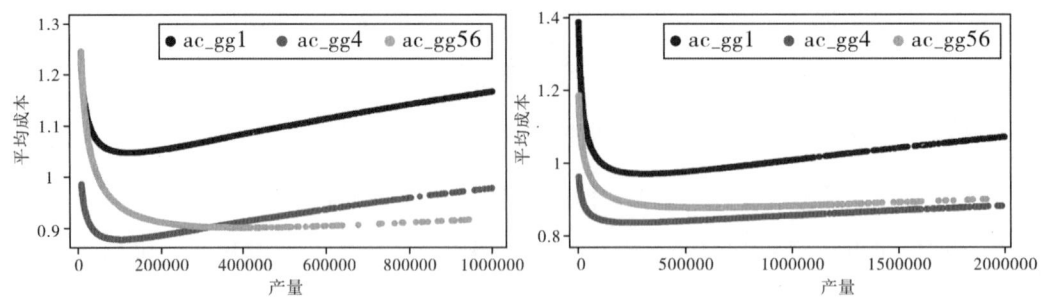

图 12-1　化工行业：三种所有制分组　　图 12-2　钢铁行业：三种所有制分组
　　　　　　的平均成本比较　　　　　　　　　　　　　的平均成本比较

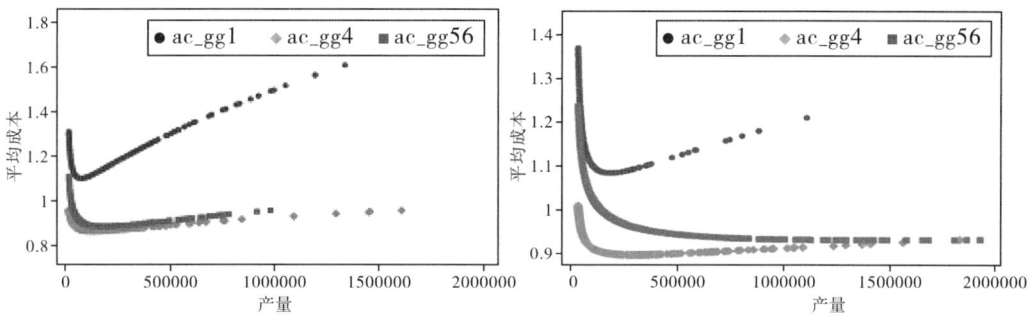

图 12-3 金属加工机械制造：三种所有制分组的平均成本比较

图 12-4 电池制造：三种所有制分组的平均成本比较

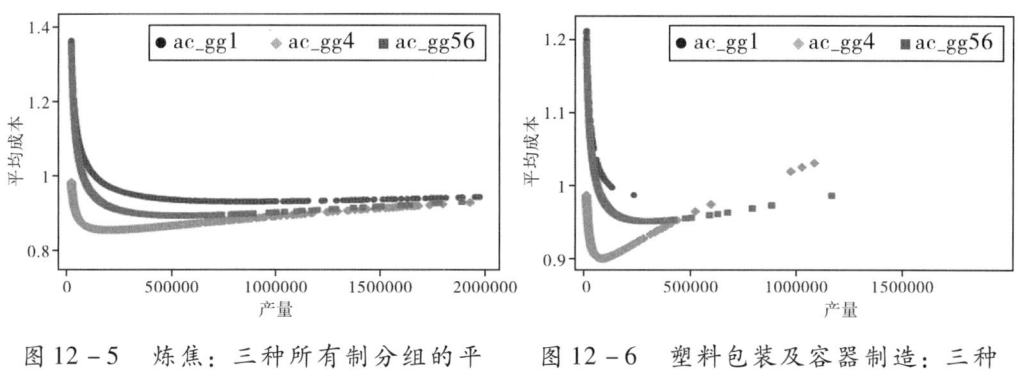

图 12-5 炼焦：三种所有制分组的平均成本比较

图 12-6 塑料包装及容器制造：三种所有制分组的平均成本比较

资料来源：以上图形均为作者根据国家统计局规模以上企业数据计算后画出。详细测算和图形模拟过程参见刘小玄等的论文。[①]

四、产品市场和要素市场的垄断表现

在产品市场中，进入壁垒表现为审批门槛，这种直接的行政干预壁垒为人们所熟悉。然而与此同时，还存在一种隐性的壁垒，这是一种由人脉权力关系形成的市场关系网，只有在这种关系网内的企业才能进入，才能获得市场订单或市场需求。国企由于具有先天的体制和关系优势，因此能够充分地利用这种壁垒，来发展和扩

---

① 刘小玄、张蕊：《可竞争市场上的进入壁垒——非经济垄断的理论和实证分析》，《中国工业经济》，2014 年第 4 期。

充自己的市场势力范围,解决竞争力不足的问题。

在要素市场上,土地是一种最常见的进入壁垒,没有土地,企业就无法投资或扩张,然而在某些区域,土地的审批门槛,土地规划的经常性变更,使得大量长期投资者望而却步,难以进入。此外,各种矿产资源、运输资源、资本融资市场等稀缺资源都存在大量的垄断现象,导致国企可以得到更多的稀缺要素使用权和更优惠的价格,而民企则被阻挡在外,难以进入。

种种非经济壁垒或权力干预,都表现为某种超市场力量,表现为不合理地占有更多市场份额,获得更有利的要素使用权等,从而能够挤出有效率的竞争者,保持自身高成本持续稳定的市场地位。这也是在中国的制造业中,优不胜,劣不汰,相当一部分市场配置表现为某种逆市场的扭曲状态,竞争规则难以发挥积极有效作用的原因。

除了以上那些由较稀缺资源导致的设租寻租之类的直接进入壁垒外,在劳动力要素市场也存在着市场割据或进入壁垒,例如经理市场、技术人才和一般劳动力市场等。这就导致高质量的人才无法得到合理配置,而某些人却能凭借种种关系,得到不合理的报酬。这类要素市场上存在的种种壁垒,导致要素价格和激励机制的扭曲,扼杀了创新。由于要素市场的壁垒只能从企业的成本函数上内生地反映出来,它往往是不可直接观察的隐形壁垒,因此,各种直接或间接的市场壁垒,最终形成了企业在市场上的垄断格局。

五、行政权力导致的局部垄断

与以往从行业层面研究的行政垄断不同,我们研究的是行业内部的局部垄断,而不是行业的完全垄断。通过企业成本函数分析,我们看到,进入壁垒对市场进行了分割,形成了不同强度和不同范围的控制范围,因而形成了大大小小的非经济垄断势力控制的局部市场。在这些势力范围内,垄断者借助各种力量构筑了进入屏障,导致新进入者面临着很大的隐性进入成本。进入壁垒导致的非经济垄断是社会效率损失的根本原因,也是企业效率低下的直接来源,即有多大的进入壁垒,就有多大的效率损失。

这样的垄断是造成企业成本或效率差异的更深层次的原因，它能够解释为什么这些成本差异可以长期存在，为什么现有市场竞争不能消除这些差异。在垄断保护下，必然导致治理与激励机制的不合理，产权制度也无法得到优化。

第三节
中国经济的发展前景：如何实现新的飞跃

一、破除垄断：释放经济发展潜力

中国经济蕴藏着巨大的发展潜力。我们看到，在那些新兴的产业领域中，民营企业具有很强的创造力和活力。然而，在传统的产业中，由于固有的垄断势力的强大抑制了这些潜力的释放，尤其是抑制了创新源泉的涌现，因此，在那些产业领域，创新很难出现，大量的企业死气沉沉，缺乏活力，处在亏损和勉强生存的状态。根本的原因就在于，保守垄断势力的强大、体制的僵化、政府软预算约束的过度保护等。这些弊端不除，经济发展的潜力就无法释放。

现行的政府主导的发展模式固然可以依靠单纯的模仿引进，但是，真正的创新技术是难以复制和难以买到的，中国的制造业与国际先进水平的差距正表明了我们缺少核心的创新力，[①] 这种能力实际上被不合理的制度所遏制。

事实上，很多传统产业都面临着新的机遇，面临着技术升级和融合互联网的大量创新机会，但是，垄断势力就像一座"大山"，压在企业的身上，使得它们无法摆脱原有的束缚，获得新的生机。改革这种旧有的体制，搬掉这些阻碍发展的石头，是大量释放经济活力、推动经济更快发展的唯一出路。

---

① 工信部部长苗圩发布信息称，"在全球制造业的四级梯队中，中国处于第三梯队"，这一判断是比较冷静、客观的。

二、中国发展的不同阶段：从引进模仿战略到创新发展战略

中国这样的发展中国家有一个基本特点，即把赶超型的发展战略作为体现国家利益的基本目标。那么，这样的战略应该覆盖哪些产业，应当如何界定其合理边界呢？这个问题在计划经济时代，经常是不惜代价，不计效益地进行解决。虽然取得了一些成效，但同时也导致国家有限财力的大量浪费。

在不同的发展阶段，这样的战略定位是有所不同的。在改革开放的早期，是以举国之财力，引入国外的先进设备和技术，解决中国急需填补的发展缺口。例如宝钢就是当时很有名的具有战略意义的国家大项目。此外，在全国各地，也采取了这样的战略，大规模地引进国外先进设备和技术，为中国的经济增长和技术进步作出了贡献，与此同时，也满足了很大的民生需求。

在国内外技术差异很大的条件下，这样的发展战略可以通过购买、引进、模仿等方式奏效，能产生相对应的或放大的社会溢出效应，但是到了一定程度，在国内外技术差异越来越小的情形下，这种引进式发展战略的空间就会越来越小。这时，经济增长就不能靠简单的物质化的引进模仿战略了，而需要更多的创新人才和相应的制度保障来推动技术进步和产业发展。也就是说，真正的可持续的生产率增长，应当来源于人力资本，来源于创新，而非单纯的模仿和引进。

因此，中国目前正面临着从引进模仿向创新发展的战略转变时期，如果能够实现这个阶段的转变，中国就能进入发达国家系列，成功地跨越中等收入陷阱；反之，中国就会像许多发展中国家那样，落入中等收入陷阱而难以逾越。这里的分界点就在于，依靠什么力量来发展。是靠大量的物质资本投资拉动，还是靠源源不断地释放人力资源能量的激励机制拉动？前者往往会导致经济陷入某种单纯的循环周期，不断地依靠行政力量的扩张和缩减来拉动经济，但总是缺乏一种突破原有不良循环周期的创新力量。只有依靠后者，中国才有可能走出这种不良循环的旧发展轨道，进入更高境界的新发展战略时期。

三、配合创新阶段的制度调整：更多依赖市场和对人的激励

促进创新的两大要素，一是激励，二是压力。这里我们主要从破除垄断的角度

来论证。众所周知，没有竞争压力，即在竞争过程中相互比较、优者胜出的过程，就没有创新行为。如果企业总是受到保护而无面临市场的压力，怎么能指望它们进行创新，提高效率？即使是先进企业或具有竞争优势的企业，倘若没有面临新进入企业的竞争压力，也会失去创新的动力。

相反，在那些新领域，例如互联网，没有国企垄断，其创新则层出不穷，无数老百姓受益于互联网的创新。真正实现创新，需要改造我们的"土壤"，破除不合理的垄断制度，如此才能产生更多的有活力的竞争细胞，创新才会大量涌现。所以，我们的经济实际上存在着大量的创新增长的潜力未能释放，关键就是要尽可能地减少各种壁垒，促进公平竞争，形成市场对企业的刺激和压力，以便弥补我们的先天不足。为了促进公平竞争，需要打破旧体制固有的垄断势力范围，不破不立，否则，创新的力量难以在较高起点上形成。

虽然近年来反复强调创新，但这不是靠空喊就能起作用的，它需要切实有效的制度来保障和推动，而任何切实可行的政策，都必须与长期稳定有效的激励制度相配套。任何创新，都必须经过艰苦的努力才能完成，不是一朝一夕之功。

市场是能够充分发挥对人的激励的机制，相对于过去的计划体制来说，它能给予人们最大限度的自由空间，能够不受体制约束地进行创新，也能够把人们的创新与其回报结果之间的距离缩至最短，因而能够提供最强的激励。

尤其是在互联网时代，大量分散的信息和资源可以通过互联网而被人们共享，资源不再仅被少数人所垄断，因此，引导创新的各种资源可以通过互联网进行必要的流动和整合，从而可能实现资源的有效配置，打通实现创新的路径，而这一切在信息和资源垄断的僵化的集中体制下，是不可想象的。

因此，互联网时代提供了更多的个性化市场需求，这些都需要通过大量个性化的创新才可能实现对接，这才是发掘了新增长阶段的源泉。与此相对应的是，制度调整和变革必不可少，只有适应这个时代的制度，能够充分调动每个人内在动力的制度，才能提供发展动力的源泉。

笔者认为，通过改革旧体制，创立新制度，即让生产过程中每个人的潜力和智慧都能充分发挥出来，而不是让人们只是被动地听从指令而缺乏主观能动性，即创新的制度供给，才是供给侧改革的核心，也是配合创新阶段市场制度的核心。

第十三章
混合所有制经济：
中国所有制结构改革的新趋势

上一章分析了经过近40年之改革，国企改革迄今依然面临的两难境地。为突破这种境地，我们提出了新阶段改革的切入点和改革的选择顺序，主张市场公平竞争优先，以形成较好的市场环境，为国企改革提供基本前提。在此前提下，本章重点分析如何发展混合所有制经济——这是中国新阶段所有制结构改革的新趋势。

笔者认为，国有资本、集体资本、非公有资本等交叉持股、相互融合的混合所有制经济，是基本经济制度的重要实现形式。在中国全面改革的新阶段，发展混合所有制经济有其新的价值追求。按照笔者的"包容性改革论"，混合所有制不仅是公正的市场经济体制的产权基础，而且也是"社会共生"体制的经济支撑和现代国家治理体系的重要组成部分，可成为新阶段全面改革的突破口。

本章提出，新阶段改革需全面准确把握发展混合所有制经济的内涵。根据中央"国有资本、集体资本、非公有资本等交叉持股、相互融合的混合所有制经济"的内涵界定，在发展混合所有制经济中，可以采用"异质产权多元化"和"同质产权多元化"两种方式，但对大多数国有企业而言，"异质产权多元化"是"主旋律"，"同质产权多元化"是"协奏曲"。国有企业只有吸收"异质"的非国有企业资本，方能既达到"放大国有资本功能"、又有利于搞活企业的目标；否则，单纯在"同质"产权范围内兜圈子，难以达到中央所要求的"放大国有资本功能"的目的。

国企"混改"是中国发展混合所有制经济"整台大戏"中的"重头戏"。新阶段，应实行分类、分层、分区推进方略：在分类基础上，以重要行业和关键领域的商业类为重点,全领域推进"混改";在分层基础上,以中央企业母公司为重点,母子(孙)公司全系统推进"混改";在分区基础上,以东北和其他老工业基地为重点,全地域推进"混改"。

在重点瞄准国企"混改"的同时,还应着手开辟中国发展混合所有制经济的第二战场,即鼓励民营企业、外资企业积极发展混合所有制经济,并从"形成资本所有者和劳动者利益共同体"的战略考虑,稳步推进员工持股。在整个"混改"的操作过程中,如何防止这种新的制度设计发生"异化",同时,在反"异化"过程中,又如何避免因噎废食,以致无所作为、"按兵不动",这些都是需要解决的问题,本章提出了相应解决方略。①

第一节
混合所有制经济决策的提出及其新阶段的价值追求

起于1978年中共十一届三中全会的中国所有制结构改革,特别是其中的"重头戏"国有企业改革,在过去近40年中,先后经历了"扩大企业自主权"(中共十一届三中全会)、"所有权与经营权分离"(中共十二届三中全会)、"建立现代企业制度"(中共十四届三中全会)、"国有经济布局调整"与"公司法人治理结构是公司制的核心"(中共十五大和中共十五届四中全会)、"建立现代产权制度"(中共十六届三中全会)5个阶段。以2013年11月中共十八届三中全会通过的《中共中央关于全面深化改革若干重大问题的决定》为标志,我国进入"积极发展混合所有制经济"的新阶段。②

---

① 本章所论述的基础是笔者主持的国家"十三五"出版规划重点图书《混合所有制经济新论》(安徽人民出版社,2017年版),在笔者执笔撰写的五章书稿的基础上,结合完稿后的新情况,重新提炼撰写而成。
② 中共十九大报告再次重申:"发展混合所有制经济。"见《中国共产党第十九次全国代表大会文件汇编》,人民出版社,2017年版,第27页。

从中国改革史的角度审视，中国进入全面改革新阶段后，"积极发展混合所有制经济"——所有制结构改革的这一"重头戏"——即将拉开序幕。其一，从改革理论上说，中共十八届三中全会提出发展"国有资本、集体资本、非公有资本等交叉持股、相互融合的混合所有制经济"是中国"基本经济制度的重要实现形式"①；其二，从改革实施的角度研究，发展混合所有制经济被称为"国有企业改革的突破口"。

在这种大背景下，包括国有资本在内的多种资本相互融合的混合所有制经济，应该有不同于十八届三中全会之前的新的价值追求。本章作者在《混合所有制经济的价值再发现与实现路径》一文中，曾提出了几点"价值再发现"。本节我们把镜头拉得远一些，从改革的大趋势和大逻辑出发来探讨混合所有制经济的价值追求这一问题。

一、混合所有制经济的提出及发展过程

回顾1978年以来的中国改革历程，特别是1992年中共中央提出社会主义市场经济体制以来的历程，可以发现，中央决策层在关于混合所有制经济的问题上，其认识和部署上了"五个台阶"，出现了五个"第一次"：

第一个台阶，1993年，中央决策层第一次提出"财产混合所有"。根据相关文件，"财产混合所有"一语最早出现在中共十四届三中全会通过的《中共中央关于建立社会主义市场经济体制若干问题的决定》（1993年11月14日）中。该决定指出："在积极促进国有经济和集体经济发展的同时，鼓励个体、私营、外资经济发展，并依法加强管理。随着产权的流动和重组，财产混合所有的经济单位越来越多，将会形成新的财产所有结构。"请注意这里的三个不同用语：第一，主体讲的是"经济单位"（细胞），而不包括现在和下一阶段国家将瞄准的重要领域（如垄断领域）；第二，命题是"财产混合所有"，还不是完整的"混合所有制经济"；第三，"将会形成"的是"新的财产所有结构"，而未用"基本经济制度的实现形式"

---

① 中共十八届三中全会通过的《中共中央关于全面深化改革若干重大问题的决定》（2013年11月）。

这一范畴。①

第二个台阶，1997年，中央决策层第一次正式提出"混合所有制经济"的概念。由"财产混合所有"进一步升华为"混合所有制经济"这一命题，第一次正式使用是在1997年9月12日的中共十五大报告中。当时的提法是："要全面认识公有制经济的含义。公有制经济不仅包括国有经济和集体经济，还包括混合所有制经济中的国有成分和集体成分。"② 在这里，按照笔者《包容性改革论》一书中的观点，混合所有制经济是作为带有包容性的一种制度提出来的。③

第三个台阶，1999年，中央决策层第一次明确提出"发展混合所有制经济"的概念。此前虽提出"混合所有制经济"，但是没有"发展"这个关键词。1999年9月22日，在中共十五届四中全会通过的《中共中央关于国有企业改革和发展若干重大问题的决定》中进一步阐发："国有大中型企业尤其是优势企业，宜于实行股份制的，要通过规范上市、中外合资和企业互相参股等形式，改为股份制企业，发展混合所有制经济，重要的企业由国家控股。"④ 在该决定中，第一次增添了"发展"二字，从而形成了"发展混合所有制经济"的新命题，体现了当时的中共中央和国务院着力"发展"的意图。

2002年中共十六大上的报告沿用了这一命题："除极少数必须由国家独资经营的企业外，积极推行股份制，发展混合所有制经济。"⑤

第四个台阶，2003年，中央决策层第一次增加"大力"二字，提出"大力发

---

① 《十四大以来重要文献选编》（上），人民出版社，1996年版，第526页。
② 江泽民：《高举邓小平理论伟大旗帜，把建设有中国特色社会主义事业全面推向二十一世纪——在中国共产党第十五次全国代表大会上的报告》，人民出版社，1997年版。
③ 常修泽：《包容性改革论——中国新阶段全面改革的新思维》，经济科学出版社，2013年版。书中提出"包容性改革论"的三大要义："包容性思想""包容性制度""包容性运作"，并对三大要义的核心"包容性制度"作了系统分析。
④ 《中共中央关于国有企业改革和发展若干重大问题的决定》，见《十五大以来重要文献选编》（中），人民出版社，2001年版，第1002页。
⑤ 江泽民：《全面建设小康社会，开创中国特色社会主义事业新局面——在中国共产党第十六次全国代表大会上的报告》，人民出版社，2002年版。

展混合所有制经济"。① 2003 年 10 月,《中共中央关于完善社会主义市场经济体制若干问题的决定》(2003 年 10 月 14 日中国共产党第十六届中央委员会第三次全体会议通过)指出:"要适应经济市场化不断发展的趋势,进一步增强公有制经济的活力,大力发展国有资本、集体资本和非公有资本等参股的混合所有制经济,实现投资主体多元化,使股份制成为公有制的主要实现形式。"

第五个台阶,2013 年 11 月 22 日,在中共十八届三中全会通过的《中共中央关于全面深化改革若干重大问题的决定》中第一次明确提出"积极发展混合所有制经济",并强调"国有资本、集体资本、非公有资本等交叉持股、相互融合的混合所有制经济,是基本经济制度的重要实现形式"。②

在提出"积极发展混合所有制经济"两年后,2015 年 8 月 24 日,《中共中央国务院关于深化国有企业改革的指导意见》中专门提及"发展混合所有制经济",其中,在"推进国有企业混合所有制改革"部分,指出"以促进国有企业转换经营机制,放大国有资本功能,提高国有资本配置和运行效率,实现各种所有制资本取长补短、相互促进、共同发展为目标,稳妥推动国有企业发展混合所有制经济"。

2017 年 10 月,中共十九大报告重申,"深化国有企业改革,发展混合所有制经济",并在后面强调"培育具有全球竞争力的世界一流企业"③。这就把发展混合所有制经济提到了新的高度。在这个大的历史台阶上,请读者务必把握 2013 年中共十八届三中全会通过的《中共中央关于全面深化改革若干重大问题的决定》和 2015 年中央指导意见中反复强调的关于发展混合所有制经济"两个有利于"的目标:第一,"有利于国有资本放大功能、保值增值、提高竞争力"(包括要提高中国企业的"全球竞争力");第二,"有利于各种所有制资本取长补短、相互促进、共同发展"。

当前及下一阶段,中国发展混合所有制经济和国有企业混合所有制改革应按照

---

① 关于混合所有制经济决策的五个台阶分析,参见常修泽等:《混合所有制经济新论》,安徽人民出版社,2017 年版,第 18—21 页。不过,该书中并未将 2003 年的决策单独列出,于是整个过程只有四个台阶。该书出版后,笔者认为 2003 年应单独列出,故本书按五个台阶进行分析。
② 《中共中央关于全面深化改革若干重大问题的决定》,人民出版社,2013 年版。
③ 《中国共产党第十九次全国代表大会文件汇编》,人民出版社,2017 年版,第 27 页。

第十三章
混合所有制经济：中国所有制结构改革的新趋势

"积极发展""稳妥推动"的部署推进，现在正处在推进而发展的过程中。

二、由"板块并存"到"混合所有"：三个针对性

（一）笔者的初期探索（20 世纪 90 年代及 21 世纪初）

回顾笔者 39 年来（以 1979 年初到南开经济研究所从事研究开始）的理论研究历程，在混合所有制经济研究问题上，笔者的理论认识经历了一个逐步提高的过程：

1980 年，在前一年参加当时国务院财经委员会组织的"东北经济结构调查组"的基础上，笔者曾发表一篇探讨所有制结构的论文——《长期并存 比翼齐飞》[1]。此文主张国有经济与非国有经济"长期并存，比翼齐飞"。虽然这种"并存经济"与"混合经济"有某种联系，而且对于当时的"单一国有制"理论也有一定冲击作用，但这篇文章所论述的只是一种板块式非交叉的（或称"比翼齐飞式"的）"并存经济"（一种全社会层次的"板块并存"）。就微观基础来说，A 还是 A，B 还是 B，没有涉及"产权交叉混合"问题。与现在讲的"国有资本、集体资本、非公有资本等交叉持股、相互融合的混合所有制经济"有很大差距。严格说，尚构不成"混合所有制经济"命题。所以笔者一直未将此列入混合所有制探索之中。

有意思的探索始于 20 世纪 90 年代，以 1992 年出版的《资产重组：中国企业兼并研究》[2] 为发端。

《资产重组：中国企业兼并研究》是笔者 20 世纪 90 年代主持的"产权经济理论研究系列（四部）"中的第一部。写于 1990—1991 年，是国内较早研究社会主义市场经济条件下资产重组的著作之一。该书已开始触及中国企业之间的资产重组（包括企业兼并）中的产权混合问题。[3] 需要注明的是，本书是在 1993 年中共十四

---

[1] 常修泽：《长期并存 比翼齐飞》，《人民日报》（理论版），1980 年 5 月 9 日。
[2] 常修泽主编：《资产重组：中国企业兼并研究》，陕西人民出版社，1992 年版。
[3] 本刊资料室，《常修泽教授有关"产权经济理论研究系列"的四部著作简介》，《中国商贸》，2001 年第 18 期。

届三中全会提出"财产混合所有"一词之前出版的。

在此之后,作者承担并完成了国家社会科学"六五"重点科研项目《现代企业创新论》(1994)①。书中尝试性地提出了中国企业制度创新的三大理论依据(即"资源配置'换体论'""企业产权重组论""资本运营效益论")和"寻求现代市场与科层新组合"的理论构想。在"企业产权重组论"的基础上,对微观层面的"产权交叉混合"(股份所有)问题作了比较深入的探讨(本书作者之一高明华教授参与了此项目的研究)。此后,相继出版了《产权交易理论与运作》(1995)②和《中国企业产权界定》(1998)③。以上4本书均使用了"股份所有制经济""股份制企业"等类似性质的提法,就其实质内容来说,与"混合所有制经济"或"混合所有制企业"差不太多,但在命题上毕竟没有使用"混合所有制经济"或"混合所有制企业"这一范畴,这是应该说明的。

笔者正式使用"发展混合所有制经济"这一命题是在2003年。那一年,为探讨混合所有制经济可否成为中共十六届三中全会后的改革"重头戏",笔者发表了《发展混合所有制经济:完善市场经济体制新课题》④一文。就微观基础来说,本文已经不是A还是A、B还是B那种非交叉的"板块并存",而是阐述"产权交叉混合",即今天讲的"国有资本、集体资本、非公有资本等交叉持股、相互融合的混合所有制经济"的问题。但当时这一论文视野并不开阔,主要是着眼于微观经济领域的产权结构角度,其立意旨在通过发展混合所有制经济,推进中国微观经济层面的深度市场化进程。这篇论文于《中国共产党第十六届中央委员会第三次全体会议公报》发布之前,在2003年10月16日的《21世纪经济报道》上发表,一些市场化先行地区刊物如《浙江经济》等转载论文,这也反映了市场化先行地区对深度市场化及发展混合所有制经济的渴求。⑤

---

① 常修泽等:《现代企业创新论》,天津人民出版社,1994年版。
② 常修泽等:《产权交易理论与运作》,经济日报出版社,1995年版。
③ 常修泽等:《中国企业产权界定》,南开大学出版社,1998年版。
④ 常修泽:《发展混合所有制经济:完善市场经济体制新课题》,《21世纪经济报道》,2003年10月16日。
⑤ 这一部分理论探索的回顾和分析,参见常修泽等:《混合所有制经济新论》,安徽人民出版社,2017年版。

（二）指向：微观领域企业产权结构的弊端"三性"

为何发表《发展混合所有制经济：完善市场经济体制新课题》？当时有何立意？笔者主要是基于微观经济层面的研究，认识到在传统的体制中，作为微观基础的企业产权结构具有一种"反混合"特征，其弊端具体表现为"三性"：

1. 单一性

传统经济理论把中国经济看成"纯而又纯"的单一的公有制经济（国家一度甚至追求单一的国有制经济），将非公有经济视为格格不入的"异己力量"。这不禁使笔者想起马克思年轻时发表的一段名言：世界"千姿百态""并不要求玫瑰花散发出和紫罗兰一样的芳香""为什么却要求世界上最丰富的东西——精神只能有一种存在形式呢"①。单一性是到目前为止，中国经济体制改革近40年后，某些人依然没有冲破的一个思想牢笼。

2. 封闭性

把社会所有制结构和企业（即中央文件讲的"经济单位"）产权结构看成一种封闭的系统，排斥不同所有制之间的相互渗透，既缺乏开放性，更缺乏包容性。

3. 凝滞性

封闭性的存在导致产权流动和交易的僵滞，这在部分国有产权体系中表现尤为突出。②

笔者以为，上述"三性"导致的单一产权关系，限制了不同性质的资本相互兼容和相互渗透。20世纪90年代提出的"混合所有制经济"，主要是针对上述"三性"而展开的。

三、《包容性改革论》对混合所有制经济的新探讨

如前所述，虽然2002年中共十六大报告有"发展混合所有制经济"的内容，

---

① 常修泽：《包容性改革论——中国新阶段全面改革的新思维》，经济科学出版社，2013年版，第7页。

② 关于"单一性""封闭性""凝滞性"的分析，见常修泽：《中国国家所有制企业制度改革论稿》，《南开经济研究》，1990年第5期。此文收入《中国经济科学年鉴》（1989—1990年）。

2003年更明确提出"大力发展混合所有制经济",但由于种种原因,混合所有制经济在实践中的进展并不尽如人意。出于理论工作者的自责,在中共十八届三中全会前,笔者在《包容性改革论》(2013年10月出版)一书第五章("经济改革"章)中,专门设置了三节论述混合所有制经济,其中包括:该章第二节"以包容性体制创新促进包容性发展";第三节"包容性经济体制的基础:混合所有制经济";第四节"发展混合所有制经济需摆脱'斯大林模式'"。

此三节,对混合所有制经济作了如下几点探讨:

(1) 提出"从中国肩负的这项战略任务的具体内容和内在逻辑研究,发展'混合所有制经济'是完善社会主义市场经济体制的重要内容"①。

(2) 提出混合所有制经济是包容性体制的经济基础。包括:混合所有制是混合经济的产权基础;混合所有制是协调社会多种利益关系,并使之和谐统一的产权组织形式;混合所有制是推动国企改革的有效财产组织形式,其中,孕育着新的公有制组织形态。② 至于是否可称之为"第四种所有制形式",拙著留有余地,愿继续观察,继续探索。

(3) 围绕如何发展混合所有制经济,提出:"在社会层面,用包容性而不是用排斥性的观点和政策把公有制经济和非公有制经济'统合'起来""在国有经济层面,继续推进国有经济的战略调整""在微观层面,打破国有企业特别是国有大中型企业的产权格局,积极推进股份制,发展混合所有制的产权结构"③。

(4) 特别是,明确提出"发展混合所有制经济需摆脱'斯大林模式'",触及了问题的实质。④

基于上述考虑,在中共十八届三中全会前的2013年8月,笔者在《给三中全

---

① 常修泽:《包容性改革论——中国新阶段全面改革的新思维》,经济科学出版社,2013年版,第196页。
② 常修泽:《包容性改革论——中国新阶段全面改革的新思维》,经济科学出版社,2013年版,第197页。
③ 常修泽:《包容性改革论——中国新阶段全面改革的新思维》,经济科学出版社,2013年版,第198页。
④ 常修泽:《包容性改革论——中国新阶段全面改革的新思维》,经济科学出版社,2013年版,第199页。

会全面改革方案的四点框架性意见》中,建议将"混合所有制经济"写入中共十八届三中全会决定。① 在中共十八届三中全会之前的敏感时期,《包容性改革论》一书中的这些论述和《给三中全会全面改革方案的四点框架性意见》受到关注。

四、中共十八届三中全会重提混合所有制经济的价值追求

中共十八届三中全会通过的《中共中央关于全面深化改革若干重大问题的决定》提出,"积极发展混合所有制经济",并强调"国有资本、集体资本、非公有资本等交叉持股、相互融合的混合所有制经济是基本经济制度的重要实现形式"。② 鉴于新阶段改革是一种包括经济、政治、社会、文化和生态环境制度改革在内的"五环式"的改革,因此,在这种新的背景下,研究发展混合所有制经济,就不应仅仅局限于经济领域,而应有新的更高的价值追求。如果说,20世纪90年代前笔者主要是从微观产权结构视角来探讨混合所有制经济的话,那么,在新阶段,就应从更高的层面、更宏观的视野来发掘混合所有制经济的价值。其价值再发现主要表现在以下四个方面。③

(一)从经济体制改革方面分析:混合所有制是市场经济体制的产权基础

当今世界有两大潮流十分明显:一是市场经济,"到目前为止,人类还没有找到比市场经济更有利于资源配置的机制"④。二是公平正义,民众在这方面的诉求极其强烈。从制度设计来说,应建立一个带有包容性的"公正的深度市场化经济体制"⑤。

---

① 常修泽:《给三中全会全面改革方案的四点框架性意见》,见《包容性改革论——中国新阶段全面改革的新思维》一书附录5,经济科学出版社,2013年版,第412页。
② 《中共中央关于全面深化改革若干重大问题的决定》,人民出版社,2013年版。
③ 关于新阶段重提混合所有制经济的宏观价值追求,参见常修泽:《混合所有制经济的价值再发现与实现路径》,《学术前沿》,2014年第3期。
④ 常修泽:《包容性改革论——中国新阶段全面改革的新思维》,经济科学出版社,2013年版,第13页。
⑤ 常修泽:《包容性改革论——中国新阶段全面改革的新思维》,经济科学出版社,2013年版,第4页。

中国有"两个苦于":一是苦于市场经济不发达,经济体制改革尚未到位;二是苦于市场经济发展所带来的一些负面影响,如收入差距过大、社会分配不公等。因此,不仅要做到双方互不排斥(市场化不能排斥公正化,公正化也不能排斥市场化),而且还要内在融合。

难点在于如何建立市场化与公正化内在融合的经济体制。就中国来说,既然资源配置主要由市场决定,而且以公有制经济为主体,非公有制经济是我国社会主义市场经济的重要组成部分,在财产关系上就需要一种具有包容性的经济形式与之相适应。

那么,这种具有包容性的经济形式是什么呢?实践表明,既不是单一公有制,也不是单一私有制,而是在"社会公平和市场经济兼容"的基础上,将国有资本、集体资本、非公有资本等交叉持股、相互融合的混合所有制经济。① 本书论述的混合所有制就是这样一种新的有效的财产组织形式(其中,是否孕育着新的社会所有的组织形态并称之为"第四种所有制形式",需观察),从而有利于公有资本和非公有资本的相互融合。这种统一性不是外在的统一,而是"内在的统一"。

基于此,中央重提并强调"积极发展混合所有制经济",其宗旨在于促进国有资本、集体资本、非公有资本等交叉持股、相互融合,使这种混合所有制真正成为我国基本经济制度的重要实现形式,以便为寻求"公正的深度市场化经济体制"提供支撑。

(二)从社会体制改革分析:混合所有制经济是"社会共生"体制的经济支撑

中国正处在社会大变动、利益大调整的历史阶段。毋庸回避,社会已开始分层,甚至有逐步固化的趋势。分层与固化,已成为社会利益冲突和社会危机事件爆发的内在因素。为避免社会严重分裂,笔者在《包容性改革论——中国新阶段全面改革的新思维》一书中提出"社会共生"理论,包括三条短语:"穷人不能再穷,

---

① 关于混合所有制经济的内涵,本书作者持"中度派"观点,即不把"宽派"所主张的"全社会层面"的"多种所有并存"列为混合所有制内涵,因为,它并不存在"交叉持股、相互融合"问题。本书是从"重要领域"和"微观细胞"两个层面来界定混合所有制经济的。

富人不必出走,中产必须扩大",以寻求社会各阶层(特别是中低收入阶层)的"社会共生"之路。①

哪种财产组合形式更有利于"社会共生"呢?这就要研究利益关系问题。随着改革的深化,撇开全社会层面不谈,中国重要领域和企业内部的利益关系已经多元化。在利益多元化的情况下,如何协调不同主体之间(此处指资本主体)的利益关系便成为改革发展的新课题。

混合所有制经济既可容纳国有资本及其他公有资本,也可容纳各种非公资本;既可容纳私人企业主和外资企业主的股本(这一般是属于富裕阶层),也可容纳企业一般员工的股本(这一般是属于中低收入阶层),还可容纳各类企业的高级管理人员和中层管理人员的股本(这一般是属于中产阶层,有一部分属于富人)。根据国家统计局报告,2016年11月底,中国居民储蓄为65.17万亿元,虽然不可能都用于投资,但经济力量可观。各种资本的相互融合、互利多赢,有利于协调不同利益主体的关系,以建立"社会共生"的新体制。

以员工持股为例,中共十八届三中全会在阐述其意义时,明确提出员工持股的意义在于"形成资本所有者和劳动者利益共同体"(这是中国共产党向世界倡导"人类命运共同体"在国内的微观化体现,必须把两个"共同体"联系起来思考)。只有构建好千千万万个"利益共同体",才能为"社会共生"体制提供坚实的基础性支撑。

(三) 从政治体制改革分析:混合所有制经济是现代国家治理体系的重要组成部分

针对新阶段全面深化改革的总目标,习近平总书记在中共十八大后的一次政治局会议(2012年12月31日)上指出,中国的改革开放"是一场深刻的革命",同时又是"社会主义制度的自我完善"。这给了我们一个大体框架,需要在"一场深

---

① 常修泽:《包容性改革论——中国新阶段全面改革的新思维》,经济科学出版社,2013年版,第236页。

刻的革命"与"社会主义制度的自我完善"之间做文章。① 中共十八届三中全会通过的《中共中央关于全面深化改革若干重大问题的决定》明确提出的推进"国家治理体系和治理能力的现代化",就是在"一场深刻的革命"与"社会主义制度的自我完善"之间做的一篇大文章,这是一个崭新命题。

国家治理体系的内在机制有哪些?笔者认为应包括五组机制:第一,国家权力的运行、配置、约束和监督机制;第二,独立的司法体系及其机制;第三,国家的反腐败机制;第四,国家的社会治理机制;第五,混合所有制经济及其有效运转机制,这是现代国家治理体系的经济支撑。

这里有个"两层楼"的制度安排(即两个有联系又有区别的命题)需要作出说明:一层楼是国家基本制度,另一层楼是国家治理体系(不属于国家基本制度层面)。提出国家治理体系现代化,是颇为高明的。因为它越过了第一层面,即国家基本制度的层面,而直接往下深入到第二层面,即基本制度之下的国家治理体系层面。从人类政治文明角度来说,国家治理体系具有一定的共性。因此,提出"国家治理体系和治理能力现代化"这个概念,无疑抓住了现代政治的重要方面。

同样,围绕混合所有制经济问题,也有个"两层楼"的制度安排问题:一层楼是国家基本经济制度,另一层楼是这种基本经济制度的实现形式。如同提出国家现代治理体系一样,混合所有制经济也是越过了第一层面(基本经济制度的层面),而直接往下深入到第二层面(经济制度的实现形式,属于治理层面)。治理层面基本属于"用"的层面(不属于"体"的层面)。因此,混合所有制经济同国家治理体系是相通的,是国家治理体系的支撑和重要组成部分。

(四)从新阶段全面改革分析:发展混合所有制经济是寻求改革取得实质性进展的突破点

新阶段,中国的全面改革已进入深水区,面临艰巨的攻坚任务,需要寻找切实可行的突破口。目前来看,行政体制改革以及与此相连的国企改革(特别是央企改

---

① 常修泽:《包容性改革论——中国新阶段全面改革的新思维》,经济科学出版社,2013 年版,第 285 页。

革）是一场重头戏。

经过近40年的改革，已经有一批国有企业通过改制发展成为混合所有制企业（截止到2015年国家工商总局公布的数据为17.14万户，占国资投资企业的46.11%，详细数据见本章第三节），但其治理机制和监管体制还需要进一步完善；还有相当一部分企业（特别是央企）仍然是国有独资，面临转换经营机制、提高运行效率的课题。为应对日益激烈的国际竞争和挑战，推动经济健康发展，需要通过深化国有企业混合所有制改革，增强国有经济活力、控制力、影响力和抗风险能力，实现各种所有制资本取长补短、相互促进、共同发展的目标。这不仅可以使经济体制改革取得突破，而且也可以发挥经济体制改革的牵引作用，带动其他领域的改革。从这个意义上说，发展混合所有制不仅是国企改革的突破口，而且是整个经济体制改革攻坚的突破口。基于此，笔者在2015年出版的《人本型结构论》中，特别写了"人本型结构呼唤混合所有制经济"，以此作为结构转型的体制支撑。①

第二节
准确把握国有企业混合所有制改革的内涵

一、国企"混改"：侧重搞以国资为根基的"异质产权多元化"，还是侧重搞国资内部的"同质产权多元化"？

国企"混改"应实行产权多元化，这方面大家意见是一致的。但是，撇开公益性和垄断，就大多数国企而言，是侧重搞以国资为根基的"异质产权多元化"，还是侧重搞国资内部的"同质产权多元化"？在侧重点上，大家意见并不完全一致。

近年来，理论界有经济学家主张实行"不同的国有资本"混合（"同质产权多元化"），并将其作为一个非常重要的制度建设。例如，有专家强调指出，"所谓多

---

① 常修泽：《人本型结构论》，安徽人民出版社，2015年版，第317—322页。

元化是指由国有资本本身不同的股东来作为出资人代表,这样在决策方面就避免了所有决策只由一个股东作出的弊端,提高了决策的科学性,这是国有企业能够市场化运行的一个非常重要的制度建设。"①

就大多数国企改革思路而言,这里有两个问题:一个是"混改"的主调问题;一个是"混改"的操作问题。

"混改"的主旋律,到底是在国企之间"推进国有资本多元化",还是以国有企业为根基引入社会资本实行"异质资本多元化"?为回答这个问题,有必要把握中共十八届三中全会讲的"发展混合所有制经济"的内涵。

中共十八届三中全会通过的《中共中央关于全面深化改革若干重大问题的决定》在讲到"积极发展混合所有制经济"时,强调的是"国有资本、集体资本、非公有资本等交叉持股、相互融合"的混合所有制经济。特别指出,"允许更多国有经济和其他所有制经济发展成为混合所有制经济。国有资本投资项目允许非国有资本参股。允许混合所有制经济实行企业员工持股,形成资本所有者和劳动者利益共同体"。按照上述内涵,笔者认为这里"产权多元化"的主旋律是"异质产权多元化",即"国有资本、集体资本、非公有资本等交叉持股"的多元化。

至于"同质产权多元化",也并不排斥。中共十八届三中全会特别针对自然垄断行业中的部分企业,提出"对需要实行国有全资的企业,也要积极引入其他国有资本实行股权多元化"。

可见,在特殊条件下(即"对需要实行国有全资的企业"),"推进国有资本多元化",由"国有资本本身不同的股东来作为出资人代表",也是有意义的。但笔者认为,就大多数国企而言,发展混合所有制经济"异质产权多元化"是"主旋律","同质产权多元化"是"协奏曲"。

二、操作层面的"异质产权多元化"与"同质产权多元化"

鉴于上述分析,正是在这个意义上,笔者认为,不仅要一般地讲"投资主体多元化",而且要讲"投资主体的所有制属性多元化"。

---

① 《国有资本多元化让辽宁国企改革弯道超车》,中国网,2017年4月8日。

当然，现实是非常复杂的。在"混改"的操作问题上，考虑到一些地区（例如东北），由于国有经济比重很高①，推进"混改"十分艰难，在具体操作中可以成立国有投资运营公司经营国有资本，使其成为参与其他国有企业"混改"的一种力量；也可以划拨一部分国有资产给社保基金，通过股权多元化，既可以形成企业管理的制衡局面，也为民营资本进入打下基础。比较起来，这种"同质产权多元化"相对容易些，而且实践表明，在混合所有制经济中搞"同质产权多元化"也是有意义的，可以作为"混改"的一种方式。

但是，不能过分强调"同质产权多元化"，尤其是不能绕着问题走。正因为一些地区（例如东北）国有经济比重很高，因此更需要"异质产权多元化"，不宜绕开矛盾，仅仅把"同质产权多元化"作为"一个非常重要的制度建设"。②

笔者同意这样一种看法：在国企"混改"过程中，"同质产权多元化"是策略问题。策略问题虽具可操作性，但是不宜用策略手段替代战略考虑。

由此，使笔者想到当今世界通行的 Public-Private Partnership（缩写为 PPP，公私伙伴关系）机制，第一个 P 是 Public（公共），第二个 P 是 Private（非公），第三个 P 是 Partnership（伙伴关系）。在混合所有制改革中，应主要是 Public（公共）与 Private（非公）相混合（Partnership），而主要不是 Public（公共）与 Public（公共）相混合（Partnership）。

三、"异质产权多元化"的三种混合形式

（一）"异质产权多元化"之一：国有资本与民营资本（包括内资非公有资本和集体资本）"混改"

广义（或大口径）的民营资本，包括内资非公有资本和集体资本。根据内涵的

---

① 东北三省规模以上国有企业资产占规模以上工业企业总资产比重的具体数据是：黑龙江为 64.69%、吉林为 54.09% 和辽宁为 45.8%，三省算术平均为 54.86%。东北三省每个都比全国平均数高 20~40 个百分点。参见常修泽：《东北振兴战略新论》，《战略与管理》，2017 年第 1 期。

② 把"同质产权多元化"作为"一个非常重要的制度建设"，是 2017 年 4 月在东北论坛上的部分专家主张的，参见《国有资本多元化让辽宁国企改革弯道超车》，中国网，2017 年 4 月 8 日。此问题在会上引发讨论，还可继续讨论。

不同情况，分别予以研究。

——对于内资"非公有资本"，应鼓励和引导"非公有资本"以独资、合作、联营、参股、特许经营等方式参与投资，与国有资本融合。其投资主体可参与国有企业改制重组或国有控股上市公司增资扩股。具体方式包括出资入股、收购股权、认购可转债、股权置换等。可以以货币出资，也可以以实物、股权、土地使用权等法律法规允许的方式出资。注意，国有产权或国有股权转让时，除国家另有规定外，不应该在"意向受让人"资质条件中对非公有资本投资主体单独设置附加条件。现有的附加条件，除国家有规定外，应该取消。

——广义民营资本中的集体资本，包括股份合作经济组织或企业的资本。鉴于集体企业或组织产权关系比较复杂，操作时首先应明晰集体资产产权，使集体企业成为股权清晰化、多元化的经济实体。经确权认定的集体资本、资产和其他生产要素，可以作价入股，参与国有企业"混改"。具体做法，可参见笔者的《中国企业产权界定》① 一书。

（二）"异质产权多元化"之二：国有资本与外商资本"混改"

外资也是参与国有企业改制重组、合资合作的一支重要力量。主要方式除前述的三种外，还包括海外并购、投融资合作、离岸金融等方式。目前世界上出现一股以保护主义为特征的"逆全球化"的倾向，应顶住这股逆流，坚持经济全球化的方向。② 在此前提下，充分利用国际市场、技术、人才等资源和要素，发展混合所有制经济，以此提升与外资混合的力度和深度，深度参与国际竞争和全球产业分工，提高资源全球化配置能力。当然，要依照外商投资产业指导目录和相关安全审查规定，完善外资安全审查工作机制。

另外指出，在吸收民营资本、外资等多元资本力量参与国有企业"混改"的过程中，要注意采取前述PPP模式。第一，政府投资方式应该创新，具体可通过投资补助、基金注资、担保补贴、贷款贴息等方式，优先支持引入社会资本的项目。第

---

① 常修泽等：《中国企业产权界定》，南开大学出版社，1998年版。
② 常修泽：《世界三大博弈与中国开放新局》，《群言》，2017年第1期。

二,政府可以依据项目运营绩效评价结果,适时对价格和补贴进行调整。第三,政府还可组合引入保险资金、社保基金等长期投资者参与国家重点工程投资。第四,鼓励社会资本投资或参股基础设施、公用事业、公共服务等领域项目,其中关键应使社会投资者在平等竞争中获取合理收益。

(三)"异质产权多元化"之三:支持和鼓励企业吸收本企业员工投资入股,实行员工持股

这也是一种"混改"(关于员工持股问题,相当复杂,拟作为一个问题专门研究)。

国企混合中的"异质产权多元化",实际运作比上述写的要复杂得多,惊心动魄得多。2016年出现的"万科事件"充分表明,国有资本与民营资本混合中,围绕股权控制权的争夺,以及股东与董事会、管理层和事业合伙人的激战,是何等激烈。"万科事件"具有标本性意义,需要挖掘(见万科独董华生的新书《万科模式:控制权之争与公司治理》①)。

尤其要注意,在"异质产权多元化"中,因彼此的成长背景、人员构成、经营环境、管理体制、企业文化等具有差异甚至差异较大,因此在企业混合所有制改革后如何促进文化融合,是个大问题。德国著名哲学家、文学家奥斯瓦尔德·斯宾格勒曾经说过一段关于文化融合的精彩的论断:"每一种文化(企业文化也是,引者注)都以原始的力量从它的土生土壤中勃兴起来,都在它的整个生活期中坚实地和那土生土壤联系着;每一种文化都把自己的影像印在它的材料即它的人类身上;每一种文化各有自己的观念,自己的情欲,自己的生活、愿望和感情,自己的死亡。这里是丰富多彩,闪耀着光辉,充盈着运动的,但理智的眼睛至今尚未发现过它们。"② 奥斯瓦尔德·斯宾格勒在这里接连用了三个"每一种文化",深刻反映了文化(包括企业文化)的多元性,这也为发展混合所有制过程中促进"文化融合"打下了坚实的基础。具体可参见笔者《包容性改革论——中国新阶段全面改革的新

---

① 华生:《万科模式:控制权之争与公司治理》,东方出版社,2017年版。
② 奥斯瓦尔德·斯宾格勒:《西方的没落》(上册),商务印书馆,1995年版,导言第39页。

思维》第八章。

以上是基本面的理论分析。下面,将根据资料作全国进展态势分析。

第三节
中国国有企业资产(资本)的全部"家底"与重点领域"混改"最新进展

为了准确把握混合所有制经济在实践中的进展态势,得先搞清楚中国发展混合所有制的四种经济力量及其最大力量——国有企业资产的"家底"。

一、发展混合所有制的四种经济力量及其最大力量——国有企业资产(资本)的"家底"

(一)发展混合所有制的四种经济力量

在探讨国有企业的"混改"之前,有必要先从总体上把握发展混合所有制的四种经济力量。就企业的资本而言,主要有三种,即国有资本、广义民营资本(包括集体资本、非公有资本)、外商资本,另加上非企业形态的企业内部职工的股本,一共四种资本力量。

按照2013年11月中共十八届三中全会关于国有资本、集体资本、非公有资本等交叉持股、相互融合的部署,需实施国、民、外、内部职工股本"四线联动"或称"四线推进"。"四线推进"的重点是瞄准现有国有企业,吸引民、外、员工资本与国有资本融合,把传统国有企业改造成混合所有制企业。

为此,需要对国有企业资产(资本)的最新"家底"进行全面审视。

(二)关于国有企业资产(资本)的最新"家底"

1. "全社会口径"即各种所有制的全国企业法人单位的"家底"

根据国家工商总局资料,截至2015年底,全国企业法人单位有12593254个,其中：私人控股单位 10677612 个，占比 84.79%；国有控股 291263 个，占比 2.3%；外商与港澳台商单位 201369 个，占比 1.6%（其他略）。在 12593254 个企业法人单位中，我们重点锁定 291263 个国有及国有控股企业，摸清国有企业资产（资本）的最新"家底"。

2. "窄口径"国有企业资产（资本）的最新"家底"

一般说的国有企业是指中央企业和 31 个省（自治区、直辖市）与新疆生产建设兵团、5 个计划单列市以及各级地方的国有及国有控股企业。根据财政部有关国有及国有控股企业资料，截至 2016 年 12 月末，国有企业资产累计为 131.7 万亿元，负债累计为 87 万亿元，所有者权益合计 44.7 万亿元。其中，中央企业资产累计为 69.5 万亿元，负债累计为 47.7 万亿元，所有者权益为 21.8 万亿元。各级地方国有企业资产累计为 62.2 万亿元，负债累计为 39.4 万亿元，所有者权益为 22.9 万亿元。

以上为 2016 年末数据。按最新月末统计数据：截至 2017 年 3 月末，国有企业资产总额为 136.5 万亿元，负债总额为 90 万亿元，所有者权益合计 46.5 万亿元。其中，中央企业资产总额为 71.7 万亿元，负债总额为 49 万亿元，所有者权益合计 22.7 万亿元；地方国有企业资产总额为 64.8 万亿元，负债总额为 41 万亿元，所有者权益合计 23.8 万亿元。

另据国务院国资委公布的材料，2015 年底，全国国有企业资产总额为 119.2 万亿元，所有者权益合计 40.1 万亿元。

3. "宽口径"的国有资产（净资产）应在 567 万亿元甚至更多

上述关于中国国有企业资产（资本）的最新"家底"，只是指"在企业"的国有资产，不含国有非经营性资产，不含国有金融性资产，也不含国有资源性资产。根据财政部、国资委、国家统计局等部门此前公布的数据测算，截止到 2015 年底，行政事业性国有资产值约为 11.23 万亿元[①]，金融性国有资产值约为 53.41 万亿元，

---

① 根据财政部、国资委、国家统计局等部门公布的数据测算。

资源性国有资产值约为458万亿元（其中约43万亿元可直接出售或交易）。① 如果再加上"在企业"的国有资产（所有者权益）44.7万亿元（2016年底数据），整个国有资产（所有者权益，不含负债）应在567.34万亿元以上。由此可见，就总的资产量来说，中国是一个国有资产总量庞大且占有优势的国家。国家总体居于资产控制地位，不必杞人忧天。既然本章重点研究国有企业"混改"，此处就只瞄准"在企业"的国有资产。

二、依据国家经济户籍库数据分析全国国资投资企业混合所有制改革的进展

中共十八大以来，国资投资的混合所有制企业有所增加。依据国家经济户籍库，利用大数据挖掘工具及族谱关系模型，国家工商总局曾对数据进行筛查，披露主要指标，分析如下。

（一）全国国资直接或间接投资的企业总量、"混改"占比及资产比例

截至2014年底，国资直接或间接投资企业累计达70.93万户，其中存续企业只有37.17万户。

在上述国资投资的存续企业中，20.03万户为国资全资企业，占比为53.89%，17.14万户为混合所有制企业，占比为46.11%。国资全资企业多于混合所有制企业，大体是54:46（"混改"企业不足一半）。② 另据笔者2017年5月在山东某县调查，该县共有17户国有企业，至今仍有10户为国资全资企业，占比为58%（包括县农药厂、县宾馆等仍为国资全资企业）；7户为混合所有制企业，占比为42%。

---

① 包括各级政府所拥有的没有转让土地使用权的国有土地储备、已经探明的可估值的地下资源和可计价的地上资源。用截止到2014年底国土资源部及其他与自然资源相关联的政府职能部门公布的数据、各级政府的土地储备数据测算出资源性国有资产值，再按照增加5%计算出截止到2015年底的资源性国有资产值。

② 国家工商总局：《全国混合所有制经济发展研究课题报告》，《中国工商报》，2015年12月16日。

从国资出资额构成看,国资投资到国资全资企业中的金额为 22.96 万亿元,占比为 58.18%;投资到混合所有制企业中的金额为 16.50 万亿元,占比为 41.82%。大体是六四开。①

(二) 国资投资的混合所有制企业中的经济成分及交叉情况

在国资投资的混合所有制企业中,经济成分组成形式复杂,混合类型交叉,其中:含私营成分的有 6.21 万户,占国资投资的混合所有制企业总量的 36.23%;含外资成分的有 1.56 万户,占国资投资的混合所有制企业总量的 9.13%;含自然人出资的有 5.68 万户,占国资投资的混合所有制企业总量的 33.17%;含其他国有成分的有 5.50 万户,占 32%。上述 4 种经济成分混合类型交叉,故 4 项相加为 110.53%,10.53% 为交叉重叠的部分。(见图 13-1)

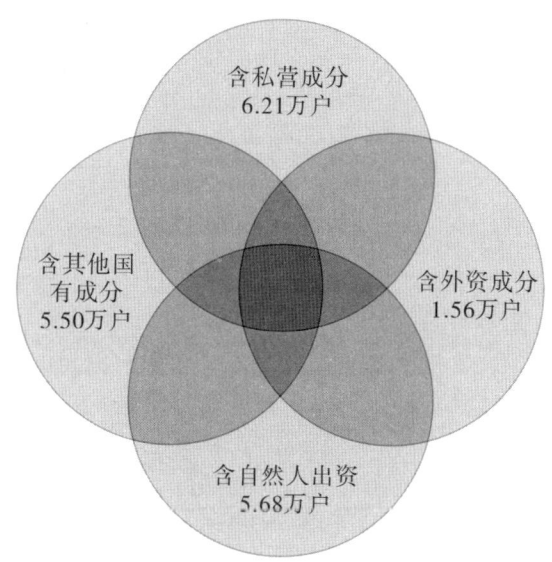

图 13-1 混合所有制企业类别分布

资料来源:国家工商总局,《全国混合所有制经济发展研究课题报告》,http://www.saic.gov.cn。

---

① 国家工商总局:《全国混合所有制经济发展研究课题报告》,《中国工商报》,2015 年 12 月 16 日。

（三）混合所有制企业的地区分布：五成以上集中在东部地区

国资投资的混合所有制企业主要集中在我国东部地区，截至2014年底，占比超五成，其中，苏沪京混合所有制企业数量居前列，上海市市内和江西省省内混合程度较深。中部、西部地区占比分别超两成。东北地区比较滞后。

基于此，东北和中部、西部地区需加大"混改"力度，借鉴东部地区的国企改革经验，积极引进其他类型的资本，同时借助"一带一路"建设的机遇，扩大对外开放水平和投融资渠道，促进东北和中部、西部地区国企快速改革。

（四）混合所有制企业的行业分布：五个行业数量较多

从行业分布看，国资投资的混合所有制企业前五个行业分别为租赁商务服务业、批发零售业、制造业、科研技术服务业和房地产业，企业数量分别为2.79万户、2.71万户、2.61万户、1.68万户和1.41万户，合计占国资投资的混合所有制企业的65.35%（参见图13-2）。

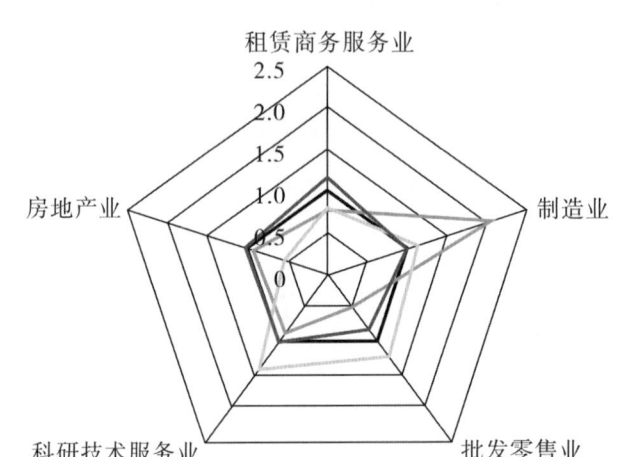

图13-2　各类型混合所有制企业TOP5行业相对优势系数

资料来源：国家工商总局，《全国混合所有制经济发展研究课题报告》，http://www.saic.gov.cn。

以上是依据国家经济户籍库截至2014年底数据所作的分析，那么，最新状况又是如何呢？

三、国企"混改"最新概况及重点领域推进分析

2015年9月,国务院颁发的《国务院关于国有企业发展混合所有制经济的意见》指出,多年来,一批国有企业通过改制发展成为混合所有制企业,但治理机制和监管体制还需要进一步完善;还有许多国有企业为转换经营机制、提高运行效率,正在积极探索混合所有制改革。当前,需要通过深化国有企业混合所有制改革,推动完善现代企业制度,健全企业法人治理结构;提高国有资本配置和运行效率,优化国有经济布局,增强国有经济活力、控制力、影响力和抗风险能力。特别提出,在国有企业混合所有制改革中,要坚决防止"因监管不到位、改革不彻底导致国有资产流失"的问题;并提出"政府引导,市场运作""严格程序,规范操作"等原则。

据国资委负责人在2017年2月23日举行的中国企业改革发展论坛上提供的信息可知,目前全国国资监管系统的国有控股上市公司达到1082家。其中,中央企业控股及其子企业控股的上市公司共378家。

该报告中的"目前"是一个笼统用语,什么时间?什么数据?据笔者调研,截止到2016年底,中央企业控股上市公司有395家,资产总额为32万亿元,营业收入为14.4万亿元。在中央企业及其子企业中,引入非公资本形成混合所有制企业的,大约占40%,地方国有企业引入非公资本形成混合所有制企业的,比重稍高一些。

从2017年的进展来看,伴随中国联通等垄断领域央企"混改"试点的进行,电信、电力、交通(铁路、民航)、油气、军工等领域的国企"混改"有提速迹象,并在数量、层级、深度等方面进一步发力。目前,重点领域的国企"混改"试点正分批次进行。

截至2017年12月,第一批试点的9家企业方案已批复(包括东航集团、中国联通、南方电网、哈电集团、中国核建、中国船舶等中央企业),第二批10家试点企业和第三批试点企业也已经批复确定。

三批50家试点企业,涉及领域广泛,全局带动性较强。从行业领域看,涉及

配售电、电力装备、高速铁路、铁路装备、航空物流、民航信息服务、基础电信、国防军工、重要商品、金融等重点领域。

估计随着垄断领域国企"混改"试点将以点带面式地带动其他关键性领域，有可能最终会扩散至全行业。

值得研究的是，在改革过程中，出现了"中粮模式""东航模式""白药模式"等案例（具体案例略，有兴趣的读者请看相关报道）。一些案例主要是引入优质民营乃至跨国企业作为优化股权结构的首选，甚至出让绝对控股权、引入核心员工持股、落实职业经理人制度以及进行资产证券化等。

从前三批50家试点企业的股权结构来看，"混改"后股权结构可能将发生明显变化，有的从国有独资改为国有绝对控股，有的从国有绝对控股改为国有相对控股。至于从国有相对控股改为国有参股的也有出现。预计下一步国企"混改"将会在数量、层级及深度等方面有所推进。

笔者认为，在试点的基础上，应研究下一步"混改"如何分类、分层、分区地加快推进的问题。

第四节
下一步国企"混改"分类、分层、分区推进方略

一、分类：以重要行业和关键领域的商业类为重点全领域推进"混改"

立足于现有国有企业，吸引民、外、内部资本进入从而与国有资本融合，需按照中共十八届三中全会通过的《中共中央关于全面深化改革若干重大问题的决定》的精神，将现存的国有企业"切三刀"。

第一刀，把现有全部国有企业分为两大类——商业类和公共类。

第二刀，把商业类又分为主业处于充分竞争行业和领域的商业类和主业处于重

要行业及关键领域的商业类。

第三刀,对于重要行业和关键领域的商业类,再将其分为A、B两组。A组是主业处于"关系国家安全""国民经济命脉"的重要行业和关键领域以及主要"承担重大专项任务"的商业类;B组是自然垄断行业。

这样,整个国有企业切成两大类三小类四种情况。

第一种情况,对于主业处于充分竞争行业和领域的商业类国有企业,推进起来相对容易些,可按照市场化、国际化要求率先推进。可采用整体上市或其他方式,积极引入各类非国有资本实现股权多元化,使混合所有制企业成为真正的市场主体。例如,2017年初,北京市初步圈定北汽新能源、庆丰包子铺、正达坤顺等6家试点企业为竞争类企业。其实,像包子铺一类国企,国资早就应该退出。为什么包子铺非要国资控股呢?广东等地不是早已放开了吗?放开之后不是也搞得很好吗?而且包子铺搞股权多元化为什么还用试点呢?广东等地不是早已实行多年了吗?当然,改革不分先后,早改革,晚改革,都是改革,都要包容。问题是,作为伟大祖国首都的北京,难道不应该站在中国改革的前列吗?

第二种情况,主业处于"关系国家安全""国民经济命脉"的重要行业和关键领域以及主要"承担重大专项任务"的商业类国有企业。此类企业改为混合所有制企业稍为困难。一般来说,在现阶段,应保持国有资本的控股地位(但未必是绝对控股或优势控股,可以选择相对控股)。在国有资本控股的前提下,非国有资本可以参股。

例如,军工行业。中国兵器装备集团确定了4家混合所有制改革试点单位,并在上市公司长安汽车中推行中高管持股试点。另外,中核新能源投资有限公司(简称"中核新能源")的混合所有制改革首次股东大会在2017年2月28日召开,上市公司安徽水利(安徽国企)、康缘药业(民企)在其股东榜中,持股占比分别为16.65%、5.55%。中国船舶工业集团也优先选择在纯民品、竞争性强的业务领域引入各种所有制资本。

再如,石油行业也属于此类。虽然该行业的石油天然气管道具有网络性即自然垄断性特征,但笔者并未将其划为自然垄断类(这是与部分学者不同的地方),总体来看其应属于国民经济命脉的重要行业。2017年5月22日，中共中央、国务院公布了《关于深化石油天然气体制改革的若干意见》，部署了8个方面的重点改革任务，内容涵盖油气勘探开采体制、油气进出口、油气管网运营机制、下游竞争性环节改革、油气产品定价机制、国有油气企业改革、油气储备体系和油气安全环保体系。其中，关于国有油气企业改革，该意见提出，"鼓励具备条件的油气企业发展股权多元化和多种形式的混合所有制"。推进国有油气企业专业化重组整合，支持工程技术、工程建设和装备制造等业务进行专业化重组，作为独立的市场主体参与竞争。中石油、中石化和中海油都已明确宣布，将按照国家要求推进"混改"。其中，先期已经试行混合所有制改革的中石化销售公司及中石油管道公司的分拆上市将持续推进，可能带来对其核心资产价值的重估。

第三种情况，自然垄断行业，其情况更为复杂，要充分考虑其难度和挑战性，探索推进。

《国务院关于国有企业发展混合所有制经济的意见》指出："对自然垄断行业，实行以政企分开、政资分开、特许经营、政府监管为主要内容的改革，根据不同行业特点实行网运分开、放开竞争性业务，促进公共资源配置市场化，同时加强分类依法监管，规范营利模式。"重点是可根据不同行业特点实行"网运分开、放开竞争性业务"，促进非国有资本参与公共资源配置市场化进程。这里可结合本领域的情况，放开竞争性业务，推进混合所有制改革。①

例如，电信行业。中国联通起步较早。在国家发改委部署国有企业混合所有制改革试点后，于2016年10月10日公告，中国联通成为A股市场上首家公开披露"混改"试点进展的公司。

又如，民航和铁路行业。2017年3月28日，南方航空公司发布公告，该公司

---

① 进一步看，即使是具有垄断性质的业务，社会资本也可采取资本形式的进入。这是因为，虽然自然垄断性项目的性质是非竞争性的或竞争性不强的，但这主要是就业务运作的角度而言的，并不应成为产权独占的依据。由于自然垄断性项目也可能是营利性项目，因此，即使是具有整合效应的网络基础设施，也可以将投资环节与运营环节分开，在投资主体上不一定非要求是国有独资公司不可，也应该考虑对社会资本开放，通过股份制等形式实现多元化投资，由此形成投资主体多元化和经营主体一元化并存的格局。

已与美国航空公司就潜在的重大战略合作的部分核心内容达成一致,包括该公司向美国航空公司发行 H 股股份等。此前,东方航空公司先后引入达美航空公司与携程公司结为战略合作伙伴。与香港国泰航空公司交叉持股的中国国际航空公司,则宣布与汉莎航空集团签署航线联营合作协议。铁路部门也在某些区段放松控股权。

再如,供水供气供热行业。虽然该行业有一定公用性(一些地方把此行业归之于公用局),但是供水供气供热管道却具有典型的网络性即自然垄断性特征。这些行业由地方管理,混合所有制改革进展更快些。

从改革分工的角度研究,国家发展和改革委员会负责这些重点领域的混合所有制改革。根据 2016 年 11 月 11 日的报道,按照《国务院关于国有企业发展混合所有制经济的意见》的要求,国家发展和改革委员会会同国资委等部门开始推进部分重要领域混合所有制改革试点工作。下一步,应继续推动垄断行业的改革,改变国有经济"一股独大"的格局,带动其他关键性领域国企"混改"。

第四种情况,公益类国有企业,也应推进混合所有制改革。所谓公益类国有企业,包括公共交通、公共设施等提供公共产品和服务的行业和领域。在这些基础设施和公共服务领域,应选择有代表性的政府投融资项目,开展多种形式的政府和社会资本合作试点。具体可根据不同业务特点,通过政府购买服务、特许经营、委托代理等方式,鼓励非国有企业参与产权经营和企业经营,这里的关键是特许经营。

以上四种情况,无论哪类国企实行"混改",从国资管理的角度看,都要加强对经营的监管,尤其是在营运效率和保障能力方面。作为基础性工作,应根据企业的不同特点,有区别地考核其经营业绩指标和国有资产保值增值情况(考核中不能自说自话,要引入社会评价机制)。同时,如果涉及市场失灵的领域或环节(如自然垄断、负外部性、信息不完全和信息不对称等),也需从政府规制的角度加强监管,包括价格水平、成本控制、服务质量、安全标准、信息披露等。

二、分层:以中央企业母公司为重点,母子(孙)公司全系统推进"混改"

分层推进,主要是针对前一段时间央企"混改"情况和存在的主要问题而言。

审视中央企业"混改",目前有三个问题需要研究,下面一并提出相应改进。

(一) 中央企业母公司层面"混改"问题

目前这一层面的"混改"寥寥无几。据了解,在98家中央企业(截至2017年9月数据)中,中央企业集团层面实行"股权多元化"的只有中国航空发动机集团有限公司、中国商用飞机有限责任公司、中国南方电网有限责任公司、中国联合网络通信集团有限公司、中国广核集团有限公司、中国华录集团有限公司、上海贝尔股份有限公司以及中国建材等。90%以上的中央企业母公司尚未形成混合所有制企业。即使是实行混合所有制的母公司,也并不是吸引民间资本,而是吸引其他的国有资本(如地方国有资本等),与中共十八届三中全会关于"国有资本、集体资本、非公有资本等交叉持股、相互融合"的要求有不小距离。

针对目前国资委系统内中央企业母公司混合所有制企业寥寥无几的局面,应积极探索在母公司或集团公司层面推进混合所有制改革。笔者认为,尽管并非所有中央企业母公司都应改成混合所有制企业(例如,涉及国家安全的中央企业母子公司和国有资本投资公司仍可以采用国有独资的形式),但是,中央企业母公司基本上没有形成混合所有制企业格局,则与现代市场经济体制不符。针对实践中"重子(公司)轻母(公司)"的倾向,应在母公司或集团公司层面的混合所有制改革中寻求突破,这应成为新阶段改革攻坚的重点内容。

(二) 中央企业子公司或孙公司层面"混改"问题

当前,央企实施混合所有制经济改革主要在子公司(二级公司)或孙公司(三级公司)这一层,但就是在子公司或孙公司这一层,尚未形成混合所有制的企业仍占总企业户数的60%以上。据笔者2017年5月在华东地区某县调查,该县地面上共有4户中央企业的孙公司或曾孙公司(四级公司),至今只有1户实行混合所有制,仍有3户为国资全资企业。

由基层看上面,笔者发现央企在此地的二级、三级、四级公司有不少,这些子公司、孙公司、曾孙公司"混改"步伐缓慢,不少央企"未动",至于员工持股更是微乎其微。一家央企门口写着"让职工与企业共同成长",口号是很好的,但是,笔者询问企业负责人:"您用什么机制,用什么制度安排,让职工与企业共同成长呢?您搞没搞员工持股?"企业负责人说:"没有。"职工对财产没有关切度,怎么让职工和企业共同成长呢?"允许混合所有制经济实行企业员工持股,形成资本所有者和劳动者利益共同体"这个决定已经下达四年多了,但不少企业按兵不动"①。

而且,中央企业子公司或孙公司这一层,即使是实行混合所有制的,也并不是吸引民间资本,而是吸引其他的国有资本。2017年5月,笔者在某集团调研得知,该集团新成立了一家混合所有制子公司,其股权结构是:国资委的甲集团占35%,国资委的乙集团占30%,国资委的这家集团占35%,都是国有资本。

对国有企业集团公司二级及以下公司,或以研发创新、生产服务等实体企业,应大胆引入非国有资本,加快管理创新。在此过程中,要合理限定法人层级,尽最大可能压缩管理层级、实现扁平化。大唐电力集团在压缩管理层级、实现扁平化方面走在央企前列。

(三)子公司或孙公司层面绝对控股问题

目前,子公司或孙公司引入非公资本形成混合所有制的,绝大多数依然是国有绝对控股,相对控股较少,参股的更少。据称,第一批部分重要领域混合所有制改革试点,将有个别企业出让绝对控股权(改为实行优势控股或有效控股),表明央企"混改"进程有深化趋势。

无论是央企还是地方国企,除少数涉及"国民经济命脉"的重要行业和关键领域的国有企业保持国有绝对控股外,多数国有企业(包括涉及支柱产业、高新技术产业等行业的重要国有企业)不宜采取绝对控股。即使是确定需要控股的,也可以采取相对控股(51%以下)或"金股"(一股)的方式。至于大多数不需要受国有资本控制而可以由社会资本控股的国有企业,可以采取国有参股的形式,即由民营

---

① 常修泽:《新旧动能转换 全国都看山东打什么牌》,《齐鲁晚报》,2017年5月27日。

资本控股。

这里,有个问题值得探讨:绝对控股、相对控股和参股的界限在哪里?笔者主持的《混合所有制经济新论》一书第八章提出以52%、28%、13%为底线,虽然不能作为标准,但毕竟拿出了一个参考性数量界限。① 实际上,企业千差万别,很难千篇一律,操作者应从实际出发,不必"刻舟求剑"。

还有一些国有企业,也可考虑国有资本全部退出,由民资全资拥有(这就意味着它们经历了一个"国纯"—混合—"民纯"的演变过程)。

具体来说,在国家有明确规定的特定领域,应坚持国有资本控股,形成合理的治理结构和市场化经营机制;在其他领域,应鼓励通过整体上市、并购重组、发行可转债等方式,逐步调整国有股权比例,积极引入各类投资者,形成股权结构多元格局。

总之,要根据国企的不同情况,讲"五个宜"——宜独则独,宜绝(控)则绝(控),宜相(控)则相(控),宜参则参,宜转则转。

以上讨论的是国资委所属央企改革。须知,中央企业除国资委所属系统之外,还包括4类。财政部企业司(现已更名为"资产管理司")人士在中共十八届三中全会后围绕完善国有资产管理体制、深化国有企业改革问题,曾专门对中央企业的概念作了厘清。根据当时(2014年3月)所作的说明,除了国务院国资委监管的113家中央企业外,中央企业还包括以下几类企业。

一是中国铁路总公司、中国邮政集团公司、中国烟草总公司,目前由财政部履行出资人代表职责或国有资产监管职责。

二是转企改制后的中央文化团体,由财政部履行出资人代表职责,共有109家。

三是一些隶属于中央部门的企业,因与部门履行职责密切相关而尚未脱钩,共有6200多户。

此外,中央金融企业也属于中央企业。中央管理的金融类国有企业有43家,

---

① 常修泽等:《混合所有制经济新论》,安徽人民出版社,2017年版,第185页(该章由戴保民博士撰写)。

包括工、农、中、建等国有商业银行，四大资产管理公司，以及其他国有证券、保险等非银行金融机构，由财政部按规定承担国有资产管理职能。在这类企业中，有些已经上市属于国有控股公司，有些投资了实体企业，有些实体企业向银行和非银行金融机构投资。①

由此可见，由财政部履行出资人代表职责或承担国有资产监管职责以及隶属于中央其他部委系统的大量企业经营性国有资产，广泛分布在金融系统、铁路系统、邮政系统、烟草系统、教育系统、文化系统等领域，这些系统的国有企业（包括部分母公司）也应改造为混合所有制企业。

三、分区：以东北和其他老工业基地为重点，全地域推进"混改"

对东北和其他老工业基地"混改"进度滞后问题，需要专题调研，有针对性地采取措施，综合施治。必要时需要对特殊地区采取特殊的政策措施，以推动区域协调发展。据笔者2016年五次东北调查发现，2016年8月，辽宁推出9户省属国企出售国有股权引入非公资本，包括本钢集团、华晨集团、辽宁交投集团、辽宁水资源集团、辽宁能源集团、辽渔集团、抚矿集团、沈煤集团和铁法能源集团。这些企业技术实力雄厚、产业链条完整，具有较强的新产品研发能力和市场开拓能力。这次出售的是辽宁省社会保障基金理事会持有的上述9户国企的股权，有一定力度，但也受到一些条框的掣肘（2017年6月获悉，只有7家实际展开出售）。

这里要特别指出，曾是"计划经济大本营"的东北地区，现在处在极其艰难的向社会主义市场经济转型的"爬坡"过程中，国企推进"混改"极其关键。② 包括7000多家地方国企和众多的央企所属子（孙）公司在内，整个国有企业改革是"全面振兴东北"的重头戏。笔者的实际调研表明，东北地区的国企迄今依然呈现出市场化程度低、国有比重过高的特点（经过10年振兴后，到2013年，三省规模以上国有工业企业资产占规模以上工业企业总资产比重的具体数据是：黑龙江为64.69%、吉林为54.09%、辽宁为45.8%，三省算术平均为54.86%），特别是国

---

① 《财政部官员：央企远不止国资委监管的113家》，中国经济网，2014年3月21日。
② 常修泽：《以改革开放新举措促进东北全面振兴》，《人民日报》（理论版），2017年7月20日。

有企业经济效益不佳（三省共有 7076 户地方国企，2.8 万亿元总资产，经营一年总体亏损 52.7 亿元）。基于此，笔者在《东北振兴战略新论》中指出：下一步国企改革应以"浴火重生"、增强活力为目标，以混合所有制改革为突破口，以优势企业"率先突围"为先导，运用"产权人本共进论"妥善处置"僵尸企业"，切实引进、保护并激励企业家，实现改革和发展的突破。建议在东北地区设立"东北国企改革先行试验区"，突破现行那些不合理条条框框的束缚，如当年小平同志那样，真正"杀出一条血路来"，实现改革和发展的突破，使国企真正"浴火重生"。①

与分区推进"混改"相联系，还有个如何向海外扩张"混改"的问题。笔者在《世界三大博弈与中国开放新局》一文中指出："国家实施'一带一路'应从哪里起步？该如何进行呢？我认为，中国与这么多国家合作，不宜不分主次，而应该突出重点、梯次展开、扎扎实实地循序渐进。为此，我在实际调研基础上逐步形成'六条线路'的构思。"② 在"一带一路"建设大背景下，也可考虑到海外并购重组，推动国资和外资混合。国有企业可率先"走出去"，开创"国内+跨境"双轮驱动局面。

第五节
民营企业、外资企业发展
混合所有制经济和员工持股问题

上面，用三节篇幅详细研究了如何把国有企业改造成混合所有制企业，之所以用了三节篇幅系统阐述国企"混改"，是因为它既是中国国企改革本身的突破口，也是中国发展混合所有制经济"整台大戏"的"重头戏"。本节转换话题，重点研

---

① 常修泽：《东北振兴战略新论》，《战略与管理》，2017 年第 1 期；常修泽：《以改革开放新举措，促进东北全面振兴》，《人民日报》（理论版），2017 年 7 月 20 日。
② 常修泽：《世界三大博弈与中国开放新局》，《群言》，2017 年第 1 期。

第十三章
混合所有制经济：中国所有制结构改革的新趋势

究民营企业、外资企业如何参与混合所有制改革，以及员工持股问题。旨在开辟中国发展混合所有制经济的"第二战场"。

一、同一"重要基础论"与民营企业发展混合所有制经济的三个层次

（一）由"两个都是"形成的同一"重要基础论"是所有制改革的突破

本书曾指出，改革开放以来，中国民营经济在计划经济体制的缝隙中萌生，其发展经历了艰难的历程。在中共十五大报告指出"非公有制经济是我国社会主义市场经济的重要组成部分"后，民营经济名义上进入体制内但依然坎坷前行，其投资一度出现严重下滑趋势。

2013年11月，中共十八届三中全会通过的《中共中央关于全面深化改革若干重大问题的决定》中有一段经典论述："公有制为主体、多种所有制经济共同发展的基本经济制度，是中国特色社会主义制度的重要支柱，也是社会主义市场经济体制的根基。公有制经济和非公有制经济都是社会主义市场经济的重要组成部分，都是我国经济社会发展的重要基础。必须毫不动摇巩固和发展公有制经济，坚持公有制主体地位，发挥国有经济主导作用，不断增强国有经济活力、控制力、影响力。必须毫不动摇鼓励、支持、引导非公有制经济发展，激发非公有制经济活力和创造力。"① 这里，明确提出"公有制经济和非公有制经济都是社会主义市场经济的重要组成部分，都是我国经济社会发展的重要基础"。由这"两个都是"形成的同一"重要基础"论是激发非公有制经济的最大亮点，是所有制改革的突破。

根据中共十八届三中全会精神，国家开始从多个层面提出鼓励、支持、引导非公有制经济发展，激发非公有制经济活力和创造力。

例如，在产权保护上，明确提出"公有制经济财产权不可侵犯，非公有制经济财产权同样不可侵犯"。虽然两个"不可侵犯"前没有"神圣"二字，但明确写着"同等保护产权"，也是"神圣"的。

---

① 《中共中央关于全面深化改革若干重大问题的决定》，人民出版社，2013年版。

再如,在政策待遇上,强调"坚持权利平等、机会平等、规则平等,废除对非公有制经济各种形式的不合理规定,消除各种隐性壁垒,制定非公有制企业进入特许经营领域具体办法。鼓励非公有制企业参与国有企业改革,鼓励发展非公有资本控股的混合所有制企业"。从以上可以看出,与本节内容有关的非公有资本参与国有企业"混改"以及民营资本发展混合所有制经济问题,在这里已经明确提出。

(二) 民营企业发展混合所有制具有很大的潜力

现在,民营资本已经成为中国改革开放以来新崛起的一支资本力量。根据国家工商总局负责人披露的数据,截至2016年3月底,全国私营企业有1991.5万户。全国私营企业注册资本,根据国家工商总局报告,截至2015年底为112.4万亿元。在上述私营企业中,大型私营企业虽然为数不多,但是拥有的企业资产和个人财富相当可观。

从实际情况看,这支队伍(包括大、中、小民营企业主)的作用并未充分发挥出来。这就意味着,民营资本参与发展混合所有制经济具有很大的潜力。

(三) 民营资本参与发展混合所有制经济的三个层次

根据本书的研究,民营资本参与发展混合所有制经济有三个层次:第一个层次是民营资本进入垄断性行业发展混合所有制经济,这是宏观经济层面的问题;第二个层次是民营资本嵌入国有企业,这是参与国企"混改"问题;第三个层次是民营企业吸纳国有资本、外商资本和本单位员工股本,这是民营企业自身的"混改"问题。

1. 关于宏观经济层面:民营资本进入垄断性行业发展问题

李克强总理在讲到"十三五"期间的改革发展的时候,明确提出大幅度放宽六大领域,后面还加了一个"等"字。这六大领域就是电力、电信、交通(民航、铁路、邮政、港口、公路)、石油、天然气、市政。① 除了这六大领域以外还有别

---

① 参见李克强总理所作政府工作报告中有关"十三五"期间的改革发展的内容。

的，就是包括在"等"字里，比如盐业。从汉朝实行"盐铁专营"以来，已经2000多年，铁早就放开，但盐长期垄断，2016年才被提上改革议程。民营企业下一步要参与到垄断性行业的改革中去。

现在垄断性行业的情况怎么样？本书第六章列了一张表，并进行了分析，这里不再重复。

民营企业发展混合所有制经济应关注上述垄断领域，这里面有商机。

2. 关于国有企业层面：民营资本渗入或者说嵌入国有企业问题

这就要打破国有企业封闭的产权结构，允许国内民间资本和外商资本参与国有企业改组改革，参与国有资本置换，使国有资本和各类非国有资本相互渗透和融合。据笔者调研了解，目前民营经济参与国企"混改"有诸多顾虑。网上流传一副对联，上联是"招商时一切满应满许，笑脸相迎"，下联是"民资进驻后吃拿卡要，关门打狗"。

3. 关于民营企业层面：立足于现有民企自身，让国有资本、外商资本和本单位员工股本进入问题

可称之为"民有吸纳式"。在过去十几年的研究中，学术界多聚焦于将国有企业改造成混合所有制企业，而对民营独资企业改造成混合所有制企业重视不够。中共十八届三中全会通过的《中共中央关于全面深化改革若干重大问题的决定》指出，要"鼓励发展非公有资本控股的混合所有制企业"，提出了一个新的问题。增强各类所有制经济活力，应包括发挥非公有经济的经济活力，为民间资本提供大显身手的舞台。

对发展潜力大、成长性强的民营企业，国家允许并吸收国有资本对此进行股权投资。在具体做法上，一是可以通过投资入股、联合投资、并购重组等多种方式，吸引民营企业资本与国有资本进行股权融合、战略合作、资源整合；二是采取两种资本共同设立"股权投资基金"的办法，参与民营企业改制重组。在实施两种操作时，均可运用现在沪深两个证券交易市场、北京全国股权交易系统和各地产权交易市场。但鼓励民营企业吸引国有资本切勿违背民营企业的意愿，搞强制性的"腾笼换鸟"或"鸠占鹊巢"。这方面官司不断，案例不少。

二、跨国并购与交叉持股：外资企业吸引国资、民资和员工股与之融合

改革开放以来，外资（包括外国和港澳台资本）来中国内地投资经营，已成气候。根据国家工商总局公布的"十二五"时期外商投资企业发展情况，截至2015年底，全国实有外商投资企业为48.12万户，注册资本为2.67万亿美元，投资总额为4.54万亿美元。

鉴于这些企业已经在中国内地扎下营盘，对投资环境比较了解，随着其资本扩张的需求增加，相信会有一部分外资企业愿意吸引国有企业、民营企业和内部员工资本，是参与混合所有制经济的另一股力量。

在这方面，应重视国际上从事跨国并购的外商资本力量。21世纪以来，这股力量发展势头十分强劲。随着中国利用外资方式由传统的新设投资方式向跨国并购、交叉持股方式的转变，并购投资所占比重有所提高。

根据商务部外国投资管理司2016年12月发布的《中国外商投资发展报告（2016）》，2015年，共发生跨国并购交易1466件，占外资项目总数的5.5%；交易金额为177.7亿美元，占中国实际吸收外资总额的14.1%。从并购交易的主要方式看，主要是股权并购和资产并购，其中以对非国有企业的股权并购为主。2015年，外资对非国有企业股权的并购交易有1405件，实际使用外资金额为74.9亿美元；对非国有企业资产的并购交易有43件，实际使用外资金额为4.3亿美元；对国有企业股权的并购金额为98.5亿美元（对国有企业的资产并购未产生交易额）。这就意味着，利用跨国并购方式推动发展混合所有制具有相当大的发展空间。

三、从"形成资本所有者和劳动者利益共同体"战略角度考虑：推进员工持股

（一）员工持股的坎坷之路：开始新的起点

从国企改革历程看，企业员工持股是20世纪90年代国有企业改革中出现的新

事物。自出现以来,已有两轮员工持股改革。第一轮是20世纪90年代前半期,①为了推进股份制改革,一些企业搞了职工持股会参与国企改革;②第二轮是20世纪90年代中后期,为使某些国有企业改制退出,一些企业让部分职工收购国有资产或进行持股,被称为"员工持股式改革"。但2004年以后,员工持股式改革因国有资产流失等问题被叫停,有的地方员工持股遭到批判。

中共十八届三中全会明确指出:"允许混合所有制经济实行企业员工持股,形成资本所有者和劳动者利益共同体。"这可以看成是对曾被叫停的员工持股式改革予以"正名"。从这个意义上说,员工持股式改革又开始新的起点。

(二) 员工持股的战略思维:"形成资本所有者和劳动者利益共同体"

本文开始在阐述混合所有制意义时,明确提出员工持股的意义在于"形成资本所有者和劳动者利益共同体"。只有构建好千千万万个利益共同体,才能为"社会共生"提供坚实的体制支撑。

一般认为,企业员工拥有的私人财产数目可能不大,而且其私人财产也不可能全部用来参与企业资本混合,但由于人数众多,聚沙成塔,也是一支不容忽视的力量。这是一种从"物本"("资本")角度审视其意义的结论。

从"人本"经济学角度审视,员工持股式改革就是要建立收益共享、风险共担的长效激励机制与约束机制。相较于其他形式的激励,员工持股能更有效地把国有资本、人力资本及创造性劳动结合起来,在发挥国有资本作用的同时,激发人力资源的创造性劳动。这需要按照《产权人本共进论》的思路推进。③

(三) 走出"一朝被蛇咬,十年怕井绳"的阴影

虽然员工持股不是新鲜事物,但中共十八届三中全会重提员工持股后,社会对于这轮改革仍有期待。比较来看,对于民营企业和外资企业实行员工持股,无论在

---

① 迟福林:《职工持股计划》,改革出版社,1992年版。
② 迟福林:《论转型时期的经济改革》,改革出版社,1995年版。
③ 常修泽:《产权人本共进论》,中国友谊出版公司,2010年版。

理论上还是在政策上，都没有多大争议。难点在于国有控股的混合所有制企业如何实行员工持股。正是在这个意义上，我们认为，作为混合所有制改革的重要组成部分，员工持股可能是国企改革中最具敏感性的难题之一。

针对此，2016年8月，国务院国资委、财政部、证监会三部门联合印发《关于国有控股混合所有制企业开展员工持股试点的意见》，提出初步改革时间表和路线图，在2016年内启动试点（注：它只是启动试点，不是展开试点，也不是"面上铺开"）。

根据此安排，国有控股混合所有制企业开展员工持股试点的推进方式为"成熟一户，开展一户"，到2018年底进行阶段性总结，视情况再适时扩大试点（注：不是面上铺开）。在首批试点企业中，央企子公司数量只有10家（注：央企只在"子公司层面"），地方国企为5~10家（注：31省份共有5~10家，平均3~6个省才1家。而且，明确"央企二级以上企业及各省、自治区、直辖市及计划单列市和新疆生产建设兵团所属一级企业，暂不开展员工持股试点"）。在持股比例方面，将员工持股的比例控制在10%以内。这也反映出从上到下的一种偏于谨慎和小心翼翼的心态，颇有"一朝被蛇咬，十年怕井绳"之势。① 为打消地方领导干部的顾虑，对于2004年后被叫停甚至遭到批判的员工持股式改革，中央有关部门应该率先垂范，承担责任，予以说明，对于下一步国企改革中国有股、民营股、职工股，职工股里管理层的持股比例，各类不同企业不同的大体股权框架或者区间，应有更明细的政策出台，以让基层有所遵循。

（四）"先地方，后中央"，并加快央企改革进程

鉴于有的地方员工持股遭到批判，2017年这轮新阶段的国企员工持股式改革，既应充分汲取前两轮改革的经验与教训，更要看到实施员工持股式改革的积极效

---

① 实际上，各地已经突破地方国企为5~10家的束缚。据2017年4月5日新华社所属《经济参考报》的报道，试点企业名单将进一步扩围。以四川为例，该省已经制定并出台混合所有制企业员工持股指导意见，并设定改革"时间表"。下一步将在全省范围内选择5~10家企业（其中省属企业3~5家，市、州属以下企业3~5家）开展试点工作。

应。为此应把握以下三条。

1. "先地方，后中央"，逐步推进

作为混合所有制改革的重要组成部分，员工持股无疑是国企改革中最具挑战性的议题之一。与体量庞大的央企相比，地方国企规模小、层级少、产权关系简单，更适合作为摸索员工持股式改革经验的试验田。应适当放宽对地方国企开展员工持股式改革试点的企业数量限制，鼓励更多有条件的地方国企积极推进员工持股式改革，广泛深入探索国企员工持股的路径与模式、持股范围与持股比例等，以此为央企改革积累可借鉴的成功经验。

至2017年5月，包括北京、上海、陕西、湖南、湖北、四川、山东、重庆等在内的近20个省、市明确要求推进地方国企员工持股试点，多地正在研究制定相关落实意见或方案，设定改革时间表。

2. 央企也要加快改革进程

首批10家央企员工持股式改革试点的央企三级公司，应尽快推出具体的改革实施方案，并加快落实改革举措，及时总结改革经验，打造可供复制的改革蓝本。同时，有计划、有步骤地扩大央企子公司参与改革试点的范围，将员工持股式改革逐步向央企二级子公司与母公司层面延伸。

3. 做好国有资产监管

出于为国企员工持股式改革保驾护航的考虑，在推进改革时必须确保国有资产的安全。前两轮国企员工持股式改革先后被叫停的经历，已经为改革提供了深刻教训。为确保改革能够持续推进，必须切实保障国有资产的安全。国资监管部门和改革试点企业都要事先做好改革方案设计，严格遵循国资监管要求。

（五）把握新阶段员工持股的四条要义

第一条要义，力求规范的市场化运作。表现在试点企业多是主业处于充分竞争行业和领域的商业类企业，股权结构合理，非公有制资本股东所持股份已达到一定比例，公司董事会中有非公有资本股东推荐的董事。此外，试点企业具有市场化的劳动人事分配制度和业绩考核评价体系，形成管理人员能上能下、员工能进能出、收入能增能减的市场化机制。

第二条要义,非权力的骨干持股。新阶段的员工持股,既不是全员持股或平均量化持股("撒胡椒面"式的激励),也不是单纯强调MBO(管理层持大股),而是骨干持股,即由在公司关键岗位工作并对公司经营业绩和持续发展有较大影响的科研人员、经营管理人员和业务骨干持股(只要与公司签订劳动合同,均可持股)。笔者认为,不应禁止实行管理层持股,但要强调防止权力的渗入。

第三条要义,真金白银的货币出资。员工持股的方式要以货币出资为主,并按约定及时缴纳,不得在此环节向员工无偿赠予股份或向持股员工提供垫资、担保、借贷等财务资助。这就表明,曾经推行的干股、期股等股权激励设计不被鼓励。

第四条要义,设定必要的锁定期。在以往的国企员工持股实践中,出现过短期减持套现致富,对二级市场构成严重冲击的现象。设定锁定期是必要的。至于锁定期多长,则需要根据实际情况而定。

第六节
在发展混合所有制经济过程中防止"异化"和"不作为"问题

前面第二节、第三节、第四节、第五节探讨的问题,实际上是针对两种思路"量身定做"的:前一种是立足于现有国有企业的国有吸纳式(第二节、第三节、第四节);后一种是立足于现有民企、外企的民企吸纳式和员工持股(第五节)。这两种思路并不是矛盾的和排斥的。根据《包容性改革论——中国新阶段全面改革的新思维》的观点,民企吸纳式(包括员工持股)与国有吸纳式完全可以并存,相互竞争,看谁的吸纳力更强。

从中国所有制结构改革角度来看,我们更关注第一种,即如何把目前相当一部分国企国有资本的僵化格局打破?在现有的国情条件下,做法应该是把国有企业"筐"里的国有资本的一部分替换成民营资本。这是对传统国有企业模式的一种创新。

在整个"混改"操作过程中,无论如何都要防止这种新的制度设计发生"异化"。特别是在当前,无论是国企还是民企都有部分单位存在违规违法的问题。《国务院关于国有企业发展混合所有制经济的意见》特别强调要"严格程序,规范操作",防止这种新的制度设计发生"异化"。

根据 20 多年来推进混合所有制改革的实践,有以下四条要领必须掌握。

一、市场决定,政府引导

发展混合所有制经济,一个绕不过的问题是市场与政府的关系问题。在此关系问题上,2013 年 11 月,《中共中央关于全面深化改革若干重大问题的决定》第一次明确提出:"使市场在资源配置中起决定性作用和更好发挥政府作用。"这里最明显的变化是把原来的"基础性"改为"决定性"。它不仅是力度的变化,而且是质的提升。发展混合所有制经济应遵循这条基本要领。

《国务院关于国有企业发展混合所有制经济的意见》指出:"政府引导,市场运作。尊重市场经济规律和企业发展规律,以企业为主体,充分发挥市场机制作用,把引资本与转机制结合起来,把产权多元化与完善企业法人治理结构结合起来,探索国有企业混合所有制改革的有效途径。"现在面临的问题是,虽然中央已经明确界定清楚,但是,在发展混合所有制经济中,如何处理好市场与政府的关系的问题,并没有解决。最近有人针对"决定论"提出"驾驭论",即由政府来驾驭市场经济。这就意味着企业即使在它能决定的范围内也不能自主决定(需要由政府来驾驭)。按照这个思路,中共十八届三中全会所讲的"市场决定论",势必大打折扣,政府主导型经济模式在此有可能惯性运作。正反两个方面的经验教训表明,发展混合所有制经济应尊重市场经济规律和企业发展规律,以企业为主体,把引资本与转机制结合起来,探索各类企业实行混合所有制的有效途径。

二、保护产权,公平对待

发展混合所有制经济,必须保护产权。《孟子·滕文公(上)》曰:"民之为道也，有恒产者有恒心，无恒产者无恒心。苟无恒心，放辟邪侈……"产权保护制度，是社会主义市场经济乃至各项更加完善的体制的基石。只有对产权予以严格的保护，才能稳定各类投资者的投资预期，规范并保障市场主体的生产经营行为，维护正常的经济、政治和社会秩序。

从现实来看，产权保护问题较多：一是公权力对产权保护不到位，政府违约和政策不稳定，侵害企业特别是民营企业以及个人的合法产权和权益；二是不同所有制产权保护不平等，对非公有产权的保护弱于对公有特别是国有产权的保护；三是公有产权保护制度仍不完善，国有企业"内部人控制"和"国有资产流失"的问题仍然存在，农村集体资产产权保护也不到位。

《国务院关于国有企业发展混合所有制经济的意见》指出："完善制度，保护产权。以保护产权、维护契约、统一市场、平等交换、公平竞争、有效监管为基本导向，切实保护混合所有制企业各类出资人的产权权益，调动各类资本参与发展混合所有制经济的积极性。"

发展混合所有制经济必须以保护产权为基本导向，切实做到维护契约、统一市场、平等交换、公平竞争、有效监管，切实保护混合所有制企业各类出资人的产权和权益，以调动各类资本参与发展混合所有制经济的积极性。

既然要调动各类资本的积极性，就要讲究混合所有制中的"股权公平性"。主要涉及三大问题：要用包容性思维，包容国有与民营；做到"两平两同"——平等使用要素、平等参与竞争以及同股同权；不同资本做到相互渗透，真正交融，并注意不同企业文化之间的整合和交融。

三、依法依规，规范操作

中国是个法治国家，从发展混合所有制经济整个体系看，自始至终应推进依法治国，并把法治化作为根本之策。《国务院关于国有企业发展混合所有制经济的意见》指出："坚持依法依规，进一步健全国有资产交易规则，科学评估国有资产价值，完善市场定价机制，切实做到规则公开、过程公开、结果公开。强化交易主体和交易过程监管，防止暗箱操作、低价贱卖、利益输送、化公为私、逃废债务，杜绝国有资产流失。"在事关产权的各个领域、各个环节、各个方面，均依法依规，规范操作。

在有关会议上，习近平总书记指出，发展混合所有制"不能'一混了之'，也不是'一混就灵'，切实防止国有资产流失""要严格程序、明确范围""要注意区别对待，注意把握好节奏和力度""改革关键是公开透明"。要有效防止有人借改革化公为私谋暴利的倾向。2015年通过的《中共中央 国务院关于深化国有企业改革的指导意见》作出相应规定："改革要依法依规、严格程序、公开公正""完善相关政策，健全审核程序，规范操作流程，严格资产评估，建立健全股权流转和退出机制，确保员工持股公开透明，严禁暗箱操作，防止利益输送""完善国有资产和国有企业信息公开制度，设立统一的信息公开网络平台，依法依规、及时准确披露国有资本整体运营和监管、国有企业公司治理以及管理架构、经营情况、财务状况、关联交易、企业负责人薪酬等信息，建设阳光国企"。

考虑到目前存在的一些社会腐败情况，应提出"防止混合所有制异化"的命题，采取措施，提前预防和遏制。尤其要警惕腐败分子假借改革以营私，然后倒打一耙，把"异化"的责任扣在混合所有制经济的制度设计者和推进者上。① 为防止混合所有制的"异化"，应瞄准四个环节，把好四关。

第一关，资产评估关。要健全清产核资、登记确权，准确评估各类资产价值（涉及职工切身利益的部分也要做好评估工作）。方案审批时，应加强对社会资本的质量、合作方的诚信与操守、债权债务关系等内容的审核。保障企业职工对国有企业混合所有制改革的知情权和参与权。这是"人本"思想在此问题上的体现。

第二关，价格确定关。完善市场定价机制十分重要，尤其是国有资产市场定价机制。目前不少人持实物资产观而不是价值资产观，对于价值，又不注重市场公允价值，而拘泥于账面价值。对此，应通过产权、股权、证券市场发现并合理确定资产价格。当然，在资本市场的条件下，上市公司的估值是个难度很大的问题，要注

---

① 2014年两会开始之际，笔者在《混合所有制：产权结构创新的主要着力点》一文中，再次提出在"产权结构创新"过程中，"会不会有人借混合所有制，侵吞国资，或借混合所有制，侵吞民资"的问题。见《北京日报》，2015年3月4日。

意发挥专业化中介机构的作用，借助多种市场化定价手段，完善资产定价机制。关键是防止出现内部人控制和利益输送从而造成国有资产流失。

第三关，交易透明关。基本思路是八个字："信息公开，社会监督"。无论是企业产权和股权转让，还是增资扩股、上市公司增发等，均应在产权、股权、证券市场中公开披露信息，公开择优确定投资人；达成交易意向后应及时公示交易对象、交易价格、关联交易等信息。切实做到规则公开、过程公开、结果公开。

第四关，资金到位关。交易完结后，资金应及时到位，防止"悬空"。

政府有关部门要加强对上述四关的监管。对改革中出现的违法转让和侵吞国有资产、化公为私、利益输送、暗箱操作、逃废债务等行为，要依法严肃处理。

但是，也不能走到另一个极端，为了躲避"异化"，避免遭到责难而无所作为。在调研中笔者发现，目前一些地方宁可"不作为""按兵不动"。对此，笔者曾指出："在当前党内和社会存在腐败的情况下，整个'混改'的操作过程，如何防止这种新的制度设计发生'异化'？同时，在反'异化'过程中，又避免导致'因噎废食'，而无所作为、按兵不动？确实是个需要解决的问题。"①

在此，进一步重申：在发展混合所有制经济过程中，应注意以"反异化"为名义而"按兵不动""不作为"的问题。这是一种危险的怠工倾向。《国务院关于国有企业发展混合所有制经济的意见》说得好："在国有企业混合所有制改革中，要坚决防止因监管不到位、改革不彻底导致国有资产流失。"改革不彻底导致国有资产流失这个问题，人们抓住了吗？还有的地方只注意国有资产流失问题，不关注民有资产流失问题。因此需要申明，按照平等保护产权的精神，不仅国有资本不能被侵吞，民营资本、外商资本、职工股本也都不能被侵吞，要"一碗水端平"。

四、统筹协调，稳妥推进

发展混合所有制经济涉及方方面面：既涉及国企，也涉及非国企；既涉及国内，也涉及国外；既涉及政府，也涉及经济组织和各类法人。因此，在领导和组织

---

① 常修泽：《新旧动能转换 全国都看山东打什么牌》，《齐鲁晚报》，2017年5月27日。

上，必须统筹协调；在政策上，要加强系统兼顾。从更大的视野考虑问题，完备的混合所有制涉及社会主义制度的各个方面，可能会遇到比较复杂的问题，因此要"稳妥推进"。

《国务院关于国有企业发展混合所有制经济的意见》提出了"稳妥推进"的方针，指出对通过实行股份制、上市等途径已经实行混合所有制的国有企业，要着力在完善现代企业制度、提高资本运行效率上下功夫；对适宜继续推进混合所有制改革的国有企业，要充分发挥市场机制作用，坚持"三因"（因地施策、因业施策、因企施策）、"三宜"（宜独则独、宜控则控、宜参则参）、"三不"[不搞拉郎配、不搞全覆盖、不设（过急）时间表]和"四个一"（一企一策、成熟一个推进一个），以确保改革规范有序进行。尊重基层创新实践，形成一批可复制、可推广的成功做法。

展望未来，随着"混改"实践的发展，也会出现一些新情况、新问题。有些是我们比较熟悉的，有些则是我们不太熟悉的（例如，现阶段的"混改"主要涉及"在企业"的国有资产，未来随着改革的推进，目前暂时不含在内的国有资源性资产或被涉及，这就可能触及关于自然资源资产的界定、量化等问题）。因此，应在依法治国总原则的指导下积极探索，使"混改"在实践中不断丰富和完善。

第十四章
按"产权人本共进论"推进新阶段所有制结构改革

新阶段的所有制结构改革如何推进?

8年前,即2010年,针对国有制改革,笔者曾出版了一本专注——《产权人本共进论》①,并被列入"中国改革智库资政丛书"。

今天,国有制改革本身出现许多新情况,且本书的议题也不只国有制改革,而是整个所有制结构改革,应当有什么理念呢?

中共十九大报告鲜明提出"必须以完善产权制度"作为经济体制改革的"重点";同时,多次出现"不断促进人的全面发展"的提法,并围绕这一"根本",深刻指出要"激发和保护企业家精神",要"建设知识型、技能型、创新型劳动大军,弘扬劳模精神和工匠精神",等等。② 这些闪耀着"产权制度"和"人民为中心"思想光辉的论断,为新阶段包括所有制改革在内的经济体制改革提供了新的理论依据。

本章拟结合新阶段改革趋势的研究,就"产权人本共进论"作进一步的理论探讨和展望。

---

① 常修泽:《产权人本共进论》,中国友谊出版公司,2010年版。
② 《中国共产党第十九次全国代表大会文件汇编》,人民出版社,2017年版,第25页,第27页。

第一节
新阶段的新思维:"产权人本共进论"

一、"产权人本共进论"的提出

中国的所有制结构改革究竟按什么思路推进?就深层结构来说,这涉及"人本"原则与"资本"原则的关系问题。

1994年,即中共中央提出《中共中央关于建立社会主义市场经济体制若干问题的决定》①的第二年,笔者在探索完成的国家哲学社会科学重点科研项目成果《现代企业创新论——中国企业制度创新研究》中,提出了"'人本'高于'资本'"的理论观点,并指出:"在社会主义公有制经济中,推进企业制度创新,我认为,应当遵循'资本'(效率)原则和'人本'原则这两条基本原则。"②特别强调,"人本"原则"是比'资本'(效率)原则更为深层的原则。中国是社会主义国家,在我们的企业中,人在生产中应当不再只是赚取利润的工具,而是生产本身应当成为直接满足人的非经济需要和自我实现的工具。近年来,有些企业提出'以人为本'的思想,是很深刻、很精辟的。在企业组织制度设计时应能很好地体现这种'人本'原则"③。当时,国家正在从事"企业组织制度设计",这一"人本"原则的提出,引起了理论界和社会的关注。④

---

① 《中共中央关于建立社会主义市场经济体制若干问题的决定》于1993年11月14日通过,其中第二节即为"转换国有企业经营机制,建立现代企业制度"。详细内容参见《十四大以来重要文献选编》(上),人民出版社,1996年版。
② 常修泽等:《现代企业创新论》,天津人民出版社,1994年版,第131页;《积极推进企业制度创新》,《经济日报》,1996年1月8日。
③ 常修泽(访谈):《积极推进企业制度创新》,《经济日报》理论周刊第35期,1996年1月8日。
④ 同上。

所有制改革与创新
——中国所有制结构改革 40 年

4 年后,笔者在《21 世纪初期中国企业创新探讨》一文中,进一步指出:"信息革命所重塑的新一代人的基本特点,就是更富独立性和开放性。""在 21 世纪,中国向信息时代的过渡也会使千千万万个企业的创新主体——从经营者到劳动者,得到重塑""这就意味着人格将获得新的解放"。① 从"人格将获得新的解放"的角度来研究企业创新主体,为所有制结构改革提供了一个新的视角。②

2010 年,中国的所有制结构改革进入 21 世纪第二个 10 年。新阶段的所有制结构改革究竟如何推进?由中国国务院发展研究中心等 6 个单位的 10 名学者共同撰写的"中国改革智库资政丛书"(中国友谊出版公司,2010 年 3 月)中,有笔者的专著——《产权人本共进论》。③ 此书正式提出按"产权人本共进论"推进中国国有制改革的理论思路。

该书有两个题记:

> 题记一:老子论道,既讲"抱阳",又讲"负阴";斯密论经济,既有《国富论》,又有《道德情操论》。笔者论改革,一则讲"产",一则讲"人"。产——《广义产权论——中国广领域多权能产权制度研究》;人——《人本体制论》。如何熔"两论"于一炉,用之于中国创新实践?本书尝试提出:"产权人本共进论"。

> 题记二:时代呼唤——激活"产",激活"人"。④

概括《产权人本共进论》的框架,可归纳为"一个基础""两个顶层""四个支柱"。

---

① 常修泽:《21 世纪初期中国企业创新探讨》,原载于《经济改革与发展》1998 年第 9 期;《新华文摘》1998 年第 12 期转载。
② 2017 年 10 月,中共十九大报告明确指出了"保护人民人身权、财产权、人格权",其中"人格权"是在中国共产党文件中首次提出,足见"人格"问题的重要性。
③ 常修泽:《产权人本共进论》,中国友谊出版公司,2010 年版。
④ 常修泽:《产权人本共进论》,中国友谊出版公司,2010 年版。

第十四章　按"产权人本共进论"推进新阶段所有制结构改革

"一个基础",是指以"产权人本共进论"作为理论基础。这里尝试突破单向度的"物本"改革思路,而把"产权"和"人本"两条线融合起来作为该书的理论基础。

"两个顶层",在对前30年国有制改革评估的基础上,对新阶段国有制改革的战略作出了"双顶层"设计。"双顶层"之一:"产权"制度方面的设计,包括产权界定制度、产权配置制度、产权交易制度、产权保护制度,重在提高产权运营效益;"双顶层"之二:"人本"方面的设计,强调应从多方面促进企业所有人的自由全面发展,特别是针对国企改革的关键问题,重点分析如何实现劳动就业权、财富分配权、社会保障权和民主管理权等。

"四个支柱",是指从操作层面提出新阶段国有制改革的"路线图"。一是"面"上改革——布局调整;二是"点"上改革——微观重塑;三是"线"上改革——国资体制改革;四是配套制度——政府、市场与社会改革。尤其强调"产权""人本"改到深处涉及政治体制改革。①

在新阶段的所有制结构改革中,建议沿着这一思想继续探索,使"产权人本共进论"在实践中进一步完善。

二、"产权"的内涵把握:《广义产权论》中"产"的三大要义

传统的产权思维是一个狭义的产权内涵:主要集中在"企业产权"与"有形财产权"上。例如,20世纪80—90年代论及产权的内涵,有些论者(包括当时的笔者)是通过片面理解《新帕尔格雷夫经济学大辞典》中的一段话来界定的,即"产权是一种通过社会强制而实行的对某种经济物品的多种用途进行选择的权利"②。这里仅仅把产权界定在"有形经济物品"上,是比较狭隘的;此外一度把"现代企业产权制度"等同于"现代产权制度",也是比较狭隘的。后来经过多年探讨,认识上由"狭义产权"上升为"广义产权"。

本书对"产"的内涵把握是广义产权,按照笔者所著的《广义产权论——中国

---

① 常修泽:《产权人本共进论》,中国友谊出版公司,2010年版。
② 《新帕尔格雷夫经济学大辞典》,经济科学出版社,1992年版。

广领域多权能产权制度研究》（2009）的立论，其包括三大要义："广领域""多权能""四联动"。①

（一）第一要义——"广领域"产权

"广领域"产权，广到哪里？一是广到天上，即"环境产权"（如碳排放权）；二是广到地上地下，如自然资源资产产权；三是广到天地之间的"人"的身上，如各种人力资本产权等，这里有不少是无形财产权。请注意：这里与"人"有关的，是以"人"为"本体"的产权命题——人力产权。其包括三个组成部分：劳动力产权、管理产权和技术产权。这里已经把"人本"和"产权"两个命题内在地结合在一起。

人力产权的凸显与新经济时代的来临及其引起的产权关系新变化有关。在以知识为基础、以智力为资源的社会，人力资源将成为第一资源、第一资本和第一财富，它将带来产权关系的重大变革，从物力产权到人力产权的演变将呈加速运行趋势。至于人力产权是否能超越或消融物力产权，以及人力产权承载者是否能在企业中集人力产权与物力产权于一身，尚需观察和研究。

（二）第二要义——"多权能"产权

从每一个产权的内在结构分析，完备的产权总是一组权利，或称"权利体系"——以所有权为基础的各种行为性权利的总和。它包括：决定财产归属的权利；在现代产权制度下，与财产归属权并立的法人财产权；使用权或经营权；收益权；处置权；让渡权；等等。总之，它是一个权利体系（这个观点也是学术界多名学者的观点）。

拙著《广义产权论》中解释道，产权绝不是"一朵花"，而是"一束花"，是一个产权体系，里面有多种权利。按此逻辑，在产权的界定、配置、交易和保护上，只注重所有权是远远不够的，产权体系"一束花"里面的"各种花"都应该

---

① 常修泽：《广义产权论——中国广领域多权能产权制度研究》，中国经济出版社，2009年版。

顾及。

比如土地产权。中国农村土地归集体所有（所有权），但在所有权大前提下，在广大农村，七八亿农民拥有属于自己家庭的十三四亿亩土地承包权（承包权也是产权），其中有35%以上的土地已经按照"三权分置"的方略，实行承包权的经营权流转。① 适应"三权分置"的客观需要，国内不少地方成立了土地承包经营权流转服务中心、土地托管中心、土地代管所等土地产权市场。同时，全国农民还有两亿亩左右的宅基地产权（这个宅基地产权也是"三权分置"：①所有权归集体；②农户拥有宅基地"资格权"；③宅基地"使用权"可以流转。"三权"都是财产权利）。此外，还有相当数量的集体建设用地使用权等。对于上述这些土地产权，都应该予以确认。

（三）第三要义——"四联动"产权

"四联动"产权，即"四制度联动"产权：一是产权界定制度，二是产权配置制度，三是产权流转制度，四是产权保护制度。这是一套完整的体系（具体分析将在本章后面展开）。②

三、"人"的内涵把握：《人本体制论》中"人"的三层含义

社会主义市场经济体制模式，既不同于传统的计划经济模式，也不同于"原教旨主义"的市场经济模式。笔者在20世纪80年代提出"社会主义人本经济学"的研究课题（1986），而后建议"把人的发展作为独立的完整的指导性理念提出"（2001）。在2008年出版的《人本体制论》扉页有如下题记：

> 在传统的计划经济模式下，人的主体性被集权所压制；在"原教旨"的市

---

① 对于中国农村的土地制度变革，笔者曾指出："毛泽东时代讲一个权利——所有权；邓小平时代讲两个权利——所有权和承包权；新时代讲三个权利——所有权、承包权、经营权。承包权的经营权也是产权。"见《改革与战略》，2015年第5期。

② 常修泽：《广义产权论——中国广领域多权能产权制度研究》，中国经济出版社，2009年版。

场经济模式下，人的主体性被金钱所侵蚀；至于在未来某个虚拟世界的体制下，人性会不会被过度纵欲而扭曲，尚不得而知；我现在最想探求的是，在21世纪的中国，如何建立无愧于人自身解放和发展的新体制。①

"人本体制论"是从三个维度把握"人"的含义的。

（一）横向上"全体人"

界定"人"的含义，首先应强调是"全体人"，而不是"部分人""多数人"或"大多数人"。中国共产党作为一个执政党，应该有着眼于"全体人民"的宏观思维。② 前几年，有的报刊和媒体曾有所谓"让多数人共享改革发展成果"的提法，笔者当时提出意见：如仅仅提"让多数人共享改革发展成果"，请问那少数人是谁？我们不让谁共享改革发展成果？应强调惠及"全体人民"，"让全体人民共享改革发展成果"。中共十九大报告再次重申："让改革发展成果更多更公平惠及全体人民。"（第36页）。笔者后来在《包容性改革论》中正式提出"社会共生理论"③。诚如老子《道德经》所言"容乃公"：胸怀宽广，才能做到公平、公正。

在2015年中共十八届五中全会公报中，中央特别强调"三个人人"：人人参与，人人尽力，人人享有。这就是着眼于"全体人民"的宏观思维。公报还强调要把"促进人的全面发展作为发展的出发点和落脚点"，这符合马克思在《共产党宣言》中提出的"每个人的自由的全面发展是一切人自由全面发展的条件"的精神，据此精神，要"补短板"，一个也不能少。

（二）纵向上"多代人"

强调"多代人"，而不仅局限于"当代人"。其实质在于注重代际公平、下代

---

① 常修泽：《人本体制论》，中国经济出版社，2008年版，扉页。
② 常修泽：《人本体制论》，中国经济出版社，2008年版。
③ 关于社会共生，书中提出三条要义："穷人不能再穷，富人不必出走，中产必须扩大。"见常修泽：《包容性改革论——中国新阶段全面改革的新思维》，经济科学出版社，2013年版。

公平，防止"无未来的增长"。

联合国发布的《1996年人类发展报告》指出，人类应避免5种"有增长而无发展"的情况：无工作的增长，指经济增长未能制造足够多的工作岗位，甚至恶化了就业形势；无声的增长，指经济增长未能带来民众参与和管理公共事务、自由表达自己的意见和观点的可能性；无情的增长，指经济增长导致收入分配格局的恶化，财富的扩大带来新的贫困阶级；无根的增长，指经济增长对文化多样性造成破坏；无未来的增长，指经济增长对生态、资源和环境造成的破坏，影响了经济增长的可持续性。① 这里提醒大家警惕"无未来的增长"，涉及"多代人"的意蕴。同时，除了要注重代际公平、下代公平，还应该给草根阶层提供上升通道。

（三）内核上"能动的、全面的人"

习近平同志在《之江新语》讲过："人，本质上就是文化的人，而不是'物化'的人；是能动的、全面的人，而不是僵化的、'单向度'的人。"② 此处所谓"文化的人"并非一般概念的"文化人"，而是有特定含义的"文化的人"，故加上引号以示区别。此处所谓"'单向度'的人"，源自法兰克福学派代表人物马尔库塞的经典著作《单向度的人——发达工业社会意识形态研究》一书。按照马尔库塞的阐述，"单向度的人，即是丧失否定、批判和超越能力的人"③。该书深刻指出："发达工业文明的奴隶，是地位提高了的奴隶，但仍然是奴隶。因为决定奴役的'既不是顺从，也不是艰苦劳动，而是处于纯粹工具的地位，人退化到物的境地'。"④ 习近平同志的《之江新语》中"'物化'的人"与马尔库塞说的"'物化'的人"有某种契合之处，即"人退化到物的境地"。

强调"能动的、全面的人"，而不是"僵化的、'单向度'的人"，这是核心命

---

① 《1996年人类发展报告：经济增长与人类发展》（United Nations Development Program：*Human Development Report 1996*：*Economic Growth and Human Development*, Oxford University Press，1996.）。
② 习近平：《之江新语》，浙江人民出版社，2007年版，第150页。
③ 马尔库塞：《单向度的人——发达工业社会意识形态研究》，上海世纪出版集团，1964年版，第205页。
④ 马尔库塞：《单向度的人——发达工业社会意识形态研究》，上海世纪出版集团，1964年版，第205页。

题。一旦能从"能动的、全面的人"的发展高度研究问题,就会发现提高人的物质生活、精神生活、社会生活、政治生活水平,都是由以"人的发展为核心"这一根本性指导理念引领的。人,不是"单需之人",而是"多需之人",包括物质生活、精神生活、社会生活、政治生活,特别强调包括人的尊严在内的"高端人本"。①

正因为人不是"单需之人"而是"多需之人",因而,人的需求不仅仅是"单向度"的"物质文化需要"问题。中共十九大报告首次提出"我国社会主要矛盾已经转化为人民日益增长的美好生活需要和不平衡不充分的发展之间的矛盾"。强调指出:"人民美好生活需要日益广泛,不仅对物质文化生活提出了更高要求,而且在民主、法治、公平、正义、安全、环境等方面的要求日益增长。"这一论断十分深刻。

四、"产权"内涵与"人本"内涵的交叉与交融

中国的所有制结构改革是以创建新结构作为价值取向的。马克思在阐述新社会的本质要求时,曾明确指出新社会是实现"人的自由的全面发展"的社会,在这一社会中,人们可以"在最无愧于和最适合于他们的人类本性的条件下来进行这种物质变换""在那里,每个人的自由发展是一切人的自由发展的条件"②。虽然在当今中国所处的社会主义初级阶段,我们还不可能完全做到"实现""人的自由的全面发展",也很难达到"最无愧于"和"最适合于"的境界,但是,以此作为基本价值取向,"促进"人的发展则是我们担负的历史使命。

正是基于这种"人本体制论"的思想,2003年5月,笔者在撰写有关产权问题的基础性研究报告——《论建立与社会主义市场经济相适应的现代产权制度》时,建议在产权内涵上,除包括物权、债权、股权、知识产权之外,还应补充劳动力产权和管理产权,强调只有把"劳动力产权"和"管理产权"也纳入产权内涵,

---

① 常修泽:《人本体制论》,中国经济出版社,2008年版。
② 马克思:《资本论》,选自《马克思恩格斯全集》(第25卷),人民出版社,2001年版,第924-927页。

才能"使要素产权体系完整化"①。虽然理论界对将"劳动力产权和管理产权"纳入产权内涵有争议,但在物权、股权、债权、知识产权之外保留了产权问题继续探索的空间。在推进以"产权人本共进论"为导向的所有制结构改革过程中,探讨国有企业、民营企业如何体现"产权""人本"两种思维,并使之结合"共进",更具有社会价值。

第二节
"产权人本共进"的必然性:理论、历史与现实

一、理论:指导理念与"人产耦合"探索

(一)指导理念:从马克思的"每个人的自由的全面发展"到中共十九大多处提出的"不断促进人的全面发展"

马克思在《共产党宣言》中提出,"每个人的自由的全面发展是一切人自由全面发展的条件"。② 恩格斯晚年在致卡内帕的信中强调,"除了摘出这句话之外,我再也找不出合适的了"③。这不仅是马克思主义的核心价值,而且是人类共同文明的最高价值。

传统经济学存在两大问题:权力本位——政府主导型,根本问题是把人看成执行上级意志的工具;物本位——GDP崇拜。在GDP崇拜、投资驱动型、政府主导型之间,存在着一定的内在联系。长期以来,中国以追求GDP增长速度为首要目标,这催生了投资驱动型模式,其背后深层次的原因是根深蒂固的政府主导型和国

---

① 常修泽:《论建立与社会主义市场经济相适应的现代产权制度》(为中共十六届三中全会提供的内部基础性研究报告,由国家发展和改革委员会宏观经济研究院于2003年5月20日上报),《宏观经济研究》,2004年第1期。
② 马克思、恩格斯:《共产党宣言》,人民出版社,2015年版。
③ 《马克思恩格斯全集》(第39卷),人民出版社,2001年版,第189页。

有制"一统天下"思维在作怪。

中国的改革开放事业发展到今天，物本主义已经走到了尽头，必须抛弃传统的"物本"和"官本"思维，用"人本"思想推进中国的改革开放。距今 2400 年的古希腊"智者运动"时期的著名思想家普罗泰戈拉有一句名言："人是万物的尺度。"① 今天，我们讲"人本"思想是因为：第一，"人本型"针对的是"官本型"，即权力本位；第二，"人本型"针对的是"物本型"。只有克服"物本位"和"官本位"，人的发展才能真正落到实处。中共十八届五中全会提出了要把"促进人的全面发展作为发展的出发点和落脚点"。中共十九大强调"必须坚持人民主体地位"，并多处讲到"不断促进人的全面发展"或"更好推动人的全面发展"（第 15 页、第 19 页、第 10 页），具有重要的理论价值、时代价值和人类文明价值。② 新阶段必须把"人的发展"作为贯穿于所有制结构改革的红线。

（二）作者探索：广义产权与"人"的耦合点

根据笔者的研究，在广义产权与"人"的耦合中，劳动力产权是结合点之一。

劳动力产权，或称"劳权"，是经济关系中基本的元素之一。③ 早在 20 世纪 50 年代，国内就有学者阐述"劳动者的劳动力归个人所有"，并以此作为"社会主义商品生产存在的原因"。此后，有其他学者从新的角度探讨劳动者的劳动力个人所有权或劳动力产权问题。

把劳动力产权纳入"广义产权论"体系中，其深层的考虑是什么？是人的主体性问题。第一，劳动力产权一旦确立，劳动与资本即取得了对等地位，劳动者就成了自己劳动力产权的拥有者。如此，企业事实上就成为一个具有特别合约性质的人力资本与非人力资本的共同体。这两个不同产权的拥有者唯有组合在一起（资本产权与劳动力产权共进，谁也离不开谁），才能在经济活动中共担其责、共享其权、

---

① 北京大学哲学系外国哲学教研室编：《古希腊罗马哲学》，1961 年版，第 138 页。
② 常修泽：《"不断促进人的全面发展"的三重价值》，《人民论坛》，2017 年第 11 期。
③ 从理论上分析，"劳权"也是广义"人权"的一部分。中共十九大报告明确写有"加强人权法治保障"的内容（第 29 页）。

第十四章
按"产权人本共进论"推进新阶段所有制结构改革

共谋其利。第二,一旦明确了劳动力产权,劳动与资本即具有对等地位,资本可以雇佣劳动,劳动也可以雇佣资本。这里最大的变化在于,劳资双方的合作过程成了双方平等、相互博弈的过程,谁也不必看谁的眼色行事,势必要求交易价格合理。第三,不仅相互交易,而且实行产权保护,包括对每个劳动者劳动力产权的保护。按照劳动者拥有自己劳动力产权的理论,在各类企业(特别是国企)改制的过程中,对于解除"身份"(买断工龄)的劳动者,企业应相应给予足够补偿,而且这种补偿不能仅仅由一方说了算。这是本书从20世纪90年代末工人"下岗潮"中总结出的理论。

(三)创建人力产权制度的两个着力点

1. 创建人力产权制度的第一着力点:确立人力产权所有者的主体地位

是否承认并尊重人力产权,涉及劳动者、管理者、技术创新者在经济社会生活中的主体地位问题。人力产权所有者只有感到自己处于主动地位,才会自觉地推动自身解放和全面发展。把劳动力产权纳入"广义产权论"中,正是基于这样一种认识:计划经济从根本上否定劳动者作为劳动力产权的主体按自己的贡献参与分配的权利;在社会主义市场经济体制下,劳动力产权所有者应成为"要素按"贡献参与分配的主体,而不应是被别人"按"("按要素")的对象。

这不是一个纯理论问题,而是具有重要的现实意义的。笔者于2003年5月13日在《光明日报·理论周刊》上指出:如果劳动力产权所有者不是分配的行为主体,或者说,主体是凌驾于要素所有者之上的"计划者",那么,其行为的过程势必是"计划配置";反过来说,如果我们确立包括"劳动力产权"在内的要素所有者为主体,则行为过程势必是"市场博弈"。而市场博弈过程实则是市场公平交易的过程。初次分配是劳资双方博弈的结果。关键就在于能否界定清楚参与分配的主体,使劳动者自己掌握自己的命运。唯有确立主体地位,才能实现劳资公正博弈。①

---

① 常修泽:《"按贡献参与分配"的主体是谁?》(学术访谈),《光明日报》(理论周刊),2003年5月13日。

2. 创建人力产权制度的第二着力点：寻求人力资本转化为企业资本的有效通道

20世纪60年代，美国路易斯·凯索尔等人认为，劳动与资本都是生产要素（"二元论"），人力资本者不仅可以通过他们的劳动获得收入，而且还可以凭借其人力资本的投入来分享企业股权。另一位"分享经济"理论的提出者魏茨曼更明确地认为，人力资本是一种投资，应同物质资本一起共同分享企业产权，特别是剩余索取权。当前，在中国，人力资本转化为企业资本的通道尚不顺畅，需要明确承认和保护人力产权，完善对经营管理人才、科技人才和其他劳动者的激励机制。

关于企业经营者或技术创新者的物质激励通道，大体有两类：一是有财产关系的物质利益激励（如股权的分派、股金分红等）；二是非财产关系的物质利益激励（年薪、奖金、福利等）。前一段时间，已经开始实施非财产关系的物质利益激励。下一步，随着法人治理结构的完善，应该增加采取现股、期股或期权等进行激励的办法。可以根据经营管理者或技术创新者的业绩，由资产所有者采用现股的方式给予其相应的激励；也可以考虑将经营管理者或技术创新者自身的未来财富与公司业绩及公司长远发展有机结合，实行管理或技术期权制（特别是在高新技术企业中）。

二、历史：20世纪90年代的经验与教训

中国国企改革启动至今已近40年，产权改革的进与退是其中的一条重要线索。国企产权改革从试点启动到大面积实施再到陷于停滞，始终在收与放、进与退的两难之间苦苦摸索。从某种意义上讲，产权改革是国企改革的关键，关系到国企改革成功与否。

20世纪90年代是国企改革向纵深推进的年代。这一时期国企在产权变革方面是有成绩的。随着国有经济有进有退的战略性调整陆续展开，国有资产之间，国有资产与民资、外资等非国有资产之间，各类产权交易规模逐步增大。从积极意义上讲，产权交易、资产重组等是所有者为获取更高投资收益而作出的行为。

在这种认知下，国有资产，尤其是经营性国有资产与所有其他非国有资产一样，必须保值与增值，如果亏损，则必须扭亏为盈。据资料记载，在1997年，当

第十四章 按"产权人本共进论"推进新阶段所有制结构改革

时全国大中型亏损企业竟达 6599 户,12 个省、自治区、直辖市居然整体亏损。"国企脱困 3 年目标"就是在这种背景下提出的。

3 年后,有关方面在题为《国企脱困 3 年目标基本实现》的报告中说:"1997 年中央提出国有企业改革与脱困 3 年目标,当时国有及国有控股工业企业实现利润 806.5 亿元,大中型亏损企业 6599 户,12 个省、自治区、直辖市整体亏损。"经过 1998 年、1999 年、2000 年 3 年脱困,取得如下进展:第一,"从地区看,全国 31 个省、自治区、直辖市已有 30 个整体盈利"。第二,"从行业看,在重点监测的 14 个行业中,轻工、纺织、机械、冶金、石油化工、建材、烟草、有色金属、电子、黄金、医药、电力等 12 个行业实现利润都有不同程度增加,煤炭和军工行业净亏损明显减少"。第三,"从重点脱困对象看,6599 户国有大中型亏损企业在 2000 年底可减少 65% 左右""这些企业有些实现了扭亏为盈,有些通过关闭破产退出了市场,还有的被兼并或进行了改制"。第四,从经济效益看,"到 2000 年底,国有及国有控股工业企业实现利润可达 2300 亿元,将比 1997 年增加 1.85 倍"。据此,国家宣布:"中央提出的国企脱困 3 年目标已基本实现。"①

3 年国企脱困的成绩应该肯定,但其中也存在脱困工作中资产保值目标与增加就业社会保障目标"两张皮"的情况。前者,由强力推进 3 年脱困的国家经贸委负责,力度很大;后者,国家经贸委并非具体负责,力度不够。虽然国家采取买断工龄、提前退休退养等多种方式来解决下岗职工的问题,但是,社会阵痛是十分强烈的。笔者在东北调查时对这一点深有感触。

而更值得反思的是:在这一大规模的变动中,社会上出现了所谓"为了达到改革的目标,必须牺牲一代人""就是××万老工人"的论调。这是一种缺乏人文关怀的论调。笔者在《人本体制论》和相关论文中曾探讨,在改革中,"人的位置在哪里""经济发展的根本价值是物,还是人"。为什么改革必须要以"损害一代人"的利益为代价?具体说,为什么必须要去损害"××万老工人"的利益?尽管这只是个别人的言论,但在群众中产生了很不好的影响,需要引以为戒。

---

① 见 2000 年 12 月 28 日,时任国家经贸委主任盛华仁向九届全国人大常委会所作报告。

新阶段的所有制结构改革，必须吸取20世纪国企改革的经验教训。

三、现实："去产能"和消除"僵尸企业"凸显"人"的问题

（一）"去产能"带来的"人"的问题

党的十八大以来，中国的供给结构出现比较复杂的状况。有两类问题比较突出：一类是供给过剩，一类是供给不足。其中第一大问题是产能过剩。产能究竟过剩不过剩？国外主管部门是以81%～82%的产能利用率作为标准；国内主管部门是以78%的产能利用率作为标准。笔者采取第三种意见，以80%作为标准。以此衡量，钢铁、煤炭、建材这几个行业过剩很严重。[①]因此，2015年12月，中央经济工作会议明确提出"去产能（降产能）"的任务。

2016年，国家着力推进"三去一降一补"，其中以钢铁、煤炭行业为重点。据2017年3月的政府工作报告显示，2016年全年退出钢铁产能超过6500万吨、煤炭产能超过2.9亿吨。"去产能"过程中涉及分流职工问题，总的来说职工安置较好，收入也有保障。

2017年，继续推进"三去一降一补"，继续再压减钢铁产能5000万吨左右，退出煤炭产能1.5亿吨以上。同时，要淘汰、停建、缓建煤电产能5000万千瓦以上，以防范并化解煤电产能过剩风险。

新的"去产能"过程中，将遇到分流职工的严峻局面。尤其是在经济发展比较困难、国有比重比较高的东北地区。据笔者调研，2016年，辽宁省化解钢铁产能602万吨，化解煤炭产能1361万吨；[②]吉林省化解钢铁产能108万吨，化解煤炭产能1643万吨；[③]黑龙江省化解钢铁产能610万吨，化解煤炭产能1010万吨。[④]2016年之后的几年，以能源工业为重要支撑的东三省将面临各自压缩几千万吨过

---

① 常修泽：《人本型结构论》，安徽人民出版社，2015年版。
② 《2017年辽宁省政府工作报告》。
③ 《2017年吉林省政府工作报告》。
④ 《2017年黑龙江省政府工作报告》。

剩煤炭产能和可观的钢铁产能的任务。这种背景下，下岗人员再就业问题在东北地区比较突出。虽然20世纪90年代和21世纪初的"下岗潮"问题基本已经解决（好多是自行消化，有人称之为"时间换空间"），但是，近年因压缩过剩产能又产生新的下岗人员再就业问题。在这种情况下，强调"产权人本共进论"具有现实意义。

（二）消除"僵尸企业"带来的"人"的问题

"僵尸企业"是指已停产或半停产、连年亏损、资不抵债，主要靠政府补贴和银行续贷维持经营且无望恢复生机的企业。根据实际情况，一般来讲，"僵尸企业"有三个特点：三年连续亏损；资产负债率相当高，达到80%甚至80%以上；资金链中断，资金流中断。

据查，"僵尸企业"一词是由经济学家彼得·科伊提出的。"僵尸企业"这种说法，可以意会，但不可深究，它不太准确，不太严格。

中国有多少"僵尸企业"？据国务院国资委报告，3年内要清除几百家"僵尸企业"（这里说的都是国有企业，因为民营企业无人给它"输血""输氧"，有一种自我淘汰机制）。目前，国企问题的聚焦点，在如何对待国有经济中的某些"僵尸企业"上。

如何处理"僵尸企业"？《产权人本共进论》提到的思路是：一则解决"产"，一则解决"人"。具体来说，十个字："保人不保企""淘企不淘人"。上述"保人""不淘人"的说法，是指在改革中增强人文关怀，实施有关保护国有企业职工的举措，实现多种渠道再就业或社会保障。至于少数知识能力老化、思想观念转变滞后的国有企业职工，需要教育提高，但是不能成为本次处理"僵尸企业"中"淘人"的理由。

（三）下岗再就业的新特征与政府作为

前文指出，应特别关注"去产能"中的工人下岗再就业问题。国家人力资源和社会保障部的数据显示，煤炭"去产能"涉及下岗工人130万人，钢铁"去产能"涉及下岗工人50万人，其他行业"去产能"涉及下岗工人还有不少。

新形势下的下岗工人与上一轮下岗工人相比，共性问题是年龄偏大、知识偏弱等，但新形势下下岗再就业具有新特征：一是部分钢铁企业已出现规模性裁员，社会隐患较大；二是隐形失业问题不容忽视；三是下岗工人更趋向市场安置，部分意见反映政府安置岗位吸引力尚不足。

在这种情况下，政府应加强宏观调节并主动作为。从中国国情出发，调查失业率务必要控制在5.5%以内，否则就会出问题。当前全国的调查失业率虽然在可控范围内，但难题很多，风险较高。建议政府、企业、社会方方面面形成合力，集思广益，共同解决下岗职工再就业难题。

第一，进一步完善中央和省级地方两级政府"社会托底维稳"做法。例如，财政部门可出台企业结构调整专项资金，由地方政府和中央企业统筹用于符合要求的职工分流安置工作。

第二，可以鼓励地方政府设立再就业创新发展基金，通过杠杆放大，吸引社会资本进入，以支持分流人员创业和再就业为首要标准，对于其中具备创业条件的人员，以及能吸收一定数量分流人员的小微型服务企业，可实施小额信贷融资贴息帮扶政策。

第三，对于"去产能"困难企业，出台"五险一金"降低缴费比例或缓缴、补贴扶持政策，同时，扩大失业保险享受范围，降低企业职工安置成本。

第四，要细算账并采取管用实招解决问题。包括：提前退休退养内退，退多少；集中培训，训多少；内部分流消化，消化多少；外部转业转岗，转多少；自主创业就业，创多少；产能合作劳务输出，输多少；最后政府兜底帮扶，扶多少。必要时向社会公布。

这是一项极其艰巨、细致的工作。以武钢为例，2015年，企业亏损75亿元，要扭转困难局面，棘手之处在于人的安置问题。2017年9月2日，中央电视台《新闻调查》栏目以《宝武蝶变》为题，报道了宝钢与武钢重组后的宝武集团在"去产能"过程中安置转岗分流人员的做法。安置需要分流的2.6万名员工是一项相当复杂、相当细微的工作，再次提醒人们，务必做好职工安置工作，做到"转岗不下岗，转业不失业"。

第三节
"产权线"推进：产权界定、产权配置、产权流转和产权保护

前面指出，完备的产权制度是包括产权界定、产权配置、产权流转和产权保护在内的一套完整的体系。① 而从更大的视野考虑问题，完备的产权制度也只是完备的社会主义制度的一个方面，涉及相当复杂的问题，可以说，"牵一发而动全身"。中共十九大报告强调"经济体制改革必须以完善产权制度和要素市场化配置为重点"，给"产权线"提出了新命题。② 为此，在新阶段，"产权线"在社会主义制度的基础上，建议按产权界定、产权配置、产权流转和产权保护四条线推进。

一、完善产权界定制度

所谓产权界定制度，是对产权体系中的诸种权利归属作出明确的界定和制度安排，包括归属的主体、份额以及对产权体系的各种权利的分割或分配。

中共十九大报告对农村土地制度的所有权、承包权、经营权"三权分置"作了清晰的产权界定，受到农民欢迎。但在其他方面存在产权界定不清的问题。例如，国有企业举办的所谓"集体企业"，究竟是国有，还是非国有？在东北地区就有此类企业。笔者在辽宁省调研时发现，这些企业产权模糊——"非国非公非私""亦国亦公亦私"。这种产权边界不清的情况，极易产生经济学领域所谓的"搭便车"和机会主义的现象。

完善产权界定制度是一项专业性很强的工作，务必要按科学精神办事，要严格

---

① 常修泽等：《产权交易理论与运作》，经济日报出版社，1995年版。
② 常修泽：《紧紧抓住完善产权制度这个重点》，《人民日报》（理论版《大家手笔》专栏），2018年1月26日。

区分不同情况,在"区隔"上做文章。例如,过去采取查封、扣押、冻结措施时,曾经存在个人财产与企业法人财产混同的情况。针对此类情况,应严格界定清晰,区分个人财产与企业法人财产这两种不同的财产关系:一方面,自然人违法不能随意牵连企业法人;另一方面,企业法人违法也不能随意牵连自然人,做到"井水不犯河水"。再如,严格界定、区分违法财产与合法财产,处理违法财产不能牵连合法财产。

这里需要指出,国企"有形产权"的界定比较明确,而国企"无形产权"的界定则较模糊,界定企业高层管理人员和科技人员的人力资本产权和知识产权更是不容易。在推进国企产权改革中,必须将无形产权界定清楚,否则将损伤权益人的权益,对国企产权改革造成不利的影响。因此,必须按我国国企的具体情况,制定出便于操作的国企产权界定与保护的实施办法。

二、完善产权配置制度

所谓产权配置制度主要涉及各类主体的产权在特定范围内的置放、配比及组合问题(也包括中央和地方收益权的分配)。

从国有产权宏观配置的大格局来分析,我国国有资产形成和国有资产管理有其特殊性。我国对经营性资产、行政事业性资产和资源性资产三类不同的国有资产分别设置了不同的组织结构进行监管。对经营性资产也一分为二:部分实业性企业的经营性资产由国资委按照 2003 年 5 月国务院颁布的《企业国有资产监督管理暂行条例》履行出资人职责,进行监管;而金融类中央企业(以及中央行政事业单位)的企业经营性资产由财政部监管。在"条块分割"体制下,国有资产按其归口不同管理部门,其监管职能分散于不同部门,容易导致部门利益和行业壁垒,导致国有资产监管政策缺乏整体性和有效性,不利于产权在整个社会范围内的置放、配比及组合,也很难协调统一地推进国有企业产权改革。

实践也证明,目前中国有些主体产权在特定范围内的置放、配比及组合是不尽合理的。特别是某些国有企业产权配置并不妥当。例如,迄今北京城里某些饮食早点部依然配置国有资产,效率比民企低下。低效率有没有导致资产的隐形流失呢?

再如，各地被称作"僵尸企业"的企业（多数是国有企业，因为民营企业有一种自动淘汰机制），虽然它已经"僵"化，但是并未成为"尸体"。它还是"活体"，还要给它"输血""输液""输氧"，还在"吞噬"国家的财产。

如果与结构问题联系起来，问题则更带有战略性。近年来，中国部分行业产能严重过剩，其中有一部分就是"僵尸企业"造成的。这里是不是存在"国有资产流失"的问题？人们盯住私权力"吞噬"国有资产，进而造成"国有资产流失"的问题，是对的（今后还应继续盯住）；但是，对于公权力"吞噬"国有资产从而造成"国有资产流失"问题，我们盯住了吗？为什么那么轻描淡写，甚至熟视无睹？难道这里没有产权问题吗？

为什么某些国有企业产权配置仍不妥当？原因在于目前全社会的产权效率意识淡薄，加上在体制机制上存在一些问题，加大了合理配置的难度。特别是，在改革过程中，不可避免地会受到既得利益力量的干扰、阻挠和掣肘。因此，产权配置的过程必然伴随利益的博弈，甚至尖锐的冲突。在这个问题上，能否突破既得利益集团造成的困境是一个严峻的问题。

三、完善产权流转制度

所谓产权流转，或称"产权交易"，或称"产权流通"，或称"产权买卖制度"，主要是指产权所有人通过一定程序的产权运作（交易）来获得产权收益。

在中国，经过近40年的改革开放，随着现代产权制度的推进，应该说，产权交易体系是不断完善的，实践中产权交易的力度也是不断加大的，但是，毋庸讳言，当前我国产权交易领域仍然存在不少问题和薄弱环节。这方面突出的问题有：交易前资产评估不准确，有的低值高评，有的高值低评，"猫儿腻"之事不少；交易过程不透明，即使举牌竞标，也有"托举"等诸多"内幕"；交易价格不合理；交易后资金未到位的情况也发生过。这些都使产权保护受到损害。

基于上述问题，从问题导向出发，就不应回避矛盾，讳疾忌医，而应以极大的历史责任感，直面现实，突出把握三条原则。

（1）讲究规范性原则。国企产权的交易、转让，必须按《企业国有产权转让管理暂行办法》的要求，规范产权交易或转让程序，它包括：产权交易或转让前的清产核资、产权属性及其比例等的规范化；产权交易或转让中的交易场所、方式方法、监管等的规范化；产权交易或转让后的监管等的规范化，从而使整个产权交易或转让过程实现规范化与程序化。

（2）讲究公开性原则。在信息社会，公开披露信息是基本要求。在国企产权的交易、转让领域，及时、公开披露国企产权交易信息是保证国企产权交易公正、透明的前提。假如前提有误，国企产权交易行为必将扭曲。为此，必须按《企业国有产权转让管理暂行办法》规定的内容、方式、时间等，向社会公开披露相关信息，广泛征集参与交易方和受让方，杜绝暗箱操作，逐渐形成国企产权交易或转让的价格的市场发现机制。要认真总结以往披露产权交易信息的经验教训，完善公开披露国企产权交易信息的办法。

（3）讲究法制性原则。在以往的产权改革中因发生越轨、违规行为而造成国有资产流失的问题，之所以久拖不决，原因在于执法不严以及缺乏执行主体。因此，在今后大力推进国企产权改革，建立现代产权制度的进程中，一定要做到依法改制，依法监管，执法必严，违法必究。

除此之外，各类资源资产如何有偿使用，农村产权如何建立规范的交易流转和退出机制，都需要进行探索。

四、完善产权保护制度

专门的产权保护制度，是由各类产权取得的程序，行使的原则、方法及其保护范围等构成的法律保护体系。鉴于这方面的问题最多，这里重点作出分析。

（一）完善产权保护制度的重要意义

中国的改革开放事业已经进行了近40年，当前正处在重要历史时刻。提出并强调完善产权保护制度，依法保护产权，有极其重要的意义。笔者认为，应从以下三个角度来把握：一从制度基石角度；二从现代文明角度；三从恒产恒心角度。

第十四章 按"产权人本共进论"推进新阶段所有制结构改革

1. 制度基石角度：建立国家一整套更加成熟、更加定型的制度的基石

产权保护制度，是社会主义市场经济的基石。在市场经济活动中，只有对产权予以严格的保护，才能稳定各类投资者的投资预期，规范并保障市场主体的生产经营行为，维护正常的市场秩序。① 这是大家熟知，也比较容易理解的。

这里需要强调的是，随着实践的发展，产权内涵在逐步丰富和扩展。现在的产权概念，不仅包括经济领域人们熟悉的物权、债权、股权等，而且包括跨经济领域、社会领域、文化领域、环境资源领域的知识产权、各种无形财产权（如人力资本产权），以及自然资源资产产权，等等。② 因此，今天讲产权保护，不仅涉及经济体制，而且涉及社会体制、文化体制和资源环境体制等，并对政治体制产生重要影响。

从这个高度研究问题，完善的产权保护制度，不仅是完善的社会主义市场经济体制的基石，而且也是经济、社会、文化和资源环境体制等"各方面形成一整套更加成熟、更加定型的制度"的基石。没有一套完善的产权保护制度，中国一整套更加成熟、更加定型的制度难以建立起来。必须首先看到这一点。

2. 现代文明角度：整个社会成员享受现代社会公平正义的必然要求

欧洲有句谚语：百姓的房屋"风可进，雨可进，未经允许国王不可进"。这句谚语成为财产权保护的至理名言。现代社会文明有六大方面，其中财产权保护被认为是现代人类文明的一个重要方面。③

中国是社会主义国家。中国特色社会主义制度的生命力体现在遵循现代人类文明的基本取向，使整个社会成员都能享受公平正义上。完善产权保护制度，恰恰是整个社会成员都能享受公平正义的重要方面。这是中国社会主义制度的制度文明之所在。

---

① 常修泽等：《中国企业产权界定》，南开大学出版社，1998年版。
② 常修泽：《广义产权论——中国广领域多权能产权制度研究》，中国经济出版社，2009年版。
③ 【英】尼尔·弗格森：《西方和其他世界的文明》，2011年版。在该书中，作者提出西方之所以能在1500年后崛起并领先于世界其他地区（包括中国），要归因于一系列的体制革新，他将此称为"撒手锏"。其中，财产权保护被列为第三把"撒手锏"。

3. 恒产恒心角度：对稳定心理预期、增强人们的信心具有重要意义

《孟子·滕文公（上）》曰："民之为道也，有恒产者有恒心，无恒产者无恒心。苟无恒心，放辟邪侈……"孟子在此提出恒产与恒心的关系，从正反两个方面说明："有恒产者有恒心，无恒产者无恒心。"而没有恒心，人们就会"放辟邪侈"——放荡、怪僻、邪恶、奢侈。事实确实如此：人们拥有一定数量的财产并得到保护，是稳定社会秩序、维持善良习惯的必要条件。完善的产权保护制度，对稳定心理预期、增强人们的信心具有重要意义。①

（二）完善产权保护制度的三大要点

1. 完善产权保护制度：应以公平为核心原则

从主体方面分析，公平性体现在：第一，在不同所有制的关系上，体现"两个毫不动摇"，即毫不动摇巩固和发展公有制经济，毫不动摇鼓励、支持、引导非公有制经济发展。公有制经济财产权不可侵犯，非公有制经济财产权同样不可侵犯。第二，在法人与自然人的关系上，法人和自然人的财产权，都同样受到保护。第三，在境内与境外产权主体的关系上，实行国民待遇原则，同样受到保护。

从内容方面分析，公平性体现在：第一，权利平等。第二，机会平等。第三，规则平等，尤其是强调废除各种违反公平原则的不合理规定，这点十分重要。②

2. 坚持"问题导向"，聚焦产权保护方面的突出问题

一是公权力对产权保护不到位，政府违约和政策不稳定，侵害企业特别是民营企业以及个人的合法产权和权益；二是不同所有制产权保护不平等，对非公有产权的保护弱于对公有特别是国有产权的保护；三是公有产权保护制度仍不完善，国有企业内部人控制和国有资产流失的问题仍然存在，农村集体资产产权保护不到位；四是侵犯知识产权的行为易发多发，侵权违法成本低，维权成本高等。应针对问

---

① 参见新华社访谈："有恒产者有恒心，无恒产者无恒心。完善产权保护制度，对于矫正并稳定社会预期，给社会提供'定心丸'和'定盘星'具有重要作用。发展改革委宏观经济研究院教授常修泽说。"新华社，2016年9月2日。

② 常修泽：《包容性改革论——中国新阶段全面改革的新思维》，经济科学出版社，2013年版。

题，提出管用有效的改革措施。

3. 严格依法保护，长短结合，标本兼治

中国是个法治国家，依法保护产权涉及最高层面的依法治国问题。我们可以看到，从完善产权保护制度体系看，贯彻全面推进依法治国的宗旨，并把推进产权保护的法治化作为根本之策。尤其强调，在事关产权保护的立法、执法、司法、守法等各个领域、各个环节、各个方面，均应体现法治理念，贯穿严格依法保护的精神。

（三）把好四个环节

第一，立法环节。有些重要的产权保护问题迄今还没有明确的法律规定，这些都需要通过立法来解决。例如，居民住宅建设用地等土地使用权到期后续期问题究竟怎么解决？老百姓十分关心——续期再续多长时间？50年，70年，还是永久？续期时是无偿续期，象征交费，还是评估定价？这都关系到居民利益问题。这就要履行必要的立法程序。

第二，执法环节。现在有法不依、执法不严，甚至腐败执法、权力寻租等行为不同程度地存在。

第三，司法环节。这相当关键。司法部门已就落实中央保护产权文件作出部署。但是，下一步纠正经济领域的冤假错案难度很大。

第四，守法环节。这个环节也十分重要。概言之，在各个环节、各个方面、各个领域，都应该贯穿严格依法保护的精神。

第四节
"人本线"推进（上）：激励和保护企业家精神

在上一节中，从产权界定、产权配置、产权流转和产权保护四个制度层面，对"产权线"如何推进作了阐述。那么，"人本线"如何推进呢？根据新阶段的任务和现实情况,将其分为两节来研究:一节为(上),重点分析激励和保护企业家精神;一节为(下),分析企业劳动者的就业、收入及其劳权实现。

在当代人类经济社会活动中,企业家是参与市场经济活动的重要主体。在中国,企业家阶层作为一个重要的社会阶层正在发挥不可替代的作用。习近平总书记用"特别"二字强调了企业家的重要性:"我们全面深化改革,就是要激发市场蕴藏的活力。市场活力来自于人,特别是来自于企业家,来自于企业家精神。"① 在世界出现新变局和中国改革开放发展亟待开创新格局的条件下,激励和保护企业家精神具有重要的理论和现实意义。

1994 年,笔者在探索完成的国家哲学社会科学重点科研项目成果《现代企业创新论》② 中提出,"为了健全企业的创新机制,应当自觉地培育企业家阶层,切实地为这一阶层的形成和发展开辟道路"③。多年过去,企业家阶层作为参与市场经济活动的重要主体已经在中国出现,但同时,在现实生活中,由于种种原因,在激发和保护企业家精神方面存在不少矛盾,致使部分企业家的预期和信心出现问题,有些地方企业家"出走"情况比较严重。为此,必须提倡"保护企业家精神,支持企业家专心创新创业",尤其是要"稳定民营企业家信心""引导形成良好社会预期"④。下面从理论和实践相结合的角度,对企业家进行再探讨。

一、重新界定企业家的定义

新的视角是什么?是关于"人"的多向度视角。2001 年,在为中共十六大提供的专题研究报告中,笔者主张"把人的发展作为一个独立的、完整的指导性理念

---

① 习近平:《在亚太经合组织工商领导人峰会开幕式上的演讲》,http://news.xinhuanet.com/world/2016-11/20/c_129370744.htm.
② 此国家项目由本书作者常修泽主持且主笔完成,当时的南开大学经济研究所研究生黄志亮、毛元斌、祝尔娟、高明华参加了课题研究。
③ 常修泽:《现代企业创新论》,天津人民出版社,1994 年版,第 497-498 页。
④ 新华社:《中央经济工作会议公报》,http://www.xinhuanet.com/fortune/zyjjgzhy2016/index.htm.

提出"①。尔后本书作者正式出版《人本体制论》，探讨与"物本""官本"有区别的"人本"及其体制问题。

受习近平同志的《之江新语》和马尔库塞的《单向度的人——发达工业社会意识形态研究》两本书的启示，本书认为，对企业家内涵的界定，不应该只从"创新"一个向度，而应该从"能动的、全面的人"的向度考虑问题。

按照上述思路，对企业家的特质应把握如下三条，并将其"融为一体"。

（1）创新。这是最基本的且无争议的特质定位。企业家是"新的技术力量的产物"。有创新则有企业家，无创新则无企业家。对此本书作者是认同的。

（2）情操。这是企业家所必须具有的特定含义的"文化的人"的价值定位。在当代，某些企业家创办企业，其目标未必是单纯地获得巨额回报，而是要解决人类社会的某一具体问题，基于物质层面而超越物质层面。企业家如果不具备人文关怀与独立自由精神，就很难发现社会中存在的问题，也很难创新解决问题。从这个角度看，人文关怀与独立自由精神，是企业家精神和知识分子精神的共同特征。有情操则有企业家，无情操则无企业家。

（3）复合经济人。这里的"经济人"（economic man）来自亚当·斯密（Adam Smith）的《国富论》，从其原著来看，虽然亚当·斯密认为人的行为动机根源于经济诱因，出发点是争取个人利益，但其结果则是"利己"与"利他"的统一。② 今天在定义企业家时，要把两点统一起来。本书作者按事物本来面目称之为"复合经济人"，这是企业家特质的题中应有之义。

在中国"创建企业并担任经营管理职责的指挥者"（包括国有企业领导人员、民营企业和外商投资企业等非公有制企业负责人、职业经理人人群）中，凡是符合上述三合一特质的，都可以称为"企业家"。③

---

① 常修泽：《中国建立社会主义市场经济体制进程的基本判断和改革新阶段的战略思考》（2001年先以内部报告形式上报十六大报告起草组），《改革》，2002年第4期。
② 亚当·斯密：《国富论》，郭大力、王亚南译，商务印书馆，1972年版。
③ 关于企业家特质内涵的新定义，参见常修泽：《企业家阶层新论》，《上海大学学报》，2017年第3期。

二、中国企业家阶层的使命和现实处境

(一) 企业家在改革、开放、创新发展中的重要使命

1. 企业家在新阶段深化改革特别是结构性改革中的"领先者"使命

无论是国企改革,还是民企发展,抑或混合所有制改革,都需要企业家运筹帷幄,率先推进。从结构性改革的深层来说,其实质在于用市场化来激活资本、土地、劳动力、技术和管理五大要素。在这里,管理要素的载体就是千千万万个企业家。没有企业家的"头羊效应",深化改革,特别是结构性改革难以取得实质性进展。

2. 企业家在新一波对外开放特别是"走出去"中的"开拓者"使命

如果说,前30年的对外开放更多是"引进来"的话,那么,未来的开放则更多的是要"走出去"。"走出去"靠谁来干?主要不是靠政府,而是靠企业。在这方面,企业家担负着"走出去"的"开拓者"使命。

3. 企业家在中国经济创新"舰队"中的"主力舰"使命

谁是创新的重要主体?是企业家阶层。从中国出现的著名企业家身上,人们看到的正是企业家们在创新的舞台上叱咤风云。

(二) 问题导向:当前影响企业家阶层"预期"和"信心"的突出矛盾

既然企业家阶层在改革、开放、创新发展中具有上述重要使命,那么,这一阶层在现阶段的"处境"究竟如何?他们的"预期"和"信心"是怎样的呢?

根据调查研究,当前主要有以下五个问题:一是对企业家阶层的社会尊重度不高;二是产权保护不到位;三是"一碗水没端平";四是政商关系和内部关系未理顺;五是缺乏社会容错和自我纠错"双机制"。对于上述严重问题,不应回避矛盾、讳疾忌医,而应有针对性地寻求有效的解决方略,稳定企业家的社会预期,促进企业家队伍的健康成长。

三、培育企业家阶层和保护企业家精神

依据对企业家成长规律的理解,这里提出六点方略。

(一)从国家战略高度提高对企业家阶层的社会尊重度

《现代企业创新论》指出:"为了造就宏大的企业家队伍,必须对企业经营指挥者正其名、复其位、厚其薪。"① 今天,从提高社会尊重度的角度研究,对以上的"正其名、复其位、厚其薪"应该有新的、升级版的探求。

1. 升级版的"正其名"

"为了正其名,首先应在理论和观念上'拨乱反正',讲明企业家是当代我国先进生产力的代表者。"树立新时代的企业家群体新理念,营造一种培育与滋养新型企业家群体成长的社会氛围。

2. 升级版的"复其位"

对于企业家在企业生产经营决策方面的权力被截留的,应该予以恢复;被侵害的,应该予以保护。

3. 升级版的"厚其薪"

可升到"厚其产"或"厚其财"。应建立四位一体的财富机制,包括:专心创造财富的机制;安心享有财富的机制;遂心支配财富的机制;放心传承财富的机制。近年来推行的国企高管限薪、薪酬双轨制也许动机是好的,但是会产生副作用。

(二)切实保护企业家的产权、创新收益和其他合法权益,营造依法保护企业家合法权益的法治环境

2016年11月27日颁布的《中共中央 国务院关于完善产权保护制度依法保护产权的意见》,是中华人民共和国成立以来第一个由中央颁布的系统性产权保护文

---

① 常修泽:《现代企业创新论》,天津人民出版社,1994年版。

件。下一步必须为企业家提供"定心丸"和"定盘星":一是保护企业家的物权、债权、股权等基础性财产权;二是保护企业家和科技人员的"知识产权"(含创新专利);三是保护"人力资本产权";四是保护企业家自主经营的合法权利。

(三) 以"两平一同"为核心,为企业家创造公平竞争的市场环境

中国需要进行"包容性改革",特别是"包容国有与民营",① 明确"国有民营都是共和国的亲儿子"②。2016 年《中共中央 国务院关于完善产权保护制度 依法保护产权的意见》更明确提出"权利平等、机会平等、规则平等",这一基调同样适用于创建企业家公平竞争的环境:依法平等使用生产要素;公开公平公正参与市场竞争;同等受到法律保护。

(四) 塑造新型政商关系,在"亲""清"中应补充"服""扶"内容

对于新型政商关系,中央已经提出"亲""清"二字。前者强调政府官员与企业家应该亲近,认认真真办事;后者强调官是官,商是商,清清白白地做人。在"亲""清"中应补充"服""扶"内容:对微观经济活动,要"服"不要"主";对企业家要"扶"不要"压";建立企业经理人员市场化选拔任用机制。

(五) 进一步建立并完善法人治理结构,特别要处理好两个关系

现在,一个由股东大会、董事会、监事会、经理层等组成的多层次的组织架构基本成型,按《中华人民共和国公司法》规定,进一步建立并完善法人治理结构,须处理好两个关系。一是企业党组织建设与公司治理的关系。两者如何统一得更好,需要继续摸索。二是处理好企业家与职工的关系。要认识到"创新活动是企业家、'内企业家'和劳动者的协作行为,因而作为创新主体,自然是多元的复数"③。处理好企业家这个"总指挥"与"内企业家"(企业一般高管和中层)及

---

① 常修泽:《包容性改革论——中国新阶段全面改革的新思维》,经济科学出版社,2013 年版。
② 常修泽:《国有与民营都该看成共和国的"亲儿子"》,《北京青年报》,2013 年 11 月 22 日。
③ 常修泽等:《现代企业创新论》,天津人民出版社,1994 年版。

职工等其他创新主体的关系,不可顾此失彼。

(六)建立社会容错和企业家自我纠错双机制,从内外两个方面促进企业家队伍健康成长

要营造敢为人先、宽容失败的良好氛围,充分激发企业家精神,调动全社会创业创新积极性,汇集成推动社会发展的磅礴力量。完善对企业家的容错帮扶机制是一个切实有力的举措。对不涉及违规决策,没有不当利益输送,按照有关规定可以容错的,应予以宽容。

与社会建立容错机制相向而行,企业家自身也要建立自我约束、自我净化、自我纠错的内在机制。"社会越容错,自己越应自觉"。只有从内外两个方面双管齐下,完善制度环境与提高企业家素质并重,企业家阶层才能更加壮大,企业家精神也才能得到进一步激发。①

这里有一个值得高度关注的现实情况:在现有体制和政策背景下,反对"国有资产流失"的社会舆论非常强烈。无论是相关部门负责人还是国企高管,都不愿意为推进国有企业产权改革而承担被扣上"国有资产流失""私分国有资产"帽子的风险,因为谁也不敢保证在推进国有企业产权改革的过程中不出现丝毫问题。现有体制决定了可能会出现"不做事就不会出事""做事反而可能出事"的现象。这种情况值得高度关注,必须采取积极措施加以解决。

在中共十九大召开前夕,2017年9月25日,中共中央国务院颁布了《中共中央 国务院关于营造企业家健康成长环境弘扬优秀企业家精神更好发挥企业家作用的意见》,这是一份重要的文件,对发挥企业家作用和保护企业家精神,将起到重要的指导作用。②

---

① 关于保护企业家精神的方略的详细展开,参见常修泽:《企业家阶层新论》,《上海大学学报》,2017年第3期;常修泽:《激发和保护企业家精神》,《人民日报》(理论版),2017年7月3日。
② 2017年9月29日,新华社《经济参考报》加按语全文公开了笔者2017年1月10日提交的关于《激发和保护企业家精神的七点意见》的"内部研究报告",题目为《中国当代企业家肩负着历史的重任》,可供参考。

第五节
"人本线"推进(下):
劳动者就业、收入及其"劳权实现"

按照"产权人本共进论"推进所有制结构改革,前面重点分析了激励和保护企业家精神这条"人本线";下面分析劳动者这条"人本线"如何推进。根据近40年改革实践的经验,劳动者比较关注的是3个问题:就业问题,收入问题,"劳权实现"问题。

一、劳动者的就业和再就业

就业乃民生之本。尤其是在结构性改革深化的背景下,就业和再就业矛盾更加突出。

解决就业和再就业问题,应充分发挥市场的作用,拓宽市场安置渠道。当前可将结构性改革与大众创业、万众创新相结合,构筑新的劳动力就业体系。

在这方面,视野应该开阔。例如,中国服务业发展不够,虽然2016年服务业增加值占国内生产总值的比重已经达到51.6%,但与世界服务业增加值占比的平均水平70%相比,仍相差近20个百分点。服务业就业指标差距更大。据统计,2013年中国第三产业就业占比仅38.5%,而美国则是81.2%,虽有发展阶段不同的客观因素,但也可见中国服务业就业空间之广阔。

老工业基地服务业就业空间更广阔。《东北振兴主要统计指标(2003—2015)》显示,2010年东北地区总就业为5230万人,其中第三产业就业为2041万人,第三产业就业占比为39%。辽宁省总就业为2238万人,其中第三产业就业为952万人,第三产业就业占比为42%;吉林省总就业为1249万人,其中第三产业就业为458万人,第三产业就业占比为36%;黑龙江省总就业为1743万人,其中第三产业就业为 631 万人，第三产业就业占比为 36%。吉林、黑龙江两省低于全国平均数。[①]

总的看来，东北地区煤炭、钢铁行业压力较大，但生产性服务业比较薄弱，尚有较大就业空间。针对下岗工人再就业，可开拓新的产业门类，特别是生产性服务业。此外，农业、林业等部门也可考虑，笔者在调研中看到，有的机械公司到林区包土地种蓝莓，虽然是个别案例，但给人以启发，需要开阔视野，将劳动力引领过来。

全国解决下岗职工再就业模式，可关注以下五种：

（1）"政府托底安置＋市场分流安置"（转岗、转业、创业、劳务输出等）。

（2）积极引导下岗职工集体"走市场"。

（3）政府提供一定的财政补贴，以劳动力市场为主体，通过开展短期培训、职业学校教育，形成多层次、多渠道、多形式的分流人员转业转岗培训制度，为劳动力市场有效运作提供基本保证。

（4）对一些破产企业，实施"带资分流"。即把企业破产后的资产，能利用起来的就利用起来，通过一定程序交给下岗职工经营，解决部分职工的饭碗问题。

（5）创新服务业发展模式和业态，提高服务业就业比重。

除此之外，笔者建议还可出台优惠政策鼓励劳务输出和国际产能合作，引导下岗工人向"一带一路"沿线国家转移。当前某些国家劳动力资源比较短缺，随着"一带一路"的推进和国际产能合作的开展。

二、劳动者的收入分配

在经济发展过程中，"人的位置在哪里"？经济发展的根本价值是"物"还是"人"？多年来中国以 GDP 为代表的物质财富实现了快速增长，但城乡居民——人——的收入增长与经济发展却不同步。国内生产总值增长线 30 多年来特别是进入 21 世纪后陡然上升；城乡居民收入线虽然也在上升，但国内生产总值增长线与城乡居民收入线两者离差很大，而且呈现逐步扩大趋势，以致形成了一个剪刀差。

---

① 根据国家发展改革委东北等老工业基地振兴司编的《东北振兴主要统计指标（2003—2015）》第 14—16 页计算。

这反映了中国目前深刻的矛盾。劳动者收入以及城镇居民收入应与国内生产总值和劳动生产率同步增长。

利益分配格局涉及社会的公平和正义，各方面对此颇为关注。总的来讲，应实现国民共富，但在民富一时相对"短腿"的情况下，根据"十三五"期间着力"补短板"的精神，应强调民富优先。一方面，实现居民收入增长与经济发展、劳动报酬增长与劳动生产率提高"两个同步"；另一方面，在社会各群体之间，通过"提高低收入、调节高收入、扩中（未来使中等收入者的比重逐步达到总人口的50%以上）"以及采取基本公共服务均等化措施，使穷者不能再穷、富者可以合法致富并予以调节，同时扩大中产阶层，最后达到社会共生、共存和共富。

在扩大中产阶层的过程中，要特别为劳动者疏通上升通道。目前，中国社会阶层分布依然呈"金字塔形"结构，还未达到中等收入群体占多数的"橄榄形"结构。具体分析"金字塔形"结构，大体为三层：处于上部的是富裕群体，处于中部的是中等收入群体，贫困群体则构成塔的下部（劳动者大部分在中部和下部）。基于这样一个社会现实，出于社会共生、共存和共富的目的，特别是出于维护社会和谐稳定的需要，中国亟待扩大中等收入群体。这也是中央多次释放这一信号的重要原因。

一个理想的、良性循环的社会形态，中等收入群体的规模应该占到60%。为达到此目的，需要作多方面努力。首先，要实现居民家庭收入增长与GDP增长同步，做到国民共富，直至民富超过国富，这样才意味着中等收入群体真正扩大并稳定了下来。其次，要持续扩大就业，并实现劳动报酬的增长与劳动生产率的提高同步。最后，鉴于创新型人才迈入中等收入群体的机会更大，要加强创新创业的政策扶持，尤其是要注重建设现代职业教育体系，以强化人力资本，提高劳动力报酬上升幅度。

三、劳动者的谈判地位和"劳权实现"

前面指出，人力产权由三大部分构成：劳动力产权、管理产权和技术产权。目前，理论界和实际部门对技术产权和管理产权争议不大，但劳动力产权的实现尚未被认识。对企业中的劳动力产权，也可实行"期权制"。企业利润创造出来之后，在管理者按比例提取"管理股权"、技术创新者按比例提取"技术股权"的同时，也应按照一定比例，给实际操作的职工，按贡献提取相应的股权或者期权。如果把前两者称为"管理资本化""技术资本化"的话，那么，后面这一基本思路可称为"劳权资本化"。对此，需要进行试验和探索。

这里，还有一个劳动者的谈判地位及其制度安排问题。为了使人力产权所有者（特别是劳动力产权所有者）和资本产权所有者都能有尊严地劳动、经营或投资，形成劳资双方能够公正博弈的局面，要有相应的保障性制度安排。为此，需要建立三大利益攸关者（即劳方—资方—政府）的"金三角"制度架构。① 人力产权所有者（特别是劳动力产权所有者）可以以工会的形式与资本要素所有者进行平等谈判和议价，政府只作为中立的一方来监督谈判的过程。由此涉及工会的转型问题，即从过去那种福利性的、"活动"型的、附庸型的组织，转变成跟资本管理层并立的真正代表"劳权"力量的工会组织。这样有利于劳动力产权的实现。②

为了切实做到"劳权实现"，要妥善处理"人力产权"的三部分人，即企业内一般劳动者、管理者和技术人员的关系，尤其是要注意不要淡化劳动者的重要地位和作用。

要推进基层民主建设，健全以职工代表大会为基本形式的企事业单位民主管理制度，更加有效地落实职工群众的知情权、参与权、表达权、监督权。企业在重大决策上要听取职工意见，涉及职工切身利益的重大问题必须经过职代会审议。要坚持和完善职工董事制度、职工监事制度，鼓励职工代表有序参与公司治理。这是"人本型"现代企业制度不可或缺的重要方面，也是按"产权人本共进论"推进新阶段所有制结构改革的必然要求，无论生产条件发生什么变化，人的主体地位不应被淡化，所有制改革必须牢牢记住这一点。

---

① 有关"金三角"制度架构，参见常修泽：《人本体制论》，中国经济出版社，2008年版。
② 常修泽：《以人的发展为核心推进经济社会发展》，《经济参考报》（理论版），2017年4月20日。

参考文献

☐ 第一章

[1] 马克思,恩格斯. 马克思恩格斯全集：第1卷. 北京：人民出版社,1999.

[2] 马克思. 评普鲁士最新的书报检查令//马克思,恩格斯. 马克思恩格斯全集：第1卷. 北京：人民出版社,2001.

[3] 邓小平. 邓小平文选：第2卷. 北京：人民出版社,1994.

[4] 邓小平. 邓小平文选：第3卷. 北京：人民出版社,1994.

[5] 中共十二届三中全会. 中共中央关于经济体制改革的决定. 北京：人民出版社,1984.

[6] 中共十八届三中全会. 中共中央关于全面深化改革若干重大问题的决定. 北京：人民出版社,2013.

[7] 习近平. 之江新语. 杭州：浙江人民出版社,2007.

[8] 中国共产党第十九次全国代表大会文件汇编. 北京：人民出版社,2017.

[9] 习近平. 习近平谈治国理政：第2卷. 北京：外文出版社,2017.

[10] 谷书堂. 社会主义经济学通论. 上海：上海人民出版社,1989.

[11] 张卓元,胡家勇,刘学敏. 论中国所有制改革. 南京：江苏人民出版社,2001.

[12] 张卓元. 论争与发展：中国经济理论50年. 昆明：云南人民出版社,1999.

[13] 张卓元,等. 新中国经济学史纲（1949—2011）. 北京：中国社会科学出版社,2012.

[14] 高尚全. 中国改革新论. 北京：人民出版社,2012.

[15] 吴敬琏. 现代公司与企业改革. 天津：天津人民出版社,1994.

[16] 王梦奎. 中国经济转轨二十年. 北京：外文出版社,1999.

[17] 迟福林. 十字路口的抉择——迟福林谈第二次改革. 北京：中国友谊出版公司，2010.

[18] 刘树成，吴太昌. 中国经济体制改革30年研究. 北京：经济管理出版社，2008.

[19] 李扬，张晓晶，常欣，等. 中国国家资产负债表2015：杠杆调整与风险管理. 北京：中国社会科学出版社，2015.

[20] 常修泽，等. 现代企业创新论——中国企业制度创新研究（国家"八五"重点科研项目）. 天津：天津人民出版社，1994.

[21] 常修泽. 人本体制论. 北京：中国经济出版社，2008.

[22] 常修泽. 广义产权论. 北京：中国经济出版社，2009.

[23] 常修泽. 产权人本共进论. 北京：中国友谊出版公司，2010.

[24] 常修泽. 包容性改革论. 北京：经济科学出版社，2013.

[25] 常修泽. 人本型结构论. 合肥：安徽人民出版社，2016.

[26] 常修泽，等. 混合所有制经济新论. 合肥：安徽人民出版社，2017.

第二章

[1] 白和金. 社会主义市场经济体制若干重要问题研究. 北京：中国计划出版社，2002.

[2] 常修泽，等. 现代企业创新论——中国企业制度创新研究. 天津：天津人民出版社，1994.

[3] 常修泽. 中国建立社会主义市场经济体制进程的基本判断和改革新阶段的战略思考. 改革，2002（4）.

[4] 常修泽. 人本体制论——中国人的发展及体制安排研究. 北京：中国经济出版社，2008.

[5] 迟福林. 深化产权制度改革. 北京：中国经济出版社，2001.

[6] 邓小平. 邓小平文选：第2卷. 北京：人民出版社，1993.

[7] 邓小平. 邓小平文选：第3卷. 北京：人民出版社，1994.

[8] 董辅礽. 经济体制改革研究（上、下卷）. 北京：经济科学出版社，1995.

[9] 刘树成，吴太昌. 中国经济体制改革30年研究. 北京：经济管理出版社，2008.

[10] 拉迪. 中国未完成的经济改革. 隆国强，等译. 北京：中国发展出版社，1999.

[11] 高尚全. 中国经济制度的创新. 北京：人民出版社，1993.

[12] 厉以宁. 股份制与现代市场经济. 南京：江苏人民出版社，1994.

[13] 吴敬琏. 现代公司与企业改革. 天津：天津人民出版社，1994.

[14] 王梦奎. 中国经济转轨二十年. 北京：外文出版社，1999.

[15] 张卓元. 论争与发展：中国经济理论50年. 昆明：云南人民出版社，1999.

[16] 张卓元. 国有企业改革与发展. 武汉：湖北人民出版社，2000.

[17] 张卓元，等. 新中国经济学史纲（1949—2011）. 北京：中国社会科学出版社，2012.

[18] 周叔莲. 中国的经济改革和企业改革. 北京：经济管理出版社，1989.

[19] CHUN CHANG, YIJIANG WANG. The Nature of the Township – village Enterprise. Journal of Comparative Economics, 1994, 19: 434 – 452.

[20] FAN, SHENGGEN. Effects of Technological Change and Institutional Reform on Production Growth in Chinese Agriculture. American Journal of Agricultural Economics, 1991, 73(2): 265 – 275.

[21] HUANG J, ROZELLE S. Technological Change: The Re – Discovery of the Engine of Productivity Growth in China's Rural Economy. Journal of Development Economics, 1996, 49(2): 337 – 369.

[22] MARTIN WEITZMAN, CHENGGANG XU. Chinese Township – Village Enterprises as Vaguely Defined Cooperatives. Journal of Comparative Economics, 1994, 18: 121 – 145.

[23] MCMILLAN J, WHALLEY J, ZHU L. The Impact of China's Economic Reforms on Agricultural Productivity Growth. Journal of Political Economy, 1989, 97(4): 781 – 807.

[24] VICTOR NEE. Organizational Dynamics of Market: Hybrid Forms, Property Rights, and Mixed Economy in China. Administrative Science Quarterly, 1992, 37(1).

[25] WEN GUANGZHONG JAMES. Total Factor Productivity Change in China's Farming Sector: 1952—1989. Economic Development and Cultural Change, 1993, 42(1): 1 – 41.

□第三章

[1] 施莱弗, 维什尼. 掠夺之手. 赵红军, 译. 北京: 中信出版社, 2004.

[2] 常修泽. 广义产权论. 北京: 中国经济出版社, 2009.

[3] 常修泽. 产权人本共进论. 北京: 中国友谊出版公司, 2010.

[4] 常修泽. 包容性改革论. 北京: 经济科学出版社, 2013.

[5] 常修泽. "广义产权论"三大要义与产权保护. 战略与管理, 2016 (6).

[6] 常修泽. 企业家阶层新论. 上海大学学报, 2017 (3).

[7] 迟福林. 十字路口的抉择——迟福林谈第二次改革. 北京: 中国友谊出版公司, 2010.

[8] 高尚全. 中国改革新论. 北京: 人民出版社, 2012.

[9] 中华全国工商业联合会. 民营经济蓝皮书: 中国民营经济发展报告 (No. 1 – No. 11 系列). 北京: 社会科学文献出版社, 2004—2015.

[10] 中华全国工商业联合会. 民营经济蓝皮书: 中国民营经济发展报告 (No. 12). 北京: 中华工商联合出版社, 2016.

[11] 世界银行. 2020年的中国——新世纪的发展挑战. 北京: 中国财政经济出版社, 1997.

[12] 世界银行, 国务院发展研究中心. 2030年的中国: 建设现代化和谐有创造力的社会. 北京: 中国财政经济出版社, 2013.

[13] 王允贵. 跨国公司全球扩张与中国的政策选择. 经济参考研究, 2001 (4).

[14] JEAN OI. Fiscal Reform and the Economic Foundations of Local State Corporatism in China. World Politics, 1992, 45(1).

[15] JEFFERSON G, RAWSKI T. How Industrial Reform Worked in China: The Role of

Innovation, Competition, and Property Rights. Proceedings of the World Bank Annual Conference on Development Economics 1994, PP. 129 – 56, Washington, D. C.: World Bank.

[16] LI WEI. The Impact of Economic Reform on the Performance of Chinese State Enterprises, 1980 – 89. Journal of Political Economy, 1997, 105(5): 1080 – 1106.

第四章

[1] 王克强. 国土资源行政管理学. 上海：上海财经大学出版社，2006.

[2] 文宗瑜. 证券场外交易的理论与实务. 北京：人民出版社，1998.

[3] 文宗瑜. 产权制度改革与产权架构设计案例教程. 北京：经济管理出版社，2003.

[4] 文宗瑜. 薪酬体系构建与薪酬模型设计案例教程. 北京：经济管理出版社，2007.

[5] 文宗瑜，张晓杰. 中国改革三十年（1978—2008）. 济南：山东人民出版社，2009.

[6] 文宗瑜.《企业国有资产法》释义及实施读本. 北京：人民出版社，2009.

[7] 文宗瑜，刘微. 国有资本经营预算管理. 北京：经济科学出版社，2007.

[8] 文宗瑜，袁媛. 经营性国有资产管理. 北京：经济科学出版社，2010.

[9] 文宗瑜，谭静. 行政事业性国有资产管理. 北京：经济科学出版社，2014.

[10] 胡建. 资源性国有资产之管理模式探讨. 中国发展，2009（1）.

[11] 文宗瑜. 资产资本化所实现的国资倍增及价值放大. 中国投资，2008（1）.

[12] 文宗瑜. 调整结构不应该忽略分配结构与社会结构. 中国投资，2009（2）.

[13] 文宗瑜. 事业单位国有资产使用及其处置的财务管理. 国有资产管理，2010（3）.

[14] 文宗瑜. 事业单位国有资产使用与财政预算拨款的对接. 国有资产管理，2010（5）.

[15] 文宗瑜. 国企境外投资及境外国资管理的风险防范与控制. 董事会杂志，2011（3）.

[16] 文宗瑜. 央企利润新高下资产重组整合的基本思路及目标定位. 董事会杂志, 2011（5）.

[17] 文宗瑜. 深化经营性国有资产管理体制改革的基本思路及建议. 国有资产管理, 2013（4）.

[18] 文宗瑜. 国有资本运营公司与国有资本投资公司组建及作用发挥. 国有资产管理, 2014（3）.

[19] 文宗瑜. 国有资产管理体制深化改革顶层设计的若干问题. 国有资产管理, 2015（1）.

[20] 常修泽. 中国当前资产重组倾向令人深思. 经济参考报, 2009-09-16.

第五章

[1] 俞建国. 现代企业制度与国有企业的现代化. 中国社会科学, 1998（6）.

[2] 刘国光, 张卓元, 董志凯, 等. 中国十个五年计划研究报告. 北京：人民出版社, 2006.

[3] 国家发展改革委经济体制综合改革司, 国家发展改革委经济体制与管理研究所. 改革开放三十年：从历史走向未来. 北京：人民出版社, 2008.

[4] 常修泽. 资产重组：中国企业兼并研究. 西安：陕西人民出版社, 1992.

[5] 彭森, 宋晓梧, 等. 中国改革年鉴（2003—2012年专卷）. 北京：中国经济体制改革杂志社, 2013.

[6] 中国企业年鉴编委会. 中国企业年鉴（历年）. 北京：企业管理出版社.

[7] 常修泽. 推进国有资本的战略重组. 经济时报, 1997-01-20.

第六章

[1] 威廉姆森. 反托拉斯经济学——兼并、协约和策略行为. 张群群, 等译. 北京：经济科学出版社, 1999.

[2] 德姆塞茨. 竞争的经济、法律和政治维度. 陈郁, 译. 上海：三联书店, 1992.

[3] 科斯. 企业、市场与法律. 盛洪, 等译. 上海: 三联书店, 1990.

[4] 科斯. 财产权利与制度变迁. 上海: 三联书店, 1991.

[5] 泰勒尔. 电信竞争. 胡汉辉, 等译. 北京: 人民邮电出版社, 2001.

[6] 伊特韦尔, 等. 新帕尔格雷夫经济学大辞典. 陈岱孙, 译. 北京: 经济科学出版社, 1992.

[7] 植草益. 微观规制经济学. 朱绍文, 等译. 北京: 中国发展出版社, 1992.

[8] 常欣. 规模型竞争论. 北京: 社会科学文献出版社, 2003.

[9] 王俊豪. 中国政府管制体制改革研究. 北京: 经济科学出版社, 1999.

[10] 王俊豪, 等. 中国垄断性产业结构重组分类管制与协调政策. 北京: 商务印书馆, 2005.

[11] 张卓元, 等. 国有企业改革与发展. 武汉: 湖北人民出版社, 2000.

[12] 常修泽. 现代企业创新论——中国企业制度创新研究 (国家"八五"重点科研项目). 天津: 天津人民出版社, 1994.

[13] 常修泽. 广义产权论. 北京: 中国经济出版社, 2009.

[14] 常修泽. 产权人本共进论. 北京: 中国友谊出版公司, 2010.

[15] 常修泽. 人本型结构论. 合肥: 安徽人民出版社, 2015.

[16] 常修泽. 中国垄断性行业深化改革研究. 宏观经济研究, 2008 (9).

[17] 常修泽. 反垄断和我国经济和行政体制改革. 中国物价杂志, 2013 (11).

[18] 常修泽. 论新阶段垄断领域改革与民营经济发展. 改革与战略, 2016 (6).

□第七章

[1] 中华全国工商业联合会. 中国民营经济史·大事记. 北京: 社科文献出版社, 2009.

[2] 中华全国工商业联合会. 中国民营经济史纪事本末. 北京: 社科文献出版社, 2009.

[3] 中华全国工商业联合会. 中国改革开放30年民营经济发展数据. 北京: 中华工商联合出版社, 2010.

[4] 陈永杰. 民营、民有、民生. 北京：中国经济出版社，2010.

[5] 中华全国工商业联合会. 中国私营企业大型调查（1993—2006）. 北京：中华工商联合出版社，2007.

[6] 中国统计年鉴（2000—2016）. 国家统计局出版社.

[7] 中国景气月报（2014—2016）. 国家统计局出版社.

[8] 中国经济普查年鉴（2004年、2008年、2014年）. 国家统计局出版社.

[9] 中国慈善发展报告（2013年、2014年、2015年）. 社科文献出版社.

[10] 中国企业联合会. 中国企业500强发展报告（2014年、2015年、2016年）. 中国管理出版社.

第八章

[1] 陈云. 陈云文选：第3卷. 北京：人民出版社，2015.

[2] 邓小平. 邓小平文选：第2卷. 北京：人民出版社，1994.

[3] 邓小平. 邓小平文选：第3卷. 北京：人民出版社，1994.

[4] 江小涓. 中国的外资经济对增长、结构升级和竞争力的贡献. 中国社会科学，2002（6）.

[5] 江小涓. 利用外资的理论研究. 经济学动态，2001（3）.

[6] 李大伟. 提升我国产业在全球价值链中的位势研究. 宏观经济研究，2015（6）.

[7] 隆国强. 全球化背景下的产业升级新战略——基于全球生产价值链的分析. 国际贸易，2007（7）.

[8] 隆国强. 论新时期进一步提高利用外资质量和水平. 国际贸易，2007（10）.

[9] 路江涌. 外商直接投资对内资企业效率的影响和渠道. 经济研究，2008（6）.

[10] 裴长洪. 吸收外商直接投资与产业结构优化升级——"十一五"时期利用外资政策目标的思考. 中国工业经济，2006（1）.

[11] 叶辅靖. 把握资本进出关——我国利用外资中的国家经济安全问题分析. 国际贸易，2004（1）.

[12] 王一鸣. 战略合作伙伴时代下的中韩投资合作：2010年中韩经济合作研讨会

文集. 北京：中国计划出版社，2011.

[13] 中共中央党史研究室第三研究部. 中国改革开放史. 辽宁：辽宁人民出版社，2002.

[14] 迟福林. 二次开放. 北京：中国工人出版社，2017.

[15] 常修泽. 世界三大博弈和中国开放新局. 群言，2017（1）.

第九章

[1] 高明华. 国有企业作用评价：指标体系与实证分析. 改革开放与理论创新——第二届北京中青年社科理论人才"百人工程"学者论坛文集. 首都师范大学出版社，2008.

[2] 高明华. 国有经济战略性调整应坚持的基本思路. 前线，2013（3）.

[3] 高明华，杜雯翠. 国企如何分类改革和治理. 改革内参，2013（46）.

[4] 高明华. 关于建立国有资产运营体系的构想. 南开学报，1994（3）：68-76.

[5] 高明华，等. 国有企业分类改革与分类治理——基于七家国有企业的典型调研. 经济体制比较，（2）：20-34.

[6] 杨瑞龙，张宇，韩小明，等. 国有企业的分类改革战略. 教学与研究，1998a（2）.

[7] 杨瑞龙，张宇，韩小明，等. 国有企业的分类改革战略（续）. 教学与研究，1998b（3）.

[8] 银温泉. 国有企业改革三种基本思路的理论分析. 经济研究，1993（9）.

[9] 张卓元. 中国经济体制改革的总体回顾与展望. 经济研究，1998（3）.

[10] 周叔莲. 二十年来中国国有企业改革的回顾与展望. 中国社会科学，1998（6）.

第十章

[1] 杜雯翠. 国有垄断企业改革与高管薪酬. 北京：中国出版集团东方出版中心，2016.

[2] 高明华，杜雯翠. 垄断企业高管薪酬：不足还是过度. 学海，2010（3）.

[3] 高明华，杨丹，杜雯翠，等. 国有企业分类改革与分类治理——基于七家国有

企业的调研. 经济社会体制比较, 2014 (2).

[4] 高明华, 杜雯翠. 国有企业负责人监督体系再解构：分类与分层. 改革, 2014 (12).

[5] 高明华, 等. 中国上市公司高管薪酬指数报告 2011. 北京：经济科学出版社, 2011.

[6] 高明华, 张惠琳, 等. 中国公司治理分类指数报告 No.15 (2016). 北京：中国出版集团东方出版中心, 2016.

[7] 高明华, 曹向东, 等. 中国公司治理分类指数报告 No.16 (2017). 北京：中国出版集团东方出版中心, 2017.

第十一章

[1] 高明华, 等. 中国上市公司财务治理指数报告 2011. 北京：经济科学出版社, 2011.

[2] 高明华, 等. 中国上市公司财务治理指数报告 2013. 北京：经济科学出版社, 2013.

[3] 高明华, 等. 中国上市公司财务治理指数报告 2015. 北京：经济科学出版社, 2015.

[4] 高明华, 等. 中国上市公司董事会治理指数报告 2013. 北京：经济科学出版社, 2013.

[5] 高明华, 等. 中国上市公司董事会治理指数报告 2015. 北京：经济科学出版社, 2015.

[6] 高明华, 等. 中国上市公司自愿性信息披露指数报告 2014. 北京：经济科学出版社, 2014.

[7] 高明华, 等. 中国上市公司中小投资者权益保护指数报告 2015. 北京：经济科学出版社, 2015.

[8] 高明华, 等. 中国公司治理分类指数报告 No.15 (2016). 北京：中国出版集

团东方出版中心，2016.

第十二章

[1] 刘小玄，张蕊. 可竞争市场上的进入壁垒——非经济垄断的理论和实证分析. 中国工业经济，2014（4）.

[2] 刘小玄，吴靖烨. 资源配置、垄断力量与制造业的市场壁垒. 改革，2015（6）.

[3] 陈林，刘小玄. 自然垄断的测度模型及其应用——以中国重化工业为例. 中国工业经济，2014（8）.

[4] 朱克朋，刘小玄. 国有企业效率与退出选择——基于部分竞争性行业的经验研究. 经济评论，2012（3）.

[5] William J. Baumol, John C. Panzar, Robert D. Willig. Contestable Markets and The Theory of Industry Structure. Harcourt Brace Jovanovich, Publisher, 1982.

[6] BAIN J. S. Barriers to New Competition, Cambridge. MA: Harvard University Press, 1956.

第十三章

[1] 马克思，恩格斯. 马克思恩格斯全集：第 1 卷. 北京：人民出版社，1999.

[2] 邓小平. 邓小平文选：第 2 卷，北京：人民出版社，1993.

[3] 邓小平. 邓小平文选：第 3 卷，北京：人民出版社，1994.

[4] 董辅礽. 经济体制改革研究（上、下卷）. 北京：经济科学出版社，1995.

[5] 张卓元. 国企改革建言. 广州：广东经济出版社，2000.

[6] 迟福林. 职工持股计划. 北京：改革出版社，1992.

[7] 迟福林. 论转型时期的经济改革. 北京：改革出版社，1995.

[8] 常修泽，等. 资产重组：中国企业兼并研究. 西安：陕西人民出版社，1992.

[9] 常修泽，等. 产权交易理论与运作. 北京：经济日报出版社，1995.

[10] 常修泽. 现代企业创新论——中国企业制度创新研究（国家"八五"重点科研项目）. 天津：天津人民出版社，1994.

[11] 常修泽，等．中国企业产权界定．天津：南开大学出版社，1998．

[12] 常修泽．人本体制论．北京：中国经济出版社，2008．

[13] 常修泽．广义产权论．北京：中国经济出版社，2009．

[14] 常修泽．产权人本共进论．北京：中国友谊出版公司，2010．

[15] 常修泽．包容性改革论．北京：经济科学出版社，2013．

[16] 常修泽．发展混合所有制经济：完善市场经济体制新课题．21世纪经济报道，2003-10-16．

[17] 常修泽．混合所有制经济的价值再发现和实现途径．学术前沿，2014（4）．

[18] 常修泽．混合所有制：产权结构创新的主要着力点．北京日报，2014-03-03．

[19] 常修泽．世界三大潮流与中国混合所有制经济．改革与战略，2017（8）．

[20] 常修泽，等．混合所有制经济新论．合肥：安徽人民出版社，2017．

[21] 常修泽．我对混合所有制经济的几点看法．经济参考报《理论周刊》，2018-01-03．

第十四章

[1] 马克思，恩格斯．马克思恩格斯全集：第1卷．北京：人民出版社，1999．

[2] 纽伯格，等．比较经济体制．荣敬本，等译．北京：商务印书馆，1984．

[3] 诺思．经济史中的结构与变迁．陈郁，等译．上海：三联书店，1991．

[4] 拉迪．中国未完成的经济改革．隆国强，等译．北京：中国发展出版社，1999．

[5] 科斯．企业、市场与法律．盛洪，等译．上海：三联书店，1990．

[6] 巴泽尔．产权的经济分析．费方域，等译．上海：三联书店，1997．

[7] 伊特韦尔，等．新帕尔格雷夫经济学大辞典．陈岱孙，译．北京：经济科学出版社，1992．

[8] 常修泽．现代企业创新论——中国企业制度创新研究（国家"八五"重点科研项目）．天津：天津人民出版社，1994．

[9] 常修泽，等．产权交易理论与运作．北京：北京经济日报出版社，1995．

[10] 常修泽. 人本体制论. 北京：中国经济出版社，2008.

[11] 常修泽. 广义产权论. 北京：中国经济出版社，2009.

[12] 常修泽. 产权人本共进论. 北京：中国友谊出版公司，2010.

[13] 常修泽. 包容性改革论. 北京：经济科学出版社，2013.

[14] 常修泽. 人本型结构论. 合肥：安徽人民出版社，2016.

[15] 常修泽. 以人的发展为核心推进经济社会发展. 经济参考报（理论版），2017-04-20.

[16] 常修泽. 企业家阶层新论. 上海大学学报，2017（3）.

[17] 常修泽. 激发和保护企业家精神. 人民日报（理论版），2017-07-03.

[18] 常修泽. 中国当代企业家肩负着历史的重任. 经济参考报，2017-09-29.

[19] 马尔库塞. 单向度的人——发达工业社会意识形态研究. 上海：上海世纪出版集团，1964.

[20] 亚当·斯密. 国富论. 郭大力，王亚南，译. 北京：商务印书馆，1972.

[21] 常修泽. 紧紧抓住完善产权制度这个重点. 人民日报（理论版），2018-01-26.

[22] 林兆木. 关于我国经济高质量发展的几点认识. 人民日报，2018-01-17.

[23] 刘鹤在达沃斯讲述中国经济. 环球时报. 2018-01-25.

后　记

这套"复兴之路——中国改革开放 40 年回顾与展望丛书"是 2016 年初开始策划的。当时笔者正在海南中改院专家公寓从事研究和写作。中国（海南）改革发展研究院（简称"中改院"）院长迟福林先生告之拟写作丛书一事，初步考虑由我承担丛书中关于 40 年"国有制改革"的专著。

后来在丛书进一步构思策划过程中，中改院和广东经济出版社与笔者商议，从更高的战略层次考虑，应该将民营经济发展和"三资"企业发展也列入本书范围之内，这样书的主题和内容就明显发生变化。本人遂将书名扩展为《所有制改革与创新——中国所有制结构改革 40 年》。

主题确定后，笔者开始构思、收集资料，进行全书框架设计。至 2016 年 3 月底，笔者完成《所有制改革与创新——中国所有制结构改革 40 年》的写作提纲（论纲），提交中改院和出版社讨论。

2016 年 4 月中旬，丛书编委会在北京召开第一次会议，中改院和出版社将该写作提纲印发丛书编委会讨论，经张卓元等著名学者和魏礼群、迟福林等编委会负责人士讨论审议，原则通过该写作大纲。会后在听取专家意见的基础上，本人将大纲修改定稿，正式上报丛书编委会和出版社备案。

丛书编委会第一次会议后，根据确定的写作大纲，除本人独自承担全书前言、正文四章外，开始组织写作队伍。考虑到专业需要，组织了七位专家作为合作伙伴，加上本人，研究写作团队由八人组成。成员名单及分工如下（按篇章先后顺序排列）：

常修泽　中国宏观经济研究院教授、博士生导师（负责全书总体设计、统稿修改，并撰写本书前言、第一章、第六章、第十三章、第十四章以及本书后记）；

常欣（女）　中国社会科学院经济研究所宏观经济研究室主任、研究员、博士生导师（第二章、第三章）；

文宗瑜　（财政部）中国财政科学研究院公共资产研究中心主任、研究员、博士生导师（第四章）；

俞建国　国家发展和改革委员会经济研究所研究员（第五章）；

陈永杰　全国工商联研究室原主任（第七章）；

李大伟　国家发展和改革委员会对外经济研究所新兴经济体研究室副主任、副研究员（第八章）；

高明华　北京师范大学公司治理与企业发展研究中心主任，经济与工商管理学院教授、博士生导师［第九章、第十章、第十一章，其中第十章由他和首都经济贸易大学经济学院副教授、硕士生导师杜雯翠（女）共同撰写］；

刘小玄（女）　中国社会科学院经济研究所研究员、博士生导师（第十二章）。

2016年4月下旬确定任务后，写作组成员分头开始撰写初稿，笔者在9月底之前完成了全书前言、第一章、第六章和第十三章初稿，至2016年国庆前后，其他各章作者也拿出约50%的"半成品"。笔者阅读后提出初步意见，并报广东经济出版社申请国家出版基金项目。

2016年10月26日至2017年1月16日，笔者离开北京，在海南中改院专家公寓静心写作第十四章，并仔细修改前言及负责的相关章节。其间与团队不断交流，探讨各章写作中遇到的问题。至2017年1~2月，除本人直接负责的前言和四章初稿基本完成以外，还陆续收到其他各章的初稿。

从2017年3月开始，笔者开始逐章修改，其间与出版社和合作者多次交流。到2017年4月30日全部修订完成，基本达到"齐、清、定"要求，遂发给中改院北办，5月3日中改院北办转交给出版社。

2017年5月初，笔者将书稿交给出版社后，出版社责任编辑张晶晶等进行了认真审读，笔者也对全书进行了反复推敲、修改和补充。从2017年5月初到2018年1月底，前后持续了九个月，五度修改。

后 记

第一次修改：2017年6月。2017年6月19日，在北京举行丛书统稿会，决定将丛书打造成精品工程，作为向改革开放40周年献礼项目。当天下午笔者离京南下，20日在深圳与出版社责任编辑张晶晶女士进行面对面沟通和切磋，并对书中文字进行了修订。

第二次修改：2017年7月。在书稿送审等待期间，为了把该书真正打造成精品之作，以在历史上保存下来，笔者于2017年7月初携书稿离开炎热的北京，前往东北，尔后在吉林安图县二道白河小镇"隐居"下来，从7月11日至7月26日潜心修订书稿半个月。这次修订，一是进一步推敲书中的观点和提法，力求"言之有理"；二是进一步核实资料和数据，力求"言之有据"；三是进一步润色文字，力求"言之有味"；四是对全书的格式也进行了规范。每天平均修订一章，在僻静的环境中，字斟句酌，精益求精（共修订204页），然后逐章传到广东经济出版社。通过精心修订，应该说书稿质量得到了进一步提升。

第三次修改：2017年8月。2017年8月初，出版社返回审读意见。根据有关审读意见，笔者遂对书中各章有关提法、用语、资料以及文字等，进行"靶向性"斟酌、修改，至8月18日出席长春"东北论坛"前完成第三部修改稿。

第四次修改：2017年9月。2017年8月底到9月初，在将第三次修订的书稿再次送审期间，笔者又在山区清净地将该修订稿审阅了一遍。鉴于所带学术资料不足，为精准起见，9月1日回到北京后，依据所存资料，笔者进行了第四次修改补充（20处），9月4日发给出版社。

第五次修改：2017年底至2018年1月。中共十九大后，笔者和出版社领导及编辑认真学习文件，根据要求对全部书稿进行审读。虽然书稿基调是符合中共十九大精神的（有些地方甚至"不谋而合"，如认为新阶段经济改革应以完善产权制度为重点等），但为对历史负责，笔者进行了第五次修改。此时书稿已经排成"三校清样"。针对"三校清样"，笔者从2017年底至2018年1月27日逐章做了补充修订。①在相关章节补充进中共十九大的相关内容；②对书中相关表述进行进一步斟酌、推敲，力求表达得更完整、更准确；③突出本书的战略理性思维，提高全书的理论高度和战略层次；④补充相应的历史资料和新的统计数据或情况；⑤对书中所有引文和参考文献进行逐一核实；⑥对文字进行再润色，力求更加准确、鲜明、生动。2018年1月29日，笔者在深圳与责任编辑张晶晶女士进行沟通、交流、切磋，尔后请她将最终定稿本带回出版社。至此，在各位的共同努力下，历时两年，此书圆满完成。

特别鸣谢：在确定写作大纲和写作书稿以及九个月的修改过程中，笔者得到诸多专家和朋友的帮助和支持，其中主要有著名经济学家高尚全先生，资深经济学家、中国社会科学院学部委员张卓元研究员，国家教育部社会科学司原司长、中国人民大学教授奚广庆先生，国务院研究室原主任、中国国际经济交流中心常务副理事长魏礼群先生，中国（海南）改革发展研究院院长迟福林研究员，中国宏观经济研究院前常务副院长林兆木先生，天津师范大学学报原主编夏康达教授，国家发展和改革委员会市场与价格研究所副所长刘泉红研究员，中国现代经济史研究中心王学庆研究员，国务院国资委新闻中心主任助理卢梭，国务院国资委规划司孟华强副司长，天津华旗集团创始人霍洪敏总经理等。此外，还得到中国宏观经济研究院、中国（海南）改革发展研究院两单位其他同事的大力支持。广东经济出版社姚丹林社长，黄少刚副社长以及责任编辑张晶晶、程梦菲女士也提出了宝贵意见，河南工程学院教师、东北大学区域经济学博士生李慧女士为本书目录作了英文翻译，在此一并谢忱。

尽管历经两载，五易其稿，但由于本人水平有限，书中仍难免有不当之处，敬请读者批评指正，以便再版时修订。

常修泽

2017年4月30日完稿，记于北京书房

2017年6月20日第一次修订完稿，记于深圳福田

2017年7月26日第二次修改完稿，记于吉林安图县二道白河小镇

2017年8月16日第三次修改完稿，记于吉林安图县二道白河小镇

2017年9月4日第四次修改完稿，记于北京书房

2018年1月29日第五次修改定稿并交付出版社，记于深圳福田